U0525197

治安管理处罚法
解读与适用
（第二版）

熊一新　主审

李富声　吕福鑫　主编

图书在版编目（CIP）数据

治安管理处罚法解读与适用 / 李富声，吕福鑫主编. —2版. -- 北京：法律出版社，2025. -- ISBN 978-7-5244-0566-5

I. D922.145

中国国家版本馆CIP数据核字第2025UT7407号

治安管理处罚法解读与适用
ZHIAN GUANLI CHUFAFA JIEDU YU SHIYONG

李富声　吕福鑫　主编

责任编辑　陈昱希
装帧设计　鲍龙卉

出版发行	法律出版社	开本	710毫米×1000毫米　1/16
编辑统筹	法规出版分社	印张	26.25　字数　602千
责任校对	杨锦华	版本	2025年8月第2版
责任印制	耿润瑜	印次	2025年8月第1次印刷
经　　销	新华书店	印刷	北京科信印刷有限公司

地址：北京市丰台区莲花池西里7号（100073）

网址：www.lawpress.com.cn

投稿邮箱：info@lawpress.com.cn

举报盗版邮箱：jbwq@lawpress.com.cn

版权所有·侵权必究

销售电话：010-83938349

客服电话：010-83938350

咨询电话：010-63939796

书号:ISBN 978-7-5244-0566-5　　　　定价:79.00元

凡购买本社图书，如有印装错误，我社负责退换。电话:010-83938349

治安管理处罚法解读与适用
（第二版）

主　审　熊一新

主　编　李富声　吕福鑫

副主编　郭晓桢　尹淑玲　赵文清　郑红梅

撰稿人（按撰稿章节先后顺序）

　　　　　李富声　尹淑玲　谢秋玲　郑红梅

　　　　　郭晓桢　赵文清　张万里　吕福鑫

《治安管理处罚法解读与适用(第二版)》
作 者 简 介

（按撰稿章节先后顺序）

熊一新　　中国人民公安大学教授，中国警察协会学术委员会原秘书长，博士生导师

李富声　　福建警察学院治安系主任，教授，福建省重点智库社会安全治理研究中心主任、首席专家，硕士生导师

尹淑玲　　广东警官学院治安系原副主任，副教授

谢秋玲　　福建警察学院治安系治安基础教研室主任，副教授

郑红梅　　江西警察学院治安系教授

郭晓桢　　山东警察学院治安系原主任，教授

赵文清　　南京警察学院基础部副主任，副教授

张万里　　福建警察学院治安系副教授

吕福鑫　　北京警察学院治安系副教授

序　言

《中华人民共和国治安管理处罚法》(以下简称《治安管理处罚法》)施行近20年后迎来首次大修,新修订的《治安管理处罚法》已经十四届全国人大常委会第十六次会议于2025年6月27日审议通过,该法由中华人民共和国主席令第49号公布,自2026年1月1日起生效施行。

本次《治安管理处罚法》修订,修订公开征求意见稿、修订草案首次向社会公众公开,且多次公开征求社会公众意见,是一次更加科学、民主的修订。10年前,当公安部启动修订工作时,本人和老前辈熊一新教授商量,能否借助我们发起的"全国治安管理处罚法理论与实践学术研讨会"这个平台,做一个专家建议稿,供修订参考,也推动立法公开。这个想法得到熊教授的肯定和大力支持,我们组织了9位长期从事《治安管理处罚法》教学、研究的公安政法院校高级职称专家,在广泛调研基础上先起草了《治安管理处罚法(专家建议稿)》初稿。随即召开的第三届全国治安管理处罚法理论与实践学术研讨会,主题就确定为"国家治理体系和治理能力现代化视野下《治安管理处罚法》修改完善研究",全体与会代表围绕专家建议稿进行审议、研讨。9位专家在吸收研讨会集体智慧,再一次征求实践执法民警意见的基础上,形成《治安管理处罚法(专家建议稿)》终稿,报送公安部修订工作参考。这次会议引起了广泛关注,《公安内参》连续两期大篇幅主题报道会议关于《治安管理处罚法》修订的研讨情况。半年后,2017年1月16日,公安部首次向社会公开发布《治安管理处罚法(修订公开征求意见稿)》。2019年召开第四届全国治安管理处罚法理论与实践学术研讨会,主题依然确定为"国家治理体系和治理能力现代化视野下《治安管理处罚法》修改完善研究",当时修订工作已到司法部,司法部专门派员到会听取专家们的意见,并进行了现场调研。2023年,《治安管理处罚法》修订列入全国人大常委会2023年立法计划项目。2023年8月29日十四届全国人大常委会第五次会议一审,2024年6月25日十四届全国人大常委会第十次会议二审,修订草案都公开征求社会公众意见,一审稿有99375人参与,提交了125962条意见,二审稿有4762人参与,提交了8805条意见。2025年6月27日十四届全国人大常委会第十六次会议第三次审议通过。相信许多同行和我们一样,全程关注并多次提交修订意见,为本次修订贡献了一份力量。

新修订的《治安管理处罚法》根据治安管理工作面临的新形势、新要求,在国家治理体系和治理能力现代化水平不断提高的背景下进行了大量的修改,原来119条规定,只有22条没变,其他都作了修改,并增加到144条。修订后的《治安管理处罚法》,治安"处罚"的功能进一步完善,治安"管理"乃至治安"治理"的功能也得到重视和加强,实体法和程序法的特征更加凸显。其中有很多可喜的变化和进步,正文中我们再细细解读。这次修订,虽然前后历时十余年,各方付出了巨大努力,我们也发现还存在一些问题和不足,或许,立法也是一门遗憾的艺术吧。无论是进步还是遗憾,都是本法理解与适用需要特别留意的地方。

本书由9位高级职称教师组成编写组,大部分作者就是当时《治安管理处罚法(专家建议稿)》的组织者或撰写者。本书编写,坚持理论与实务融通结合,逐条对条文进行解释,并选取典型案例评析以辅助释法,对修订的新内容给予了重点关注。编写组还专门制作了调查问卷,收集基层办案民警的解读需求,并体现在本书编写中。因此,编写工作摆脱了一般同类书籍单纯注释法条、封闭注解法条的模式,相信能够为广大读者尤其是基层执法办案民警提供很好的帮助。

全书由主编提出编写大纲、体例及编写要求,各位作者分别撰写,然后由主编进行审稿,老前辈熊一新教授还担任了主审工作。

全书各章节分工如下：

李富声：第一章、第二章、第四章第三节、第六章、附则；

尹淑玲：第三章第一节；

谢秋玲：第三章第二节；

郑红梅：第三章第三节；

郭晓桢：第三章第四节；

赵文清：第四章第一节；

张万里：第四章第二节；

吕福鑫：第五章。

本书在出版过程中得到法律出版社领导和责任编辑的关心和大力支持，在此表示诚挚的谢意。由于水平有限，时间仓促，不足之处在所难免，敬请读者批评指正。

李富声

2025 年 7 月 21 日于烟台山南麓

目　　录

第一章　总　　则 …………………………………………………… 1
　　第一条　【宗旨任务及立法依据】………………………………… 1
　　第二条　【治安管理工作坚持党的领导、坚持综合治理】……… 4
　　第三条　【违反治安管理行为】…………………………………… 5
　　第四条　【治安管理处罚程序的法律依据】……………………… 8
　　第五条　【空间效力】……………………………………………… 10
　　第六条　【治安管理处罚的基本原则】…………………………… 13
　　第七条　【治安管理工作的职能部门及治安案件的管辖】……… 16
　　第八条　【违反治安管理行为的民事责任及刑事责任】………… 19
　　第九条　【治安调解】……………………………………………… 21

第二章　处罚的种类和适用 ………………………………………… 27
　　第十条　【治安管理处罚的种类】………………………………… 27
　　第十一条　【查获物品的处理】…………………………………… 32
　　第十二条　【未成年人违反治安管理的处理】…………………… 33
　　第十三条　【精神病人、智力残疾人违反治安管理的处理】…… 36
　　第十四条　【盲人或者又聋又哑的人违反治安管理的处理】…… 39
　　第十五条　【醉酒的人违反治安管理的处理】…………………… 40
　　第十六条　【两种以上违反治安管理行为的处罚】……………… 43
　　第十七条　【共同违反治安管理的处罚】………………………… 47
　　第十八条　【单位违反治安管理的处罚】………………………… 51

第十九条　【正当防卫】 …………………………………………… 52

　　第二十条　【从轻、减轻或者不予处罚的情形】 …………………… 54

　　第二十一条　【认过认罚从宽处理】 ………………………………… 58

　　第二十二条　【从重处罚的情形】 …………………………………… 60

　　第二十三条　【不执行行政拘留处罚的情形及其例外】 …………… 62

　　第二十四条　【未成年人矫治教育】 ………………………………… 64

　　第二十五条　【追究时效】 …………………………………………… 65

第三章　违反治安管理的行为和处罚 …………………………………… 68

　第一节　扰乱公共秩序的行为和处罚 ………………………………… 68

　　第二十六条　【扰乱公共秩序行为及其处罚】 ……………………… 68

　　第二十七条　【扰乱国家考试秩序行为及其处罚】 ………………… 76

　　第二十八条　【扰乱大型群众性活动秩序行为及其处罚】 ………… 80

　　第二十九条　【有关制造或传播虚假危险信息扰乱公共秩序行为
　　　　　　　　及其处罚】 …………………………………………… 84

　　第三十条　【寻衅滋事行为及其处罚】 ……………………………… 88

　　第三十一条　【有关邪教、会道门、非法的宗教迷信等非法活动行为】 …… 90

　　第三十二条　【对扰乱无线电管理秩序行为的处罚】 ……………… 95

　　第三十三条　【对侵害计算机信息系统安全行为的处罚】 ………… 99

　　第三十四条　【组织、领导传销，胁迫、诱骗他人参加传销行为及其
　　　　　　　　处罚】 …………………………………………………… 107

　　第三十五条　【从事有损英雄烈士保护等行为及处罚】 …………… 110

　第二节　妨害公共安全的行为和处罚 ………………………………… 116

　　第三十六条　【违反危险物质管理的行为和处罚】 ………………… 116

　　第三十七条　【危险物质被盗、被抢、丢失不报行为和处罚】 …… 120

　　第三十八条　【非法携带管制器具行为和处罚】 …………………… 122

　　第三十九条　【盗窃、损毁公共设施行为和处罚】 ………………… 125

　　第四十条　【妨害航空器飞行安全、妨碍公共交通工具驾驶的行为
　　　　　　　和处罚】 ………………………………………………… 130

　　第四十一条　【妨害铁路、城市轨道交通运行安全行为和处罚】 …… 138

第四十二条　【妨害列车、城市轨道交通行车安全行为和处罚】……… 145

第四十三条　【危害他人人身安全、公私财产安全或者公共安全的危险行为和处罚】……… 148

第四十四条　【违反规定举办大型群众性活动的行为和处罚】……… 157

第四十五条　【违反公共场所安全规定的行为和处罚】……… 159

第四十六条　【违规飞行民用无人驾驶航空器、航空运动器材，升放升空物体的行为和处罚】……… 161

第三节　侵犯人身权利、财产权利的行为和处罚 ……… 165

第四十七条　【侵犯不满16周岁的人、残疾人人身权利、强迫他人劳动以及非法限制他人人身自由、非法侵入他人住宅、非法搜查他人身体行为及处罚】……… 166

第四十八条　【组织、胁迫未成年人在不适宜未成年人活动的经营场所从事陪酒、陪唱等有偿陪侍活动行为及处罚】…… 172

第四十九条　【胁迫、诱骗、利用他人乞讨或者以滋扰方式乞讨行为及处罚】……… 174

第五十条　　【威胁他人人身安全，侮辱、诽谤他人，诬告陷害他人，打击报复证人及其近亲属，发送淫秽、侮辱、恐吓等信息或者采取滋扰、纠缠、跟踪等方法干扰他人正常生活，侵犯他人隐私行为及处罚】……… 176

第五十一条　【殴打他人或者故意伤害他人身体的行为及处罚】……… 183

第五十二条　【猥亵他人、公共场所故意裸露身体隐私部位的行为及处罚】……… 185

第五十三条　【虐待家庭成员，虐待被监护、看护的人及遗弃被扶养人的行为及处罚】……… 186

第五十四条　【强迫交易行为及处罚】……… 189

第五十五条　【煽动民族仇恨、民族歧视，刊载民族歧视、侮辱内容的行为及处罚】……… 190

第五十六条　【向他人出售或者提供个人信息及窃取或者以其他方法非法获取个人信息行为及处罚】……… 191

第五十七条　【侵犯他人邮件、快件行为及处罚】……… 193

第五十八条　【盗窃、诈骗、哄抢、抢夺或者敲诈勒索行为及处罚】 …… 195

　　第五十九条　【故意损毁公私财物行为及处罚】 ……………… 203

　　第六十条　【以殴打、侮辱、恐吓等方式实施学生欺凌行为及处理】 …… 205

第四节　妨害社会管理的行为和处罚 ………………………………… 206

　　第六十一条　【阻碍执行公务行为】 …………………………… 207

　　第六十二条　【招摇撞骗行为】 ………………………………… 209

　　第六十三条　【关于公文、证件、证明文件、印章、票证的违反治安
　　　　　　　　管理行为和违反船舶管理规定行为】 …………… 211

　　第六十四条　【违反船舶管理规定行为】 ……………………… 211

　　第六十五条　【违反社会团体、基金会、社会服务机构登记管理秩序
　　　　　　　　或擅自经营需公安机关许可行业的行为】 ……… 216

　　第六十六条　【煽动、策划非法集会、游行、示威，不听劝阻行为】 …… 218

　　第六十七条　【违反旅馆业管理规定行为】 …………………… 220

　　第六十八条　【违反租赁房屋规定行为】 ……………………… 223

　　第六十九条　【娱乐场所和公章刻制、旧货、机动车修理等行业经营者
　　　　　　　　不依法登记行为】 …………………………………… 224

　　第七十条　【非法安装、使用、提供窃听、窃照专用器材行为】 …… 225

　　第七十一条　【违法承接典当物品、收购国家禁止收购物品的行为】 … 227

　　第七十二条　【妨害执法、司法管理秩序行为】 ……………… 230

　　第七十三条　【妨害司法、监察秩序行为】 …………………… 233

　　第七十四条　【依法被关押的违法行为人脱逃行为】 ………… 236

　　第七十五条　【故意损坏国家保护的文物、名胜古迹，或者危害文物
　　　　　　　　安全行为】 ……………………………………………… 236

　　第七十六条　【偷开他人机动车或无证驾驶、偷开他人航空器、机动
　　　　　　　　船舶行为】 ……………………………………………… 238

　　第七十七条　【破坏、污损他人坟墓或毁坏、丢弃他人尸骨、骨灰或者
　　　　　　　　违法停放尸体行为】 …………………………………… 239

　　第七十八条　【卖淫、嫖娼或公共场所拉客招嫖行为】 ……… 241

　　第七十九条　【引诱、容留、介绍他人卖淫行为】 …………… 242

第八十条 【制作、运输、复制、出售、出租淫秽物品或者传播淫秽信息行为】 ………………………………………………… 243

第八十一条 【组织播放淫秽音像或组织、进行淫秽表演,参与聚众淫乱行为】 ………………………………………………… 245

第八十二条 【为赌博提供条件或者参与赌博行为】 ……………… 248

第八十三条 【非法种植毒品原植物,非法买卖、运输、携带、持有少量未经灭活的罂粟等毒品原植物种子或幼苗或者非法运输、买卖、储存、使用少量罂粟壳行为】 ………… 249

第八十四条 【非法持有毒品,向他人提供毒品,吸食、注射毒品或胁迫、欺骗医务人员开具麻醉药品、精神药品行为】 …… 251

第八十五条 【引诱、教唆、欺骗或者强迫、容留他人吸食、注射毒品行为】 ……………………………………………………… 253

第八十六条 【违反国家规定,非法生产、经营、购买、运输用于制造毒品的原料、配剂行为】 ………………………………… 255

第八十七条 【旅馆业、饮食服务业、文化娱乐业、出租汽车业等单位的人员为违法犯罪行为人通风报信行为】 ……………… 256

第八十八条 【违反规定产生社会生活噪声干扰他人正常生活、工作和学习行为】 ………………………………………………… 257

第八十九条 【饲养动物干扰他人正常生活或者放任动物恐吓他人,出售、饲养烈性犬等危险动物或者致使动物伤害他人,未对动物采取安全措施致使动物伤害他人行为】 ……… 260

第四章 处罚程序 …………………………………………………… 262
第一节 调 查 …………………………………………………… 262
第九十条 【立案】 …………………………………………………… 262

第九十一条 【依法调查】 …………………………………………… 264

第九十二条 【调取证据】 …………………………………………… 267

第九十三条 【移送的证据材料】 …………………………………… 268

第九十四条 【保密】 ………………………………………………… 269

第九十五条 【回避】 ………………………………………………… 272

第九十六条　【传唤】 ··· 276

第九十七条　【询问违反治安管理行为人】 ································· 278

第九十八条　【询问笔录和自书材料】 ·· 281

第九十九条　【询问被侵害人或者其他证人】 ····························· 283

第一百条　【委托询问和远程询问】 ·· 285

第一百零一条　【询问的语言及翻译】 ·· 286

第一百零二条　【人身检查】 ·· 286

第一百零三条　【场所检查】 ·· 287

第一百零四条　【检查笔录】 ·· 290

第一百零五条　【扣押】 ·· 290

第一百零六条　【鉴定】 ·· 293

第一百零七条　【辨认】 ·· 296

第一百零八条　【一人执法】 ·· 296

第二节　决　　定 ··· 298

第一百零九条　【处罚的决定机关】 ·· 299

第一百一十条　【行政拘留的折抵】 ·· 299

第一百一十一条　【违反治安管理行为人的陈述与其他证据关系】 ······ 300

第一百一十二条　【公安机关告知义务和违反治安管理行为人陈述
　　　　　　　　与申辩权】 ·· 302

第一百一十三条　【治安案件调查结束后的处理】 ····················· 304

第一百一十四条　【特定事项法制审核及审核人员资质要求】 ········· 306

第一百一十五条　【治安管理处罚决定书的内容】 ····················· 307

第一百一十六条　【处罚决定书的宣告、送达】 ························· 308

第一百一十七条　【听证】 ·· 309

第一百一十八条　【办案治安案件期限】 ···································· 313

第一百一十九条　【当场处罚】 ··· 314

第一百二十条　【当场处罚决定程序】 ·· 316

第一百二十一条　【不服处罚提起的复议或诉讼】 ····················· 318

第三节　执　　行 ··· 319

第一百二十二条　【行政拘留送所执行】 ···································· 320

第一百二十三条 【罚款缴纳程序及当场收缴罚款的情形】…… 321
第一百二十四条 【当场收缴罚款上交期限】…… 324
第一百二十五条 【当场收缴罚款应当出具专用票据】…… 325
第一百二十六条 【行政拘留暂缓执行】…… 325
第一百二十七条 【担保人的条件】…… 328
第一百二十八条 【担保人的法律义务及法律责任】…… 329
第一百二十九条 【保证金的没收】…… 330
第一百三十条 【保证金的退还】…… 331

第五章 执法监督 …… 333
第一百三十一条 【执法原则】…… 333
第一百三十二条 【禁止行为】…… 337
第一百三十三条 【社会监督】…… 339
第一百三十四条 【公职人员违反治安管理】…… 342
第一百三十五条 【罚缴分离原则】…… 345
第一百三十六条 【违反治安管理的违法记录封存】…… 346
第一百三十七条 【同步录音录像】…… 349
第一百三十八条 【非法使用办案信息】…… 350
第一百三十九条 【行政责任和刑事责任】…… 353
第一百四十条 【民事责任和国家赔偿责任】…… 360

第六章 附　则 …… 362
第一百四十一条 【与其他相关法律、行政法规的适用衔接】…… 362
第一百四十二条 【海警机构履行海上治安管理职责】…… 363
第一百四十三条 【以上、以下和以内的含义】…… 364
第一百四十四条 【时间效力】…… 364

附录 《中华人民共和国治安管理处罚法》新旧条文对照表 …… 366

后　记 …… 406

第一章 总　　则

　　总则是《治安管理处罚法》的基础性、纲领性、概括性规定,通过明确宗旨任务、界定核心概念、规定适用范围、确立方略原则、构建框架结构等,为后续条款提供统一理解和执行框架。总则对整个《治安管理处罚法》的理解和适用具有基础性、纲领性、概括性的指导作用。在理解及适用《治安管理处罚法》其他章节的条文时,应当遵循总则的规定,贯彻总则的精神,不得与之相抵触。

　　本章共9条,规定了《治安管理处罚法》的宗旨任务及立法依据,治安管理工作坚持党的领导、坚持治安管理,违反治安管理行为,治安管理处罚程序的法律依据、《治安管理处罚法》的空间效力、治安管理处罚的基本原则、治安管理工作的职能部门及治安案件的管辖、违反治安管理行为的民事责任及刑事责任以及治安调解。与2012年《治安管理处罚法》相比,2025年修订的《治安管理处罚法》除了第3条违反治安管理行为和第7条治安管理工作的职能部门及治安案件的管辖没有变化之外,其他条文都进行了修改和完善。

> 　　**第一条**　【宗旨任务及立法依据】为了维护社会治安秩序,保障公共安全,保护公民、法人和其他组织的合法权益,规范和保障公安机关及其人民警察依法履行治安管理职责,根据宪法,制定本法。

解读与适用

　　本条是对《治安管理处罚法》宗旨任务及立法依据的规定。对本条的理解应当注意三个方面：

　　一、《治安管理处罚法》的宗旨

　　本条明确规定了《治安管理处罚法》的宗旨是"为了维护社会治安秩序"。

社会秩序是按照统治阶级利益的需要形成的一种规范的社会状态,包括政治、经济、生产、文化、生活等各方面的秩序。社会秩序由不同法律、法规、规章制度以及道德、纪律、习惯等进行调整和规范。社会治安秩序是指涉及安全、秩序、稳定等治安方面的社会秩序。《治安管理处罚法》主要调整和规范与公共秩序、公共安全、公民人身权利、公私财产权利以及社会管理相关的社会秩序,即社会治安秩序。良好社会治安秩序是我国社会主义现代化建设的必要前提,也是治安管理的重要内容。与破坏社会治安秩序的行为作斗争是《治安管理处罚法》的根本宗旨。因此,《治安管理处罚法》对尚不够刑事处罚的违反治安管理行为作出具体的处罚规定。本次《治安管理处罚法》修订,为适应治安形势的发展变化,新增了多项原《治安管理处罚法》未作规定却破坏社会治安秩序的违反治安管理行为。具体包括:将扰乱城市轨道交通车辆,扰乱考试秩序,组织、领导传销活动,从事有损英雄烈士保护等行为增列为扰乱公共秩序的行为;将抢控驾驶操纵装置等干扰公共交通工具正常行驶、违规升放携带明火的升空物体、高空抛掷物品、违规飞行民用无人驾驶航空器等行为增列为妨害公共安全的行为;将组织、胁迫未成年人在不适宜未成年人活动的经营场所从事陪酒、陪唱等有偿陪侍活动,虐待被监护、看护的人,违规出售或者提供个人信息等行为增列为侵犯人身权利、财产权利的行为;将出租、出借单位或者其他组织的证明文件、印章供他人非法使用,从事旅馆业经营活动不按规定登记住宿人员信息,明知住宿人员利用旅馆实施犯罪活动不向公安机关报告,娱乐场所和特定行业经营者不履行信息登记或者报送义务,非法安装、使用、提供窃听、窃照专用器材,违反人民法院刑事判决中的禁止令或者职业禁止决定,依法被关押的违法行为人脱逃,非法生产、经营、购买、运输制毒物品等行为增列为妨害社会管理的行为等。这有利于公安机关更好地维护社会治安秩序,更好地开展治安管理工作。

二、《治安管理处罚法》的任务

在明确《治安管理处罚法》的宗旨之后,本条具体规定了《治安管理处罚法》的任务:保障公共安全,保护公民、法人和其他组织的合法权益,规范和保障公安机关及其人民警察依法履行治安管理职责。

(一)保障公共安全

公共安全主要是指不特定多数人的生命、健康和财产安全。保障公共安全是维护社会治安秩序的重要任务。公共安全一旦遭到破坏,就会给国家、社会、集体以及公民个人的利益带来危害。《治安管理处罚法》第三章第二节专门对"妨害公共安全的行为和处罚"作出规定,这是法律保障公共安全的具体体现。根据治安管理实际,增加了妨害公共安全行为,将以抢夺方向盘等方式妨碍公共交通工具驾驶、违规升放携带明火的升空物体、高空抛物、治安保卫重点单位拒不整改治安隐患、无人机"黑飞"等行为增列为妨害公共安全的行为,并作出具体处罚规定。

(二)保护公民、法人和其他组织的合法权益

公民、法人和其他组织的合法权益不受非法侵害,是社会治安秩序的重要体现。几乎所有违反治安管理行为都会对公民、法人和其他组织的合法权益造成实际损害或潜在危害。因此,保护公民、法人和其他组织合法权益是《治安管理处罚法》的重要任务和内容。《治安管理处罚法》第三章规定的违反治安管理的行为和处罚,几乎都体现了这一任务。其中,第三节"侵犯人身权利、财产权利的行为和处罚"是最直接的体现。比如,为了更好地保护公民、法人和其他组织合法权益,本次《治安管理处罚法》修订,将组织、胁迫未成年人在不适宜未成年人活动的经营场所从事陪酒、陪唱等有偿陪侍活动,虐待被监护、看护的人,违规出售或者提供个人信息等行为增列为侵犯人身权利、财产权利的行为。

《治安管理处罚法》对权益的保护,在对象上是全面的,既包括公民,也包括法人和其他组织;在内容上是准确的,保护的是公民、法人和其他组织的合法权益,而不是非法的权益;在主体上也是辩证的,公安机关及其人民警察适用《治安管理处罚法》保护公民、法人和其他组织合法权益时,应当注意遵循实体和程序的规定,接受执法监督,避免在执法办案中侵犯公民、法人以及其他组织的合法权益。

(三)规范和保障公安机关及其人民警察依法履行治安管理职责

徒法不能自行,《治安管理处罚法》的实施,公安机关及其人民警察是最重要的主体。规范和保障是辩证统一的,《治安管理处罚法》在实现维护社会治安秩序,保障公共安全,保护公民、法人和其他组织的合法权益的宗旨时,既要保障公安机关及其人民警察依法履行治安管理职责,又要规范其履职行为。本次《治安管理处罚法》修订,在强调坚持党的领导、做好社会治安综合治理的同时,新增违反治安管理行为,合理设定处罚措施和幅度,优化治安管理处罚程序,完

善对未成年人的保护规定等,都体现了对公安机关及其人民警察依法履行治安管理职责的规范和保障。

三、《治安管理处罚法》的立法依据

在规定《治安管理处罚法》宗旨任务之后,本条规定"根据宪法,制定本法",明确了制定《治安管理处罚法》的依据是宪法。宪法是根本法,为维护社会治安秩序、追究危害社会治安的法律责任提供了依据。例如,《宪法》第12条第1款规定:"社会主义的公共财产神圣不可侵犯。"第13条第1款规定:"公民的合法的私有财产不受侵犯。"第28条规定"国家维护社会秩序","制裁危害社会治安"的活动。1957年《治安管理处罚条例》规定了制定依据,但随后的《治安管理处罚条例》(1986年)、《治安管理处罚法》(2005年)都没再规定立法依据,本次《治安管理处罚法》修订重新规定了立法依据。

第二条 【治安管理工作坚持党的领导、坚持综合治理】治安管理工作坚持中国共产党的领导,坚持综合治理。

各级人民政府应当加强社会治安综合治理,采取有效措施,预防和化解社会矛盾纠纷,增进社会和谐,维护社会稳定。

解读与适用

党的领导做好治安管理的根本保障,社会治安综合治理是具有中国特色的治安方略。本条是"总则"对治安管理工作根本保障及基本方略的规定,首次在法律条文中明确规定治安管理工作要坚持党的领导,坚持综合治理。全国人民代表大会常务委员会《关于加强社会治安综合治理的决定》规定:"加强社会治安综合治理,是坚持人民民主专政的一项重要工作,也是解决我国社会治安问题的根本途径。社会治安问题是社会各种矛盾的综合反映,必须动员和组织全社会的力量,运用政治的、法律的、行政的、经济的、文化的、教育的等多种手段进行综合治理,从根本上预防和减少违法犯罪,维护社会秩序,保障社会稳定,并作为全社会的共同任务,长期坚持下去。"社会治安问题是个综合的社会问题,仅靠公安机关在程序上对违反治安管理行为人作出治安管理处罚决定,单单追究行

为人的法律责任,难以实现社会治安有效治理,需要全社会协同共治。因此,本条规定具有重要意义。实务中,面对各种各样的具体违反治安管理行为,公安机关及其人民警察在执法办案中应当注意分析其背后的各种社会矛盾,进而有针对性地加强社会治安综合治理。对于属于公安机关职责范围的,要采取有效措施预防和化解同类社会矛盾纠纷;对于属于人民政府其他有关部门职责范围的,也要通过部门间工作机制,提请相关部门共同加强社会治安综合治理,采取有效措施预防和化解社会矛盾,从而不断增进社会和谐,确实维护社会稳定。

社会治安综合治理不仅需要各级人民政府的履职尽责,更需要社会组织和公民个人的广泛参与。本条第1款新增规定:"治安管理工作坚持中国共产党的领导,坚持综合治理。"这既有利于党对治安管理工作的领导,也有利于组织号召全社会共同参与社会治安综合治理。公安机关在日常治安管理工作中,对于需要其他政府部门、社会组织以及广大群众参与社会治安综合治理的治安问题,除了恪尽本职之外,要善于运用社会治安综合治理方略,积极向上级党委汇报,通过党的领导来更好地实现治安问题的综合治理。

需要特别注意的是,本条规定从以前的第6条调整到第2条,已经把治安管理工作的根本保障和基本方略与一般治安管理处罚原则区别开来。需要在实务中予以充分重视,积极探索不同违反治安管理行为在党的领导下得到综合治理的有效机制,与健全完善以党中央为中枢,各级党委总揽全局、协调各方,党委政法委归口管理、组织协调,政法机关党组(党委)主管主抓、各司其职的党领导政法工作总体格局和运行体系,与完善党委领导、政府负责、民主协商、社会协同、公众参与、法治保障、科技支撑的社会治理体系,打造"人人有责、人人尽责、人人享有"的社会治理共同体结合起来。

第三条 【违反治安管理行为】扰乱公共秩序,妨害公共安全,侵犯人身权利、财产权利,妨害社会管理,具有社会危害性,依照《中华人民共和国刑法》的规定构成犯罪的,依法追究刑事责任;尚不够刑事处罚的,由公安机关依照本法给予治安管理处罚。

解读与适用

本条是关于违反治安管理行为的规定。正确理解本条需要把握以下要点:

一、违反治安管理行为的概念及特征

《治安管理处罚法》是规定违反治安管理行为并依法对其行为人治安管理处罚的基本法律依据,违反治安管理行为是《治安管理处罚法》的核心概念。本条作为总则条款,对这一核心概念作出了明确规定。正确认识违反治安管理行为,是对其行为人进行治安管理处罚的前提。根据本条规定,违反治安管理行为是指扰乱公共秩序,妨害公共安全,侵犯人身权利、财产权利,妨害社会管理,具有社会危害性,尚不够刑事处罚,应由公安机关依法给予治安管理处罚的行为。这条规定表明违反治安管理行为具有以下基本特征:

(一)具有一定的社会危害性

违反治安管理行为具有社会危害性,对治安管理法律规范保护的社会关系具有社会危害,这是其本质特征。任何违反治安管理行为都具有社会危害性,也就是说,具有社会危害性的行为才构成违反治安管理行为。违反治安管理行为的具体表现形式多种多样,主要是扰乱公共秩序、妨害公共安全、侵犯人身权利、财产权利以及妨害社会管理等,这些行为已经或可能对社会造成一定的危害。如果某种行为根本不可能对社会造成任何危害,则不可能构成《治安管理处罚法》规定的违反治安管理行为。

违反治安管理行为是具有一定社会危害性的行为,但并不是所有具有社会危害性的行为都是违反治安管理行为。只有那些情节轻微、尚不够刑事处罚的行为,才是违反治安管理行为。也就是说,违反治安管理行为的危害性具有一定的程度,但还没有达到犯罪的危害程度。《治安管理处罚法》中,许多违反治安管理行为的表现形式与《刑法》中的一些犯罪行为相似或者相同,只是在危害程度上有所区别。情节轻微、危害不大的是违反治安管理的行为;情节严重、危害大的则是犯罪行为。具体标准主要由立法解释或司法解释文件予以明确,主要考虑主体、主观、行为、对象、结果、情势等具体因素。

违反治安管理行为可以是实际已经造成一定社会危害的行为,也可以是有造成危害的可能的行为。例如:利用迷信扰乱社会秩序并损害他人身体健康或者造成他人财产损失的行为,属于已经造成危害;而非法携带枪支、弹药或者弩、匕首等国家规定的管制器具的行为,在被查处时往往尚未造成实际危害,只是具有危害可能。

(二)违反治安管理法律规范

现实生活中,违法行为多种多样,包括刑事违法行为、民事违法行为和行政违法行为等。虽然这些违法行为都具有社会危害性,但不全是违反治安管理行为。只有违反了治安管理法律规范的行为,才是违反治安管理行为,这是违反治安管理行为的治安违法性。社会危害性是违反治安管理行为的本质特征,违反治安管理法律规范则是违反治安管理行为的法律特征,这两个特征有着密切的联系。一方面,社会危害性是违反治安管理法律规范的基础,只有具有一定的社会危害性才会被治安管理法律规范禁止。另一方面,违反治安管理法律规范是社会危害性的法律表现。当这种社会危害性被治安管理法律规范禁止时,才构成违反治安管理行为。《治安管理处罚法》第三章对违反治安管理行为的规定坚持社会危害性与违反治安管理法律规范的统一。违反治安管理法律规范的特征为公安机关及其人民警察查处违反治安管理行为提供了法律依据,实务中可以依据治安管理法律规范来认定违反治安管理行为。

《治安管理处罚法》是认定违反治安管理行为的最主要的法律规范文件。此外,许多法律、行政法规等也常常规定相关的违反治安管理行为,它们也是认定违反治安管理行为的法律规范文件。

(三)应当受到治安管理处罚

任何违法行为都必然产生一定法律后果,刑事违法行为的法律后果是刑罚处罚,违反治安管理行为的法律后果则是治安管理处罚。应当受到治安管理处罚是违反治安管理行为社会危害性以及违反治安管理法律规范的必然法律后果,是违反治安管理行为的制裁特征。对违反治安管理行为人进行治安管理处罚,既可惩戒、预防其继续违法,又可教育其他知情群众守法,有利于社会公众法治心理建设。

是否应当受到治安管理处罚与是否实际受到治安管理处罚是两个不同的概念。有些行为应当受到治安管理处罚,但是由于存在法定情节,可以不予处罚或不予追究,这与违反治安管理行为应当受到治安管理处罚的特征并不矛盾。因为只有存在应当受到治安管理处罚这个前提,才可能出现不予处罚、不予追究的情况。

以上三个特征紧密联系不可孤立理解。社会危害性特征决定治安违法性特征,导致制裁特征。社会危害性是构成违反治安管理行为的前提,是违反治安管理法律规范和应当受到治安管理处罚的基础;治安管理法律规范是认定社会危害性程度的依据,是认定违反治安管理行为的法律依据;而应当受到治安管理处罚则是前两者的必然法律后果。

二、《治安管理处罚法》与《刑法》的衔接

实务中,依法准确认定违反治安管理行为需要注意《治安管理处罚法》与《刑法》的衔接。《治安管理处罚法》规定的许多违反治安管理行为的表现形式与《刑法》规定的犯罪的表现形式相似或者相同,只是在危害性程度上有所区别。危害性程度达到一定的量,构成犯罪的,依法追究刑事责任;危害性程度尚未达到犯罪的程度,不构成犯罪的,依法追究违反治安管理的法律责任。实务中,面对扰乱公共秩序,妨害公共安全,侵犯人身权利、财产权利,妨害社会管理,具有社会危害性的行为,依照《刑法》的规定构成犯罪的,依法追究刑事责任。如果尚不构犯罪,则由公安机关依法给予治安管理处罚。《治安管理处罚法》规定违反治安管理行为及治安管理处罚,《刑法》规定犯罪行为及刑事处罚,两部法律互相衔接、共同维护社会治安秩序。

案例与评析

【案例】小范为了使其店里的衣服早点卖掉,故意在每件衣服的口袋里放上100元,顾客因为贪便宜便以较高的价钱购买衣服,等成交后小范再以忘记为由要回衣服口袋里的100元。顾客报警。公安机关认为小范的行为已构成骗取公私财物的违反治安管理行为,对其进行处罚。

【评析】小范的行为只是商业不道德行为,没有违反治安管理法律规定,不具备骗取财物行为的法律构成要件,并不构成骗取公私财物的违反治安管理行为,公安机关可以对其进行批评教育但不能予以处罚。

第四条 【治安管理处罚程序的法律依据】治安管理处罚的程序,适用本法的规定;本法没有规定的,适用《中华人民共和国行政处罚法》、《中华人民共和国行政强制法》的有关规定。

> **解读与适用**

本条是关于治安管理处罚程序法律依据的规定,理解本条规定需要把握以下几点:

第一,适用《治安管理处罚法》、《行政处罚法》和《行政强制法》时,要按照特别法优于一般法、新法优于旧法的原则,注意先后顺序。治安管理处罚的程序首先要适用《治安管理处罚法》的规定,包括《治安管理处罚法》中有规定而《行政处罚法》或《行政强制法》没有规定的情形以及《治安管理处罚法》的规定与《行政处罚法》或《行政强制法》的规定不一样的情形。

第二,《行政处罚法》是我国行政处罚的基本法律,治安管理处罚属于行政处罚,应当遵守《行政处罚法》的原则规定。《行政处罚法》第4条规定:"公民、法人或者其他组织违反行政管理秩序的行为,应当给予行政处罚的,依照本法由法律、法规、规章规定,并由行政机关依照本法规定的程序实施。"当《治安管理处罚法》没有相关规定时,应当适用《行政处罚法》的规定。例如:《治安管理处罚法》没有规定听证告知程序、当事人行使陈述权和申辩权的程序、听证程序的组织等,这时就要适用《行政处罚法》的规定。《行政处罚法》第38条第2款规定:"违反法定程序构成重大且明显违法的,行政处罚无效。"程序合法是行政处罚有效成立的要件之一,治安管理处罚应当注意按照法定程序严谨作出。若治安管理处罚的程序构成重大且明显违法,会导致作出的治安管理处罚无效。

第三,《行政强制法》是我国为规范行政强制的设定和实施,保障和监督行政机关依法履行职责,维护公共利益和社会秩序,保护公民、法人和其他组织的合法权益而制定的一部关于行政强制的基本法律。治安管理处罚程序中的行政强制,无论是行政强制措施还是行政强制执行,都需要遵守《行政强制法》的规定。当《治安管理处罚法》没有相关规定时,应当适用《行政强制法》的规定。例如,在治安案件办理中,对无正当理由不接受传唤或者逃避传唤的人,经公安机关办案部门负责人批准,可以强制传唤。但强制传唤具体如何实施、强制传唤的条件消失应当怎么办,《治安管理处罚法》没有规定,这时就要适用《行政强制法》的规定。

> **案例与评析**

【案例】王某涉嫌违反治安管理,公安机关依法对其传唤,但在实施传唤时,发现王某已经闻风逃避传唤。后经公安机关办案部门负责人批准,办案民警打算对王某实施强制传唤。当办案民警找到王某要对其进行强制传唤时,发现王某认错态度端正,主动配合,不再逃避传唤。办案民警考虑到强制传唤已经领导批准,继续对王某实施强制传唤。

【评析】根据《治安管理处罚法》的规定,在治安案件办理中,对无正当理由不接受传唤或者逃避传唤的人,经公安机关办案部门负责人批准,可以强制传唤。但本案中,当办案民警经审批要实施强制传唤时,王某态度已经转变,主动配合,不再逃避传唤,强制传唤的缘由已经消失,已不需要实施强制传唤。由于《治安管理处罚法》对此没有规定,此时应当依照《行政强制法》规定解除强制传唤。

第五条 【空间效力】在中华人民共和国领域内发生的违反治安管理行为,除法律有特别规定的外,适用本法。

在中华人民共和国船舶和航空器内发生的违反治安管理行为,除法律有特别规定的外,适用本法。

在外国船舶和航空器内发生的违反治安管理行为,依照中华人民共和国缔结或者参加的国际条约,中华人民共和国行使管辖权的,适用本法。

解读与适用

本条是关于《治安管理处罚法》空间效力的规定,解决的是《治安管理处罚法》在哪些空间领域适用的问题。根据本条规定,《治安管理处罚法》的空间效力采用的是属地管辖原则,即在中华人民共和国领域内发生的违反治安管理行为,无论行为人是本国人、外国人还是无国籍人,除法律有特别规定的以外,都适用本法。

一、《治安管理处罚法》空间效力的具体内容

中华人民共和国领域指的是我国行使国家主权的地域,是我国国境内的全部区域,包括:领陆,即国境线以内的陆地及其地下层,这是国家领土最基本和最重要的部分。领水,即国家所有水域,包括内水、领海及其地下层。内水包括内

河、内湖、内海以及同外国之间界水的一部分,通常以河流中心线或主航道中心线为界。领海包括某些海湾、海峡等。根据我国政府1958年9月4日发表的声明,我国领海的宽度为12海里。另外,根据1992年全国人大常委会颁布的《领海及毗连区法》的规定,领海外宽度为12海里的毗连区也应当属于中国领域。领空,即领陆、领水之上的空间。

根据国际条约和惯例,我国的船舶和航空器是我国领土的延伸,属于我国拟制领土,在中华人民共和国船舶和航空器内发生的违反治安管理行为也应当适用我国的《治安管理处罚法》。凡是在我国登记注册,悬挂我国国旗、国徽、军徽等标志的船舶和航空器,都是我国的船舶和航空器。无论其是军用的还是民用的,是在航行中还是处于停泊状态,是在我国领域内还是在公海及其上空以及外国领域内,只要在我国船舶和航空器内发生的违反治安管理行为,若法律没有特别规定,都适用我国《治安管理处罚法》。相应地,在外国船舶和航空器内发生的违反治安管理行为,一般由外国管辖,但依照我国缔结或者参加的国际条约由我国行使管辖权的,适用我国《治安管理处罚法》。

另外,根据我国承认的《维也纳外交关系公约》的规定,各国驻外大使馆、领事馆不受驻在国的司法管辖而受本国的司法管辖,但以不危害驻在国的安全为限。因此,我国的驻外使领馆视同我国领域,在其内发生的违反治安管理行为也适用我国的《治安管理处罚法》。

二、《治安管理处罚法》空间效力的例外

依照本条规定,在中华人民共和国领域内发生的违反治安管理行为,一般适用本法,但法律有特别规定的除外。"法律有特别规定"就是《治安管理处罚法》空间效力的例外。本条规定的"法律有特别规定"主要有两种情况:

一种情况是,享有外交特权和豁免的外国人在我国领域内违反治安管理的,通过外交途径追究其法律责任。

外交特权和豁免,是指接受国(驻在国)为保证派遣国的外交代表机构及其工作人员正常执行职务而给予的一种特殊权利和待遇。享有外交特权和豁免的外国人享有行政管理豁免和民事管辖豁免。这种特权和待遇是建交国之间按照相互尊重和对等的原则相互给予的。享有外交特权和豁免的外国人在我国领域内有违反治安管理行为的,不适用《治安管理处罚法》,而是通过外交途径来解决。

根据《外交特权与豁免条例》的规定，享有外交特权与豁免的外国人包括：来中国访问的外国国家元首、政府首脑、外交部长及其他具有同等身份的官员；外交代表及其共同生活的配偶及未成年子女（如果是中国公民则除外）、使馆行政技术人员和与其共同生活的配偶及未成年子女（如果是中国公民并且是在中国永久居留的则除外）、使馆服务人员（如果是中国公民并且是在中国永久居留的则除外）；途经中国的外国驻第三国的外交代表和与其共同生活的配偶及未成年子女，持有中国外交签证或者持有外交护照（仅限互免签证的国家）来中国的外国官员，经中国政府同意给予外交特权与豁免的其他来中国访问的人士；外交信使和途经中国的第三国外交信使。但是，上述人员中的外交代表是中国公民或者是在中国获得永久居留资格的外国人以及使馆行政技术人员和使馆服务人员，只有在执行公务时，才能豁免行政管辖。

另一种情况是香港、澳门特别行政区基本法作出的例外规定。

根据《香港特别行政区基本法》第 2 条的规定："全国人民代表大会授权香港特别行政区依照本法的规定实行高度自治，享有行政管理权、立法权、独立的司法权和终审权。"《澳门特别行政区基本法》中也有相同的规定。据此，在香港或者澳门发生的违反治安管理行为不适用《治安管理处罚法》。这是由我国"一国两制"制度产生的一种对国家行政处罚权的特别法限制。

三、违反治安管理行为的发生地

本条规定涉及违反治安管理行为的发生地。对于什么是"在中华人民共和国领域内发生"，即违反治安管理行为发生地的认定，《治安管理处罚法》没有作出明确的规定。《刑法》第 6 条第 3 款规定："犯罪的行为或者结果有一项发生在中华人民共和国领域内的，就认为是在中华人民共和国领域内犯罪。"《刑法》第 6 条关于犯罪行为发生在我国的认定标准，可以作为参考。换言之，行为或者结果有一项发生在中华人民共和国领域内的违反治安管理行为，就是在中华人民共和国领域内发生的违反治安管理行为。

实务中，违反治安管理行为发生地与案件管辖分工密切相关。《行政处罚法》第 22 条规定："行政处罚由违法行为发生地的行政机关管辖。法律、行政法规、部门规章另有规定的，从其规定。"《公安机关办理行政案件程序规定》第二章"管辖"对公安行政案件的管辖作了详细的规定。根据《公安机关办理行政案件程序规定》第二章的规定,行政案件由违法行为地的公安机关管辖。违法行为地包括违法行为发生地和违法结果发生地。违法行为发生地,包括违法行为的实施地以及开始地、途经地、结束地等与违法行为有关的地点;违法行为有连续、持续或者继续状态的,违法行为连续、持续或者继续实施的地方都属于违法行为发生地。违法结果发生地,包括违法对象被侵害地、违法所得的实际取得地、藏匿地、转移地、使用地、销售地。需要注意的是,由于违法行为地的多样性,为便于管辖,《公安机关办理行政案件程序规定》第二章在行为地管辖的基础上,还补充了居住地管辖等管辖方式。

> **第六条 【治安管理处罚的基本原则】**治安管理处罚必须以事实为依据,与违反治安管理的事实、性质、情节以及社会危害程度相当。
>
> 实施治安管理处罚,应当公开、公正,尊重和保障人权,保护公民的人格尊严。
>
> 办理治安案件应当坚持教育与处罚相结合的原则,充分释法说理,教育公民、法人或者其他组织自觉守法。

解读与适用

本条是对治安管理处罚基本原则的规定,共规定了以下四条基本原则:

一、处罚与违法行为相当原则

处罚与违法行为相当原则是《行政处罚法》第5条规定的行政处罚设定实施的基本原则,是指处罚与违法行为的事实、性质、情节以及社会危害程度相当。《治安管理处罚法》充分体现了处罚与违法行为相当原则:在第一章"总则"中规定了该原则,体现了法制的一致性、严肃性和公平性;在第二章"处罚的种类和适用"中规定了从重处罚、从轻处罚、减轻处罚、不予处罚等适用治安管理处罚的法定情节和依据;在第三章"违反治安管理的行为和处罚"中规定了不同种类的违反治安管理行为具体适用治安管理处罚的依据。

治安管理处罚意味着对治安管理相对人的"不利益性",是具有强制性质的制裁手段,因此在适用治安管理处罚时,必须慎重、公平,不能轻过重罚,也不能重过轻罚。公安机关及其人民警察在适用《治安管理处罚法》时,遵循处罚与违法行为相当原则,一是要以事实为依据,即以有证据证明的案情事实为处罚根据。查明案件事实是作出处罚的基础,事实不清,处罚就无所依托。而且以事实为依据,要求对每一个事实都要有证据证明。例如:违法事实是否存在,违法行为的性质是什么,是否存在法定从轻处罚、减处罚轻、不予处罚或者从重处罚的情节,违法行为社会危害性的大小等都应当有证据证明。二是公安机关及人民警察作出的处罚决定应当与证据证明的事实相当,而不能因为各种主观因素,而重过轻罚或者轻过重罚。例如,《治安管理处罚法》将罚款及行政拘留处罚的具体幅度作了细化,这可以减少主观原因造成的处罚与违法行为不相当的情况,为落实处罚与违法行为相当原则提供了保证。

二、公开与公正原则

公开与公正原则是现代社会法治化、民主化的体现,也是《行政处罚法》第5条规定的行政处罚设定实施的基本原则之一。

公开,是指治安管理处罚要体现透明度,但法律规定应当保密的除外。公开有两个方面的要求:首先,作为治安管理处罚的法律依据要公开,未经公开的,不能作为治安管理处罚的依据;其次,公安机关及其人民警察应当让被处罚人明确知道作出处罚的事实依据、法律依据、其应当享有的权利以及所经历的调查、决定、执行等程序,允许社会对治安案件的办理情况进行监督,而且案件有被侵害人时,对违反治安管理行为人的处罚决定还应当抄告被侵害人,向被侵害人公开。案件适用简易程序的,处罚当场作出,向社会公开。

公正,是指公平正直没有偏私,主要有以下几点要求:首先,作出治安管理处罚决定的目的具有公正性,即为了维护社会治安秩序,公平对待各方当事人。其次,作出治安管理处罚决定的事实依据和法律依据具有公正性,即以事实为依据,以法律为准绳。在调查取证、认定事实、适用法律等方面都做到实事求是、客观公正,正确行使自由裁量权。最后,作出治安管理处罚决定的程序具有公正性,即依照法定程序作出处罚,如遵循回避规定、告知程序、时限规定等。

公开与公正是相辅相成,紧密联系的。一方面,公开是公正的内在要求和保障。因为公开否定了执法办案的神秘主义,将治安管理处罚置于当事人以及社会、公众的监督之下,对公安机关及其人民警察进行约束,体现治安管理处罚的合法性和合理性。另一方面,公开是公正的内容。通过公开执法,体现执法的公正性,不仅使被处罚人受到教育和制裁,而且进行了法制宣传,取得公众的信任和支持,减少违反治安管理的行为。

三、尊重和保障人权原则

人权是人之所以为人而享有的权利。治安管理处罚的目的之一是保护公民的合法权益,不仅包括守法公民的合法权益,也包括违反治安管理人的合法权益,而人权以及公民人格尊严是公民合法权益的组成部分。随着人们民主、法治意识的日益增强,文明执法和以人为本的思想逐渐深入人心,公民的人权和人格尊严越来越受到关注。《治安管理处罚法》不仅在总则中规定了该原则,而且在具体内容中也有诸多体现。例如:要求公安机关对于涉及个人隐私的证据予以保密;当场传唤的,要求警察出示工作证件;检查妇女的身体应当由女性工作人员或者医师进行;等等。尊重和保障人权在实践中往往容易被忽视,公安机关及其人民警察在实施治安管理处罚时,应当按照法律的要求尊重和保障人权,保护公民的人格尊严。这不仅是法律的规定,也是公安机关及其人民警察性质和为人民服务宗旨的体现和要求,也更有利于保护公民的合法权益,获得群众信任、支持和拥护,实现《治安管理处罚法》的宗旨和任务。

四、教育与处罚相结合原则

教育与处罚相结合原则,强调通过教育与处罚两种措施的结合应用以达到法的教育功能。正确理解和适用这一原则需要注意以下两点:

第一,要正确理解处罚的强制性和教育的根本性。治安管理处罚具有强制性,对违反治安管理行为人进行处罚,是为了维护宪法和法律的尊严,维护社会治安秩序,维护国家、社会、集体的利益,保护公民、法人以及其他组织的合法权益。如果不对违反治安管理行为给予相应的处罚,则势必纵容破坏社会治安秩序的违法行为,势必影响社会的安定团结、和谐发展。但是,处罚并不是根本目的,教育才是处罚的根本目的。教育作用是法的社会作用之一,正确适用治安管理处罚可以很好地发挥其教育作用。首先,处罚可以使违反治安管理行为人受到教育,使其认识到违法行为的危害,促使其改正,防止再违法或者发展为犯罪;

其次，处罚可以对那些可能违法犯罪的人起到警示作用，告诫他们不要以身试法，否则就要受到法律的惩戒；最后，处罚对广大人民群众也具有教育的作用。处罚使人们认识到什么样的行为是不符合法律要求、要受到法律惩罚的，从而自觉规范自己的行为，并自觉与违反治安管理的行为做斗争。

第二，要正确理解教育和处罚都是具体的措施，把处罚和教育这两种措施结合起来应用。作为具体措施的教育与作为根本目的的教育是不同的概念。不能把教育与处罚相结合原则中的教育简单理解为根本目的的教育，否则就会在不知不觉中把作为措施的教育虚化，使教育沦为必须依靠处罚这一"手段"才能实现的根本"目的"，使教育在治安案件办理实务中失去操作性。在治安案件办理实务中，处罚的适用是具体的、可操作的，教育也是具体的、可操作的。教育与处罚相结合原则，就是要求治安案件办理既要发挥教育这种措施的作用，又要发挥处罚这种措施的作用，并把教育和处罚这两种措施结合起来，不能以处罚代替教育，也不能以教育替代处罚，两种措施结合共同实现《治安管理处罚法》的教育功能。为了强调教育这一措施的具体性、可操作性，本次《治安管理处罚法》修订，增加了"充分释法说理，教育公民、法人或者其他组织自觉守法"这一表述。在治安案件办理程序中，每一次与违反治安管理行为人接触的时间都是可以释法说理的教育时间，抓住其中的教育契机，善用教育措施，可以获得良好的执法办案效果。

第七条　【治安管理工作的职能部门及治安案件的管辖】国务院公安部门负责全国的治安管理工作。县级以上地方各级人民政府公安机关负责本行政区域内的治安管理工作。

治安案件的管辖由国务院公安部门规定。

解读与适用

本条是对治安管理工作的职能部门及治安案件的管辖的授权规定。

一、治安管理工作的职能部门

关于治安管理工作的职能部门的理解包括三个方面：

首先,根据本条的规定,公安部门是治安管理工作的职能部门。

其次,从层级上来讲,全国治安管理工作职能部门由上而下分为公安部;省、自治区、直辖市公安厅(局);县、区公安局、公安分局。派出所不属于一级公安行政组织,是县、区公安局、公安分局或者相当于县级公安机关的派出机构。

最后,从职责上看,国务院公安部门即公安部负责全国的治安管理工作。县级以上地方各级人民政府公安机关[包括省、自治区、直辖市公安厅(局)以及县、区公安局、公安分局]负责其所属行政区内的治安管理工作。由于公安部是国务院的职能部门,是全国治安管理工作的领导机关。因此,公安部负责全国性的治安管理工作,例如:研究和制定全国性的治安管理各项方针、政策和原则,并组织贯彻实施;制定和提出全国性治安管理计划;掌握和指导全国治安管理业务建设和治安队伍的组织建设;等等。由于我国地区发展不平衡,因此,对本地区的治安管理工作如何具体实施,应当由县级以上地方各级人民政府公安机关组织展开。省级公安机关主要指导省内各地公安机关治安管理工作的开展,例如:根据本地区的实际情况,提出贯彻执行中央制定的治安管理方针、政策和原则以及指导下级治安管理机构的业务建设和治安队伍的组织建设、思想建设等。县级公安机关则是治安管理的执行机构,在本辖区内具体实施治安管理业务。派出所是县级公安机关的派出机构,其职责是按照法律规定和上级公安机关授予的权限,对所在地区的社会治安进行管理,是公安机关的基层综合战斗实体。

二、治安案件的管辖

本条第2款是授权性规定,该款规定由公安部对治安案件管辖进行具体规定。公安部是国务院治安管理的专职机构,是全国治安管理的最高机构,由公安部对治安案件的管辖进行规定,既符合公安机关进行治安管理的实践,又有利于全国治安案件办理工作的统一、高效。国务院的其他部门或者地方公安机关无权对治安案件的管辖作出规定。

治安案件属于公安行政案件,《公安机关办理行政案件程序规定》第二章对公安行政案件的管辖进行了详细规定:

(1)行政案件由违法行为地的公安机关管辖。由违法行为人居住地公安机关管辖更为适宜的,可以由违法行为人居住地公安机关管辖,但是涉及卖淫、嫖娼、赌博、毒品的案件除外。违法行为地包括违法行为发生地和违法结果发生地。违法行为发生地,包括违法行为的实施地以及开始地、途经地、结束地等与违法行为有关的地点;违法行为有连续、持续或者继续状态的,违法行为连续、持续或者继续实施的地方都属于违法行为发生地。违法结果发生地,包括违法对象被侵害地、违法所得的实际取得地、藏匿地、转移地、使用地、销售地。居住地包括户籍所在地、经常居住地。经常居住地是指公民离开户籍所在地最后连续居住一年以上的地方,但在医院住院就医的除外。移交违法行为人居住地公安机关管辖的行政案件,违法行为地公安机关在移交前应当及时收集证据,并配合违法行为人居住地公安机关开展调查取证工作。

(2)针对或者利用网络实施的违法行为,用于实施违法行为的网站服务器所在地、网络接入地以及网站建立者或者管理者所在地,被侵害的网络及其运营者所在地,违法过程中违法行为人、被侵害人使用的网络及其运营者所在地,被侵害人被侵害时所在地,以及被侵害人财产遭受损失地公安机关可以管辖。

(3)行驶中的客车上发生的行政案件,由案发后客车最初停靠地公安机关管辖;必要时,始发地、途经地、到达地公安机关也可以管辖。

(4)行政案件由县级公安机关及其公安派出所、依法具有独立执法主体资格的公安机关业务部门以及出入境边防检查站按照法律、行政法规、规章授权和管辖分工办理,但法律、行政法规、规章规定由设区的市级以上公安机关办理的除外。

(5)几个公安机关都有权管辖的行政案件,由最初受理的公安机关管辖。必要时,可以由主要违法行为地公安机关管辖。

(6)对管辖权发生争议的,报请共同的上级公安机关指定管辖。对于重大、复杂的案件,上级公安机关可以直接办理或者指定管辖。上级公安机关直接办理或者指定管辖的,应当书面通知被指定管辖的公安机关和其他有关的公安机关。原受理案件的公安机关自收到上级公安机关书面通知之日起不再行使管辖权,并立即将案卷材料移送被指定管辖的公安机关或者办理的上级公安机关,及时书面通知当事人。

(7)铁路公安机关管辖列车上,火车站工作区域内,铁路系统的机关、厂、段、所、队等单位内发生的行政案件,以及在铁路线上放置障碍物或者损毁、移动铁路设施等可能影响铁路运输安全、盗窃铁路设施的行政案件。对倒卖、伪造、变造火车票案件,由最初受理的铁路或者地方公安机关管辖。必要时,可以移送主要违法行为发生地的铁路或者地方公安机关管辖。交通公安机关管辖港航管理机构管理的轮船上、港口、码头工作区域内和港航系统的机关、厂、所、队等单位内发生的行政案件。民航公安机关管辖民航管理机构管理的机场工作区域以及民航系统的机关、厂、所、队等单位内和民航飞机上发生的行政案件。国有林区的森林公安机关管辖林区内发生的行政案件。海关缉私机构管辖阻碍海关缉私警察依法执行职务的治安案件。

> 第八条 【违反治安管理行为的民事责任及刑事责任】违反治安管理行为对他人造成损害的,除依照本法给予治安管理处罚外,行为人或者其监护人还应当依法承担民事责任。
> 违反治安管理行为构成犯罪,应当依法追究刑事责任的,不得以治安管理处罚代替刑事处罚。

解读与适用

本条是关于违反治安管理行为的民事责任及刑事责任的规定,即违反治安管理行为附带民事法律责任的规定,以及违反治安管理行为构成犯罪的刑事责任。

一、违反治安管理行为的民事责任

违反治安管理行为如果对他人造成了损害,不但要承担治安行政责任,还要依法承担相应的民事责任。理解违反治安管理行为的民事责任主要有以下三个要点:

第一,治安管理处罚不能代替民事责任。民事责任与行政责任是两种不同性质的法律责任,不能互相替代。治安管理处罚是行为人违反治安管理法律规范而应当承担的行政责任,具有强制性,决定实施治安管理处罚的主体是公安机关;因违反治安管理的行为对他人造成损害而产生的民事责任的权利主体是被侵害人,公安机关无权决定执行违反治安管理行为人的民事责任。《民法典》第176条规定:"民事主体依照法律规定或者按照当事人约定,履行民事义务,承担民事责任。"因违反治安管理的行为对他人造成损害而产生的民事责任,是依照《民法典》规定应承担的民事责任。《民法典》第187条规定:"民事主体因同一行为应当承担民事责任、行政责任和刑事责任的,承担行政责任或者刑事责任不影响承担民事责任;民事主体的财产不足以支付的,优先用于承担民事责任。"因此,违反治安管理行为人受治安管理处罚是承担行政责任,不影响其承担民事责任。

第二,损害事实与违反治安管理行为之间存在因果关系。首先,违反治安管理行为必须存在一定的损害事实。造成损害事实是承担民事责任的前提和条件。如果行为人违反了治安管理,但是没有损害事实就不需要承担民事责任。其次,违反治安管理行为与造成损害的事实之间存在因果关系。如果损害事实并不是由于违反治安管理行为造成,则不承担民事责任。实务中,违反治安管理行为所产生的民事责任主要是侵权责任,即因违反治安管理行为侵害被侵害人的人身权、财产权而应当承担的法律责任,其因果关系是明确的。

第三,违反治安管理行为的民事责任由行为人或其监护人承担。侵权责任对责任人的行为能力并没有特定的要求,因为任何人都有可能实施违反治安管理的行为,对他人造成损害。如果行为人具有完全行为能力,民事责任由行为人自己承担;如果行为人具有限制行为能力或者是无行为能力,即使不予治安管理处罚,依然应当由其监护人依法承担民事责任。《民法典》第120条规定:"民事权益受到侵害的,被侵权人有权请求侵权人承担侵权责任。"第1165条第1款规定:"行为人因过错侵害他人民事权益造成损害的,应当承担侵权责任。"第1188条第1款规定:"无民事行为能力人、限制民事行为能力人造成他人损害的,由监护人承担侵权责任。监护人尽到监护职责的,可以减轻其侵权责任。"

二、违反治安管理行为的刑事责任

本条第2款是新增的规定,强调违反治安管理的行为如果构成犯罪,应当依法追究刑事责任,不得以治安管理处罚代替刑事处罚。理解第2款规定主要有以下三个要点:

第一,行政责任与刑事责任是两种不同性质的法律责任,两者不能互相替代。违反治安管理行为人受治安管理处罚是承担违法的行政责任,若其违反治安管理的行为已构成犯罪,则行为人应当受刑罚,承担刑事责任。

第二,违反治安管理行为是否构成犯罪,需要在调查取证的基础上进行判断。许多违反治安管理行为与犯罪行为在表现形式上相似或者相同,罪与非罪在立案之时往往不能准确判断,需要在进一步调查取证之后才能明晰。实务中,对发现或者受理的案件暂时无法确定为刑事案件或者行政案件的,可以先按照行政案件的程序办理。

第三,违反治安管理行为构成犯罪的,需要及时转为刑事案件办理。在行政案件办理过程中,随着调查取证的深入,已经有证据证明违反治安管理行为人涉嫌犯罪的,应当及时转为刑事案件,按照刑事案件的程序办理,不能以治安管理处罚替代刑事责任,使行为人逃避刑事责任。

需要注意的是"违反治安管理行为"与"违反治安管理的行为"是两个不同的概念。"违反治安管理行为"作为《治安管理处罚法》的核心概念,意味着其是经过第3条规定逻辑判断过的"违反治安管理的行为"。因此,本条第2款的"违反治安管理行为"应该理解为"违反治安管理的行为"才准确。

第九条　【治安调解】对于因民间纠纷引起的打架斗殴或者损毁他人财物等违反治安管理行为,情节较轻的,公安机关可以调解处理。

调解处理治安案件,应当查明事实,并遵循合法、公正、自愿、及时的原则,注重教育和疏导,促进化解矛盾纠纷。

经公安机关调解,当事人达成协议的,不予处罚。经调解未达成协议或者达成协议后不履行的,公安机关应当依照本法的规定对违反治安管理行为作出处理,并告知当事人可以就民事争议依法向人民法院提起民事诉讼。

对属于第一款规定的调解范围的治安案件,公安机关作出处理决定前,当事人自行和解或者经人民调解委员会调解达成协议并履行,书面申请经公安机关认可的,不予处罚。

解读与适用

调解有利于妥善解决民间纠纷和缓解矛盾,维护社会治安秩序,促进社会和谐发展。本条是关于治安调解的规定,规定了治安调解的适用范围、工作要求、法律后果以及发挥当事人自行和解和人民调解委员会调解的作用。本条规定的理解与适用主要有以下几个要点:

一、治安调解的适用范围和条件

我国调解制度主要有三种,即司法调解、行政调解和人民调解(又称民间调解)。由《治安管理处罚法》规定的治安调解属于行政调解的范畴,是指由公安机关主持,通过教育调停的方法,促成因民间纠纷引起的违反治安管理、情节较轻的治安案件双方当事人协商达成协议,不再予以治安管理处罚的一种处理治安案件的法律活动。治安调解是不同于治安管理处罚的公安机关查处治安案件的特殊方法,是从根本上解决一些因民间纠纷引起的治安案件的有效办法。鉴于治安调解达成协议后不再处罚,若其适用范围过大则可能损害法律的严肃性,因此要规定治安调解的适用范围和条件。根据本条规定,治安调解仅适用于同时具备以下三个条件的违反治安管理行为:

1. 必须是因民间纠纷引起

民间纠纷,是指存在各种密切关系的公民之间发生的各种民事权益争执。构成民间纠纷应当具备两个条件:一是当事人之间存在民事权益的争执,有人身权利或财产权利的纠纷;二是当事人之间存在各种密切关系,如家庭成员关系、恋爱关系、同事关系、邻里关系等。民间纠纷往往表现为兄弟姐妹争斗、婆媳不和、分家析产、房屋、宅基地、债权债务等。对于非民间纠纷引起,而是由寻衅滋事等其他原因引起的违反治安管理行为,不适用治安调解。

2. 必须是打架斗殴或者损毁他人财物等违反治安管理行为

对此,需要注意以下三点:

第一,关于"打架斗殴"。"打架斗殴"的提法不严谨,《治安管理处罚法》第三章没有规定"打架斗殴"的违反治安管理行为,只规定了"殴打他人的,或者故意伤害他人身体的"违反治安管理行为,此处"打架斗殴"应当理解为殴打他人行为或故意伤害他人身体的行为。

第二,关于"损毁他人财物"。《治安管理处罚法》第三章规定的违反治安管理行为有多种涉及"损毁",而且"损毁"的都是财物,既然是财物,一般都有财物所有人,若把"他人财物"理解为有主财物,就容易扩大"损毁他人财物"的范围。笔者认为从治安调解的原意出发,"他人"应当是指自然人,"损毁他人财物"应当是指《治安管理处罚法》第59条规定的"故意损毁公私财物"中的故意损毁他人(自然人)财物。

第三,关于"等"的理解。这里的"等"不是内等而是外等。可以适用治安调解的违反治安管理行为不限于"打架斗殴或者损毁他人财物"两种,自然人之间因民间纠纷引起的侵犯人身权利、财产权利的其他违反治安管理行为也可以适用治安调解。如果不是自然人之间因民间纠纷引起的侵犯人身权利、财产权利的违反治安管理行为,就不适用治安调解。例如:寻衅滋事随意殴打他人的行为就不能适用治安调解。

3. 必须是情节较轻的违反治安管理行为

违反治安管理行为作为违法行为应当受治安管理处罚,这是法律严肃性的要求与体现。但是,治安调解处理的案件不再给予违反治安管理行为人治安管理处罚,如果不分情节轻重一律进行治安调解就会损害法律的严肃性。因此,本条规定必须是情节较轻的违反治安管理行为才能适用治安调解。

实务中,对于自然人之间因民间纠纷引起的侵犯人身权利、财产权利的违反治安管理行为,情节较轻的,不一定都调解处理。适用治安调解还需要具备以下两个条件:

(1)必须是公安机关认为适合治安调解的。

"公安机关可以调解处理"不等于公安机关一定要调解处理。对于调解范围内的违反治安管理行为,如果不适合治安调解,公安机关可以不适用治安调解。例如:当事人一而再、再而三地违反治安管理,公安机关认为不给予当事人治安管理处罚不足以惩戒当事人的。实务中,公安机关应当本着教育各方、化解矛盾、促进和谐、使当事人不再违反治安管理的目的,根据法律规定,从实际执法出发,决定是否应当适用治安调解。既要防止应该调解、当事人也愿意调解的不予调解,也要防止不该调解处理或者当事人不愿意调解的以强制调解代替处罚等做法。

(2)必须是双方当事人都愿意治安调解,即治安调解必须遵循当事人自愿原则。

自愿,是指双方当事人自愿接受调解,并且自愿达成以及履行协议。调解必须要能达成协议并履行协议才算成功,如果没有双方当事人的自愿,调解协议就无法达成或履行。另外,调解协议的内容主要是民事责任承担,民事权益的处分也必须有当事人的自愿。如果有一方当事人不同意或者受到强制,就不能适用治安调解。

二、治安调解的工作要求

治安调解对于及时消除人民内部矛盾、维护社会安定团结、促进社会和谐具有重要意义。但实践中也存在强制调解、偏心调解等现实问题。本条在规定适用范围后新增加规定了治安调解的工作要求："应当查明事实,并遵循合法、公正、自愿、及时的原则,注重教育和疏导,促进化解矛盾纠纷。"这主要包括以下三方面内容:

1.调解应当在查明事实的基础上进行

查明事实是顺利调解的必要基础。公安机关在查明案情、明确是非责任的基础上,才能有针对性地对当事人进行有效的教育疏导,因此,治安调解必须有查明案情、明确当事人是非责任的调查取证工作,切忌没有调查取证的匆忙调解。另外,经公安机关调解最终不能达成协议或者达成协议后在履行协议前反悔的,公安机关应当依法对违反治安管理行为人作出治安管理处罚决定;而治安管理处罚决定必须在调查取证、事实清楚、证据确凿的基础上作出。实践中,治安调解案件的承办人员往往存在调查取证简单化甚至缺失的错误倾向,认为只要当事人达成并履行协议即可依法不予处罚,若调查取证反而烦琐多余。这种认识存在明显偏差:一方面,缺乏调查取证的基础,必然影响治安调解的效果;另一方面,若调解失败,需依法对违反治安管理行为人作出治安管理处罚决定时,也往往因缺乏调查取证,导致案件事实不清、证据不足而难以依法作出处罚决定。

2.调解应当遵循合法、公正、自愿、及时的原则

合法,是指调解的所有活动都应当合法,包括调解的范围合法、过程合法、结果合法。范围合法是指治安调解符合法定范围和条件;过程合法是指治安调解的程序步骤以及与程序步骤相关的调解工作合法;结果合法是指经过治安调解当事人达成的协议以及协议的履行合法和公安机关对当事人达成并履行协议的治安调解案件的处理合法。公正,是指公安机关进行治安调解,无论是主观上还是客观上、实体上还是程序上,都应当不偏不倚、排除偏见、公正地对待案件当事人,并教育、引导、监督当事人公正地解决他们之间的纠纷。自愿是指公安机关进行治安调解应当始终建立在当事人自愿的基础上,这既包括治安调解的条件,即在当事人自愿的情况下才能调解,也包括治安调解的过程,即在当事人自愿的

情况下进行调解,还包括治安调解的结果,即在当事人自愿的情况下履行当事人之间达成的协议。及时是指公安机关进行治安调解要尽快,讲究效率。治安调解案件的当事人不能以恰当的方式处理好他们之间的矛盾纠纷,进而发展到以实施违反治安管理行为的方式寻求个人目的,因此,治安调解案件的发生意味着当事人之间的矛盾正在恶化升级,及时调解可以及时消除当事人之间的矛盾纠纷,防止当事人之间的矛盾纠纷进一步升级、恶化。若调解失败,公安机关也可以及时追究案件当事人的违法责任,对违反治安管理行为人进行治安管理处罚。

3. 调解应当注重教育和疏导,促进化解矛盾纠纷

教育,是指公安机关进行治安调解,应当在查清事实的基础上,讲明道理,指出当事人的错误和违法之处,教育当事人自觉守法并通过合法途径解决纠纷。在教育的同时,对当事人的情绪要进行疏导,帮助当事人恢复冷静和理智。只有在教育和疏导的基础上,当事人之间的矛盾纠纷才能有效得到化解。

三、治安调解的法律后果

本条第 3 款规定的是治安调解的两种不同法律后果:

(1)调解成功。调解成功即经公安机关调解,当事人之间达成并履行协议,公安机关对违反治安管理行为不予处罚。

(2)调解失败。调解失败,即经公安机关调解未达成协议或者当事人达成协议后不履行的,公安机关应当依法对违反治安管理行为作出处理,并告知当事人可以就民事争议依法向人民法院提起民事诉讼。

四、发挥当事人自行和解和人民调解委员会调解的作用

实务中,当事人之间发生矛盾纠纷后可能自行和解,也可能在人民调解委员会调解下达成协议并履行。为了发挥当事人自行和解和人民调解委员会调解的积极作用,本条新增第 4 款规定"公安机关作出处理决定前,当事人自行和解或者经人民调解委员会调解达成协议并履行,书面申请经公安机关认可的,不予处罚"。

该规定在强调公安机关行使治安调解职权的同时,肯定了对于符合治安调解范围的治安案件,矛盾纠纷双方当事人自行和解或申请人民调解委员会调解的积极意义。根据该规定,对于符合治安调解适用范围的治安案件,矛盾纠纷双

方当事人可以自行和解或申请人民调解委员会调解。达成协议并履行后,双方当事人书面申请并经公安机关认可的,公安机关不予治安管理处罚,但公安机关已依法作出处理决定的除外。当事人自行和解或者经人民调解委员会调解达成协议并履行,经书面申请得到公安机关认可后具有治安调解意义上的合法性,视同公安机关选择了治安调解方式,对当事人的违反治安管理行为不予处罚。但,公安机关已经依法作出处理决定的,则表明公安机关不同意使用治安调解方式处理本案,当事人的自行和解或人民调解委员会的调解,不具有治安调解意义上的合法性,只具有民事意义上的积极作用。

案例与评析

【案例】高某盗窃路面井盖,导致行人刘某掉入窨井,所幸刘某只是轻微伤,没有造成更严重的结果。刘某报警后,公安机关及时通知社区民警在路面井盖被盗处设置安全防围,并通过调看录像迅速确定行为人高某。高某被传唤到案后,经民警充分释法说理,认识到其危害,并表示自己因失业经济困难一时糊涂才犯下错误,表示坚决改进,马上叫家人把盗窃的井盖送回重新盖好,并愿意补偿刘某损失,请求公安机关调解处理。办案民警请刘某到派出所,高某看到刘某后当面向刘某道歉,说明自己的困难,表示愿意补偿刘某损失,并恳请刘某原谅。刘某得知高某实际困难后也谅解刘某,愿意调解处理,因为只是轻微伤,损失不大,刘某还当即表示不要高某补偿,把损失补偿作为对刘某困难的理解与帮助。民警见状表扬了高某和刘某,终结案件,高某和刘某各自回去。

【评析】此案高某被传唤后,经民警释法说理,能主动认错,送回井盖消除危害结果,并向刘某道歉,愿意补偿刘某损失,并取得刘某的谅解,值得肯定。刘某得知高某困难,能谅解高某,甚至放弃损失补偿,也值得赞许。高某的行为系盗窃路面公共设施妨害公共安全的违反治安管理行为,不是因民间纠纷引起的侵犯人身权利、财产权利的违反治安管理行为,不能适用治安调解,民警以调解方式处理此案并不妥当。但高某能认识自己过错,主动消除或者减轻违法后果,并取得被侵害人谅解,其实际表现符合《治安管理处罚法》第20条规定的从轻、减轻或者不予处罚的法定情形,公安机关可以酌情减轻处罚或者不予处罚。

第二章　处罚的种类和适用

本章规定了治安管理处罚的种类和适用治安管理处罚的一般原则,从第10条至第25条,共16条。具体包括治安管理处罚的种类,查获物品的处理,未成年人违反治安管理的处理,精神病人、智力残疾人违反治安管理的处理,盲人或者又聋又哑的人违反治安管理的处理,醉酒的人违反治安管理的处理,两种以上违反治安管理行为的处罚,共同违反治安管理的处罚,单位违反治安管理的处罚,正当防卫,从轻、减轻或者不予处罚的情形,违反治安管理行为人自愿认过认罚的从宽处理,从重处罚的情形,不执行行政拘留处罚的情形及其例外,未成年人矫治教育,治安管理处罚的追究时效。与2012年《治安管理处罚法》相比,增加了治安管理领域的正当防卫、违反治安管理行为人自愿认过认罚从宽处理、不执行行政拘留处罚的未成年人的矫治教育等措施。修改了治安管理处罚种类中吊销公安机关发放的许可证的表述,精神病人、智力残疾人违反治安管理的处理,有两种以上违反治安管理行为的处罚合并执行表述,从轻、减轻或者不予处罚的情形,从重处罚的情形,不执行行政拘留处罚的例外情形。

第十条　【治安管理处罚的种类】治安管理处罚的种类分为:

(一)警告;

(二)罚款;

(三)行政拘留;

(四)吊销公安机关发放的许可证件。

对违反治安管理的外国人,可以附加适用限期出境或者驱逐出境。

> **解读与适用**

本条是关于治安管理处罚种类的规定,根据本条规定,治安管理处罚的种类主要有警告、罚款、行政拘留、吊销公安机关发放的许可证件及对违反治安管理的外国人附加适用的限期出境或者驱逐出境。

一、警告

警告,是公安机关为了使违反治安管理行为人认识其行为的性质和危害,教育其不再重新违法或犯罪,依法对其进行谴责和告诫的治安管理处罚方法。警告属申诫罚、精神罚,既体现了教育作用,又具有强制性,是最轻的治安管理处罚方法。其一般适用于违反治安管理,情节比较轻微,社会危害不大,违法后承认错误的态度较好的行为人,《治安管理处罚法》有16条规定可以适用警告。

警告是一种要式行政行为,必须以书面的方式借由治安管理处罚决定书作出,民警在日常治安管理工作中对具有不良行为的行为人口头作出的"警告"不属于治安管理处罚。由于警告属于申诫罚、精神罚,其具体执行方式较特殊,需要由民警在送达交付治安管理处罚决定书时直接对其谴责和告诫,指出其违反治安管理行为的性质和危害,促使其认识到其行为的错误及其原因,并告诫其吸取教训,及时改正,不得再犯。这种执行方式不容易判断被处罚人的实际态度,也不能强制执行。警告是法定的教育违反治安管理行为人转变为守法公民,防止其继续违法犯罪的一道重要防线,尽管多方面因素都可能影响其实际效果,但仍然应当依法积极适用。

警告与一般的批评教育不同,作为一种治安管理处罚方法,警告由公安机关代表国家对违反治安管理行为人作出,与批评教育在主体、性质、内容、方法、形式以及法律后果上都不同。警告与警告处分也不同,警告处分是单位对违反行政纪律和内部规章制度的职工所给予的行政处分。

二、罚款

罚款是公安机关依法责令违反治安管理行为人在一定期限内向国家缴纳一定数额货币的治安管理处罚方法。罚款属于财产罚,通过剥夺违反治安管理行为人一定数额的金钱,达到对违反治安管理行为人进行惩戒、教育和挽救的目的。由于罚款不影响违反治安管理行为人的人身自由,又可达到惩戒目的,因此适用最广泛灵活。但是,在适用罚款处罚时,应当防止只注重罚款而忽视警告,也应当防止以罚款代替行政拘留的现象。实际适用时应当注意遵守规定的幅度。《治安管理处罚法》规定的罚款幅度分为:500元以下,1000元以下,2000元以下,3000元以下,5000元以下,500元以上1000元以下,1000元以上2000元以下,1000元以上3000元以下,1000元以上5000元以下,3000元以上5000元以下等10种。同时,适用罚款还应当考虑到被处罚人的经济承担能力。如果处罚数额远远超过被处罚人的经济承担能力,处罚就失去了教育的意义。近年来,经济快速发展,人民生活水平大大提高。因此,《治安管理处罚法》根据经济发展水平相应地提高了罚款的幅度。

罚款与罚金不同。罚金是人民法院依照《刑法》的规定,判处犯罪分子在一定时期内缴纳一定数量的货币的刑罚。而治安管理处罚的罚款是公安机关对违反治安管理行为人裁决的行政处罚。因此,两者在性质、决定机关、适用对象、数额规定方面都不同。

罚款与损害赔偿不同。损害赔偿是民事责任,是由于给被侵害人造成了损害而产生的,民事责任的权利主体是被侵害人,而且赔偿的数额与造成的损失有关;罚款是行政处罚,具有强制性,实施处罚的主体是公安机关,数额则是由法律规定的。因此违反治安管理行为造成损害时,不能以罚款代替损害赔偿。

三、行政拘留

行政拘留,是公安机关依法剥夺违反治安管理行为人短期人身自由的治安管理处罚方法,属于人身罚。行政拘留是对自然人最严厉的治安管理处罚方法,其适用范围和期限有严格的限制。除国家安全机关和海警机构依法在特定领域可以决定行政拘留外,只有公安机关能够实施行政拘留权。《治安管理处罚法》规定行政拘留的期限为1日以上15日以下。适用行政拘留的幅度分为1日到5日,5日到10日,10日到15日三种;数行为行政拘留处罚合并执行可以超过15日,但最长不超过20日。

实践中常常把行政拘留、刑事拘留和司法拘留都简称为拘留,但要注意它们之间的区别:

第一,性质不同。行政拘留属于行政处罚;刑事拘留是刑事强制措施,目的是防止犯罪嫌疑人逃避侦查、审判或继续犯罪;司法拘留是对妨害民事诉讼、行政诉讼的行为人的当事人或其他人采取的限制人身自由的强制措施,目的是排除妨害,保证民事诉讼或行政诉讼正常进行。

第二,适用对象不同。行政拘留适用于违反治安管理情节较严重的行为人,刑事拘留适用于重大犯罪嫌疑人和现行犯,司法拘留适用于妨害民事诉讼或行政诉讼的行为人。

第三,适用机关不同。行政拘留由县级以上公安机关裁决;刑事拘留由县级以上公安机关或者国家安全机关决定;司法拘留则由人民法院判处。

第四,关押场所不同。被行政拘留人应当关押在拘留所;被刑事拘留人应当关押在看守所;被司法拘留人关押在拘留所。被行政拘留人与被司法拘留人不能与被刑事拘留人关押在一起。

第五,法律后果不同。行政拘留和司法拘留,拘留期满后,予以解除拘留。被刑事拘留人,经人民检察院批准逮捕的,予以逮捕;不应当拘留或不批准逮捕的,应当立即释放;对应当逮捕但证据不足的,可以取保候审或者监视居住。

行政拘留与拘役在性质、适用对象、决定机关以及关押期限都不同。拘役是一种刑罚方法,适用于犯罪情节较轻但需短期剥夺自由的罪犯,由人民法院判决,期限为1个月以上6个月以下,数罪并罚时最高不超过1年。

四、吊销公安机关发放的许可证件

行政许可,通常也被称为行政审批,是指在法律一般禁止的情况下,行政主体根据行政相对人的申请,依法审核后,通过颁发许可证或执照等形式,例外赋予特定行政相对人从事某种活动或实施某种行为的资格的行政行为。许可证件是行政许可机关核发的例外允许行政相对人从事某种法律一般禁止行为的书面许可文书。吊销许可证件,是行政许可机关依法吊销原来核发给特定行政相对人的书面许可文书,取消特定行政相对人例外从事某种法律一般禁止行为的资格的行政处罚方法,属于资格罚、能力罚。吊销公安机关发放的许可证件,就是指公安机关依法吊销原来发放的书面许可文书,取消特定行政相对人例外从事某种法律一般禁止行为的资格的行政处罚方法。作为一种行政处罚方法,吊销许可证件必须由有权机关行使,因此,公安机关只能吊销其发放的许可证件。行政审批制度改革后,公安机关发放的许可证件减少,目前由公安机关发放的许可证件有旅馆业、典当业、公章刻制业的特种行业许可证等。《治安管理处罚法》第65条第3款规定:"取得公安机关许可的经营者,违反国家有关管理规定,情节严重的,公安机关可以吊销许可证件。"

五、限期出境和驱逐出境

本条第2款是对违反治安管理的外国人适用治安管理处罚的规定。"外国人"包括具有外国国籍的人和无国籍的人。根据本条第2款规定,对违反治安管理的外国人,除了可以适用警告、罚款或行政拘留以外,还可以根据实际情况附加适用限期出境或驱逐出境的处罚方法。限期出境和驱逐出境是专门适用于违反治安管理的外国人的附加处罚。如果对违反治安管理的外国人附加适用限期出境或者驱逐出境,应当在主要的治安管理处罚执行完毕后执行。例如:对违反治安管理的外国人裁定处以拘留或罚款,并同时附加适用限期出境或者驱逐出境的,应当在其拘留期满或者缴纳罚款之后,执行限期出境或者驱逐出境。

限期出境,是公安机关依法取消有严重违法行为的外国人在中国居留的资格,责令其在限定的期限内离开中国国境的处罚方法。被限期出境的外国人必须在限定期限内离开中国国境,否则公安机关将采取遣送出境的强制措施将其押送出境。在其他有关规定中,限期出境主要适用于有非法入出境、非法居留或停留、违反居住管理、违反证件管理、非法旅行、非法就业以及伪造、涂改、冒用、转让、买卖出入境证件等违法行为,情节严重的外国人,一般与罚款或行政拘留同时适用。

驱逐出境,是公安机关依法取消有特定违法行为的外国人在中国居留的资格,采取强制手段,将其逐出中国国境的处罚方法。驱逐出境在执行的严厉程度上重于限期出境,是对外国人适用的最严厉的处罚方法,在其他有关规定中仅适用于非法入出境且情节严重的外国人。在我国,驱逐出境有作为刑罚的、行政措施的以及行政处罚的驱逐出境之分,三者的适用对象不同。刑罚的驱逐出境由人民法院按照刑法规定对在我国领域内犯罪的外国人适用;行政措施的驱逐出境由我国政府对在我国境内实施了危害我国国家和人民利益行为的享有外交特权与豁免权的外国人适用;而作为行政处罚的驱逐出境由公安机关对在我国领域内违反治安管理的外国人适用。

驱逐出境和限期出境的适用,可能影响国与国之间的关系,因此,需要严肃对待。本条规定,对违反治安管理的外国人,"可以"附加适用限期出境或者驱逐出境,给限期出境或者驱逐出境的适用留下了灵活性,裁决机关可以根据案件情况及国际斗争形势的需要来决定。

对于各种违反治安管理行为,公安机关在处罚时只能给予违反治安管理行为人法律规定的处罚种类,不能在法定种类之外另设处罚。

> 第十一条 【查获物品的处理】办理治安案件所查获的毒品、淫秽物品等违禁品,赌具、赌资,吸食、注射毒品的用具以及直接用于实施违反治安管理行为的本人所有的工具,应当收缴,按照规定处理。
> 违反治安管理所得的财物,追缴退还被侵害人;没有被侵害人的,登记造册,公开拍卖或者按照国家有关规定处理,所得款项上缴国库。

解读与适用

本条是关于办理治安案件查获物品的处理规定,明确规定了办理治安案件收缴、追缴物品的范围及其处理方法。

一、收缴、追缴物品的范围

收缴是指公安机关在案件办理工作中依法查收缴获涉案非法财物的法律措施。追缴是指公安机关在案件办理工作中依法追回缴获涉案违法所得的法律措施。收缴、追缴的适用范围或对象不同。根据本条规定,追缴物品的范围是违反治安管理行为人借由违反治安管理行为而获得的被侵害人的合法财物。例如:偷窃、骗取、抢夺、敲诈勒索得来的他人财物,隐匿的他人邮件等。而收缴物品的范围包括以下几种。

(一)违禁品

违禁品有广义和狭义之分,广义的违禁品是指法律禁止且不得私自制造、持有、使用、买卖、储存、运输的物品。狭义的违禁品是指法律禁止的具有腐蚀人们身心健康、扰乱和危害社会秩序性质的物品,主要特指淫秽物品、毒品及其吸食注射工具、迷信物品、赌具等。本条规定的违禁品是狭义的违禁品。

《刑法》第357条第1款规定:"本法所称的毒品,是指鸦片、海洛因、甲基苯丙胺(冰毒)、吗啡、大麻、可卡因以及国家规定管制的其他能够使人形成瘾癖的麻醉药品和精神药品。"《刑法》第367条规定:"本法所称淫秽物品,是指具体描绘性行为或者露骨宣扬色情的诲淫性的书刊、影片、录像带、录音带、图片及其他淫秽物品。有关人体生理、医学知识的科学著作不是淫秽物品。包含有色情内容的有艺术价值的文学、艺术作品不视为淫秽物品。"

(二)赌具、赌资

赌具是用来赌博的器具,赌具属于违禁品的一种,也是实施违反治安管理行为使用的工具。如:用来赌博的扑克、麻将、牌九、游戏机等。赌资是用作赌注的财物。实践中有些公安机关在查处赌博案件的时候将参赌人员的通讯、交通工具,聚赌场所提供的饮料、烟酒等一起收缴是不对的。

(三)实施违反治安管理行为使用的工具

实施违反治安管理行为使用的工具范围很广,不能一味地收缴,根据本条规定,只有吸食、注射毒品的用具以及直接用于实施违反治安管理行为的本人所有的工具才能收缴。例如:制作、复制、传播淫书、淫画、淫秽音像制品和其他淫秽物品使用的设备,殴打他人的用具,损毁公用设施的用具;等等,这些工具是违反治安管理行为人直接用于实施违法行为的物品,如果是违反治安管理行为人本人所有的就应当收缴,如果不是其本人所有的,是他人的,则应当退还,不能收缴。

二、收缴、追缴物品的处理方法

根据本条规定,追缴财物依法退还被侵害人,没有被侵害人的,登记造册,公开拍卖或者按照国家有关规定处理,所得款项上缴国库。

收缴物品在结案时根据情况不同分别依法处理:违禁品依法登记销毁;赌资依法没收,上缴国库;吸食、注射毒品的用具依法销毁;直接用于实施违反治安管理行为的本人所有的工具依法没收。

对于收缴、追缴的物品,公安机关应当严格依法处理,任何单位和个人都不得私分、借用、挪用、调换、侵占或故意损毁。

第十二条 【未成年人违反治安管理的处理】已满十四周岁不满十八周岁的人违反治安管理的,从轻或者减轻处罚;不满十四周岁的人违反治安管理的,不予处罚,但是应当责令其监护人严加管教。

解读与适用

本条是对未成年人违反治安管理的处理的规定,其中包含自然人违反治安管理的法定责任年龄的规定。

自然人违反治安管理的法定责任年龄是指法律规定的自然人因违反治安管理应承担违法责任受治安管理处罚的年龄。认识并控制自己行为的能力与年龄、受教育程度以及社会实践经验都有着密切的联系,其中受教育程度和社会实践经验随着年龄的增长而增加,因此年龄是自然人认识并控制自己行为能力的主要参考标准。只有具备认识和控制自己行为的能力的自然人,才应当对自己违反治安管理的行为承担法律责任。

本条在考虑自然人身心发育的状况和特点的基础上,对自然人违反治安管理的法定责任年龄作了与《行政处罚法》规定一致的具体规定:

1. 不满14周岁的人不予治安管理处罚

对不满14周岁的人违反治安管理的行为,不追究治安责任。因为处于该年龄段的人属于身心尚未发育成熟,尚不能完全辨别是非善恶的人群。他们实施违反治安管理行为主要是出于幼稚无知或者受到教唆和不良影响。如果对他们进行处罚,不仅起不到教育的作用,反而会给他们幼小的心灵留下创伤,不利于其健康成长。所以《治安管理处罚法》规定,对他们违反治安管理的行为不予处罚。但是不予处罚并不表明放任不管,应当对他们进行引导教育,并责令其监护人严加管教。

2. 已满14周岁不满18周岁的人,从轻或者减轻处罚

已满14周岁不满18周岁的人虽然具有一定识别和控制自己行为的能力,但比较缺乏社会知识,身心发育尚未完全成熟,容易受到不良影响,还不能完全认识和控制自己行为。因此,《治安管理处罚法》对其采取从轻或者减轻的处罚规定,这一规定同时也是处罚与教育相结合原则的体现,是我国对未成年人一贯采取挽救、教育、改造政策的体现。根据本条规定,对已满14周岁不满18周岁的违反治安管理行为人,应当从轻或减轻处罚。所谓从轻处罚是指在某具体违反治安管理行为的法定处罚范围内裁决较轻的处罚。如果法定处罚有几种类型的处罚,则选择较轻的处罚;如果法定处罚是一种具有一定幅度的处罚,则在法定处罚范围内,选择较短的拘留期限或较少的罚款数额。所谓减轻处罚,是指在

法定处罚以下裁决处罚。

3. 年满 18 周岁的人实施违法行为,应当严格按照《治安管理处罚法》给予处罚

虽然本条并没有明确表述年满 18 周岁的人应当完全负有治安管理处罚责任,但是这个含义是不言自明的。年满 18 周岁的人心理与生理发育成熟,具有一定的社会经验和对事物的分析判断能力,基本上具备了独立生活的能力。因此,世界各国的民事法律一般都规定,成年人在法律上具有完全行为能力,独立地享有民事权利和承担民事责任。同样,年满 18 周岁的人也必须对自己违反治安管理的行为承担全部责任。

由此可见,年龄对于确定对违反治安管理行为人的处罚很重要。在计算违反治安管理行为人的年龄时应当注意:责任年龄应当是违反治安管理行为人在实施违反治安管理行为当天的年龄;《治安管理处罚法》规定的责任年龄指的是周岁,而不是虚岁;根据有关法律的规定,周岁一律按照公历的年、月、日计算;周岁以 12 个月计,每满 12 个月即为满一周岁,而且以日计算是否满 12 个月,即从过了生日的第 2 天起,才算满 12 个月。例如:14 周岁的当天,尚未满 14 周岁;从 14 周岁生日的第 2 天起才算满 14 周岁。14 周岁和 18 周岁都是绝对的年龄界限,没有任何伸缩余地。如果允许年龄上的任何灵活性,就会给法律严肃性带来恶果。

案例与评析

【案例】许某某,男,未满 14 周岁;王某某,男,15 周岁。许某某和王某某系同学,二人又是好朋友,许某某比王某某小,但其个子高于王某某,王某某平时常常听从许某某。2025 年 2 月 2 日傍晚,二人在镇大街上闲逛,看见摆水果摊的雷老太正在收摊,许某某对王某某讲,咱们搞两串香蕉吃。二人走到雷老太水果摊面前,一边问:"香蕉怎么卖?"一边一人拿起一串香蕉,不等雷老太答话,许某某向王某某一使眼色,二人手拿香蕉撒腿就跑,雷老太气愤至极,边追边喊,正巧镇派出所的两个民警下班回家,路过此处,将二人抓住。

依法调查结束后公安机关依照《治安管理处罚法》相关规定,以抢夺行为,给予王某某 50 元罚款处罚;对许某某不予处罚,但是责令其监护人严加管教。同时责令赔偿经济损失。

【评析】此案中,许某某在实施抢夺他人财物的行为中是主谋,但因其不满14周岁,不予处罚,责令其监护人严加管教;王某某在实施抢夺他人财物行为时是从犯,但其已满14周岁未满18周岁,因此应当承担法律责任,减轻处罚或从轻处罚,公安机关对其处50元罚款是从轻处罚。

> **第十三条 【精神病人、智力残疾人违反治安管理的处理】**精神病人、智力残疾人在不能辨认或者不能控制自己行为的时候违反治安管理的,不予处罚,但是应当责令其监护人加强看护管理和治疗。间歇性的精神病人在精神正常的时候违反治安管理的,应当给予处罚。尚未完全丧失辨认或者控制自己行为能力的精神病人、智力残疾人违反治安管理的,应当给予处罚,但是可以从轻或者减轻处罚。

解读与适用

本条是对精神病人、智力残疾人违反治安管理的处理的规定,同时也是对自然人违反治安管理的责任能力的规定。本条规定的理解要把握以下两个要点。

一、自然人违反治安管理的责任能力

责任能力,是指自然人辨认或者控制自己行为的能力。辨认是指了解自己行为的性质、意义和后果。控制是指按照自己的意志支配自己的行为。丧失辨认能力是指自然人由于病理原因,不能正确认识自己行为的性质、意义和后果。丧失控制能力是指自然人由于病理原因,不能根据自己的意志决定是否实施以及如何实施自己的行为。责任能力是自然人承担治安管理处罚的前提。从本条规定精神可知,自然人违反治安管理的责任能力要求其具备辨认和控制自己行为的能力。自然人违反治安管理时,具备辨认和控制自己行为的能力就说明其具有责任能力,要对自己违反治安管理的行为负法律责任。若自然人违反治安管理时,丧失辨认或者控制自己行为的能力,则表明其不具有责任能力,不对自己违反治安管理的行为负治安法律责任。倘若自然人违反治安管理时,尚未完全丧失辨认或者控制自己行为的能力,就表明其具有一定的责任能力,要对自己违反治安管理的行为负一定的法律责任,具体承担法律责任的程度与辨认或者控制自己行为的能力水平相当。

二、精神病人、智力残疾人违反治安管理的处理规定

一般来说,一个人承担治安管理处罚的责任能力与其责任年龄是一致的,即到了责任年龄以后,也就意味着具备了承担治安管理处罚的责任能力。但是,有的人由于患了疾病,尤其是精神病、智力残疾等,其辨认和控制自己行为的能力减弱甚至丧失,从而成为无责任能力或减轻责任能力的人。精神病是人体内外诸多原因引起的大脑主宰的高级神经活动失调而产生的一种疾病。精神病从狭义上讲是指精神医学和司法精神病学所说的具有严重精神障碍的精神分裂症、躁狂抑郁精神病、反应性精神病、症状性精神病、器质性精神病、癫痫等重性精神病。从广义上讲,还包括痴呆症、夜游症、病理性醉酒等。本条规定中的精神病人应当是指广义的精神病人。由于精神病的种类很多,症状不同,患病的程度不同,对辨认控制自己行为能力的影响也有差别。智力残疾亦称智力落后、智力低下、弱智、智力迟钝、心理逊常、心理缺陷、精神发育迟滞等,是指智力明显低于一般人的水平,并显示适应行为障碍。它包括在智力发育期间各种原因导致的智力低下,也包括智力发育成熟后各种原因引起的智力损伤和老年期的智力明显衰退导致的痴呆。智力残疾的程度不同,对自然人辨认或者控制自己行为能力的影响也有差异。实务中,是否为精神病人、智力残疾人,以及其行为时辨认或者控制自己行为的能力如何,应当由有鉴定资质的机构依法规范得出鉴定意见。根据本条规定,实务中对精神病人、智力残疾人违反治安管理的处理有以下几个要点。

第一,经鉴定,精神病人、智力残疾人确实是在不能辨认或者不能控制自己行为的时候违反治安管理的,不予处罚,但是公安机关应当责令其监护人加强看护管理和治疗。也就是说,公安机关有权对没有尽到义务的监护人给予严厉的批评,并要求其承担监护责任,在加强看护管理的同时给予必要的治疗。

第二,间歇性的精神病人在精神正常的时候违反治安管理的,应当给予处罚。间歇性精神病是精神病的一种,包括发作性精神病和有缓解期的重性精神病。这种精神病患者的精神时而正常、时而异常。间歇性精神病的正常期是指发作性精神病的间歇期或者重性精神病的彻底缓解期。在此期间,患者对自己的行为具有辨认能力或控制能力。因此,如果间歇性精神病人在精神正常、不发

病、具有辨认或者控制自己行为能力的期间,实施了违反治安管理行为,就应当给予治安管理处罚。由于实务中一般是在违反治安管理行为发生后,才对其实施行为时的精神状态进行确认,增加了鉴定工作的难度和复杂性。因此,公安机关应当全面了解行为人行为前后的具体情况,并通过鉴定机构的鉴定来确认。

第三,尚未完全丧失辨认或者控制自己行为能力的精神病人、智力残疾人违反治安管理的,应当给予处罚,但是可以从轻或者减轻处罚。这是本次《治安管理处罚法》修订新增加的规定,考虑了尚未完全丧失辨认或者控制自己行为能力的精神病人、智力残疾人违反治安管理时的责任能力实际情况。公安机关对其给予治安管理处罚,要根据其违反治安管理行为时实际丧失辨认或者控制自己行为能力的程度来考虑,可以酌情从轻处罚或者减轻处罚。

案例与评析

【案例一】高三学生祝某某(男,18岁),性格内向,不善交往,同级不同班的同学李某、阎某某、吴某某(另案处理),见其经常孤独一人,认为其没有朋友,好欺负,经常向其索要钱财,如果没有,就威胁他,给其精神造成很大压力。某日晚自习时,祝某某正要去教室,又被这三名同学拦住要钱,祝某某说:"没钱。"三人即厉言威胁他:"不拿钱来,不得好过,我们天天在这堵你,让你上不了课,考不了学。先把手表押这,拿来钱换手表。"三人强行将祝某某手腕上的手表取下。祝某某一时发呆,接着,冲进教室,一边语无伦次地说着什么,一边冲向第一排座位上的两个同学,将他们的手表撸下来,往门外扔去,被摔坏(两块手表价值约400元),并大声喊道:"给你手表,饶不了你……"事后,经鉴定,祝某某患了精神分裂症。

【案例二】崔某与邻里发生纠纷,非常生气,气愤之中,手持一木棍,冲到邻居林某某家,将林家的桌子、镜子等物品砸坏,物品折价400元左右。民警将其传唤到派出所接受调查,崔某在接受调查时,突然语无伦次,两眼发呆,精神异常。经鉴定,崔某患精神分裂症。经查,崔某家族有精神病史,其本人精神一直正常,此次因受刺激而发病。

【案例三】刘某与邻居王某素有矛盾,刘某儿子小刘患有间歇性精神病,王某常取笑刘某及其儿子小刘。一日,刘某见王某与家人窃窃私语,以为王某又在和家人说他的坏话,就故意刺激儿子小刘,导致小刘精神病发作,突然冲到王某家里又打又骂,王某两位家人被打致轻微伤。王某控制住小刘后报警要求警方处罚小刘。刘某却对警察说其儿子小刘的行为是精神病发作时的行为,不能处罚。

【评析】精神病人违反治安管理是否应承担法律责任,关键看其在实施违反治安管理行为时是否能够辨认或控制自己行为。如果能够辨认和控制自己行为就应当承担法律责任,若不能辨认或者不能控制自己行为则不承担法律责任。案例一中,祝某某突发精神分裂症,在不能辨认或者不能控制自己行为的状态下实施损坏他人财物的行为,不承担法律责任,但其损坏他人财物从而造成他人经济损失,应予赔偿。案例二中,崔某在损坏他人财物行为实施完毕后,才突发精神分裂症,其实施违反治安管理行为时处于精神正常状态,能够认识和控制自己行为,应当承担法律责任。案例三中,小刘在精神病发作时殴打王某家人,依法不予处罚,但警察若能查明其精神病发作系其父刘某控制所致,应当依法追究刘某的法律责任。

第十四条 【盲人或者又聋又哑的人违反治安管理的处理】盲人或者又聋又哑的人违反治安管理的,可以从轻、减轻或者不予处罚。

解读与适用

本条是关于盲人和又聋又哑的人违反治安管理的处理规定,也是盲人和又聋又哑的人责任能力的规定。理解该条规定应当注意以下几个问题。

(1)盲人,是指双眼丧失视觉的人。如果只有一只眼睛失去视觉,则不属于本条规定的盲人。又聋又哑的人,又称聋哑人、喑哑人,是指听能和语能都丧失的人。仅聋不哑或者仅哑不聋都不属于聋哑人。

(2)对盲人和又聋又哑的人违反治安管理的处理是"可以"从轻、减轻或者不予处罚,而不是一律从宽。因此,是否予以从宽应当根据案情的具体情况来确定。具有辨认和控制自己行为能力的盲人或又聋又哑的人,违反治安管理行为情节严重、后果严重的,一般不应当从宽处理,甚至有从重处罚情节的还要依法从重处罚。

(3)盲人和又聋又哑的人违反治安管理的处理,有三种从宽处理的选择,即从轻、减轻或者不予处罚。公安机关在选择适用从宽方式时,应当根据违反治安管理行为造成的危害后果、情节、性质以及行为人的生理缺陷对其辨认和控制自己行为能力影响的大小等方面进行全面考察。盲人或者又聋又哑的人违反治安管理，若由于生理缺陷的作用则不承担法律责任，不予处罚，例如：盲人和又聋又哑的人主观上虽然能够认识到某种行为属于违反治安管理行为，不应当实施，但是生理上的缺陷导致其在控制自己行为时产生功能障碍，从而发生违背自己意愿的违反治安管理行为，那么就应当不予处罚。若不是由于生理缺陷的作用则应承担法律责任，给予处理，但由于生理上的缺陷，他们辨认事物、接受教育、控制自己行为的能力可能受到影响和限制，从过罚相当原则和人道主义出发，对他们违反治安管理的行为可以从宽处理。

案例与评析

【案例】曹某某系盲人，在一福利院工厂工作。一天下午，曹某某去工厂上班，按照其自认为熟悉的路程方向行走，却朝"军事管理区"门口走去，并径直向里走，站岗的哨兵提醒他："你有什么事？不能擅自进入。"曹某某置之不理，继续往里走，哨兵走上前劝阻他，曹某某不但不听制止，反而骂哨兵欺人太甚，奋力挣脱后，继续往"军事管理区"里边走。哨兵报告班长，班长和另外的战士将其强行推到门外，并打电话报告附近的派出所。派出所干警赶到，将其带到派出所，经过询问得知：曹某某按照平时他熟悉的路线走，认为没走错，哨兵阻止他时，他认为是戏弄他、蒙骗他，所以才不听制止。

【评析】本案曹某某系盲人，因丧失视力的生理缺陷，不能认知"军事管理区"，进而也不能认知自己行为的性质，从而不能控制自己行为的方向，扰乱了军事管理区秩序，是其处于无责任能力的状态的行为，因此，不予处罚。

第十五条 【醉酒的人违反治安管理的处理】醉酒的人违反治安管理的，应当给予处罚。

醉酒的人在醉酒状态中，对本人有危险或者对他人的人身、财产或者公共安全有威胁的，应当对其采取保护性措施约束至酒醒。

解读与适用

本条是关于醉酒的人违反治理管理的法律责任规定以及对醉酒的人采取保

护性约束措施的规定,对其正确理解应把握以下两个要点。

一、醉酒的人违反治安管理的法律责任

醉酒,是指无节制饮酒导致的酒精中毒性精神障碍。根据国家市场监督管理总局与国家标准化管理委员会联合发布的强制性国家标准《车辆驾驶人员血液、呼气酒精含量阈值与检验》(GB 19522—2024),血液中的酒精含量大于或等于80mg/100mL为醉酒。检测方法包含符合标准的呼气检测和血液检测。根据醉酒的原因和醉酒后对人精神状态的作用不同,醉酒可以分为生理性醉酒和病理性醉酒。对于因这两种醉酒而违反治安管理的情形,应当区别对待。

生理性醉酒,属于普通醉酒,醉酒人往往表现为情绪不稳、易于激动、言行放纵、喜怒无常、昏昏欲睡等,酒醒后可以基本保持记忆或者有不同程度的遗忘。研究表明,生理性醉酒可以导致轻度的意识障碍,但是不会出现精神病症状,不会丧失辨认或控制自己行为的能力,对自己的行为以及周围环境还能进行分析、判断和控制,只是这种能力会有所下降。另外,生理性醉酒的人在醉酒之前应当预见或已经预见多饮酒会造成神经麻痹、难以控制自己的行为,或者意识到自己在醉酒状态中可能实施违反治安管理的行为。因此,生理性醉酒的人对自己违反治安管理的行为须承担法律责任,应当给予其处罚。

病理性醉酒,是指少量饮酒引起的急性的、暂时的精神失常,属于精神病的范畴。一般来说,病理性醉酒的人在平时并不喝酒,突然喝酒后更容易导致此病的发作。病理性醉酒的人疾病发作后往往出现意识障碍,丧失对周围以及自己行为的辨认和控制能力,甚至会产生幻觉,因此,对其处于病理性醉酒状态下,实施的违反治安管理的行为,不应当处以治安管理处罚。但是,行为人明知自己喝酒后会发生病理性醉酒症状,还继续放任自己喝酒的,则应当对其在病理性醉酒症状中的违反治安管理行为承担法律责任。

二、对醉酒的人采取保护性约束措施

本条规定,醉酒的人在醉酒状态中,对本人有危险或者对他人的人身、财产或者公共安全有威胁的,应当将其约束至酒醒。这样规定是考虑到在醉酒状态下,行为人辨认和控制自己行为的能力会有所减弱。从人道主义和保护公共利益的角度出发,鉴于醉酒状态的人对本人有危险或者对他人安全有威胁,将其约

束至酒醒是完全有必要的。对"本人有危险",例如,酒精中毒,根据浓度不同,主要会伤害大脑、小脑、延髓和脊髓,最后可能导致呼吸中枢麻痹而死亡。再如:醉酒人往往难以保持身体平衡,举步不稳,也会发生危险。对"他人的人身、财产或者公共安全有威胁",例如:醉酒人酒后驾车,容易肇事,危害公共安全。再如:醉酒人发酒疯,追打行人等行为,对他人的人身、财产或公共安全会有威胁。因此,"将其约束至酒醒",既是对有危害本人或危害他人可能的醉酒人的人身保护措施,又是防止醉酒的人继续违反治安管理甚至犯罪、危害社会的有效措施。

对本人或者他人安全有威胁的处于醉酒状态的违反治安管理行为人,公安机关应当对其进行约束,也可以通知醉酒人所在单位或者家属将其领回看管。公安机关对违法人进行约束时,应当以不伤害醉酒人为原则,可以采用约束带或者警绳的方法,而不应当使用手铐、脚镣等。而且在约束过程中,应当加强监护,如果被约束人自身有危险,应当立即采取措施;如果被约束人酒醒,应当立即解除约束。

案例与评析

【案例】马某某与妻子江某均是下岗工人,夫妻二人在自己居住的街巷设一饮食小排档。此后,同是下岗工人的章某与妻子郭某在其邻边也设一饮食小排档,马某某夫妻的生意受到一些影响,与章某夫妻有了隔阂。一天下午约3时,马某某与一朋友在自家排档吃饭、喝酒后,马某某坐在凳子上唠唠叨叨,自言自语几分钟,然后起身拿了一把菜刀,用干净的毛巾擦擦,冲到章某夫妻排档处,二话不说,向章某背上砍一刀,将其砍伤,其妻江某将菜刀夺下。章某被送到医院治伤,经鉴定系轻微伤。马某某当即被派出所依法传唤,接受调查时,不能说明发生的事。事后,马某某的妻子江某向派出所提供了省精神病院的精神病鉴定证明:马某某系"酒精性精神障碍"(即酒精所致间歇性精神病)。两年前,马某某酒后,无故将一人打伤,在案件调查时,发现马某某有精神病病状,即被送到省精神病院治疗,经鉴定系"酒精性精神障碍",医治数月出院,不承担法律责任。此次,经鉴定,马某某仍系"酒精性精神障碍"。马某某与朋友喝酒后,处于精神障碍状态,将章某砍伤。马某某与妻子江某要求不予追究马某某的法律责任,愿意赔偿章某夫妻的一切经济损失。

【评析】本案马某某系酒精所致精神障碍的病理性醉酒,属于间歇性精神病人,不是单纯的醉酒人,在精神病发作期间实施了违反治安管理行为,似乎不应承担法律责任。但在这种情况下,尽管马某某实施违反治安管理行为时,处于不能辨认、不能控制自己行为的非自由意志状态,然而对于是否造成这种不能辨认、不能控制自己行为的状态,马某某是具有可辨认、可控制的自由意志的,即明知自己属于"酒精性精神障碍",却不加注意,放任自己喝酒,从而造成"精神障碍",实施了违反治安管理行为,应视为其具有完全责任能力,应承担完全法律责任。

第十六条 【两种以上违反治安管理行为的处罚】有两种以上违反治安管理行为的,分别决定,合并执行处罚。行政拘留处罚合并执行的,最长不超过二十日。

解读与适用

本条是对两种以上违反治安管理行为的处罚规定。适用本条规定应当注意以下几点。

一、行为数的确定

根据违反治安管理行为发生的时间顺序,两种以上行为可以分为三种情况:一是治安管理处罚决定前,一人犯有数行为的;二是治安管理处罚尚未执行完毕前,还有其他违反治安管理行为没有受到处罚,而且是在追究法律责任期限之内的;三是治安管理处罚决定后处罚尚未执行前,被处罚人又犯有新的违反治安管理行为的。

根据本条的规定,区分一行为与数行为是正确适用治安管理处罚的前提,不能确定行为个数就无法正确定性量罚。一般来说,违反治安管理行为的构成要件是区分一行为与数行为的标准。也就是说,如果行为人出于一个故意或过失,实施了一个行为,具备了一个违反治安管理行为的构成要件,则是一行为;如果行为人出于数个故意或过失,实施了数个行为,具备了数个违反治安管理行为的构成要件,则是数行为。因此,凡是各个构成要件(主观、行为、结果)的个数都为一个的,就是典型一行为;凡是各个构成要件均为数个且违反治安管理行为彼此独立的,就是典型数行为。有典型一行为或典型数行为,就有行为数不典型的情形,即违反治安管理行为构成要件组合数的不标准形态。其在内涵上既非典型一行为也非典型数行为,被视为一行为的构成形态。在外延上,行为数不典型包括两种:一是一行为因为行为的延展性而形成的行为数不典型;二是数行为因为行为的整合性而形成的行为数不典型。具体来说,行为数不典型,被视为一行为的违反治安管理行为包括如下几类。

1. 继续行为

继续行为,是指行为实施后行为和行为所造成的不法状态都处于持续不断状态的违反治安管理行为。不论时间持续多久,只要违反治安管理行为及其造成的不法状态一直处于持续状态,就是一行为。例如:非法存放枪支弹药、隐匿他人邮件等行为。这些行为从行为人存放、隐匿行为当天开始,到收缴这些物品之日止,都处于继续状态。如果只有行为造成的不法状态处在持续状态中则不属于继续行为。例如:偷窃行为,行为人非法占有公私财物的状态可以持续很长时间,但这只是一种不法状态的继续,行为人获得财物的那一刻起偷窃行为就结束了,因而不是继续行为。

2. 想象竞合行为

想象竞合行为,或称想象合并行为,是指出于一个违法犯意(故意或过失),实施一个危害行为,却同时触犯了《治安管理处罚法》的数项条款,同时构成数个违反治安管理行为。想象的数行为是相对实际的数行为而言。实际的数行为是数个行为违反了《治安管理处罚法》的数项规定,而想象的数行为却是一个行为,并不是真正的数行为,其特征是行为人实施了一个行为且该行为同时违反了治安管理法规的数项条款。由于想象的数行为并不是实际的数行为,所以应选择治安管理法规数条款中法定处罚最重的一项处罚,若法定处罚相同则按性质更重的来处罚。

3. 连续行为

连续行为,即行为人基于同一的或者概括的违法故意,在一定时间内连续多次实施治安管理法律规定的同一性质的行为。连续行为可以构成数个独立的违反治安管理行为,但属于同一性质行为在一定时间内的多次重复,且行为人的违法故意是同一或者概括的。因此,不同于法律意义上的数个违反治安管理行为,其只能被视为一种违反治安管理行为,或者按照一行为屡犯从重处罚。

4. 牵连行为

牵连行为,是指行为人以实施某种违反治安管理行为为目的,而该行为的手段或结果又触犯了《治安管理处罚法》的其他条款规定。对于牵连行为应当按照从一重处理的原则进行处罚。构成牵连行为有两个条件:一是实施违反治安管理行为的手段行为或者结果行为构成了其他违反治安管理行为。二是所实施的违反治安管理行为与手段行为、结果行为之间存在牵连关系。如果两行为之间毫无牵连,则是数行为。

5. 吸收行为

吸收行为,是指一种违反治安管理行为被另外一种违反治安管理行为吸收,而仅仅以吸收的行为处罚的违反治安管理行为。吸收行为事实上存在数个行为,但是数个行为之间存在紧密联系,前行为可能是后行为发展的必经阶段或者后行为是前行为的必然结果。一般来说,吸收方式有以下几种:一是重行为吸收轻行为,主要从性质、社会危害性上分轻、重行为。二是主行为吸收从行为,从行为的作用上区分主从。例如,教唆他人违反治安管理处罚的行为是主行为,为他人提供工具的行为是从行为,只要裁定教唆他人违反治安管理的违法行为就可以了。三是实行为吸收预备行为,这是从行为程度上划分的。例如:入室偷窃行为,偷窃行为就吸收了非法入侵他人住宅的行为。总之,吸收行为表现为一个违反治安管理行为为另一违反治安管理行为所吸收而失去独立性,所以吸收行为不是典型的一行为而是行为数不典型的行为,是实质上的一行为。

二、分别决定,合并执行

根据本条规定,认定违反治安管理行为是数行为,应当分别决定,合并执行处罚。分别决定,是指对实施了数个违反治安管理行为人,应当按照其所实施的每一个违反治安管理行为分别决定处罚,有几种行为就分别作几个处罚决定,不能合并只作出一个处罚决定。合并执行,是指对分别作出的处罚决定,合并起来执行。对同种类型的处罚,直接合并执行,例如:两个以上拘留按照天数相加;两个以上罚款按数额相加;两个以上警告同时向被处罚人作出。但是,本条规定,行政拘留处罚合并执行的,最长不得超过20日。也就是说,对于行政拘留,无论行为人被作出了几个行政拘留处罚决定,每个行政拘留处罚有多长,相加后如果超过 20 日,则实际均执行 20 日。其他的治安管理处罚种类没有合并上限。

如果违反治安管理行为属于前述五种(继续行为、想象竞合行为、连续行为、牵连行为、吸收行为)被视为一行为的行为数不典型的情形,则不必分别决定、合并执行,直接根据每种行为数不典型的具体情况作出处罚决定。例如:主行为吸收从行为、重行为吸收轻行为等。

三、"两种以上"的认定

实务中,行为人可能一段时间有两个以上独立不连续的同种违反治安管理行为。对于本条规定的"两种以上"违反治安管理行为是否必须理解为不同种的违反治安管理行为?通常情况下,两种以上违反治安管理行为是不同种的违反治安管理行为,但本条条文规定的精神是对多"个"违反治安管理行为分别决定的合并执行,不是对多个违反治安管理行为之间的"种"的限定,适用时应当包括多"个"同"种"违反治安管理行为分别决定的合并执行,否则就会加重对多"个"同"种"违反治安管理行为人执行行政拘留的处罚,与本条规定精神相违。当然,前提必须是多个同种违反治安管理行为不属于连续行为,若属连续行为则不存在分别决定,更没有合并执行处罚的问题。

案例与评析

【案例一】高中生张某和燕某素有矛盾,张某身材高大、体格强健,常欺负弱小的燕某。一日课间,燕某又被张某欺负,为了泄愤,其决定第二天报复张某。第二天,为了增加报复的胜算,燕某携带一把匕首到学校,课间找到张某,用弹簧刀将张某刺伤(尚未达到轻伤)。办案民警对燕某的行为有以下不同观点。

第一种观点认为:燕某具有故意伤害和非法携带管制器具两种违反治安管理行为,应当分别决定,合并执行处罚。

第二种观点认为:燕某的故意伤害和非法携带管制器具两种违反治安管理行为系牵连行为,应当从一重处理。

第三种观点认为:燕某的故意伤害和非法携带管制器具两种违反治安管理行为系吸收行为,非法携带管制器具被故意伤害吸收,应按照故意伤害行为处理。

【评析】牵连行为,是指行为人以实施某种违反治安管理行为为目的,而实施该行为的方法(手段)或结果又触犯其他违反治安管理行为。牵连行为实质上是数行为,但由于数行为之间存在牵连关系,从而按一行为处罚。所谓牵连关系是指行为人主观上为实施一种违反治安管理行为,客观上采取某种方法(手段)行为或结果行为,这种方法(手段)行为或结果行为触犯他种违反治安管理行为,且与目的实施的违反治安管理行为具有直接的关系。但需要注意的是,虽然方法(手段)行为或结果行为与目的行为具有直接的关系,但与目的行为并没有必然的关系。行为人实施目的行为并不必然要选择某违法的方法(手段)行为,也不必然有违法的某结果行为。

吸收行为,是指数个违反治安管理行为因存在吸收关系,其中一部分行为被另一部分行为所吸收,只成立吸收的行为。吸收行为是实质上的一行为,尽管存在数个违反治安管理行为,但彼此具有密切联系,其中一部分行为没有独立存在的理由,只成立某一行为。吸收关系包括两个方面的含义:一是数行为关系密切,一行为是他行为发展的必经阶段,或者一行为是他行为发展的必然结果,从而此行为被他行为吸收失去独立性,只成立吸收行为。二是依据法条规定,数行为之间具有包含与被包含的关系,被包含的行为失去独立性,而不再存在,只按包含他行为的行为处罚。

本案中,燕某故意伤害和非法携带管制器具的行为出于一个目的,两个行为之间有直接的牵连关系,但故意伤害和非法携带管制器具不具有必然的关系,燕某为了增加故意伤害胜算可以有其他选择。因此,第二种观点是正确的。

【案例二】丙某因殴打他人致轻微伤,被公安机关依法拘留5日,并赔偿受害人300元医疗费。在拘留所接受处罚时,其与同室人争吵,又将同室人打成轻微伤。公安机关依法给予其拘留7日处罚。公安机关对其合并执行行政拘留12日处罚。

【评析】本案中丙某两次殴打他人的行为属于两"个"同"种"违反治安管理行为,分别决定,合并执行行政拘留处罚是正确的。

第十七条 【共同违反治安管理的处罚】共同违反治安管理的,根据行为人在违反治安管理行为中所起的作用,分别处罚。

教唆、胁迫、诱骗他人违反治安管理的,按照其教唆、胁迫、诱骗的行为处罚。

> **解读与适用**

本条是对共同违反治安管理及其处罚的规定。

一、共同违反治安管理行为的认定

共同违反治安管理，是指两人以上共同违反治安管理的行为。成立共同违反治安管理行为应当具备以下条件。

1. 主体条件

主体必须是两个以上具有责任能力的行为人。两个人以上共同违反治安管理，且每一个共同违反治安管理的行为人都必须具有责任能力。无责任能力人或者有责任能力人与无责任能力人的共同行为，都构不成共同违反治安管理行为。例如：某一具有责任能力的人利用年幼或患有精神病的人违反治安管理，只有一人具有责任能力，其他人都是无责任能力的14周岁以下的未成年人或者精神病患者，那么就不构成共同违反治安管理行为。

2. 主观条件

主观上，共同违反治安管理的行为人必须具有共同过错。共同过错包括共同故意、共同过失和混合过错。共同故意是指各行为人通过意思联络，认识到共同的行为会发生危害社会的后果，共同参与实施行为，希望或放任危害结果发生的心理态度，对于共同造成的危害结果，各行为人主观上都是故意的心理状态。共同过失是指各行为人应当预见自己的行为可能发生危害社会的后果，由于疏忽没有预见，或者虽然预见却轻信能够避免，以致共同造成危害结果的心理态度，对于共同造成的危害结果，各行为人主观上都是过失的心理状态。混合过错是指对于共同造成的危害结果，有行为人是故意的心理状态，有行为人是过失的心理状态。两个以上行为人之间没有共同过错，但同时在同一场所实施同一性质的违反治安管理行为是同时违法不是共同违法，行为人各自对自己的行为负责。

3. 客观条件

客观上，共同违反治安管理的行为人必须共同实施了违反治安管理的行为，共同造成危害社会治安的结果。首先，共同行为人实施的行为必须指向同一种违反治安管理行为，他们互相配合、彼此联系，形成一个统一的违反治安管理行为整体。不论每个行为人的行为表现如何,都是共同违反治安管理行为的一个有机组成部分,而且都与共同违反治安管理事实之间存在因果关系。其次,在共同违反治安管理行为当中,各行为人的行为表现可以不同,可以是共同作为,也可以是共同不作为,还可以是一方作为,另一方不作为。

根据共同违反治安管理行为客观上能否任意形成,可以分为任意的共同违反治安管理行为和必要的共同违反治安管理行为。任意的共同违反治安管理行为是指可以由一人单独实施也可以由两人以上共同实施的违反治安管理行为。例如:偷窃行为等。必要的共同违反治安管理行为是指只能由两人以上共同实施的违反治安管理行为,而不能由单人实施。例如:结伙斗殴,尚未造成严重后果的;组织会道门、邪教活动,损害他人身体健康或者造成他人财产损失的;教唆、诱骗、胁迫他人参加会道门、邪教活动等。

二、对共同违反治安管理的行为人的处罚

根据本条规定,对共同违反治安管理行为人,应根据其在行为中所起的作用,分别处罚。在共同违反治安管理的行为中,每个参与者的角色和作用往往是不同的,根据处罚与违法行为相当的原则,应当根据各行为人在违反治安管理行为中所起的不同实际作用,分别对各行为人作出与其行为相当的治安管理处罚。实务中,常常把各行为人在共同违法行为中的作用分为主要作用和次要作用。主要作用是指在任意的共同违反治安管理行为中充当主要角色,在必要的共同违反治安管理行为中起组织、策划、指挥、骨干、首要作用。次要作用是指在任意的共同违反治安管理行为中充当次要角色,在必要的共同违反治安管理行为中起辅助作用。对起主要作用的共同违反治安管理行为人的处罚应当比起次要作用的行为人重。

三、教唆、胁迫、诱骗他人违反治安管理的确认及处罚

1. 教唆、胁迫、诱骗的确认

教唆,是指通过授意、劝说、请求、刺激、怂恿、挑拨、利诱等手段,引起他人产生违反治安管理意图的行为。胁迫,是指以威胁、逼迫的强制手段使他人违反治安管理。诱骗,是指用诱惑、欺骗的手段使他人违反治安管理。在实践中,这三种行为可能单独实施也可能交叉实施。教唆、胁迫、诱骗在主观方面都是故意,

过失不成立教唆、胁迫、诱骗行为。教唆、胁迫、诱骗在内容上是具体的,而不是泛泛的。

违反治安管理行为有实行行为和非实行行为之分。实行行为是指行为人实际具体实施了违反治安管理行为,而非实行行为是指行为人没有实际具体实施违反治安管理行为。教唆行为、胁迫行为、诱骗行为都属于非实行行为,教唆、胁迫、诱骗的行为人自己不需要也不一定实际实施违反治安管理行为,因此确认教唆、胁迫、诱骗行为并不要求被教唆、胁迫、诱骗的人实际实施被教唆、胁迫、诱骗的违反治安管理行为。只要有教唆、胁迫、诱骗的行为就可以确认。《治安管理处罚法》对教唆、胁迫、诱骗他人违反治安管理的行为本身单独规定处罚。

2. 教唆、胁迫、诱骗他人违反治安管理的处罚

确认教唆、胁迫、诱骗行为之后,就可以对其行为人作出正确的处罚。根据本条第2款以及本法第22条第2项的规定,对教唆、胁迫、诱骗他人违反治安管理行为人应当按照其教唆、胁迫、诱骗的行为从重处罚。首先应确定其所教唆、胁迫、诱骗的行为;其次应在教唆、胁迫、诱骗行为的法定处罚中,选择较重的处罚。

案例与评析

【案例一】在某赌博案件中,A派出所抓了5个人:王某、李某、陈某、刘某和吴某,经查,王某是发起人,李某提供了赌具,在陈某家中赌博,刘某是三缺一被拉下水的,吴某旁观。A派出所收缴了赌资、赌具,对5人一一告知事实、理由和依据后,对王某、李某、陈某、刘某和吴某处10日拘留并处3000元罚款。

【评析】共同违反治安管理的,要根据违反治安管理行为人在行为中所起的作用,分别处罚。本案中,吴某旁观,并不构成违反治安管理行为。王某是发起人,李某提供了赌具,在陈某家中赌博,刘某是三缺一被拉下水的,4个当事人赌博的情节并不相同,应当根据他们在案件中所起的作用有所区别地进行处罚。王某、李某、陈某在案中都发挥了一定的作用,而刘某是三缺一被拉下水的,对刘某的处罚应当相对更轻些。

【案例二】某市水泥厂女职工南某某与本厂女职工曾某某素来不和。一天中午,南某某与曾某某因公用水池用水问题,发生争执,并相互扭打,被邻居拉开(双方均未造成伤害后果)。南某某丈夫孙某某下班回家,听说妻子与曾某某吵

架,拉起妻子找到曾某某骂架,并捡起过道上一把破菜刀递给妻子南某某,说:"揍她,砍她,坐牢老子去。"南某某趁曾某某不备,举起菜刀往曾某某背上、头上砍去,造成曾某某头部损伤,经鉴定系轻微伤。公安机关认定南某某的行为构成殴打他人的行为,对南某某行政拘留7日处罚并处500元罚款,并责令其负担医疗费用。

【评析】本案中,南某某与曾某某第一次吵骂、扭打,双方均未造成伤害,属于民间纠纷。第二次,南某某用刀将曾某某砍成轻微伤,南某某的行为构成殴打他人的行为,而南某某用刀砍曾某某的行为,是在其丈夫孙某某将菜刀递给南某某的唆使下实施的,因此,孙某某的教唆行为与南某某的实施行为构成共同违反治安管理行为,孙某某同样应以殴打他人的行为定性从重处罚。

第十八条 【单位违反治安管理的处罚】单位违反治安管理的,对其直接负责的主管人员和其他直接责任人员依照本法的规定处罚。其他法律、行政法规对同一行为规定给予单位处罚的,依照其规定处罚。

解读与适用

本条是对单位违反治安管理的处罚规定。沿用原有规定,没有变化。

一、单位违反治安管理的认定

单位违反治安管理,是指单位因为不履行职责而违反治安管理,或者单位直接负责的主管人员和其他直接责任人员代表本单位故意实施违反治安管理行为。具有以下特征:

(1)主体是单位,系机关、团体、企业、事业单位等法人组织或非法人组织。

(2)主观方面是故意,包括为了单位的利益故意实施禁止行为或者应当履行义务而不履行,如果是过失,则不应当认定单位违法,而应当由有关个人承担法律责任。个人借用单位的名义,为个人牟取私利的,则应当认定为个人违反治安管理行为。

(3)客观上表现为违反治安管理是由单位集体决定或者由负责人决定的。单位集体决定,是指经过决策机构集体研究共同决定,如公司董事会的决定等。

负责人决定,是指由单位直接负责的主管人员和其他直接责任人员以单位的名义作出的决定。如果不是以单位的名义而是以个人的名义,则不构成单位违法。另外,如果单位直接负责的主管人员和其他直接责任人员在其职责、职务范围之外实施违反治安管理行为或者不履行不属于单位的职责、职务的义务,就不是单位违法。

(4)单位违反治安管理的行为应当由法律明文规定。也就是说,并不是所有违反治安管理行为单位都可以实施,而仅限于《治安管理处罚法》、有关法律、行政法规有明确规定的行为。当然,《治安管理处罚法》并不是确定单位违法的唯一法律依据,其他法律、行政法规也可以成为认定单位违法的法律依据。

二、单位违反治安管理的处罚

根据本条规定,单位违反治安管理的,对其直接负责的主管人员和其他直接责任人员依照《治安管理处罚法》的规定处罚。其他法律、行政法规对同一行为规定给予单位处罚的,依照其规定处罚。其他法律、行政法规对同一行为规定的处罚不是针对单位的,则依照《治安管理处罚法》的规定对其直接负责的主管人员和其他直接责任人员进行处罚。

> **案例与评析**

【案例】吴某认为物业公司的服务不到位,但物业公司不愿整改,因此吴某在物业公司服务没到位前拒绝再交纳物业费。物业公司老板为迫使吴某交纳物业费,经常给吴某断水、断电,干扰吴某的正常生活,吴某因此向公安机关报警。

【评析】物业公司老板出于迫使吴某交纳物业费的目的,经常给吴某断水、断电,干扰吴某的正常生活。物业公司是单位,物业公司老板是单位主管人员,其断水、断电的行为出于故意,客观上干扰了吴某的正常生活,构成单位违反治安管理,应依法对物业公司老板进行治安管理处罚。

第十九条 【正当防卫】为了免受正在进行的不法侵害而采取的制止行为,造成损害的,不属于违反治安管理行为,不受处罚;制止行为明显超过必要限度,造成较大损害的,依法给予处罚,但是应当减轻处罚;情节较轻的,不予处罚。

解读与适用

本条是对治安管理领域正当防卫的规定,是本次《治安管理处罚法》修订新增的规定。对本条的理解和适用应当注意以下两个方面。

一、正当防卫认定

过去实务中,正当防卫的认定,一直比较模糊。殴打他人的行为,只要双方都动手,通常"各打五十大板",双方都处罚,执法效果并不理想。违反治安管理的行为具有社会危害性,被侵害人面对不法侵害,进行必要的防卫是人性的自然反应,也是社会公平正义的需要,因此本次修订《治安管理处罚法》新增正当防卫具有积极意义。但正当防卫的认定需要在冲突立场之间权衡:面对不法侵害时,若一味要求被侵害人隐忍克制,只在极特殊情况下才认可其防卫的正当性,无疑不利于保护被侵害人权益,也不利于弘扬社会公平正义;但放宽认可防卫条件又可能鼓励纵容被侵害人以暴制暴,给社会治安带来隐患。因此,案件办理实务中,需要更加重视调查取证,在摒弃预设立场,查明案件事实的基础上正确认定正当防卫。

根据本条规定,正确认定治安管理领域的正当防卫,须把握以下要点:

第一,防卫主体是为了免受正在进行的不法侵害而采取制止行为的行为人,即被侵害人。也就是说正当防卫是自卫,没有他卫。这与刑事领域的正当防卫主体不同。《刑法》第20条第1款规定:"为了使国家、公共利益、本人或者他人的人身、财产和其他权利免受正在进行的不法侵害,而采取的制止不法侵害的行为,对不法侵害人造成损害的,属于正当防卫,不负刑事责任。"刑事领域的正当防卫主体更为宽广,可以是本人,也可以是他人,既有自卫,也有他卫。

第二,防卫目的是免受正在进行的不法侵害。主观上旨在停止正在进行的现实侵害、紧迫的被侵害状态,具有防卫的必要性和紧迫性,是被动的应对,不是主动的攻击。因此,防卫的措施是采取制止行为,针对不法侵害的行为人或其不法侵害使用的工具采取制止行为。

第三,防卫对象是正在进行不法侵害的行为人。尚未实施不法侵害行为或者不法侵害行为已经结束的行为人,不是防卫的对象。不法侵害行为人的家人、伙伴等如果没有侵害行为,不是防卫的对象。公务执法等合法行为的行为人也不是防卫对象。

二、正当防卫的法律责任

根据本条规定,正当防卫,造成损害的,不属于违反治安管理行为,不受处罚。正当防卫采取的制止行为明显超过必要限度,造成较大损害的,依法给予处罚,但是应当减轻处罚;情节较轻的,不予处罚。这里隐含了对正当防卫的"必要限度"要求:对正当防卫者而言,尽管情势紧迫,采取制止行为仍需要有必要限度的意识;对办案民警而言,不苛求正当防卫者对制止行为必要限度的把握能力及水平。

案例与评析

【案例】康某与唐某在商场因故发生争执,康某很生气,为了泄愤,故意跟在唐某身边干扰其正常购物。唐某被多次干扰后为了甩掉康某,摆脱康某的干扰,突然抓起康某的包丢向楼下,康某无奈只好赶紧到楼下去找包,唐某得以顺利甩掉康某,摆脱康某的干扰。康某到楼下找到包后发现包里的手机保护壳摔坏了,报警要求警方处理。唐某对办案民警说其行为是为了免受康某干扰,属于正当防卫的行为。

【评析】本案中,康某故意跟在唐某身边多次干扰其正常购物,对唐某确实带来不法侵害,但康某的干扰行为不具有现实紧迫性,唐某抓起康某的包丢向楼下时,康某并不是正在实施干扰行为,唐某丢康某包的行为不是被动直接制止康某正在进行的干扰行为,而是为了预防康某后续可能的干扰,主动侵犯康某财物的进攻性行为,以图"围魏救赵"通过侵犯康某财物来甩掉康某。所以,唐某的行为不属于正当防卫。

第二十条 【从轻、减轻或者不予处罚的情形】违反治安管理有下列情形之一的,从轻、减轻或者不予处罚:

(一)情节轻微的;

(二)主动消除或者减轻违法后果的;

(三)取得被侵害人谅解的;

(四)出于他人胁迫或者诱骗的;

(五)主动投案,向公安机关如实陈述自己的违法行为的;

(六)有立功表现的。

> 解读与适用

本条是关于从轻、减轻或者不予处罚法定情形的规定,将 2012 年《治安管理处罚法》第 19 条减轻处罚或不予处罚的情形修改为从轻、减轻或者不予处罚的情形,并对具体情形作了部分调整。理解适用本条规定要把握以下两个要点。

一、从轻、减轻或者不予处罚的适用

从轻处罚,是指根据《治安管理处罚法》有关条款具体规定的处罚,在规定的处罚方式内,选择较轻的处罚。既可以在规定的几个处罚种类中选择一个较轻或者最轻的处罚,也可以在规定的某一种处罚幅度内选择较轻的幅度,但在适用从轻处罚时,不应当超过相应条款中的最低幅度。

减轻处罚,是指根据《治安管理处罚法》有关条款具体规定的处罚种类和处罚幅度,在规定的处罚方式之下进行处罚。实务上,减轻处罚根据各违反治安管理行为法定处罚种类及幅度的不同情况作以下安排:法定处罚种类只有一种,在该法定处罚种类的幅度以下减轻处罚;法定处罚种类只有一种,在该法定处罚种类的幅度以下无法再减轻处罚的,不予处罚;规定拘留并处罚款的,在法定处罚幅度以下单独或者同时减轻拘留和罚款,或者在法定处罚幅度内单处拘留;规定拘留可以并处罚款的,在拘留的法定处罚幅度以下减轻处罚;在拘留的法定处罚幅度以下无法再减轻处罚的,不予处罚。

不予处罚,是指对行为人的行为认定为违反治安管理处罚行为,但由于存在法定情节而不对其进行处罚。

二、从轻、减轻或者不予处罚的情形

本条规定从轻、减轻或者不予处罚有六种情形,符合这六种情形之一,公安机关就应当从轻、减轻或者不予处罚。至于是选择从轻处罚、减轻处罚还是不予处罚,应当根据违反治安管理的事实、性质、情节以及社会危害程度等进行全面考虑。

(一)情节轻微的

情节轻微,是指行为人违反治安管理行为的事实、性质、情节和社会危害性轻微。2012 年《治安管理处罚法》原是"情节特别轻微的",本次修订删去"特

别"两字,修改为"情节轻微的"。《治安管理处罚法》第三章各条对具体违反治安管理行为的处罚情节规定,都是在规定一般处罚情节的基础上,增加规定"情节严重"、"情节较重"或"情节较轻"的处罚情节。根据《公安部关于实施公安行政处罚裁量基准制度的指导意见》《公安机关对部分违反治安管理行为实施处罚的裁量指导意见》以及各省公安机关制定的行政处罚裁量基准,"情节轻微"应当是"情节较轻"情形中情节偏轻的情形,通常表现为行为的次数少、频率低,在行为中起次要作用、辅助作用,行为方式或手段烈度低、破坏性小,危害结果轻,损害数额小,影响小,听劝阻,认错态度好,及时改正或弥补等。刑事立案追诉标准有明确数量的,一般控制在刑事立案追诉标准的10%以下。例如:非法携带弹药或管制器具,数量少,经告知、检查后主动交出,初次违反的。

(二)主动消除或者减轻违法后果的

主动消除或者减轻违法后果是指行为人违反治安管理行为之后,自愿采取行动,以彻底消除或者减轻由于自己行为而对国家、集体、他人造成的危害后果的情形。行为人能够主动消除或者减轻违法后果,表明其认识到了自己行为的错误,行为人的主观恶性小。行为人主动消除或者减轻违法后果,使违法行为对国家、集体、他人造成的危害减小。

(三)取得被侵害人谅解的

取得被侵害人谅解是指行为人违反治安管理行为之后,自愿采取消除、减轻、弥补损失或者赔礼道歉等建设性行动,被侵害人接受其行为,表示谅解。通常行为人与被侵害人之间的矛盾隔阂或误解也得到化解。

(四)出于他人胁迫或者诱骗的

出于他人胁迫或者诱骗,是指行为人处于被迫或者被诱骗的状态而实施违反治安管理行为。胁迫,是指他人对行为人或者行为人亲属的人身、财产、名誉等进行威胁、逼迫等。诱骗,是指用金钱、名誉等利益进行诱惑、欺骗等。出于他人胁迫、诱骗而实施违反治安管理行为,并不是出于违反治安管理行为人主观上的恶性和自愿。因此,对行为人从轻、减轻或者不予处罚而仅仅进行批评教育等,就能达到改正违法行为,不再违反治安管理的目的。

(五)主动投案,向公安机关如实陈述自己的违法行为的

主动投案,向公安机关如实陈述自己的违法行为即自首,是指行为人违反治安管理后,在公安机关对其立案调查前主动、直接向公安机关投案,承认自己的

违法行为,并且向公安机关如实陈述自己的违法行为。主动投案和向公安机关如实陈述自己的违法行为都是必备条件,不可或缺。其投案行为可以由其本人觉悟产生,也可以由他人教育动员产生,可以亲身到公安机关投案,若身体不便也可以书信、电话或委托他人等方式投案。其如实陈述自己的违法行为,若有共同违法行为人,也应当如实陈述所知的同案共同违法行为人的违法行为。公安机关办理治安案件实务中,自首的各种实际情况可参照适用《最高人民法院关于处理自首和立功具体应用法律若干问题的解释》。

(六)有立功表现的

有立功表现,是指违反治安管理行为人到案后具有有利于国家和社会的突出表现的情况,主要有以下几种表现:

(1)检举、揭发他人违法行为,经查证属实。首先,揭发他人违法行为是自己所知的其他人的违法行为;其次,他人的违法行为包括违反治安管理行为和犯罪行为;最后,他人的违法行为经过公安机关查证属实。

(2)提供重要线索,使其他案件得以查破。首先,重要线索是指提供的线索与其他案件的查破存在因果关系;其次,其他案件是指违反治安管理行为人参与的案件之外的案件;最后,其他案件可以是治安案件也可以是刑事案件。

(3)协助公安机关抓获其他违法人员的。其他违法犯罪人员可以是违反治安管理行为人,也可以是犯罪嫌疑人;可以是本案的违法人员,也可以是其他案件的违法人员。

(4)阻止他人违法犯罪活动的。

(5)具有其他有利于国家和社会的突出表现的。

案例与评析

【案例】刘某盗窃他人放在抽屉里的人民币500元后,在回家途中遇见巡逻民警,因紧张行动异常,巡逻民警见其形迹可疑,对其盘问教育,刘某心生悔意,主动交代自己的盗窃行为。刘某的表现算不算自首?

【评析】本案中,刘某算不算自首主要看自首的两个条件刘某具不具备。第一,刘某在巡逻民警对其盘问教育的情况下心生悔意主动向公安机关交代自己的盗窃行为,算不算主动投案?参照《最高人民法院关于处理自首和立功具体应用法律若干问题的解释》第1条第1项的规定:"罪行未被司法机关发觉,仅因形迹可疑被有关组织或者司法机关盘问、教育后,主动交代自己的罪行的;犯罪后逃跑,在被通缉、追捕过程中,主动投案的;经查实确已准备去投案,或者正在投案途中,被公安机关捕获的,应当视为自动投案。"刘某的表现虽然在巡逻民警盘问教育下发生,也视为自动投案。第二,刘某向公安机关如实陈述自己的盗窃行为,没有隐瞒或说谎。自首的两个条件刘某都具备,因此刘某的表现应视为自首。

> **第二十一条 【认过认罚从宽处理】**违反治安管理行为人自愿向公安机关如实陈述自己的违法行为,承认违法事实,愿意接受处罚的,可以依法从宽处理。

解读与适用

本条是新增的关于违反治安管理行为人自愿认过认罚从宽处理的规定。在治安案件办理实务中适用认过认罚从宽制度,对准确及时惩罚违反治安管理行为、强化人权保障、推动治安案件繁简分流、节约公安机关执法资源、化解社会矛盾、推动国家治理体系和治理能力现代化,具有重要意义。《刑事诉讼法》第15条规定建立了对刑事犯罪人的认罪认罚从宽处理制度。本条规定则建立了对违反治安管理行为人的认过认罚从宽处理制度。对本条的理解和适用在没有明确指导意见或规范之前,可以参考最高人民检察院联合最高人民法院、公安部、国家安全部、司法部发布的《关于适用认罪认罚从宽制度的指导意见》。在实务中,本条的理解和适用主要应把握以下两个方面。

一、认过认罚的适用范围和条件

(一)认过认罚的适用范围

本条规定没有违反治安管理行为种类或者可能处罚的限定,也没有办案程序上的限制,因此,所有治安案件都可以适用,在作出治安管理处罚决定前所有违反治安管理行为人都有认过认罚从宽处理的机会。其只是"可以"适用不是一律适用,违反治安管理行为人认过认罚后是否从宽,由公安机关根据案件具体情况决定。

(二)认过认罚的适用条件

违反治安管理行为人自愿认过和认罚是适用的具体条件。"认过",是指违反治安管理行为人自愿向公安机关如实陈述自己的违法行为,承认违法事实。承认违法事实,但对个别事实情节提出异议,或者虽然对行为性质提出辩解但表示接受公安机关认定意见的,不影响"认过"的认定。仅如实陈述其中小部分的违法事实的,全案不作"认过"的认定。"认罚",是指违反治安管理行为人真诚悔过,愿意接受处罚。在立案调查取证阶段表现为表示愿意接受处罚,告知阶段表现为接受公安机关拟作出的处罚意见。"认罚"考察的重点是违反治安管理行为人的悔过态度和悔过表现,应当结合主动消除或者减轻违法后果、退赃退赔、赔偿损失、赔礼道歉、争取被侵害人谅解等因素来考量。若违反治安管理行为人虽然表示"认罚",却暗中串供、干扰证人作证、毁灭、伪造证据或者隐匿、转移财产,有赔偿能力而不赔偿损失,则不能适用认过认罚。违反治安管理行为人享有程序选择权,不同意适用快速办理程序、简易程序的,不影响"认罚"的认定。

二、认过认罚后"从宽"的把握

"从宽"包括从轻、减轻或者不予处罚。认过认罚后"从宽"的把握,应当依照《治安管理处罚法》总则的基本原则,结合《治安管理处罚法》第二章法定量罚情节,综合考虑违反治安管理行为人认过认罚的具体情况,依法决定是否从宽、如何从宽。通常从轻、减轻、不予处罚,应当于法有据,对情节轻微不需要处罚的,可以依法不予处罚。主动认过优于被动认过,早认过优于晚认过,彻底认过优于不彻底认过,稳定认过优于不稳定认过。认过认罚的从宽一般应当大于仅有坦白,或者虽认过但不认罚的从宽。违反治安管理行为人具有自首、坦白情节,同时认过认罚的,应当在法定处罚幅度内给予相对更大的从宽幅度。认过认罚与自首、坦白不重复适用。对情节较轻、人身危险性较小的行为人及初犯、偶犯,从宽幅度可以大一些;对情节较重、人身危险性较大的行为人及累犯、再犯,从宽幅度应当从严把握。

【案例与评析】

【案例】某演唱会,观众满座,庄某想购票入场却得知票已售罄。在演唱会热闹气氛的刺激下,庄某一直在场外逗留无法离去,后又在入口处徘徊,寻机强行越过工作人员的拦阻进入场内,工作人员报警后,民警将其传唤带到派出所,在对庄某进行询问期间,民警告知庄某认过认罚从宽处罚规定,一边询问了解案件事实,一边对庄某进行教育、释法说理,庄某认识到其行为的错误,承认违法事实,如实陈述自己的违法行为,并表示愿意接受处罚。经查,庄某系初犯,进入演唱会后安静观演,没有导致其他危害,民警对其传唤带离也服从配合。

【评析】庄某在办案民警的释法说理教育下,能正确认识其行为的危害和错误,承认违法事实,如实陈述自己的违法行为,并表示愿意接受处罚。其表现符合本条规定的认过认罚条件,又是初犯,情节较轻,可以适用从宽处罚。

第二十二条 【从重处罚的情形】违反治安管理有下列情形之一的,从重处罚:

(一)有较严重后果的;

(二)教唆、胁迫、诱骗他人违反治安管理的;

(三)对报案人、控告人、举报人、证人打击报复的;

(四)一年以内曾受过治安管理处罚的。

解读与适用

本条是关于从重处罚情形的规定。从重处罚是指根据《治安管理处罚法》有关条款具体规定的处罚,在规定的处罚方式内,选择较重的处罚。既可以在规定的几个处罚种类中选择一个较重或者最重的处罚,也可以在规定的某一种处罚幅度内选择较重的幅度,但在适用从重处罚时,不应当超过相应条款中的最高幅度。根据本条的规定,应当从重处罚的四种情形包括如下。

1. 有较严重后果的

该后果是指违反治安管理行为造成的危害后果。所谓较严重是指在违反治安管理行为本身所应当具有的限度以内较严重。如果较严重的后果已经达到构成犯罪的程度,就不属于违反治安管理行为,也就不是此处的后果较严重了。有较严重后果说明对国家、集体的利益或者他人、法人以及其他组织的合法利益造成了较严重的损害,从《治安管理处罚法》的宗旨、任务出发,根据过罚相当的原则,应当对该行为处以较重的处罚。

2. 教唆、胁迫、诱骗他人违反治安管理的

教唆,是指通过授意、劝说、请求、刺激、怂恿、挑拨、利诱等手段,引起他人产生违反治安管理意图的行为。胁迫,是指以威胁、逼迫的强制手段使他人违反治安管理。诱骗,是指用诱惑、欺骗的手段使他人违反治安管理。由于教唆、胁迫、诱骗他人的行为属于主观恶性较大的行为,因此无论其是否亲自参与了违反治安管理行为,都应当从重处罚。结合《治安管理处罚法》第17条第2款规定,应当按照行为人所教唆、胁迫、诱骗的行为从重处罚。

3. 对报案人、控告人、举报人、证人打击报复的

报案人,是指发现违反治安管理行为,并向公安机关报告案件的发生时间、地点和经过等具体情况的单位和个人。控告人,是指向公安机关报告遭受违反治安管理行为侵害的被侵害人。举报人,是指向公安机关揭发有关违反治安管理事实的违反治安管理行为的知情人。证人,是指了解案件事实情况并向公安机关提供证词的人。这四种人都是知悉案件事实某些情况的人,并向公安机关报告所知悉的案情。但他们之间存在着差异,主要是:报案人报案一般是公开进行的,案件确实发生了;举报人举报一般是不公开的,是否有违反治安管理行为还有待调查;控告人则特指被侵害人;而证人与前三者不同,前三者都有可能是证人,但证人不一定是前三种人。前三种人及时地向公安机关报案、举报、控告,有利于公安机关及时地对违反治安管理行为进行查处。证人作证有利于公安机关正确查处违反治安管理行为。对这四种人进行打击报复,使人们不敢报案、举报、控告和作证,不利于公安机关以及人民群众与违反治安管理行为作斗争,不利于对公共利益和他人合法利益的保护。而且行为人进行打击报复也说明行为人不仅没有认识到自己违反治安管理行为的危害和错误,还继续违法。因此,对打击报复人应当从重处罚。

打击报复的表现形式多种多样,例如,对报案人、控告人、举报人和证人直接实施身体的伤害;对这些人进行无端谩骂、指责、诽谤、辱骂等精神迫害;利用职务、职位对这些人进行经济、政治等方面的迫害等。打击报复与报案、控告、举报和作证存在因果关系。其他原因导致行为人进行打击报复的,则不属于该种情形。

4. 1年以内曾受过治安管理处罚的

1年以内曾受过治安管理处罚的认定包括两个条件:一是在后发生的违反

治安管理行为之前曾经受到过治安管理处罚。也就是说,在后发生的违反治安管理行为之前曾经违反治安管理,而且还受到了治安管理处罚。如果前行为被认定为违反治安管理行为,但是不予处罚,则不属于该种情形。二是后发生的违反治安管理行为与曾经受到治安管理处罚之间的时间差在1年以内。该时间差是后行为与前行为受到处罚的时间间隔,而不是与前违反治安管理行为的时间间隔。1年以内曾受过治安管理处罚说明行为人无悔改表现,主观恶性较大,只有从重处罚才能发挥治安管理处罚的惩戒和教育的作用。本次修订把以前的"六个月内"修改为"一年以内",将违反治安管理行为人是否改正的考察期延长了6个月。

案例与评析

【案例】盲人高某为达到自己私人目的,教唆刘某多次公然侮辱邻居季某某。公安机关依法对刘某进行处罚,但因高某是盲人,对高某不予处罚。

【评析】本案中公安机关对高某不予处罚的处理不当。高某虽丧失视觉能力,但仍具有辨认和控制自己教唆他人违法犯罪的能力,虽然《治安管理处罚法》第14条规定对盲人可以从轻、减轻或者不予处罚,但可以从宽不等于必须从宽。况且,根据《治安管理处罚法》第22条规定,教唆他人违反治安管理是法定从重处罚情节。综合《治安管理处罚法》第14条和第22条的规定,考虑高某的实际情况,不但不宜对其作出不予处罚的处理,反而应当从重处罚。

第二十三条 【不执行行政拘留处罚的情形及其例外】违反治安管理行为人有下列情形之一,依照本法应当给予行政拘留处罚的,不执行行政拘留处罚:

(一)已满十四周岁不满十六周岁的;

(二)已满十六周岁不满十八周岁,初次违反治安管理的;

(三)七十周岁以上的;

(四)怀孕或者哺乳自己不满一周岁婴儿的。

前款第一项、第二项、第三项规定的行为人违反治安管理情节严重、影响恶劣的,或者第一项、第三项规定的行为人在一年以内二次以上违反治安管理的,不受前款规定的限制。

解读与适用

本条是关于不执行行政拘留处罚情形及其例外的规定,体现了《治安管理处罚法》以人为本的理念。"不执行行政拘留处罚",是指由于具有法定情形而不对被决定给予行政拘留处罚的违反治安管理行为人执行已经作出的行政拘留处罚。根据本条规定,不执行行政拘留的情形有以下四种。

1. 已满 14 周岁不满 16 周岁的

一方面,对这些人不执行行政拘留是与本法"已满十四周岁不满十八周岁的人违反治安管理的,从轻或者减轻处罚"的一般适用原则规定相适应的;另一方面,已满 14 周岁不满 16 周岁的人身心发育还不够成熟,可塑性强,一般正处于学校学习阶段,如果对他们执行行政拘留,不利于他们健康成长。计算行为人年龄时,应当以行为人行为之日进行计算。如果行为人在实施违反治安管理行为之日不满 16 周岁,但是决定处罚时已经满 16 周岁,依然不执行行政拘留。

2. 已满 16 周岁不满 18 周岁,初次违反治安管理的

虽然有与"已满十四周岁不满十六周岁的"情形同样的考虑,但已满 16 周岁不满 18 周岁的人具有更好地认识和控制自己行为的能力,因此不执行行政拘留需要一个限制条件,即初次违反治安管理。行为人初次违反治安管理,鉴于其尚未成年,给予其自觉改过的机会,不执行行政拘留。如果不属于初次违反治安管理,则需要依法执行行政拘留。

3. 70 周岁以上的

一般来说,70 周岁以上的人往往身体多病、羸弱,从人道主义出发,对其不应执行行政拘留。对行为人年龄的计算应当从决定处罚之日起算。虽然行为人在行为之日未满 70 周岁,但是在决定对其处罚时,其已经满 70 周岁,也不应当执行行政拘留。

4. 怀孕或者哺乳自己不满 1 周岁婴儿的

对怀孕或者哺乳自己不满 1 周岁婴儿的妇女不执行行政拘留,是人道主义的体现。由于怀孕或者哺乳自己不满 1 周岁婴儿的妇女具有特殊的人道主义要求,如果对其执行行政拘留,不利于胎儿以及婴儿的健康成长。因此,《治安管理处罚法》从保护胎儿、婴儿的合法权益出发,规定对这类妇女不执行行政拘留。理解该项规定时应当注意:一是怀孕的妇女应当包括决定处罚的时候发现

怀孕的,而不仅仅包括行为时怀孕的。二是不满 1 周岁的婴儿不仅包括自己生育的孩子,还应当包括通过合法手续领养的婴儿。通过合法手续领养的婴儿,法律上已属于妇女自己的孩子。婴儿的年龄应当从决定处罚的日子计算。如果行为人实施违法行为时,婴儿还不满 1 周岁,但是在决定处罚时,婴儿已满 1 周岁,则应当执行行政拘留。

2025 年本法修订对本条新增了第 2 款规定,即对依法不执行行政拘留情形的适用例外。不执行行政拘留体现以人为本的理念,但违反治安管理情节严重、影响恶劣,或者在 1 年以内 2 次以上违反治安管理的,简单适用不执行行政拘留处罚也不能体现以人文本,不符合过罚相当原则,既不利于行为人认错改过,也不利于社会公平正义。因此本条第 2 款规定,第 1 款第 1 项、第 2 项、第 3 项规定的行为人违反治安管理情节严重、影响恶劣的,或者第 1 项、第 3 项规定的行为人在 1 年以内 2 次以上违反治安管理的,不受前款规定的限制。不受限制并不意味着一定要执行行政拘留,实务中对具有第 2 款情形的行为人是否要执行行政拘留还需综合案件实际情况、行为人实际境况及执法效果等权衡适用。

第二十四条 【未成年人矫治教育】对依照本法第十二条规定不予处罚或者依照本法第二十三条规定不执行行政拘留处罚的未成年人,公安机关依照《中华人民共和国预防未成年人犯罪法》的规定采取相应矫治教育等措施。

> **解读与适用**

本条是关于对违反治安管理依法不予处罚或者不执行行政拘留处罚的未成年人依照《预防未成年人犯罪法》的规定采取相应矫治教育等措施的规定。对本条的理解和适用应当注意以下两个方面。

第一,公安机关采取矫治教育等措施的对象是依照《治安管理处罚法》第 12 条规定不予处罚或者依照第 23 条规定不执行行政拘留处罚的未成年人。即已满 14 周岁不满 18 周岁的人违反治安管理,从轻或者减轻处罚之后不予处罚的未成年人,或者不满 14 周岁的人违反治安管理,依法不予处罚的未成年人。

第二,公安机关依照《预防未成年人犯罪法》的规定采取相应矫治教育等措施。《预防未成年人犯罪法》为教育、挽救有不良行为的未成年人,规定了公安机关应当或可以采取的矫治教育等措施。例如,《预防未成年人犯罪法》第 30 条规定,公安机关发现本辖区内未成年人有不良行为的,应当及时制止,并督促其父母或者其他监护人依法履行监护职责。第 40 条规定,公安机关接到举报或者发现未成年人有严重不良行为的,应当及时制止,依法调查处理,并可以责令其父母或者其他监护人消除或者减轻违法后果,采取措施严加管教。第 41 条规定,对有严重不良行为的未成年人,公安机关可以根据具体情况,采取以下矫治教育措施:予以训诫;责令赔礼道歉、赔偿损失;责令具结悔过;责令定期报告活动情况;责令遵守特定的行为规范,不得实施特定行为、接触特定人员或者进入特定场所;责令接受心理辅导、行为矫治;责令参加社会服务活动;责令接受社会观护,由社会组织、有关机构在适当场所对未成年人进行教育、监督和管束;其他适当的矫治教育措施。除了矫治教育措施之外,《预防未成年人犯罪法》还规定了其他预防未成年人犯罪的措施。公安机关根据这些规定,对违反治安管理依法不予处罚或者不执行行政拘留处罚的未成年人采取矫治教育等措施。

> **第二十五条** 【追究时效】违反治安管理行为在六个月以内没有被公安机关发现的,不再处罚。
>
> 前款规定的期限,从违反治安管理行为发生之日起计算;违反治安管理行为有连续或者继续状态的,从行为终了之日起计算。

解读与适用

本条是关于违反治安管理行为追究时效的规定。

追究时效是指对违反治安管理的人追究法律责任的有效期限。规定对违反治安管理行为的追究时效具有重要意义:一是有利于治安管理处罚目的的实现。因为对违反治安管理行为人适用治安管理处罚的目的是教育其转变成为守法公民。如果行为人的违法行为在一定时期内没有受到追究,而且行为人也没有再违反治安管理,说明其已经遵纪守法了,对其没有再追究的必要了。再追究其法律责任,可能既得不到社会的认可,也起不到警戒社会和教育群众的作用。二是有利于公安机关集中力量打击现行违法。违反治安管理行为经过一段时间之后,各种证据可能灭失。时间越久,查证越困难。追究时效可以使公安机关避免陈案的拖累,减轻负担,节省力量,集中精力打击处理现行违反治安管理行为。三是有利于社会的安定团结。违反治安管理行为属于一般违法行为,情节较轻,经过一段时间,违反治安管理行为给社会造成的混乱可能已经平息,被侵害人与行为人之间的矛盾可能已经消除。如果再追究,就可能使已经稳定的关系重新紧张起来,不利于社会稳定、和谐发展。

一、追究违反治安管理行为的期限

根据本条第1款的规定,违反治安管理行为在6个月以内没有被公安机关发现的,不再处罚。也就是说,违反治安管理行为的追究时效为6个月。对"违反治安管理行为在六个月以内没有被公安机关发现"的理解应当注意以下两个方面。

(一)没有发现的是违反治安管理行为而不是行为人

如果违反治安管理行为已经被发现,但是行为人还未被查获或者行为人逃避处罚,就不受本条规定的追究时效的限制。也就是说,行为在6个月之内被发现,行为人在6个月后才被查获的,仍然要受到治安管理处罚。只要实施违反治安管理行为这一法律事实,在6个月内被公安机关发现,无论什么时候查获行为人,都应当依法予以追究。否则,一些违反治安管理行为人就可能以隐藏、躲避等方式来逃避法律责任。

(二)"发现"的标志是治安案件的立案

治安案件的立案是指公安机关经初步审查认为存在违反治安管理事实或嫌疑,从而将其确立为一起案件进行调查的法律活动,立案标志着公安机关开始了治安案件办理的法律程序,也标志着公安机关发现了违反治安管理行为。在实务中,办案单位领导在立案表上签署同意立案意见就标志着公安机关发现违反治安管理行为。

二、追究时效的计算

根据本条第2款的规定,期限从违反治安管理行为发生之日起计算;违反治安管理行为有连续或者继续状态的,从行为终了之日起计算。也就是说,6个月没有发现的期限从违反治安管理行为停止的那一天起算。一般来说,违反治安管理行为是短暂行为,一经实施就完成了。所以行为发生之日往往就是行为停止之日。但是,也有例外的情况,如连续行为和继续行为,这两种行为具有连续状态或继续状态。

连续行为,是指行为人基于同一的或者概括的违法过错,在一定时间内连续多次实施同一性质的违法行为。连续状态行为的追究时效应当从行为结束之日起算。

继续行为,是指行为实施后行为和行为所造成的不法状态都处于持续不断状态的违法行为。不论时间持续多久,只要违反治安管理行为及其造成的不法状态一直处于持续状态,就是一行为。因此,对该种行为的追究时效也应从行为结束之日起算。

三、不再处罚不等于不再处理

本条规定,违反治安管理行为在 6 个月以内没有被公安机关发现的,不再处罚。但不再处罚不等于不再处理。处罚之外的其他法律措施等工作,公安机关仍然应当根据案件实际依法履职。例如,盗窃等违反治安管理行为的违法所得,应当依法追缴。

第三章 违反治安管理的行为和处罚

本章是违反治安管理行为及其处罚的规定,共64条,分为扰乱公共秩序的行为和处罚,妨害公共安全的行为和处罚,侵犯人身权利、财产权利的行为和处罚,妨害社会管理的行为和处罚四节,规定了五类违反治安管理行为。与2012年《治安管理处罚法》相比,新增了10条,主要是根据治安管理出现的新情况和经济社会的发展变化,新增应当受到处罚的违反治安管理的行为,完善部分条文的表述,调整处罚规定。

第一节 扰乱公共秩序的行为和处罚

公共秩序,是人们在长期的社会生活中形成的由法律、道德以及公共生活准则等社会行为规则规范的一种良好的社会状况,主要包括单位的工作、生产、营业、医疗、教学、科研等秩序,公共场所秩序,公共交通工具上的秩序,选举秩序,大型群众性活动秩序,社会公共生活秩序以及计算机网络虚拟空间秩序等。扰乱公共秩序行为,是指故意扰乱公共秩序,尚不够刑事处罚,依照本法的规定,应当给予治安管理处罚的行为。本法第26条至第35条共10条对扰乱公共秩序行为作了具体规定,主要变化是将扰乱城市轨道交通车辆、扰乱考试秩序、组织领导传销活动、从事有损英雄烈士保护等行为增列为扰乱公共秩序的行为。

第二十六条 【扰乱公共秩序行为及其处罚】有下列行为之一的,处警告或者五百元以下罚款;情节较重的,处五日以上十日以下拘留,可以并处一千元以下罚款:

(一)扰乱机关、团体、企业、事业单位秩序,致使工作、生产、营业、医疗、教学、科研不能正常进行,尚未造成严重损失的;

（二）扰乱车站、港口、码头、机场、商场、公园、展览馆或者其他公共场所秩序的；

（三）扰乱公共汽车、电车、城市轨道交通车辆、火车、船舶、航空器或者其他公共交通工具上的秩序的；

（四）非法拦截或者强登、扒乘机动车、船舶、航空器以及其他交通工具，影响交通工具正常行驶的；

（五）破坏依法进行的选举秩序的。

聚众实施前款行为的，对首要分子处十日以上十五日以下拘留，可以并处二千元以下罚款。

解读与适用

一、本条第1款第1项是对扰乱单位秩序行为的规定

扰乱单位秩序行为，是指扰乱机关、团体、企业、事业单位秩序，致使工作、生产、营业、医疗、教学、科研不能正常进行，尚未造成严重损失的行为。该行为的构成特征如下：

1. 侵犯客体

行为侵犯的直接客体主要是单位的工作、生产、营业、医疗、教学、科研秩序。同时，该行为客观上往往会伴随故意损坏公私财物或者伤害、侮辱他人等行为，因此其侵犯的直接客体还可能包括公私财产权利或者公民人身权利，与单位秩序共同构成复杂客体。该行为的侵害对象是机关、团体、企业、事业单位。目前，对机关、团体、企业、事业单位的范围，法律没有明确的规定。一般而言，机关包括各级国家权力机关（立法机关）、行政机关、司法机关和军事机关。党的机关、政协机关以及上述机关的直属机构、临时协调机构也视为国家机关。团体包括人民团体和社会团体，社会团体以民政部门的登记为准。企业包括公司和其他企业，以营业执照为准。事业单位以各级人民政府编制管理机关的登记或者备案为准。

2. 客观方面

行为在客观方面表现为扰乱机关、团体、企业、事业单位秩序，致使工作、生

产、营业、医疗、教学、科研不能正常进行,尚未造成严重损失。所谓"扰乱",是指实施各种干扰和破坏活动,造成单位秩序的混乱。"扰乱"的表现形式多种多样,如损毁单位办公用具、物品、文件材料;推拉、纠缠、辱骂、围攻或者威胁、殴打单位工作人员;围堵、设置路障、封闭单位的主要出入通道,不准车辆或人员出入;在单位静坐、示威、喊口号、大声喧哗、辱骂;非法占据单位办公室、生产车间、实验室、教室以及其他工作场所;等等。行为的危害结果必须是"致使工作、生产、营业、医疗、教学、科研不能正常进行,尚未造成严重损失"。

3. 行为主体

行为的主体是一般主体,即达到法定的责任年龄、具有相应的责任能力的自然人。

4. 主观方面

行为的主观方面为故意。

二、本条第 1 款第 2 项是对扰乱公共场所秩序行为的规定

扰乱公共场所秩序行为,是指扰乱车站、港口、码头、机场、商场、公园、展览馆或者其他公共场所秩序,尚不够刑事处罚的行为。该行为的构成特征如下:

1. 侵犯客体

行为侵犯的客体是公共场所秩序,侵害对象是公共场所。这里的"公共场所"是指向社会开放的、供社会成员进行社会活动的场所,包括车站、港口、码头、机场、商场、公园、展览馆或者其他公共场所。"其他公共场所",主要是前者未列举的包括礼堂、俱乐部、影剧院、音乐厅、宾馆、饭店、旅店、游泳池、浴池、运动场、游乐场、集贸市场等文化体育活动、娱乐、游览、交通、商贸服务场所。

2. 客观方面

行为在客观方面表现为扰乱公共场所秩序,尚不够刑事处罚。扰乱公共场所秩序行为,具体表现为:在公共场所内故意违反公共行为规则,起哄闹事,制造拥堵和混乱;在公共场所采取打横幅、举标语、喊口号、散发传单、演讲、静坐、下跪、扬言自杀、自残或者用其他方法扰乱公共秩序;不服从公共场所管理人员管理,甚至揪打工作人员、损坏公共场所财物、设施;阻止、抗拒有关工作人员维护公共秩序等,尚未达到情节严重的程度。

3. 行为主体

行为的主体是一般主体，即达到法定的责任年龄、具有相应的责任能力的自然人。

4. 主观方面

行为的主观方面为故意。

三、本条第 1 款第 3 项是对扰乱公共交通工具上的秩序行为的规定

扰乱公共交通工具上的秩序行为，是指扰乱正在运行使用中的公共汽车、电车、城市轨道交通车辆、火车、船舶、航空器或者其他公共交通工具上的秩序，尚不够刑事处罚的行为。该行为的构成特征如下：

1. 侵犯客体

行为侵犯的直接客体是公共汽车、电车、城市轨道交通车辆、火车、船舶、航空器或者其他公共交通工具上的秩序。侵害对象是正在运行的公共交通工具。所谓"公共交通工具"，是指公共交通中供社会公众乘坐、运输的各种民用交通工具，如公交汽车、电车、城市轨道交通车辆、火车、船舶、航空器或者其他公共交通工具。这些公共交通工具是正在运行中的，不包括停放在库内或停留在停车场、码头等待调度使用的公共交通工具。"其他公共交通工具"，即除以上列举的公共交通工具以外的公共交通工具，如观光缆车、旅游客车等。

2. 客观方面

行为在客观方面表现为扰乱公共交通工具上秩序，造成公共交通工具上秩序混乱，影响公共交通工具的正常运行。扰乱公共交通工具秩序的方式多种多样，表现为：违反公共交通工具行为规则，制造拥挤、打架斗殴；不服从司乘人员管理，无理取闹、制造混乱，甚至谩骂、侮辱、殴打司乘人员，影响公共交通工具运行秩序；等等。

3. 行为主体

行为的主体是一般主体，即达到法定的责任年龄、具有相应的责任能力的自然人。

4. 主观方面

行为的主观方面是故意。

> **案例与评析**

【案例】男子张某化着满脸"鲜血"的"僵尸妆"出现在某地铁×号线上,导致部分乘客惊慌尖叫,引起车厢内众人恐慌,秩序混乱。张某因扰乱公共交通工具上的秩序被公安机关依法行政拘留。

【评析】地铁作为一种城市轨道交通工具,是城市公共交通的重要组成部分,是供大量乘客共同使用的公共场所,有着相应的秩序规则和要求。乘客在乘坐地铁时,应当遵守公共道德和行为规范,以保障地铁运营的正常进行和其他乘客的安全与舒适。张某化着满脸"鲜血"的"僵尸妆"出现在地铁车厢内这种封闭且人员密集的环境中,其怪异、惊悚的形象与地铁正常的乘车环境和氛围严重不符,引发了在场众人的恐慌,导致车厢内秩序混乱,使得地铁车厢内的正常秩序被打乱,破坏了公共秩序。其行为构成扰乱公共交通工具上的秩序行为。

四、本条第1款第4项是对妨碍交通工具正常行驶行为的规定

妨碍交通工具正常行驶行为,是指非法拦截或者强登、扒乘机动车、船舶、航空器以及其他交通工具,影响交通工具正常行驶,尚不够刑事处罚的行为。该行为的构成特征如下:

1. 侵犯客体

行为侵犯的客体是交通工具的正常行驶秩序,侵犯的对象是交通工具。这里的"交通工具",是指正在行驶的机动车、船舶、航空器以及其他交通工具,不仅包括公共交通工具,也包括私人使用的交通工具。

2. 客观方面

行为在客观方面表现为非法拦截或者强登、扒乘交通工具,致使交通工具的正常行驶受到影响,但尚未造成严重后果。

3. 行为主体

行为的主体是一般主体,即达到法定的责任年龄、具有相应的责任能力的自然人。

4. 主观方面

行为的主观方面为故意。

五、本条第 1 款第 5 项是对破坏选举秩序行为的规定

破坏选举秩序行为,是指破坏依法进行的选举活动,扰乱正常的选举秩序,尚不够刑事处罚的行为。该行为的构成特征如下:

1. 侵犯客体

行为侵犯的客体是依法进行的选举活动的正常秩序,侵害的对象是选举工作人员或选民、参选代表等。

2. 客观方面

行为在客观方面表现为使用各种手段破坏依法进行的选举活动,扰乱正常的选举秩序,尚不够刑事处罚。破坏的选举活动,必须是依法进行的选举,即依据《宪法》《全国人民代表大会和地方各级人民代表大会选举法》选举各级人民代表大会代表和国家机关领导人员,或者依据《村民委员会组织法》《城市居民委员会组织法》选举村民委员会委员、城市居民委员会委员等。但是,对于各级党委根据《中国共产党章程》和《中国共产党基层组织选举工作条例》等有关规定进行的党委选举,不是"依法"进行的选举,因此不能以破坏选举秩序行为定性,应以扰乱单位秩序等行为定性。行为人妨碍选举、破坏选举秩序的手段多种多样,包括:撕坏选票、毁坏票箱或者破坏其他用以选举的物品、设备;阻拦、干扰他人参加选举;制造借口,煽动选民闹事;冲击选举场所或者扰乱选举会场秩序;等等。

3. 行为主体

行为的主体是一般主体,即达到法定的责任年龄、具有相应的责任能力的自然人。

4. 主观方面

行为的主观方面是故意。

六、本条第 2 款是对聚众扰乱单位秩序行为、聚众扰乱公共场所秩序行为、聚众扰乱公共交通工具上的秩序行为、聚众妨碍交通工具正常行驶行为、聚众破坏选举秩序行为的规定

所谓"聚众"是指由首要分子组织、策划、煽动,聚集 3 人以上的多人参与进行扰乱活动的行为。

实务要点

实践中,正确认定此类行为,应注意区分其与相关犯罪的法律界限。

1. 聚众扰乱单位秩序行为与聚众冲击国家机关罪的界限

根据《刑法》第 290 第 2 款的规定,"聚众冲击国家机关,致使国家机关工作无法进行,造成严重损失的",其首要分子和其他积极参加者构成聚众冲击国家机关罪。二者的区别主要在于:

(1)侵犯的客体不完全相同。聚众扰乱单位秩序行为侵犯的客体为机关、团体、企业、事业单位秩序,而聚众冲击国家机关罪侵犯的客体仅是国家机关的工作秩序。

(2)客观方面表现不同。聚众扰乱单位秩序行为表现形式为聚众实施各种"扰乱"行为,而聚众冲击国家机关罪的表现形式为聚众实施"冲击"行为。所谓聚众"冲击",即聚集多人强行围堵、强行冲入国家机关的行为,是具有一定暴力性的扰乱行为。

(3)危害后果不同。聚众扰乱单位秩序行为的危害后果是"致使工作、生产、营业、医疗、教学、科研不能正常进行,尚未造成严重损失";聚众冲击国家机关罪的危害后果则是"致使国家机关工作无法进行,造成严重损失"。

(4)主体不同。聚众扰乱单位秩序行为的主体仅限于聚众扰乱单位秩序行为的首要分子,而聚众冲击国家机关罪的主体则包括聚众冲击国家机关的首要分子和积极参加者。

2. 聚众扰乱公共场所秩序行为与聚众扰乱公共场所秩序罪的界限

根据《刑法》第 291 条的规定,"聚众扰乱车站、码头、民用航空站、商场、公园、影剧院、展览会、运动场或者其他公共场所秩序,聚众堵塞交通或者破坏交通秩序,抗拒、阻碍国家治安管理工作人员依法执行职务,情节严重的",首要分子构成聚众扰乱公共场所秩序罪。二者的区别主要在于:

一是危害行为有一定差异。聚众扰乱公共场所秩序表现为聚众实施扰乱公共场所秩序的行为,聚众扰乱公共场所秩序罪则表现为聚众扰乱公共场所秩序,而且必须同时具有抗拒、阻碍国家治安管理工作人员依法执行职务的行为。

二是行为情节的严重程度不同。情节是否严重是二者区别的关键。前者的危害后果要求不严重。后者要求的"情节严重",包括:聚集人数较多或扰乱时间较长的;经有关部门批评教育、劝阻拒不解散的;多次聚众扰乱公共场所秩序的;在重大节假日、庆典、重要国事活动期间聚众扰乱的;暴力手段抗拒、阻碍治安管理人员依法执行公务的;造成人员伤亡、严重经济损失和恶劣社会影响的;等等。

3. 聚众扰乱公共交通工具上的秩序行为、聚众妨碍交通工具正常行驶行为与聚众扰乱交通秩序罪的界限

根据《刑法》第291条的规定,"聚众堵塞交通或者破坏交通秩序,抗拒、阻碍国家治安管理工作人员依法执行职务,情节严重的",其首要分子构成聚众扰乱交通秩序罪。对于聚众扰乱公共交通工具上秩序的,其首要分子只有"抗拒、阻碍国家治安管理工作人员依法执行职务,情节严重的",才构成犯罪,否则只能构成聚众扰乱公共交通工具上秩序行为或者聚众妨碍交通工具正常行驶行为。

4. 聚众破坏选举秩序行为与破坏选举罪的界限

根据《刑法》第256条的规定,"在选举各级人民代表大会代表和国家机关领导人员时,以暴力、威胁、欺骗、贿赂、伪造选举文件、虚报选举票数等手段破坏选举或者妨害选民和代表自由行使选举权和被选举权,情节严重的",构成破坏选举罪。聚众破坏选举秩序行为与破坏选举罪区别的关键在于:

(1) 行为侵犯的客体类属不同。二者都是对选举制度的破坏,但聚众破坏选举秩序行为主要是破坏选举秩序,侵犯的同类客体是公共秩序,而破坏选举罪主要是妨害了选民和代表自由行使选举权和被选举权,侵犯的同类客体是公民民主权利。

(2) 行为的侵害对象不同。聚众破坏选举秩序行为的侵害对象是所有依法进行的选举活动;破坏选举罪的侵害对象仅限于"选举各级人民代表大会代表和国家机关领导人员"的活动。

(3) 行为在客观方面的表现不同。聚众破坏选举秩序行为表现为各种破坏选举秩序行为;破坏选举罪表现为"破坏选举"和"妨害选民和代表自由行使选举权和被选举权"。

(4) 行为的情节、后果的严重程度不同。聚众破坏选举秩序行为情节、后果不严重,破坏选举罪要求"以暴力、威胁、欺骗、贿赂、伪造选举文件、虚报选举票数等手段"实施破坏选举行为,且"情节严重"。所谓"情节严重",主要是指破坏

选举手段恶劣、后果严重或者造成恶劣影响等。

> **第二十七条** 【扰乱国家考试秩序行为及其处罚】在法律、行政法规规定的国家考试中,有下列行为之一,扰乱考试秩序的,处违法所得一倍以上五倍以下罚款,没有违法所得或者违法所得不足一千元的,处一千元以上三千元以下罚款;情节较重的,处五日以上十五日以下拘留:
> (一)组织作弊的;
> (二)为他人组织作弊提供作弊器材或者其他帮助的;
> (三)为实施考试作弊行为,向他人非法出售、提供考试试题、答案的;
> (四)代替他人或者让他人代替自己参加考试的。

解读与适用

一、本条第1项是对组织作弊行为的规定

组织作弊行为,是指在法律、行政法规规定的国家考试中组织作弊的行为。该行为的构成特征如下:

1.侵犯客体

行为侵犯的客体是复杂客体,包括国家对考试组织的管理秩序和他人公平参与考试的权利。侵犯的对象是法律、行政法规规定的国家考试。法律规定的国家考试,仅限于全国人民代表大会及其常务委员会制定的法律所规定的考试,包括普通高等学校招生考试、研究生招生考试、高等教育自学考试、成人高等学校招生考试等国家教育考试;中央和地方公务员录用考试;国家统一法律职业资格考试、国家教师资格考试、注册会计师全国统一考试、会计专业技术资格考试、资产评估师资格考试、医师资格考试、执业药师职业资格考试、注册建筑师考试、建造师执业资格考试等专业技术资格考试;其他依照法律由中央或者地方主管部门以及行业组织的国家考试。法律规定的国家考试不限于由国家统一组织的考试,地方或者行业依照法律规定组织的考试也属于法律规定的国家考试,如地方公务员考试、机动车驾驶执照的考试。前述考试涉及的特殊类型招生、特殊技能测试、面试等,属于"法律规定的国家考试"。行政法规规定的国家考试,仅限

于国务院制定的行政法规所规定的考试。

2. 客观方面

行为在客观方面表现为在法律、行政法规规定的国家考试中组织作弊。组织作弊,是指组织、策划、指挥多人进行考试作弊,或者从事考试作弊的经营行为。

3. 行为主体

行为的主体为一般主体,即达到法定的责任年龄、具有相应的责任能力的自然人。

4. 主观方面

行为的主观方面为故意。

二、本条第 2 项是对为他人组织作弊提供帮助行为的规定

为他人组织作弊提供帮助行为,是指在法律、行政法规规定的国家考试中,为他人组织作弊提供作弊器材或者其他帮助的行为。该行为的构成特征如下:

1. 侵犯客体

行为侵犯的客体是复杂客体,包括国家对考试组织的管理秩序和他人公平参与考试的权利。

2. 客观方面

行为在客观方面表现为在法律、行政法规规定的国家考试中,为他人组织作弊提供作弊器材或者其他帮助,尚不够刑事处罚。作弊器材是指具有避开或者突破考场防范作弊的安全管理措施,获取、记录、传递、接收、存储考试试题、答案等功能的程序、工具,以及专门设计用于作弊的程序、工具。

3. 行为主体

行为的主体为一般主体,即达到法定的责任年龄、具有相应的责任能力的自然人。

4. 主观方面

行为的主观方面为故意。

三、本条第 3 项是对向他人非法出售、提供考试试题、答案行为的规定

向他人非法出售、提供考试试题、答案行为,是指在法律、行政法规规定的国

家考试中,为实施考试作弊行为,向他人非法出售、提供考试试题、答案的行为。该行为的构成特征如下:

1. 侵犯客体

行为侵犯的客体是复杂客体,包括国家对考试组织的管理秩序和他人公平参与考试的权利。

2. 客观方面

行为在客观方面表现为在法律、行政法规规定的国家考试中,为实施考试作弊行为,向他人非法出售、提供考试试题、答案,尚不够刑事处罚。行为人所提供的考试试题、答案应是真实的,但只要求部分真实。出售、提供考试试题、答案的行为应在考试前或者考试过程中,考试结束后出售、提供考试试题答案的,不成立该行为。

3. 行为主体

行为的主体为一般主体,即达到法定的责任年龄、具有相应的责任能力的自然人。

4. 主观方面

行为的主观方面为故意。

四、本条第 4 项是对代替考试行为的规定

代替考试行为,是指在法律、行政法规规定的国家考试中,代替他人或者让他人代替自己参加考试的行为。该行为的构成特征如下:

1. 侵犯客体

行为侵犯的客体是复杂客体,包括国家对考试组织的管理秩序和他人公平参与考试的权利。

2. 客观方面

行为在客观方面表现为在法律、行政法规规定的国家考试中,代替他人或者让他人代替自己参加考试,尚不够刑事处罚。

3. 行为主体

行为的主体为一般主体,即达到法定的责任年龄、具有相应的责任能力的自然人。

4. 主观方面

行为的主观方面为故意。

实务要点

实践中,认定扰乱国家考试秩序行为应注意其与相关犯罪的法律界限。

《刑法》第284条之一规定了组织考试作弊罪,非法出售、提供试题、答案罪和代替考试罪。根据《刑法》第284条之一的规定,组织考试作弊罪,是指在法律规定的国家考试中,组织作弊或者为他人实施组织考试作弊提供作弊器材或者其他帮助的行为。非法出售、提供试题、答案罪,是指为实施考试作弊行为,向他人非法出售或者提供法律规定的国家考试的试题、答案的行为。代替考试罪,是指代替他人或者让他人代替自己参加法律规定的国家考试的行为。扰乱国家考试秩序行为与前述犯罪侵犯的对象不同,前述犯罪侵犯的对象仅限于法律规定的国家考试,而扰乱国家考试秩序行为侵犯的对象除了法律规定的国家考试外,还包括行政法规规定的国家考试。以下行为若情节显著轻微、危害不大,不认为是犯罪的,构成违反治安管理行为:在法律规定的国家考试中,组织作弊的;为他人实施组织考试作弊提供作弊器材或者其他帮助的;为实施考试作弊行为,向他人非法出售、提供法律规定的国家考试的试题、答案的;代替他人或者让他人代替自己参加法律规定的国家考试的。以下行为构成违反治安管理行为:在行政法规规定的国家考试中有组织作弊的;为他人组织作弊提供作弊器材或者其他帮助的;为实施考试作弊行为,向他人非法出售、提供考试试题、答案的;代替他人或者让他人代替自己参加考试的。

案例与评析

【案例】 在保安员资格考试前,考生陈某因担心理论考试不合格而无法取得保安员资格证,遂联系好友张某。双方约定由张某代替陈某参加考试,陈某支付张某1000元作为报酬。考试当日,张某持陈某的身份证、准考证进入考场替考,被监考人员当场发现。

【评析】 保安员资格考试是依据《保安服务管理条例》设立的国家考试,具有法定权威性。本案中,考前陈某联系张某代替他参加考试。考试当日,张某持陈某的身份证、准考证进入考场,在替考过程中被抓。陈某、张某的行为属于代替考试行为。

第二十八条 【扰乱大型群众性活动秩序行为及其处罚】有下列行为之一,扰乱体育、文化等大型群众性活动秩序的,处警告或者五百元以下罚款;情节严重的,处五日以上十日以下拘留,可以并处一千元以下罚款:

(一)强行进入场内的;

(二)违反规定,在场内燃放烟花爆竹或者其他物品的;

(三)展示侮辱性标语、条幅等物品的;

(四)围攻裁判员、运动员或者其他工作人员的;

(五)向场内投掷杂物,不听制止的;

(六)扰乱大型群众性活动秩序的其他行为。

因扰乱体育比赛、文艺演出活动秩序被处以拘留处罚的,可以同时责令其六个月至一年以内不得进入体育场馆、演出场馆观看同类比赛、演出;违反规定进入体育场馆、演出场馆的,强行带离现场,可以处五日以下拘留或者一千元以下罚款。

解读与适用

一、本条第1款第1项是对强行进入大型活动场内行为的规定

强行进入大型活动场内行为,是指强行进入体育、文化等大型群众性活动场内,扰乱大型群众性活动秩序,尚未造成严重后果的行为。该行为的构成特征如下:

1. 侵犯客体

行为侵犯的客体是大型群众性活动的正常秩序。根据《大型群众性活动安全管理条例》的规定,所谓"大型群众性活动",是指法人或者其他组织面向社会公众举办的每场次预计参加人数达到1000人以上的文化、体育等活动,具体包括:体育比赛活动;演唱会、音乐会等文艺演出活动;展览、展销等活动;游园、灯会、庙会、花会、焰火晚会等活动;人才招聘会、现场开奖的彩票销售等活动。

2. 客观方面

行为在客观方面表现为强行进入体育、文化等大型群众性活动场内,扰乱大型群众性活动秩序,尚未造成严重后果。行为的表现形式为强行进入大型群众性活动场内,即行为人不符合入场条件(如无入场票证、违反安保要求、是被责

令不得进入体育场馆观看同类比赛的人等),而不听工作人员制止强行进入场内,扰乱了大型群众性活动秩序,但尚未造成严重后果。

3. 行为主体

行为的主体为一般主体,即达到法定的责任年龄、具有相应的责任能力的自然人。

4. 主观方面

行为的主观方面是故意,其目的是进入大型活动场内参与或者观看大型活动。

二、本条第 1 款第 2 项是对违规在大型活动场内燃放物品行为的规定

违规在大型活动场内燃放物品行为,是指违反规定在举办体育、文化等大型活动场内燃放烟花爆竹或其他物品,扰乱体育、文化等大型群众性活动秩序,尚不够刑事处罚的行为。该行为的构成特征如下:

1. 侵犯客体

行为侵犯的客体是大型群众性活动的正常秩序。

2. 客观方面

行为在客观方面表现为违反规定在大型活动场内燃放烟花爆竹或其他物品,扰乱大型群众性活动秩序,尚不够刑事处罚。

3. 行为主体

行为的主体是一般主体,即达到法定的责任年龄、具有相应的责任能力的自然人。

4. 主观方面

行为的主观方面为故意。

三、本条第 1 款第 3 项是对在大型活动场内展示侮辱性物品行为的规定

在大型活动场内展示侮辱性物品行为,是指在大型活动场内展示侮辱性标语、条幅等物品,尚不够刑事处罚的行为。该行为的构成特征如下:

1. 侵犯客体

行为侵犯的客体是大型群众性活动的正常秩序。

2. 客观方面

行为在客观方面表现为在大型活动场内展示侮辱性标语、条幅等物品,扰乱大型群众性活动秩序,尚不够刑事处罚。

3. 行为主体

行为的主体是一般主体,即达到法定的责任年龄、具有相应的责任能力的自然人。

4. 主观方面

行为的主观方面是故意。

四、本条第 1 款第 4 项是对围攻大型活动工作人员行为的规定

围攻大型活动工作人员行为,是指围攻大型活动裁判员、运动员或者其他工作人员,扰乱文化、体育赛事等大型群众性活动秩序,尚不够刑事处罚的行为。该行为的构成特征如下:

1. 侵犯客体

行为侵犯的客体是大型群众性活动的正常秩序,侵害的对象既包括体育、文化赛事等大型群众性活动的裁判员、运动员,也包括此类活动的组织、服务、管理等工作人员及赛事参与人员等。

2. 客观方面

行为在客观方面表现为围攻大型活动裁判员、运动员或者其他工作人员、扰乱体育、文化赛事等大型群众性活动秩序,尚不够刑事处罚。

3. 行为主体

行为的主体是一般主体,即达到法定的责任年龄、具有相应的责任能力的自然人。

4. 主观方面

行为的主观方面是故意。

五、本条第 1 款第 5 项是对向大型活动场内投掷杂物行为的规定

向大型活动场内投掷杂物行为,是指向大型活动场内投掷杂物,不听制止,扰乱体育、文化赛事等大型群众性活动秩序,尚不够刑事处罚的行为。该行为的构成特征如下:

1. 侵犯客体

行为侵犯的客体是大型群众性活动的正常秩序。

2. 客观方面

行为在客观方面表现为向大型活动场内投掷杂物,不听制止,扰乱体育、文化赛事等大型群众性活动秩序,尚不够刑事处罚。

3. 行为主体

行为的主体是一般主体,即达到法定的责任年龄、具有相应的责任能力的自然人。

4. 主观方面

行为的主观方面是故意。

六、本条第1款第6项是对其他扰乱大型活动秩序的行为的规定

其他扰乱大型活动秩序的行为,是指行为人实施了除强行进入大型活动场内、违规在大型活动场内燃放物品、在大型活动场内展示侮辱性物品、围攻大型活动工作人员、向大型活动场内投掷杂物以外的其他扰乱大型群众性活动秩序的行为,如在大型群众性活动场所内制造噪声、使用光照干扰运动员,煽动观众不满情绪,用恶意语言攻击运动员、裁判员等,其侵害客体、主体、主观方面等要件与前述扰乱大型群众性活动秩序行为相同。

---------实务要点---------

实践中,认定扰乱大型群众性活动秩序行为应注意其与相关犯罪行为的法律界限。

根据《刑法》第291条的规定,"聚众扰乱车站、码头、民用航空站、商场、公园、影剧院、展览会、运动场或者其他公共场所秩序,聚众堵塞交通或者破坏交通秩序,抗拒、阻碍国家治安管理工作人员依法执行职务,情节严重的",首要分子构成聚众扰乱公共场所秩序罪。聚众扰乱大型活动场内秩序,并抗拒、阻碍国家治安管理工作人员依法执行职务,情节严重的,其首要分子构成聚众扰乱公共场所秩序罪。非"聚众"扰乱大型活动场内秩序的首要分子,或者虽为"聚众"扰乱大型活动场内秩序的首要分子,但不具有"抗拒、阻碍国家治安管理工作人员依法执行职务,情节严重的"情形的,不构成该罪。如果扰乱大型活动场内秩序行为造成了财产损失或人身伤亡的后果,还可能涉嫌相应的财产犯罪或侵犯人身权利犯罪。

> 第二十九条 【有关制造或传播虚假危险信息扰乱公共秩序行为及其处罚】有下列行为之一的,处五日以上十日以下拘留,可以并处一千元以下罚款;情节较轻的,处五日以下拘留或者一千元以下罚款:
> （一）故意散布谣言,谎报险情、疫情、灾情、警情或者以其他方法故意扰乱公共秩序的;
> （二）投放虚假的爆炸性、毒害性、放射性、腐蚀性物质或者传染病病原体等危险物质扰乱公共秩序的;
> （三）扬言实施放火、爆炸、投放危险物质等危害公共安全犯罪行为扰乱公共秩序的。

解读与适用

本条是关于有关制造或传播虚假危险信息扰乱公共秩序行为的规定。该行为在本次修订中作了以下修改:一是在第 1 项中增加了"故意"的表述,明确了行为的主观方面为故意,将过失行为排除在外。列举的突发公共安全事件增加了"灾情",使该项涵盖的范围更全面。二是在第 3 项中将"扬言实施放火、爆炸、投放危险物质扰乱公共秩序的"扩展明确为"扬言实施放火、爆炸、投放危险物质等危害公共安全犯罪行为扰乱公共秩序的"。

一、本条第 1 项是对虚构事实扰乱公共秩序行为的规定

虚构事实扰乱公共秩序行为,是指明知是谣言而故意散布,或者编造险情、疫情、灾情、警情,并向有关部门报告,或者以其他方法故意扰乱公共秩序,尚不够刑事处罚的行为。该行为的构成特征如下:

1. 侵犯客体

行为侵犯的客体是社会公共秩序。

2. 客观方面

行为在客观方面表现为明知是谣言而散布,或者编造险情、疫情、灾情、警情,并向有关部门报告,或者以其他方法扰乱公共秩序。行为具有以下表现形式:一是散布谣言。"谣言",即没有事实根据的消息,既可以是行为人自己捏造的,也可以是他人编造的,其内容必须是容易造成公众恐慌,扰乱公共秩序的。

散布他人编造的谣言的,行为人必须明知是他人编造的谣言而散布。散布的对象一般为3人以上的不特定的多数人。散布行为可以发生在现实空间中,也可以发生在网络虚拟空间中。二是谎报险情、疫情、灾情、警情,即明知没有险情、疫情、灾情、警情而编造并向国家有关职能部门报告的行为。如编造地震、泥石流、塌方、传染病疫情、火灾、水灾及公安机关职责范围的案件、事件、事故等并向国家有关职能部门报告的行为。

3. 行为主体

主体是一般主体,即达到法定的责任年龄、具有相应的责任能力的自然人。

4. 主观方面

主观方面必须是故意,且明知是谣言而故意散布,或者明知没有险情、疫情、灾情、警情而谎报。

---**实务要点**---

实践中,认定虚构事实扰乱公共秩序行为应注意其与编造、故意传播虚假恐怖信息罪的界限。

根据《刑法》第291条之一的规定,"编造爆炸威胁、生化威胁、放射威胁等恐怖信息,或者明知是编造的恐怖信息而故意传播,严重扰乱社会秩序的",构成编造、故意传播虚假恐怖信息罪。构成该罪,编造、传播的必须是"恐怖信息",仅仅是指以发生爆炸威胁、生化威胁、放射威胁、劫持航空器威胁、重大灾情、重大疫情等严重威胁公共安全的事件为内容,可能引起社会恐慌或者公共安全危机的不真实信息,且危害后果必须达到"严重扰乱社会秩序"的程度,即引起社会严重恐慌,致使工作、生产、营业和教学、科研活动无法进行等。

案例与评析

【案例】A省多地遭遇暴雨洪涝灾害期间,网民李某为蹭热点博取流量,使用视频编辑软件将B省某地水灾视频与A省大桥图片进行嫁接,伪造"××大桥被洪水冲垮"的虚假视频。该视频通过其短视频账号发布,并配以"某大桥被冲垮,政府封锁消息"的说明文字,同时添加"紧急扩散"等煽动性标签,引发网民大量转发讨论。经公安机关依法调查,李某对违法行为供认不讳。公安机关依法对李某处以行政拘留处罚。

【评析】李某通过嫁接视频虚构"大桥被冲垮"的紧急灾情并在其短视频账号发布,并配以"政府封锁消息"的说明文字,同时添加"紧急扩散"等煽动性标签,刻意扩大传播范围。虚假视频引发网民大量转发和讨论,客观上误导网民判断,引发公众对基础设施安全的恐慌,同时政府部门需紧急核查并发布辟谣信息,占用了公共资源,扰乱了社会生活公共秩序和单位的工作秩序。李某的行为虽未造成严重后果,但已实际扰乱公共秩序。

二、本条第 2 项是对投放虚假危险物质扰乱公共秩序行为的规定

投放虚假危险物质扰乱公共秩序行为,是指明知是虚假的爆炸性、毒害性、放射性、腐蚀性物质或者传染病病原体等危险物质而投放,扰乱公共秩序,尚不够刑事处罚的行为。该行为的构成特征如下:

1. 侵犯客体

行为侵犯的客体是公共秩序。

2. 客观方面

行为在客观方面表现为明知是虚假的爆炸性、毒害性、放射性、腐蚀性物质或者传染病病原体等危险物质而投放,在一定范围内导致公众的恐慌,扰乱了公共秩序但又不构成犯罪。

3. 行为主体

行为的主体是一般主体,即达到法定的责任年龄、具有相应的责任能力的自然人。

4. 主观方面

行为的主观方面为故意,并且明知其投放的爆炸性、毒害性、放射性、腐蚀性物质或者传染病病原体等危险物质为虚假的。

-----------实务要点-----------

实践中,认定投放虚假危险物质扰乱公共秩序行为应注意其与投放虚假危险物质罪的法律界限。

根据《刑法》第291条之一的规定,"投放虚假的爆炸性、毒害性、放射性、传染病病原体等物质","严重扰乱社会秩序的",构成投放虚假危险物质罪。区别二者的关键在于行为的情节和危害程度不同,若投放虚假的危险物质达到了

"严重扰乱社会秩序"的程度,则构成犯罪。

三、本条第 3 项是对扬言实施放火、爆炸、投放危险物质等危害公共安全犯罪行为扰乱公共秩序的行为的规定

扬言实施放火、爆炸、投放危险物质等危害公共安全犯罪行为扰乱公共秩序的行为,是指扬言实施放火、爆炸、投放危险物质等危害公共安全犯罪行为,扰乱公共秩序,尚不够刑事处罚的行为。该行为的构成要件如下:

1. 侵犯客体

行为侵犯的客体是社会公共秩序。

2. 客观方面

行为在客观方面表现为扬言实施放火、爆炸、投放危险物质等危害公共安全犯罪行为,扰乱公共秩序,尚不够刑事处罚。所谓"扬言"实施,是指以公开表达的方式宣称其将实施。构成该行为仅限于扬言实施而未付诸实施。扬言实施的危害公共安全犯罪行为,包括但不限于放火、爆炸、投放危险物质。如果行为人已经着手实施放火、爆炸、投放危险物质行为等危害公共安全犯罪行为,则应当依据《刑法》定性处罚。

3. 行为主体

行为主体是一般主体,即达到法定的责任年龄、具有相应的责任能力的自然人。

4. 主观方面

行为的主观方面是故意。

实务要点

实践中,认定扬言实施放火、爆炸、投放危险物质等危害公共安全犯罪行为扰乱公共秩序的行为应注意其与放火罪、爆炸罪、投放危险物质罪的法律界限。

根据《刑法》第 114 条的规定,放火、爆炸以及投放毒害性、放射性、传染病病原体等物质,尚未造成严重后果的,构成放火罪、爆炸罪、投放危险物质罪。扬言实施放火、爆炸、投放危险物质扰乱公共秩序的行为通常会与放火罪、爆炸罪、投放危险物质罪的预备行为发生联系,二者区别的关键在于客观方面不同。扬言实施放火、爆炸、投放危险物质扰乱公共秩序的行为仅限于"扬言",无放火、爆炸、投放危险物质的后续实际行动。而放火罪、爆炸罪、投放危险物质罪的预备是为正式实施放火、爆炸、投放危险物质做准备的行为，如果条件具备，将会有后续的放火、爆炸、投放危险物质行为。

如果先扬言实施放火、爆炸、投放危险物质等危害公共安全犯罪行为，后又实施了上述行为，则以其实际实施的行为定性处罚。

> **第三十条 【寻衅滋事行为及其处罚】**有下列行为之一的，处五日以上十日以下拘留或者一千元以下罚款；情节较重的，处十日以上十五日以下拘留，可以并处二千元以下罚款：
> （一）结伙斗殴或者随意殴打他人的；
> （二）追逐、拦截他人的；
> （三）强拿硬要或者任意损毁、占用公私财物的；
> （四）其他无故侵扰他人、扰乱社会秩序的寻衅滋事行为。

解读与适用

本条是对寻衅滋事行为的规定。本次修订在第 1 项中增加了"随意殴打他人"的行为方式，在第 4 项中将"其他寻衅滋事行为"限定为"其他无故侵扰他人、扰乱社会秩序的寻衅滋事行为"，使行为方式更具体、精准，也与《刑法》更好地衔接。寻衅滋事行为是指结伙斗殴或者随意殴打他人，追逐、拦截他人，强拿硬要或者任意损毁、占用公私财物，以及其他无故侵扰他人、扰乱社会秩序等扰乱公共秩序，尚不够刑事处罚行为的总称。该行为的构成特征如下：

1. 侵犯客体

行为侵犯的客体是复杂客体，既侵犯了公共秩序，也侵犯了他人的人身权、财产权。

2. 客观方面

行为在客观方面表现为结伙斗殴或者随意殴打他人，追逐、拦截他人，强拿硬要或者任意损毁、占用公私财物，以及其他无故侵扰他人、扰乱社会秩序的寻衅滋事，尚不够刑事处罚的行为。"结伙斗殴"的"结伙"是指两人（含两人）以上，参与者均构成结伙斗殴行为。

3.行为主体

行为的主体是一般主体,即达到法定的责任年龄、具有相应的责任能力的自然人。

4.主观方面

行为的主观方面为故意,其目的是取乐、寻求刺激、发泄情绪、逞强耍横等。

实务要点

实践中,正确认定寻衅滋事行为,应注意其与相关行为的法律界限。

参照《最高人民法院、最高人民检察院关于办理寻衅滋事刑事案件适用法律若干问题的解释》第1条的规定,行为人为寻求刺激、发泄情绪、逞强耍横等,无事生非,实施《刑法》第293条规定的行为的,应当认定为"寻衅滋事"。行为人因日常生活中的偶发矛盾纠纷,借故生非,实施《刑法》第293条规定的行为的,应当认定为"寻衅滋事",但矛盾系由被害人故意引发或者被害人对矛盾激化负有主要责任的除外。行为人因婚恋、家庭、邻里、债务等纠纷,实施殴打、辱骂、恐吓他人或者损毁、占用他人财物等行为的,一般不认定为"寻衅滋事",但经有关部门批评制止或者处理处罚后,继续实施前列行为,破坏社会秩序的除外。

1.成立竞合行为的定性处罚

参照《最高人民法院、最高人民检察院关于办理寻衅滋事刑事案件适用法律若干问题的解释》第7条的规定,实施寻衅滋事行为,同时符合寻衅滋事行为和殴打他人行为、故意伤害行为、故意损毁财物行为、敲诈勒索行为、抢夺行为等的构成要件的,成立竞合行为,依照处罚较重的行为定性处罚。

2.与寻衅滋事罪的区别

根据《刑法》第293条第1款的规定,有下列寻衅滋事行为之一,破坏社会秩序的,构成寻衅滋事罪:(1)随意殴打他人,情节恶劣的;(2)追逐、拦截、辱骂、恐吓他人,情节恶劣的;(3)强拿硬要或者任意损毁、占用公私财物,情节严重的;(4)在公共场所起哄闹事,造成公共场所秩序严重混乱的。寻衅滋事行为与寻衅滋事罪的区别主要在于行为的情节和后果,如果寻衅滋事行为的情节没有达到恶劣、严重的程度,没有造成公共场所秩序严重混乱的后果,则不构成犯罪。

3.与聚众斗殴罪的区别

根据《刑法》第292条第1款的规定,聚众斗殴罪是指聚集多人进行斗殴的行为。所谓聚众,是指首要分子通过组织、策划、指挥,纠集特定或者不特定的多数人同一时间聚集于同一地点,进行斗殴的双方至少一方人数达到 3 人以上。只有聚众斗殴的首要分子和其他积极参加者才能成为聚众斗殴罪的主体。寻衅滋事行为与聚众斗殴罪的主体不同,情节与危害后果不同。

案例与评析

【案例】某晚,在某夜市大排档,顾客王某饮酒后因邻桌张某聊天声音大,无故上前挑衅。王某先是拿起空啤酒瓶砸向张某,致其头部流血,随后又对前来劝阻的夜市服务员李某拳打脚踢,造成李某面部软组织挫伤。现场多人劝阻未果,直至民警到场将王某控制。经鉴定,张某和李某伤情均为轻微伤。公安机关依法对王某予以治安处罚。

【评析】寻衅滋事作为扰乱社会公共秩序的典型违法行为,在治安管理领域具有高频发、强危害、多诱因等特点。寻衅滋事行为的本质特征在于"无事生非"或"借故生非",寻衅滋事行为人往往不以特定利益诉求为目标,而是通过暴力、恐吓等方式发泄情绪、彰显"存在感"或满足扭曲的心理需求。

本案中,王某在夜市大排档这一公共场所,借邻桌张某"聊天声音大"这一微不足道的小事,先是用空啤酒瓶砸张某,后又对劝阻者服务员李某拳打脚踢,致二人轻微伤,是典型的"借故生非"。其行为既侵犯了特定个体的身体健康权,也扰乱公共场所的正常运营,同时引发公众不安全感,降低对公共场所的信任度,应当予以治安处罚。

第三十一条 【有关邪教、会道门、非法的宗教迷信等非法活动行为】有下列行为之一的,处十日以上十五日以下拘留,可以并处二千元以下罚款;情节较轻的,处五日以上十日以下拘留,可以并处一千元以下罚款:

(一)组织、教唆、胁迫、诱骗、煽动他人从事邪教活动、会道门活动、非法的宗教活动或者利用邪教组织、会道门、迷信活动,扰乱社会秩序、损害他人身体健康的;

(二)冒用宗教、气功名义进行扰乱社会秩序、损害他人身体健康活动的;

(三)制作、传播宣扬邪教、会道门内容的物品、信息、资料的。

> **解读与适用**

本条所规定的有关邪教、会道门、非法的宗教、迷信等非法活动行为在本次修订中作了以下修改：一是调整表述。将第 1 项中的"从事邪教"修改为"从事邪教活动"，将"利用邪教"修改为"利用邪教组织"，使内容更为明晰。二是增加行为。在第 1 项中增加"非法的宗教活动"，使处罚范围扩大到组织、教唆、胁迫、诱骗、煽动他人从事非法的宗教活动行为；新增了"制作、传播宣扬邪教、会道门内容的物品、信息、资料的"行为作为第 3 项，有利于从源头遏制邪教、会道门信息的传播。

一、本条第 1 项是对组织、教唆、胁迫、诱骗、煽动他人从事邪教活动、会道门活动、非法的宗教活动，以及利用邪教组织、会道门、迷信活动，扰乱社会秩序、损害他人身体健康行为的规定

所谓组织、教唆、胁迫、诱骗、煽动他人从事邪教活动、会道门活动、非法的宗教活动，是指无视国家法律，组织、教唆、胁迫、诱骗、煽动他人从事邪教活动、会道门活动、非法的宗教活动，扰乱社会秩序、损害他人身体健康，尚不够刑事处罚的行为。所谓利用邪教组织、会道门、迷信活动，扰乱社会秩序、损害他人身体健康行为，是指无视国家法律，利用邪教组织、会道门、迷信活动扰乱社会秩序、损害他人身体健康，尚不够刑事处罚的行为。该行为的构成特征如下：

1. 侵犯客体

行为侵犯的客体是公共秩序和他人的身体健康权。

2. 客观方面

行为在客观方面表现为组织、教唆、胁迫、诱骗、煽动他人从事邪教活动、会道门活动、非法的宗教活动，扰乱社会秩序、损害他人身体健康，尚不够刑事处罚，或者利用邪教组织、会道门、迷信活动，扰乱社会秩序、损害他人身体健康，尚不够刑事处罚。所谓"邪教活动"，是指邪教组织操纵的非法活动。"邪教组织"是指冒用宗教、气功或者以其他名义建立，神化、鼓吹首要分子，利用制造、散布迷信邪说等手段蛊惑、蒙骗他人，发展、控制成员，危害社会的非法组织，如"呼喊派""天父的女儿""新约教会""法轮功"等。所谓"会道门活动"，是指会道门操纵的非法活动。会道门是我国会门、道门等封建迷信活动组织的总称，如我国历史上曾经出现过的一贯道、九贯道、哥老会、先天道、后天道等组织。这些会道门组织在新中国成立后曾经被彻底取缔,但近年来在有些地方又死灰复燃,秘密进行一些破坏社会秩序的活动。"宗教活动",是指信教公民的集体活动,合法宗教活动具有主体合法、场所合法和内容合法的特征。主体合法,是指宗教活动应当由宗教活动场所或者宗教团体组织,由宗教教职人员或者符合该宗教规定的其他人员主持。场所合法,是指宗教活动一般应当在经登记的固定宗教活动场所(寺院、宫观、清真寺、教堂以及其他固定宗教活动处所)举行或经批准的临时场所举行。内容合法,是指宗教活动的内容应当符合教义教规,不能违反法律规定。

所谓"非法的宗教活动",是指主体不合法、场所不合法或者内容不合法的宗教活动。包括:未经登记注册的宗教组织或个人开展宗教活动;超出登记范围、未履行报批手续或在非宗教场所进行公开宗教活动;活动包含危害国家安全、破坏社会秩序、损害公民健康、侵犯他人权益的内容等。所谓"迷信活动",是指邪教、会道门以外的非组织的迷信活动。所谓"组织",是指系统性策划、领导、管理非法活动;所谓"教唆",是指通过劝说、请求等方式唆使他人参与非法活动;所谓"胁迫",是指以暴力或者精神强制迫使他人参与非法活动;所谓"引诱",是指虚构利益诱使他人参与非法活动;所谓"煽动",是指鼓动群体性非法行动。

3. 行为主体

行为的主体是一般主体,即达到法定的责任年龄、具有相应的责任能力的自然人。

4. 主观方面

行为的主观方面是故意。

案例与评析

【案例】民警在社区走访群众时发现居民王某全家老少6人在家里祈祷,另有1名邻居洪某也在场参加祈祷。民警提醒王某不能从事非法的宗教活动,但王某解释称其全家都是信徒,这是他家庭正常合法的宗教信仰活动,至于邻居洪某参加祈祷,是因为洪某体检发现体内长了肿瘤,找到邻居王某,请王某及家人教帮他祈祷,洪某也对民警表示王某所述属实。

【评析】正确认定组织、教唆、胁迫、诱骗、煽动他人从事非法的宗教活动,扰乱社会秩序、损害他人身体健康的违反治安管理行为,主要把握 3 个要点,一是是否有非法的宗教活动,二是是否有组织、教唆、胁迫、诱骗、煽动他人从事非法的宗教活动的行为,三是是否扰乱社会秩序或损害他人身体健康。具备这 3 个要点即可认定,不具备这些要点则不构成。此案例中,王某全家因邻居之请在家祈祷是信教公民在家庭内部的正常信仰活动,不是在宗教活动场所的集体活动,没有组织、教唆、胁迫、诱骗或煽动行为,也没有扰乱社会秩序、损害他人身体健康的社会危害,因此不属于违反治安管理行为。

二、本条第 2 项是对冒用宗教、气功名义危害社会行为的规定

冒用宗教、气功名义危害社会行为,是指冒用宗教、气功名义进行扰乱社会秩序、损害他人身体健康,尚不够刑事处罚的行为。

1. 侵犯客体

行为侵犯的客体是公共秩序和他人的身体健康权。

2. 客观方面

行为在客观方面表现为假借、冒用宗教、气功名义进行扰乱社会秩序、损害他人身体健康活动的,尚不够刑事处罚。行为包括:冒用宗教或气功名义传播迷信反动思想,攻击我国宪法确立的国家制度;冒用宗教或气功名义蛊惑群众放弃工作、生产、学习,扰乱正常的社会秩序;冒用宗教或气功名义制造、散布邪说,蒙骗其成员或者其他人实施绝食、自残、自虐等行为或者阻止病人进行正常的治疗,利用迷信、巫术等给他人"治病",损害他人身体健康;等等。

3. 行为主体

行为的主体是一般主体,即达到法定的责任年龄、具有相应的责任能力的自然人。

4. 主观方面

行为的主观方面是故意。

三、本条第 3 项是对制作、传播宣扬邪教、会道门内容的物品、信息、资料行为的规定

制作、传播宣扬邪教、会道门内容的物品、信息、资料行为,是指制作、传播宣扬邪教、会道门内容的物品、信息、资料,尚不构刑事处罚的行为。

1. 侵犯客体

行为侵犯的客体是公共秩序。

2. 客观方面

行为在客观方面表现为制作、传播宣扬邪教、会道门内容的物品、信息、资料，尚不构刑事处罚。所谓"制作"宣扬邪教、会道门内容的物品、信息、资料行为，是指行为人故意创造、生产、复制、编辑或以其他方式首次产生承载有宣扬邪教、会道门教义、主张、活动等内容的具体有形或无形载体的行为。所谓"传播"宣扬邪教、会道门内容的物品、信息、资料行为，是指行为人故意通过散发、张贴、邮寄、网络发布、转发、讲授、销售或其他任何方式，使承载有宣扬邪教、会道门教义、主张、活动等内容的载体被发送、散布、扩散或置于可为他人接触、知悉状态的行为。

3. 行为主体

行为的主体是一般主体，即达到法定的责任年龄、具有相应的责任能力的自然人。

4. 主观方面

行为的主观方面是故意。

实务要点

实践中，正确认定制作、传播宣扬邪教、会道门内容的物品、信息、资料行为，应注意其与组织、利用会道门、邪教组织、利用迷信破坏法律实施罪的界限。

根据我国《刑法》第300条第1款的规定，组织、利用会道门、邪教组织或者利用迷信破坏国家法律、行政法规实施的，构成组织、利用会道门、邪教组织、利用迷信破坏法律实施罪。

根据《最高人民法院、最高人民检察院关于办理组织、利用邪教组织破坏法律实施等刑事案件适用法律若干问题的解释》第2条的规定，组织、利用邪教组织，破坏国家法律、行政法规实施，具有下列情形之一的，应当依照《刑法》第300条第1款的规定处罚："（一）建立邪教组织，或者邪教组织被取缔后又恢复、另行建立邪教组织的；（二）聚众包围、冲击、强占、哄闹国家机关、企业事业单位或者公共场所、宗教活动场所，扰乱社会秩序的；（三）非法举行集会、游行、示威，扰乱社会秩序的；（四）使用暴力、胁迫或者以其他方法强迫他人加入或者阻止他人退出邪教组织的;(五)组织、煽动、蒙骗成员或者他人不履行法定义务的;(六)使用'伪基站''黑广播'等无线电台(站)或者无线电频率宣扬邪教的;(七)曾因从事邪教活动被追究刑事责任或者二年内受过行政处罚,又从事邪教活动的;(八)发展邪教组织成员五十人以上的;(九)敛取钱财或者造成经济损失一百万元以上的;(十)以货币为载体宣扬邪教,数量在五百张(枚)以上的;(十一)制作、传播邪教宣传品,达到下列数量标准之一的:1.传单、喷图、图片、标语、报纸一千份(张)以上的;2.书籍、刊物二百五十册以上的;3.录音带、录像带等音像制品二百五十盒(张)以上的;4.标识、标志物二百五十件以上的;5.光盘、U盘、储存卡、移动硬盘等移动存储介质一百个以上的;6.横幅、条幅五十条(个)以上的。(十二)利用通讯信息网络宣扬邪教,具有下列情形之一的:1.制作、传播宣扬邪教的电子图片、文章二百张(篇)以上,电子书籍、刊物、音视频五十册(个)以上,或者电子文档五百万字符以上、电子音视频二百五十分钟以上的;2.编发信息、拨打电话一千条(次)以上的;3.利用在线人数累计达到一千以上的聊天室,或者利用群组成员、关注人员等账号数累计一千以上的通讯群组、微信、微博等社交网络宣扬邪教的;4.邪教信息实际被点击、浏览数达到五千次以上的。(十三)其他情节严重的情形。"

行为人组织、教唆、胁迫、诱骗、煽动他人从事邪教活动、会道门活动、非法的宗教活动或者利用邪教组织、会道门、迷信活动,扰乱社会秩序、损害他人身体健康的;制作、传播宣扬邪教、会道门内容的物品、信息、资料的,具有《最高人民法院、最高人民检察院关于办理组织、利用邪教组织破坏法律实施等刑事案件适用法律若干问题的解释》第2条规定的情形之一的,应当依照《刑法》第300条第1款的规定,以组织、利用会道门、邪教组织、利用迷信破坏法律实施罪处罚。不具有前述情形的,应以违反治安管理行为论处。

第三十二条 【对扰乱无线电管理秩序行为的处罚】违反国家规定,有下列行为之一的,处五日以上十日以下拘留;情节严重的,处十日以上十五日以下拘留:

(一)故意干扰无线电业务正常进行的;

> （二）对正常运行的无线电台(站)产生有害干扰,经有关主管部门指出后,拒不采取有效措施消除的;
> （三）未经批准设置无线电广播电台、通信基站等无线电台(站)的,或者非法使用、占用无线电频率,从事违法活动的。

解读与适用

本条规定的扰乱无线电管理秩序行为,在本次修订中作了以下修改:新增"未经批准设置无线电广播电台、通信基站等无线电台(站)的,或者非法使用、占用无线电频率,从事违法活动的",扩展了处罚范围,填补了此前《治安管理处罚法》对该种无线电违法行为的规制空白。通过明确禁止"未经批准设置无线电台(站)"和"非法使用频率"的行为,阻断无线电干扰对关键领域的影响,防范公共安全风险,维护无线电管理秩序的稳定。

一、本条第1项是对故意干扰无线电业务正常进行行为的规定

故意干扰无线电业务正常进行行为,是指违反国家规定,故意干扰无线电业务的正常进行,尚不够刑事处罚的行为。该行为的构成特征如下:

1. 侵犯客体

行为侵犯的客体是国家对无线电业务的正常管理秩序。无线电频率是具有重要战略意义的国家稀缺资源,因此加强无线电管理,合理调配、使用无线电频谱资源尤为重要。国家对无线电频谱实行统一规划、合理开发、科学管理、有偿使用的原则,保证各种无线电业务的正常进行。

2. 客观方面

行为在客观方面表现为违反国家规定,故意干扰无线电业务的正常进行,尚不够刑事处罚。"违反国家规定",即违反国家对无线电的管理规定,包括全国人民代表大会及其常委会制定的法律和决定、国务院制定的行政法规以及国务院各部委制定的部门规章。使用无线电频率、设置无线电台(站),必须遵守无线电管理相关规定,主要法律依据有《无线电管理条例》《无线电台执照管理规定》《无线电频率划分规定》《业余无线电台管理办法》等。任何单位或者个人不得擅自使用无线电频率,不得对依法开展的无线电业务造成有害干扰,不得利用

无线电台(站)进行违法犯罪活动。故意干扰无线电业务的正常进行的行为表现形式为故意使用各种手段,如通过信号压制、频率阻塞、导航欺骗、协议攻击等方式干扰无线电业务正常进行,尚未造成严重后果。

3. 行为主体

行为的主体既可以是自然人,也可以是单位。如果是单位法人实施此行为,除对其直接负责的主管人员和其他直接责任人员依照《治安管理处罚法》本条的规定处罚外,对单位还可以依照其他法律、行政法规的规定予以处罚。

4. 主观方面

行为的主观方面是故意。

二、本条第 2 项是对拒不消除对正常运行的无线电台(站)有害干扰行为的规定

拒不消除对正常运行的无线电台(站)有害干扰行为,是指对正常运行的无线电台(站)产生有害干扰,经有关主管部门指出后,拒不采取有效措施消除的行为。该行为的构成特征如下:

1. 侵犯客体

行为侵犯的客体是国家对无线电业务的正常管理秩序。

2. 客观方面

行为在客观方面表现为已经对无线电台(站)产生有害干扰,经有关主管部门指出后,拒不消除该有害干扰,尚不够刑事处罚。《无线电管理条例》第 39 条规定:"使用无线电台(站)的单位或者个人应当对无线电台(站)进行定期维护,保证其性能指标符合国家标准和国家无线电管理的有关规定,避免对其他依法设置、使用的无线电台(站)产生有害干扰。"第 60 条规定:"辐射无线电波的非无线电设备对已依法设置、使用的无线电台(站)产生有害干扰的,设备所有者或者使用者应当采取措施予以消除。"若已经对无线电台(站)产生有害干扰,经有关主管部门指出后,拒不消除该有害干扰,构成违反治安管理行为。

3. 行为主体

行为的主体既可以是自然人,也可以是单位。如果是单位法人实施此行为,除对其直接负责的主管人员和其他直接责任人员依照《治安管理处罚法》本条的规定处罚外,对单位还可以依照其他法律、行政法规的规定予以处罚。

4. 主观方面

行为的主观方面是故意。

三、本条第3项是对未经批准设置无线电台(站)以及非法使用、占用无线电频率从事违法活动行为的规定

未经批准设置无线电台(站)以及非法使用、占用无线电频率从事违法活动行为,是指未经批准设置无线电广播电台、通信基站等无线电台(站),或者非法使用、占用无线电频率,从事违法活动,尚不够刑事处罚的行为。该行为的构成特征如下：

1. 侵犯客体

行为侵犯的客体是国家对无线电业务的正常管理秩序。

2. 客观方面

行为在客观方面表现为未经批准设置无线电广播电台、通信基站等无线电台(站),或者非法使用、占用无线电频率,从事违法活动,尚不够刑事处罚。《无线电管理条例》规定,任何单位或者个人不得擅自使用无线电频率。除了法定的情形外,设置、使用无线电台(站)应当向无线电管理机构申请取得无线电台执照,使用无线电频率应当取得许可。未经批准设置无线电台(站)以及非法使用、占用无线电频率从事违法活动行为具体表现为：未经审批领取无线电台执照而擅自设置、使用无线电台(站);或者在频率使用期满后,没有办理无线电台执照续用手续仍继续使用,或者持有无线电台执照的无线电台(站)擅自占用未指配的频率,干扰无线电业务正常进行;等等。

3. 行为主体

行为的主体既可以是自然人,也可以是单位。如果是单位法人实施此行为,除对其直接负责的主管人员和其他直接责任人员依照《治安管理处罚法》本条的规定处罚外,对单位还可以依照其他法律、行政法规的规定予以处罚。

4. 主观方面

行为的主观方面是故意。

-------- 实务要点 --------

实践中,正确认定未经批准设置无线电台(站)以及非法使用、占用无线电

频率从事违法活动行为,应注意其与扰乱无线电通讯管理秩序罪的界限。

根据《刑法》第 288 条的规定,违反国家规定,擅自设置、使用无线电台(站),或者擅自使用无线电频率,干扰无线电通讯秩序,情节严重的,构成扰乱无线电通讯管理秩序罪。二者的区别在于是否情节严重。根据《最高人民法院、最高人民检察院关于办理扰乱无线电通讯管理秩序等刑事案件适用法律若干问题的解释》第 2 条的规定,具有下列情形之一的,应认定为"情节严重":"(一)影响航天器、航空器、铁路机车、船舶专用无线电导航、遇险救助和安全通信等涉及公共安全的无线电频率正常使用的;(二)自然灾害、事故灾难、公共卫生事件、社会安全事件等突发事件期间,在事件发生地使用'黑广播''伪基站'的;(三)举办国家或者省级重大活动期间,在活动场所及周边使用'黑广播''伪基站'的;(四)同时使用三个以上'黑广播''伪基站'的;(五)'黑广播'的实测发射功率五百瓦以上,或者覆盖范围十公里以上的;(六)使用'伪基站'发送诈骗、赌博、招嫖、木马病毒、钓鱼网站链接等违法犯罪信息,数量在五千条以上,或者销毁发送数量等记录的;(七)雇佣、指使未成年人、残疾人等特定人员使用'伪基站'的;(八)违法所得三万元以上的;(九)曾因扰乱无线电通讯管理秩序受过刑事处罚,或者二年内曾因扰乱无线电通讯管理秩序受过行政处罚,又实施刑法第二百八十八条规定的行为的;(十)其他情节严重的情形。"具有以上情形之一的,构成犯罪;不具有严重情节的,构成违反治安管理行为。

第三十三条 【对侵害计算机信息系统安全行为的处罚】有下列行为之一,造成危害的,处五日以下拘留;情节较重的,处五日以上十五日以下拘留:

(一)违反国家规定,侵入计算机信息系统或者采用其他技术手段,获取计算机信息系统中存储、处理或者传输的数据,或者对计算机信息系统实施非法控制的;

(二)违反国家规定,对计算机信息系统功能进行删除、修改、增加、干扰的;

(三)违反国家规定,对计算机信息系统中存储、处理、传输的数据和应用程序进行删除、修改、增加的;

(四)故意制作、传播计算机病毒等破坏性程序的;

> （五）提供专门用于侵入、非法控制计算机信息系统的程序、工具，或者明知他人实施侵入、非法控制计算机信息系统的违法犯罪行为而为其提供程序、工具的。

解读与适用

本条规定侵害计算机信息系统安全行为，在本次修订中主要作了如下修改：新增了"采用其他技术手段，获取计算机信息系统中存储、处理或者传输的数据，或者对计算机信息系统实施非法控制的"和"提供专门用于侵入、非法控制计算机信息系统的程序、工具，或者明知他人实施侵入、非法控制计算机信息系统的违法犯罪行为而为其提供程序、工具的"行为，旨在回应数字经济时代对数据安全的社会关切，应对新型网络威胁，填补法律规制空白，强化数据安全保护，维护公民与企业合法权益。与《刑法》形成梯度衔接，构建更严密的网络安全法律体系。

一、本条第 1 项是对非法侵入计算机信息系统行为、非法获取计算机信息系统数据行为、非法控制计算机信息系统行为的规定

非法侵入计算机信息系统行为，是指违反国家规定，侵入计算机信息系统，造成危害的行为。非法获取计算机信息系统数据行为，是指采用其他技术手段，获取计算机信息系统中存储、处理或者传输的数据的行为。非法控制计算机信息系统行为，是指对计算机信息系统实施非法控制的行为。本条第 1 项规定的违反治安管理行为的构成特征如下：

1. 侵犯客体

行为侵犯的客体是计算机信息系统安全，侵犯的对象是计算机信息系统。根据《计算机信息系统安全保护条例》第 2 条的规定，计算机信息系统，是指由计算机及其相关的和配套的设备、设施（含网络）构成的，按照一定的应用目标和规则对信息进行采集、加工、存储、传输、检索等处理的人机系统。本行为侵犯的对象，是除国家事务、国防建设、尖端科学技术领域的计算机信息系统以外的一般计算机信息系统。

2. 客观方面

行为在客观方面表现为违反国家规定，侵入计算机信息系统或者采用其他技术手段,获取计算机信息系统中存储、处理或者传输的数据,或者对计算机信息系统实施非法控制,尚不够刑事处罚。违反国家规定是指违反国家有关保护计算机信息系统安全的规定,如《计算机信息系统安全保护条例》《计算机信息网络国际联网管理暂行规定》《关于维护互联网安全的决定》等。所谓"侵入",是指未取得有关部门或单位的合法授权,采用破解密码、盗窃密码、强行突破安全工具等技术手段,通过计算机终端访问计算机信息系统或者进行数据截收的行为。所谓"其他技术手段",是指采用侵入以外的技术手段,如利用网关欺骗技术、后门软件等,不进入他人的计算机信息系统而获取其存储、处理或者传输的数据。所谓"非法控制",是指未经允许,违背计算机信息系统合法用户的意愿操作计算机信息系统或者掌握其活动的行为。

3. 行为主体

行为的主体是一般主体。既可以是单位,也可以是个人。

4. 主观方面

行为主观方面是故意。主观动机多种多样,出于何种动机,不影响行为定性。

---实务要点---

实践中,认定此类行为应注意其与非法侵入计算机信息系统罪及非法获取计算机信息系统数据、非法控制计算机信息系统罪的法律界限。

根据《刑法》第 285 条第 1 款、第 2 款的规定,违反国家规定,侵入国家事务、国防建设、尖端科学技术领域的计算机信息系统的,构成非法侵入计算机信息系统罪;违反国家规定,侵入国家事务、国防建设、尖端科学技术领域以外的计算机信息系统或者采用其他技术手段,获取该计算机信息系统中存储、处理或者传输的数据,或者对该计算机信息系统实施非法控制,情节严重的,构成非法获取计算机信息系统数据、非法控制计算机信息系统罪。

非法侵入计算机信息系统行为侵犯的对象是除国家事务、国防建设、尖端科学技术领域的计算机信息系统以外的一般计算机信息系统,客观表现形式仅限于非法侵入,不要求有其他危害行为。行为人实施的非法侵入行为,其对象若是国家事务、国防建设、尖端科学技术领域的计算机信息系统,则构成非法侵入计算机信息系统罪。

行为人若对国家事务、国防建设、尖端科学技术领域以外的计算机信息系统，通过非法侵入方式，获取该计算机信息系统中存储、处理或者传输的数据，或者对该计算机信息系统实施非法控制，情节严重的，构成非法获取计算机信息系统数据、非法控制计算机信息系统罪。具有下列情形之一的，属于"情节严重"：(1)获取支付结算、证券交易、期货交易等网络金融服务的身份认证信息 10 组以上的；(2)获取第 1 项以外的身份认证信息 500 组以上的；(3)非法控制计算机信息系统 20 台以上的；(4)违法所得 5000 元以上或者造成经济损失 1 万元以上的；(5)其他情节严重的情形。不具有情节严重的情形，尚不够刑事处罚的，构成违反治安管理行为。

二、本条第 2 项是对非法改变计算机信息系统功能行为的规定

非法改变计算机信息系统功能行为，是指违反国家规定，对计算机信息系统功能进行删除、修改、增加、干扰，造成计算机信息系统不能正常运行的行为。该行为的构成特征如下：

1. 侵犯客体

行为侵犯的客体是计算机信息系统安全。

2. 客观方面

行为在客观方面表现为违反国家关于计算机信息系统保护的规定，对计算机信息系统功能进行删除、修改、增加、干扰，使计算机信息系统不能正常运行，尚不够刑事处罚。其中，删除，是指将计算机信息系统原有的功能取消，既可以是取消其中的一项，也可以是其中的几项或者全部，使其不能正常运行的行为；修改，是指对计算机信息系统原有的功能进行部分或者全部改变，使其不能正常运行的行为；增加，是指在计算机信息系统中添加某种功能或者程序，致使原有的功能受到影响和破坏，不能正常运行的行为；干扰，是指通过一定手段如输入一个新的程序干扰原程序，破坏计算机信息系统功能，致使计算机信息系统不能正常运行的行为。

3. 行为主体

行为的主体是一般主体，包括单位和个人。

4. 主观方面

行为的主观方面是故意。

------- **实务要点** -------

实践中,认定非法改变计算机信息系统功能行为应注意其与破坏计算机信息系统罪的法律界限。

根据《刑法》第 286 条第 1 款的规定,违反国家规定,对计算机信息系统功能进行删除、修改、增加、干扰,造成计算机信息系统不能正常运行,后果严重的,构成破坏计算机信息系统罪。是否造成"严重后果"是区分罪与非罪的关键。根据《最高人民法院、最高人民检察院关于办理危害计算机信息系统安全刑事案件应用法律若干问题的解释》第 4 条第 1 款的规定,破坏计算机信息系统功能、数据或者应用程序,具有下列情形之一的,应当认定为"后果严重":"(一)造成十台以上计算机信息系统的主要软件或者硬件不能正常运行的;(二)对二十台以上计算机信息系统中存储、处理或者传输的数据进行删除、修改、增加操作的;(三)违法所得五千元以上或者造成经济损失一万元以上的;(四)造成为一百台以上计算机信息系统提供域名解析、身份认证、计费等基础服务或者为一万以上用户提供服务的计算机信息系统不能正常运行累计一小时以上的;(五)造成其他严重后果的。"不具有严重后果的情形,尚不够刑事处罚的,构成违反治安管理行为。

三、本条第 3 项是对非法改变计算机信息系统数据和应用程序行为的规定

非法改变计算机信息系统数据和应用程序行为,是指违反国家规定,对计算机信息系统中存储、处理、传输的数据和应用程序进行删除、修改、增加的行为。该行为的构成特征如下:

1. 侵犯客体

行为侵犯的客体是国家对计算机信息系统的管理,侵犯的对象是计算机信息系统数据、应用程序。

2. 客观方面

行为在客观方面表现为违反国家规定,对计算机信息系统中存储、处理、传输的数据和应用程序进行删除、修改、增加,尚不够刑事处罚。行为人只要对计算机信息系统中存储、处理、传输的数据和应用程序实施了删除、修改、增加的行为,即构成该行为,不要求实际造成危害后果。

3. 行为主体

行为的主体是一般主体，包括单位和个人。

4. 主观方面

行为的主观方面是故意。

四、本条第 4 项是对故意制作、传播计算机病毒等破坏性程序行为的规定

故意制作、传播计算机病毒等破坏性程序行为，是指故意制作、传播计算机病毒等破坏性程序，影响计算机信息系统正常运行的行为。该行为的构成特征如下：

1. 侵犯客体

行为侵犯的客体是国家对计算机信息系统的安全运行管理制度，侵犯的对象是计算机信息系统。

2. 客观方面

行为在客观上表现为故意制作、传播计算机病毒等破坏性程序，影响计算机信息系统正常运行，尚不够刑事处罚。所谓破坏性程序，是指隐藏在计算机信息系统中的数据文件或者可执行程序里的能够在计算机内部运行的干扰程序，其中典型的是计算机病毒。所谓计算机病毒，是指编制或者在计算机程序中插入的破坏计算机功能或者毁坏数据，影响计算机使用，并能自我复制的计算机指令或者程序代码。它是对计算机本身的信息系统进行攻击的一种方法，具有可传播、可激发和可潜伏性，对于各种类型的计算机系统都具有极大的破坏性、危害性。所谓制作，是指创制、发明、设计、编造破坏性程序或者获悉技术制作破坏性程序的行为。所谓传播，是指通过计算机信息系统输入计算机病毒等破坏性程序，或者将已输入的破坏性程序的软件加以派送、散发、销售的行为。根据《最高人民法院、最高人民检察院关于办理危害计算机信息系统安全刑事案件应用法律若干问题的解释》第 5 条的规定，具有下列情形之一的程序，应当认定为"计算机病毒等破坏性程序"：①能够通过网络、存储介质、文件等媒介，将自身的部分、全部或者变种进行复制、传播，并破坏计算机系统功能、数据或者应用程序的；②能够在预先设定条件下自动触发，并破坏计算机系统功能、数据或者应用程序的；③其他专门设计用于破坏计算机系统功能、数据或者应用程序的程序。

3. 行为主体

行为的主体是一般主体，包括单位和个人。

4. 主观方面

行为的主观方面是故意。

-------- **实务要点** --------

正确认定非法改变计算机信息系统功能行为,非法改变计算机信息系统数据和应用程序行为及故意制作、传播计算机病毒等破坏性程序行为,应注意其与破坏计算机信息系统罪的法律界限。

根据《刑法》第286条的规定,以下行为均构成破坏计算机信息系统罪:违反国家规定,对计算机信息系统功能进行删除、修改、增加、干扰,造成计算机信息系统不能正常运行,后果严重的;违反国家规定,对计算机信息系统中存储、处理或者传输的数据和应用程序进行删除、修改、增加的操作,后果严重的;故意制作、传播计算机病毒等破坏性程序,影响计算机系统正常运行,后果严重的。

《最高人民法院、最高人民检察院关于办理危害计算机信息系统安全刑事案件应用法律若干问题的解释》第4条第1款规定,破坏计算机信息系统功能、数据或者应用程序,具有下列情形之一的,应当认定为《刑法》第286条第1款和第2款规定的"后果严重":(1)造成10台以上计算机信息系统的主要软件或者硬件不能正常运行的;(2)对20台以上计算机信息系统中存储、处理或者传输的数据进行删除、修改、增加操作的;(3)违法所得5000元以上或者造成经济损失1万元以上的;(4)造成为100台以上计算机信息系统提供域名解析、身份认证、计费等基础服务或者为1万以上用户提供服务的计算机信息系统不能正常运行累计1小时以上的;(5)造成其他严重后果的。违反国家规定,对计算机信息系统功能进行删除、修改、增加、干扰,对计算机信息系统中存储、处理或者传输的数据和应用程序进行删除、修改、增加的操作,后果严重的,构成破坏计算机信息系统犯罪;尚不够刑事处罚的,构成非法改变计算机信息系统功能行为、非法改变计算机信息系统数据行为。

根据《最高人民法院、最高人民检察院关于办理危害计算机信息系统安全刑事案件应用法律若干问题的解释》第6条第1款的规定,故意制作、传播计算机病毒等破坏性程序,影响计算机系统正常运行,具有下列情形之一的,应当认定为《刑法》第286条第3款规定的"后果严重":(1)制作、提供、传输第5条第1项规定的程序,导致该程序通过网络、存储介质、文件等媒介传播的;(2)造成20

台以上计算机系统被植入第 5 条第 2 项、第 3 项规定的程序的;(3)提供计算机病毒等破坏性程序 10 人次以上的;(4)违法所得 5000 元以上或者造成经济损失 1 万元以上的;(5)造成其他严重后果的。故意制作、传播计算机病毒等破坏性程序,影响计算机系统正常运行,后果严重的,构成破坏计算机信息系统罪;尚不构刑事处罚的,构成故意制作、传播计算机破坏性程序行为。

五、本条第 5 项是对提供侵入、非法控制计算机信息系统的程序、工具行为的规定

提供侵入、非法控制计算机信息系统的程序、工具行为,是指提供专门用于侵入、非法控制计算机信息系统的程序、工具,或者明知他人实施侵入、非法控制计算机信息系统的违法犯罪行为而为其提供程序、工具的行为。该行为的构成特征如下:

1. 侵犯客体

行为侵犯的客体是计算机信息系统安全,侵犯的对象是计算机信息系统。

2. 客观方面

行为在客观方面表现为提供专门用于侵入、非法控制计算机信息系统的程序、工具,或者明知他人实施侵入、非法控制计算机信息系统的违法犯罪行为而为其提供程序、工具。根据《最高人民法院、最高人民检察院关于办理危害计算机信息系统安全刑事案件应用法律若干问题的解释》第 2 条的规定,具有下列情形之一的程序、工具,应当认定为《刑法》第 285 条第 3 款规定的"专门用于侵入、非法控制计算机信息系统的程序、工具":①具有避开或者突破计算机信息系统安全保护措施,未经授权或者超越授权获取计算机信息系统数据的功能的;②具有避开或者突破计算机信息系统安全保护措施,未经授权或者超越授权对计算机信息系统实施控制的功能的;③其他专门设计用于侵入、非法控制计算机信息系统、非法获取计算机信息系统数据的程序、工具。

3. 行为主体

行为的主体是一般主体,包括单位和个人。

4. 主观方面

行为的主观方面是故意。

实务要点

认定提供侵入、非法控制计算机信息系统的程序、工具行为，应注意其与提供侵入、非法控制计算机信息系统程序、工具罪的法律界限。

根据《刑法》第285条第3款的规定，提供专门用于侵入、非法控制计算机信息系统的程序、工具，或者明知他人实施侵入、非法控制计算机信息系统的违法犯罪行为而为其提供程序、工具，情节严重的，构成提供侵入、非法控制计算机信息系统程序、工具罪。根据《最高人民法院、最高人民检察院关于办理危害计算机信息系统安全刑事案件应用法律若干问题的解释》第3条第1款的规定，提供侵入、非法控制计算机信息系统的程序、工具，具有下列情形之一的，应当认定为《刑法》第285条第3款规定的"情节严重"：(1)提供能够用于非法获取支付结算、证券交易、期货交易等网络金融服务身份认证信息的专门性程序、工具5人次以上的；(2)提供第1项以外的专门用于侵入、非法控制计算机信息系统的程序、工具20人次以上的；(3)明知他人实施非法获取支付结算、证券交易、期货交易等网络金融服务身份认证信息的违法犯罪行为而为其提供程序、工具5人次以上的；(4)明知他人实施第3项以外的侵入、非法控制计算机信息系统的违法犯罪行为而为其提供程序、工具20人次以上的；(5)违法所得5000元以上或者造成经济损失1万元以上的；(6)其他情节严重的情形。不具有情节严重的情形，尚不够刑事处罚的，构成违反治安管理行为。

第三十四条 【组织、领导传销，胁迫、诱骗他人参加传销行为及其处罚】组织、领导传销活动的，处十日以上十五日以下拘留；情节较轻的，处五日以上十日以下拘留。

胁迫、诱骗他人参加传销活动的，处五日以上十日以下拘留；情节较重的，处十日以上十五日以下拘留。

解读与适用

本条是2025年修订新增的规定，旨在回应新型社会治安问题，强化前端预防，聚焦传销活动治安治理，遏制传销滋生蔓延，填补此前法律对尚不够刑事处罚的"组织、领导"传销活动的规制空白，与《刑法》形成梯度衔接。通过明确治安处罚，直接打击传销组织、领导传销行为，阻断其发展下线、扩大规模的路径；针对传销中常见的使用胁迫、诱骗等拉人头手段，设定法律责任，减少因被骗或被迫参与传销的受害群体，保障公民人身与财产安全，遏制传销"拉人头""收取入门费"的盈利模式对市场经济秩序的破坏，防范金融风险。本条规定了两款，具体规定了组织、领导传销活动以及胁迫、诱骗他人参加传销活动两种行为。

一、本条第1款是对组织、领导传销活动行为的规定

组织、领导传销活动行为，是指组织、领导以推销商品、提供服务等经营活动为名，要求参加者以缴纳费用或者购买商品、服务等方式获得加入资格，并按照一定顺序组成层级，直接或者间接以发展人员的数量作为计酬或者返利依据，牟取非法利益，扰乱社会秩序，影响社会稳定的行为。

1. 侵犯客体

行为侵犯的客体是公共秩序。

2. 客观方面

行为在客观方面表现为组织、领导传销活动，尚不够刑事处罚。行为人实施了组织、领导以推销商品、提供服务等经营活动为名，要求参加者以缴纳费用或者购买商品、服务等方式获得加入资格，并按照一定顺序组成层级，直接或者间接以发展人员的数量作为计酬或者返利依据，牟取非法利益，扰乱社会秩序，影响社会稳定，尚不够刑事处罚的行为。

3. 行为主体

行为的主体是一般主体，但仅限于传销活动的组织者、领导者，即在传销活动中起发起、策划、操纵作用的人员，在传销活动中承担管理、协调、宣传、培训等职责的人员，以及其他对传销活动的实施、传销组织的建立、扩大等起关键作用的人员。

4. 主观方面

行为的主观方面为故意，且具有骗取他人财物的目的。

二、本条第2款是对胁迫、诱骗他人参加传销活动行为的规定

胁迫、诱骗他人参加传销活动的违反治安管理行为有以下构成特征：

1. 侵犯客体

行为侵犯的客体是公共秩序。

2. 客观方面

行为在客观方面表现为胁迫、诱骗他人参加传销活动,尚不够刑事处罚。所谓"胁迫",是指以现实或潜在的人身伤害、精神强制等手段迫使他人参加传销,如威胁殴打、公开隐私、伤害家人等迫使他人参加传销。所谓"诱骗",是指通过虚构事实、隐瞒真相的方式误导他人相信参与传销活动可获得高额回报或利益,从而诱使他人参加传销,如谎称高回报投资、虚假政府项目、伪造盈利数据等吸引他人参加传销。

3. 行为主体

行为的主体是一般主体。

4. 主观方面

行为的主观方面为故意。

实务要点

实践中,认定组织、领导传销活动行为,应注意其与组织、领导传销活动罪的法律界限。

根据《刑法》第224条之一的规定,组织、领导以推销商品、提供服务等经营活动为名,要求参加者以缴纳费用或者购买商品、服务等方式获得加入资格,并按照一定顺序组成层级,直接或者间接以发展人员的数量作为计酬或者返利依据,引诱、胁迫参加者继续发展他人参加,骗取财物,扰乱经济社会秩序的传销活动的,构成组织、领导传销活动罪。此类违反治安管理行为与组织、领导传销罪的区别,主要在于其组织内部参与传销活动人员的人数及层级等情节。根据《最高人民法院、最高人民检察院、公安部关于办理组织领导传销活动刑事案件适用法律若干问题的意见》的规定,组织、领导传销,其组织内部参与传销活动人员在30人以上且层级在3级以上的,应当对组织者、领导者追究刑事责任。曾因组织、领导传销活动受过刑事处罚,或者1年以内因组织、领导传销活动受过行政处罚,又直接或者间接发展参与传销活动人员在15人以上且层级在3级以上的人员,可以认定为传销活动的组织者、领导者。

> **案例与评析**

【案例】王某通过同事的微信朋友圈了解到注册某 App 会员可以赚钱。该 App 以投资获取高额返利为诱饵，要求参加者以缴纳资金获得加入资格，并按照一定顺序组成层级，直接或者间接以发展人员的数量作为计酬或者返利依据，引诱参加者继续发展他人参加，骗取财物。王某注册账号后，为获得更多收益，通过微信朋友圈、微信群发布自己提现成功的截图及宣传资料，拉人头发展下线。至案发时，王某共发展会员 10 余人，层级为 3 级。

【评析】本案中，王某通过同事微信朋友圈了解到该 App 后，注册账号并参与其中。为获取更多收益，王某通过微信朋友圈、微信群发布"自己提现成功"的截图及宣传资料，发展下线形成层级，以发展人员数量作为计酬或返利依据，而非通过实际经营获取收益。王某直接或间接发展会员 10 余人，形成 3 级层级结构。其行为属于《治安管理处罚法》第 34 条第 1 款规定的组织、领导传销活动行为，应当依法予以处罚。

第三十五条　【从事有损英雄烈士保护等行为及处罚】有下列行为之一的，处五日以上十日以下拘留或者一千元以上三千元以下罚款；情节较重的，处十日以上十五日以下拘留，可以并处五千元以下罚款：

（一）在国家举行庆祝、纪念、缅怀、公祭等重要活动的场所及周边管控区域，故意从事与活动主题和氛围相违背的行为，不听劝阻，造成不良社会影响的；

（二）在英雄烈士纪念设施保护范围内从事有损纪念英雄烈士环境和氛围的活动，不听劝阻的，或者侵占、破坏、污损英雄烈士纪念设施的；

（三）以侮辱、诽谤或者其他方式侵害英雄烈士的姓名、肖像、名誉、荣誉，损害社会公共利益的；

（四）亵渎、否定英雄烈士事迹和精神，或者制作、传播、散布宣扬、美化侵略战争、侵略行为的言论或者图片、音视频等物品，扰乱公共秩序的；

（五）在公共场所或者强制他人在公共场所穿着、佩戴宣扬、美化侵略战争、侵略行为的服饰、标志，不听劝阻，造成不良社会影响的。

解读与适用

本条是本次修订新增的规定,旨在维护国家重要活动秩序,强化国家象征与社会价值的保护;保护英雄烈士纪念设施与环境,捍卫英烈精神传承;打击侵害英雄烈士名誉荣誉行为,维护社会公共利益;抵制美化侵略战争行为,维护历史正义与和平秩序。本条具体规定了五项行为。

一、本条第1项是对故意从事与活动主题和氛围相违背行为的规定

故意从事与活动主题和氛围相违背行为,是指在国家举行庆祝、纪念、缅怀、公祭等重要活动的场所及周边管控区域,故意从事与活动主题和氛围相违背的行为,不听劝阻,造成严重不良社会影响的行为。该行为的构成特征如下:

1. 侵犯客体

行为侵犯的客体是公共秩序。国家举行的庆祝、纪念、缅怀、公祭等重要活动,如国庆节、烈士纪念日、国家公祭日等,承载着国家尊严、民族情感与社会核心价值观,是凝聚社会共识、弘扬爱国主义精神的重要载体。本行为侵害了国家纪念活动的严肃性、历史记忆的尊严以及社会公共价值。

2. 客观方面

行为在客观方面表现为在国家举行庆祝、纪念、缅怀、公祭等重要活动的场所及周边管控区域,故意从事与活动主题和氛围相违背的行为,不听劝阻,造成严重不良社会影响。请注意该行为客观方面"不听劝阻,造成严重不良社会影响"的限定条件,只有实施了与活动主题和氛围相违背行为,且不听劝阻,造成严重不良社会影响的才构成违法行为。实践中表现为:强行闯入管控区域或阻挠活动参与者进出;向活动参与者或工作人员投掷物品、推搡、辱骂;以静坐、躺卧、跪拜等异常方式占据活动核心区域;展示、悬挂、涂写含有反社会、反国家、分裂国家等内容的标语、横幅、旗帜;分发与主题相悖的印刷品、电子资料;故意喧哗、哄闹、吹口哨或播放不和谐音乐等干扰仪式正常进行;拍摄恶搞照片、视频等,不听劝阻,造成严重不良社会影响。

3. 行为主体

行为的主体是一般主体。

4. 主观方面

行为的主观方面为故意。

二、本条第 2 项是对从事有损纪念英雄烈士环境和氛围的活动以及侵占、破坏、污损英雄烈士纪念设施行为的规定

从事有损纪念英雄烈士环境和氛围的活动以及侵占、破坏、污损英雄烈士纪念设施行为，是指在英雄烈士纪念设施保护范围内从事有损纪念英雄烈士环境和氛围的活动，不听劝阻的，或者侵占、破坏、污损英雄烈士纪念设施的行为。该行为的构成特征如下：

1. 侵犯客体

行为侵犯的客体是公共秩序，破坏纪念场所的庄重性、严肃性和神圣性。

2. 客观方面

行为在客观方面表现为在英雄烈士纪念设施保护范围内从事有损纪念英雄烈士环境和氛围的活动，不听劝阻的，或者侵占、破坏、污损英雄烈士纪念设施。国家建立并保护英雄烈士纪念设施，纪念、缅怀英雄烈士。英雄烈士纪念设施包括为纪念英雄烈士专门修建的烈士陵园、纪念堂馆、纪念碑亭、纪念塔祠、纪念塑像、烈士骨灰堂、烈士墓等设施。任何组织和个人不得在英雄烈士纪念设施保护范围内从事有损纪念英雄烈士环境和氛围的活动，不得侵占英雄烈士纪念设施保护范围内的土地和设施，不得破坏、污损英雄烈士纪念设施。在英雄烈士纪念设施保护范围内从事有损纪念英雄烈士庄严、肃穆、清净环境和氛围的行为，都是被禁止的，如大声嬉戏、播放音乐、跳广场舞，进行戏谑性、娱乐化直播行为等与纪念主题不符的行为，不听劝阻的，构成违法行为。任何形式的侵占、破坏、污损纪念设施的行为都是违法的。在纪念设施上涂鸦、刻字、投掷污物或者踩踏、攀爬纪念设施等。

3. 行为主体

行为的主体是一般主体。

4. 主观方面

行为的主观方面为故意。

三、本条第 3 项是对侵害英雄烈士的姓名、肖像、名誉、荣誉行为的规定

侵害英雄烈士的姓名、肖像、名誉、荣誉行为，是指以侮辱、诽谤或者其他方

式侵害英雄烈士的姓名、肖像、名誉、荣誉,损害社会公共利益的行为。该行为的构成特征如下:

1. 侵犯客体

行为侵犯的客体是英雄烈士的姓名、肖像、名誉、荣誉及社会公共利益。

2. 客观方面

行为在客观方面表现为以侮辱、诽谤或者其他方式侵害英雄烈士的姓名、肖像、名誉、荣誉,损害社会公共利益,尚不够刑事处罚。根据《英雄烈士保护法》及《最高人民法院、最高人民检察院、公安部关于依法惩治侵害英雄烈士名誉、荣誉违法犯罪的意见》第1条的规定,英雄烈士主要是指近代以来,为了争取民族独立和人民解放,实现国家富强和人民幸福,促进世界和平和人类进步而毕生奋斗、英勇献身的英雄烈士。英雄烈士的时代范围主要为"近代以来",重点是中国共产党、人民军队和中华人民共和国历史上的英雄烈士。英雄烈士既包括个人,也包括群体;既包括有名英雄烈士,也包括无名英雄烈士。英雄烈士是指已经牺牲、去世的英雄烈士。

3. 行为主体

行为的主体是一般主体。

4. 主观方面

行为的主观方面为故意。

四、本条第4项是对亵渎、否定英雄烈士事迹和精神,制作、传播、散布宣扬、美化侵略战争、侵略行为的言论或者物品行为的规定

亵渎、否定英雄烈士事迹和精神,制作、传播、散布宣扬、美化侵略战争、侵略行为的言论或者物品行为,是指亵渎、否定英雄烈士事迹和精神,或者制作、传播、散布宣扬、美化侵略战争、侵略行为的言论或者图片、音视频等物品,扰乱公共秩序的行为。该行为的构成特征如下:

1. 侵犯客体

行为侵犯的客体是公共秩序。

2. 客观方面

行为在客观方面表现为亵渎、否定英雄烈士事迹和精神,或者制作、传播、散布宣扬、美化侵略战争、侵略行为的言论或者图片、音视频等物品,扰乱公共秩序。英雄烈士的事迹和精神是中华民族共同的历史记忆和宝贵的精神财富,英雄不容亵渎、先烈不容诋毁,禁止歪曲、丑化、亵渎、否定英雄烈士事迹和精神。亵渎、否定英雄烈士事迹和精神的行为,实践中表现为:在公开场合、书刊、网络平台或媒体上,丑化、诋毁、贬损、质疑英雄烈士,歪曲历史特别是近现代历史,称英雄烈士事迹为"虚构""夸大",否定英雄烈士的历史贡献或牺牲的事实;通过"戏说""恶搞"等方式,将英雄烈士与负面人物或事件强行关联,消解其崇高性;制作、传播丑化英雄烈士的图片、表情包、短视频等,对英雄烈士进行戏谑调侃,歪曲英雄烈士形象或事迹等。制作、传播、散布宣扬、美化侵略战争、侵略行为的言论或者物品行为,具体表现为歪曲或否认侵略历史事实:否认日本侵华战争中的南京大屠杀、强征"慰安妇"、731部队罪行等历史事实;美化侵略战争或侵略者,将侵略战争描述为"正义行为"或"文明开化";使用"大东亚共荣圈""殖民有功论"等历史虚无主义言论为侵略行为辩护等。

3. 行为主体

行为的主体是一般主体。

4. 主观方面

行为的主观方面为故意。

五、本条第 5 项是对在公共场所或强制他人在公共场所穿着、佩戴宣扬、美化侵略战争、侵略行为的服饰、标志行为的规定

该行为的构成特征如下:

1. 侵犯客体

行为侵犯的客体是公共秩序。

2. 客观方面

行为在客观方面表现为实施了在公共场所或者强制他人在公共场所穿着、佩戴宣扬、美化侵略战争、侵略行为的服饰、标志,不听劝阻,造成不良社会影响的行为。该行为必须发生在公共场所。行为方式有两种:一是在公共场所穿着、佩戴宣扬、美化侵略战争、侵略行为的服饰、标志,不听劝阻,造成不良社会影响的。二是强制他人在公共场所穿着、佩戴宣扬、美化侵略战争、侵略行为的服饰、标志行为,不听劝阻,造成不良社会影响的。

3. 行为主体

行为的主体是一般主体。

4. 主观方面

行为的主观方面为故意。

实务要点

实践中,正确认定侵害英雄烈士的姓名、肖像、名誉、荣誉行为,应注意其与侵害英雄烈士名誉、荣誉罪的法律界限。侵害英雄烈士名誉、荣誉罪是指侮辱、诽谤或者以其他方式侵害英雄烈士的名誉、荣誉,损害社会公共利益,情节严重的行为。二者区别的关键在于是否情节严重。根据《最高人民法院、最高人民检察院、公安部关于依法惩治侵害英雄烈士名誉、荣誉违法犯罪的意见》的规定,关于侵害英雄烈士名誉、荣誉罪入罪标准如下:司法实践中,对侵害英雄烈士名誉、荣誉的行为是否达到"情节严重",应当结合行为方式、涉及英雄烈士的人数,相关信息的数量、传播方式、传播范围、传播持续时间,相关信息实际被点击、浏览、转发次数,引发的社会影响、危害后果以及行为人前科情况等综合判断。根据案件具体情况,必要时,可以参照适用《最高人民法院、最高人民检察院关于办理利用信息网络实施诽谤等刑事案件适用法律若干问题的解释》的规定。侵害英雄烈士名誉、荣誉,达到入罪标准,但行为人认罪悔罪,综合考虑案件具体情节,认为犯罪情节轻微的,可以不起诉或者免予刑事处罚;情节显著轻微危害不大的,不以犯罪论处;构成违反治安管理行为的,由公安机关依法给予治安管理处罚。

案例与评析

【案例】网民徐某为博取关注,在某网络平台发布侮辱牺牲的中国人民志愿军的不当言论,侵害了英雄烈士的名誉、荣誉,内容在网络上广泛传播后,引发公众强烈愤慨,造成恶劣社会影响。属地公安机关依法对徐某作出行政处罚。

【评析】徐某在某网络平台发布侮辱性言论,内容直接针对牺牲的中国人民志愿军烈士,贬损英雄烈士的人格尊严,侵害英雄烈士的名誉权、荣誉权,扰乱公众对历史的正确认知,消解社会对英雄烈士的尊崇和缅怀,破坏社会主义核心价值观,损害国家尊严和民族情感。侮辱性言论通过互联网平台传播,扩大不良影响范围,破坏网络空间公序良俗。《治安管理处罚法》第35条第3项明确"以侮辱、诽谤或者其他方式侵害英雄烈士的姓名、肖像、名誉、荣誉,损害社会公共利益的"行为是违反治安管理行为。公安机关应当对徐某依法予以行政处罚。

第二节　妨害公共安全的行为和处罚

公共安全是指不特定的多数人的生命、健康,以及公私财产安全,主要包括危险物质管理、管制器具管理、公共设施安全、道路交通运输安全、大型活动安全等。妨害公共安全的行为,是指违反治安管理法律法规,故意或过失实施可能危及不特定多数人的生命、健康或重大公私财产安全,但尚未构成犯罪的行为。

本节"妨害公共安全的行为和处罚",从第36条至第46条,共11条,是对妨害公共安全行为的具体规定。本次修订主要有以下四个方面的核心变化:一是处罚标准的现代化,具体体现在罚款额度的全面上调,并进一步细化情节认定标准;二是新增风险的管控,新增对民用无人机等升空物体的飞行管控(第46条)及高空抛物、升放明火升空物体的处罚条款(第43条),填补了治安管理处罚对低空领域安全监管的空白;三是行为构成要件的优化,在破坏公共设施行为中增加"危及公共安全"的结果要件(第39条),体现了过罚相当原则;四是对象范围扩大,将城市轨道交通设施纳入保护范围(第41~42条),并强化大型活动安全责任(第44条增设"责令停止"和禁止处罚)。修订后的本节治安管理处罚体系更加严密,兼顾公共安全风险防控与处罚合理性。

> **第三十六条**　【违反危险物质管理的行为和处罚】违反国家规定,制造、买卖、储存、运输、邮寄、携带、使用、提供、处置爆炸性、毒害性、放射性、腐蚀性物质或者传染病病原体等危险物质的,处十日以上十五日以下拘留;情节较轻的,处五日以上十日以下拘留。

解读与适用

本条规定了违反危险物质管理的行为和处罚。把握违反危险物质管理的行为构成特征需要注意以下几方面:

1. 侵害客体

违反危险物质管理的行为侵害的客体是公共安全,即不特定的多数人的生命、健康、公共财产以及社会生产、生活的安全;其直接客体为国家对爆炸性、毒害性、放射性、腐蚀性物质或者传染病病原体等危险物质的管理制度。

违反危险物质管理的行为的对象包括爆炸性、毒害性、放射性、腐蚀性物质和传染病病原体等危险物质。"爆炸性物质",是指本身能通过化学反应产生气体,且产生气体的温度、压力和速度足以对周围环境造成破坏的物质。"毒害性物质",是指其少量或微量进入人体,能迅速发生中毒反应,导致人和动物死亡的物质。"放射性物质",是指能对人或动物产生严重辐射危害的物质,包括可以发生裂变反应或聚合反应的核材料,如铀、镭、钴等。"腐蚀性物质",是指通过化学作用在接触生物组织时会造成严重损伤、或在渗漏时会严重损害甚至毁坏其他货物或运输工具的化学品。"传染病病原体等物质",是指《传染病防治法》规定的,可能导致各种传染病传播的传染病菌种和毒种,如鼠疫、霍乱、病毒性肝炎、细菌性和阿米巴性痢疾、伤寒和副伤寒、艾滋病、淋病等。为了防止可能出现投放本条规定的"爆炸性、毒害性、放射性、腐蚀性物质或者传染病病原体"以外的其他危害公共安全的物质的犯罪,本条在具体列举之后、采用了"等危险物质"的写法,为打击可能出现的这类违法行为留下空间。

2. 客观方面

违反危险物质管理的行为在客观方面表现为违反国家有关规定,非法制造、买卖、储存、运输、邮寄、携带、使用、提供、处置危险物质,尚不够刑事处罚的行为。危险物质,是指爆炸性、毒害性、放射性、腐蚀性物质或者传染病病原体等能够对公共安全产生危害的物质。

"非法制造"是指除了国家指定的科研、教学、生产单位依法研制上述物质外,任何单位和个人制造这些物质的行为。

"非法买卖"是指除了国家指定的有关单位和部门,为了科研、生产、防疫等工作的需要购进或卖出爆炸性、毒害性、放射性、腐蚀性物质或者传染病病原体等物质外,任何单位和个人违反规定买卖这类物质的行为。非法买卖爆炸性、毒害性、放射性、腐蚀性物质或者传染病病原体等物质具体有三种情况:一是没有经过国家有关部门的批准而擅自购买或销售上述物质;二是超出国家有关部门批准的种类而购买或销售上述物质;三是超出国家有关部门批准的数量购买或销售上述物质。买卖包括购买与销售两种行为,行为人只要实施了购买与销售两种行为之一,即为非法买卖上述物质,并不要求行为人既实施了非法购买行为,又实施了非法销售行为。

"非法储存"是指违反国家有关规定,未经有关部门批准,私自收藏或存积上述物质的行为;既可以藏在家中,又可以存在他处,如山洞中、他人家里等。

"非法运输"是指未经国家批准或指定的单位,或不具有运输这类物质资格的单位和个人,从事运输这类物质的行为。

"非法邮寄"是指违反国家有关规定,未经许可,擅自通过邮政系统或快递服务寄递爆炸性、毒害性、放射性、腐蚀性物质或传染病病原体等危险物质的行为。

"非法携带"是指违反国家有关规定,未经许可,擅自将爆炸性、毒害性、放射性、腐蚀性物质或传染病病原体等危险物质随身或在随身物品中带入公共场所或交通工具的行为。

"非法使用"是指违反国家有关规定,擅自使用这类物质的行为。

"非法提供"是指违反国家有关规定,未经许可或超出许可范围,擅自启用、操作或应用爆炸性、毒害性、放射性、腐蚀性物质或传染病病原体等危险物质的行为。

"非法处置"是指违反国家有关规定,未经许可或不具备相应资质,擅自以不符合安全或环保标准的方式处理、抛弃、排放、转移或销毁爆炸性、毒害性、放射性、腐蚀性物质或传染病病原体等危险物质,可能造成安全或环境风险的行为。

"尚不够刑事处罚"是指行为的情节和后果没有达到构成犯罪的程度,如果情节恶劣或者造成严重危害后果,则构成危害公共安全罪。

3. 行为主体

违反危险物质管理的行为的主体既可以是自然人,也可以是单位。

4. 主观方面

违反危险物质管理的行为在主观上必须是故意,即明知是这类物质而非法制造、买卖、储存、运输、邮寄、携带、使用、提供、处置的行为。

──────────── 实务要点 ────────────

在实践中,应注意违反危险物质管理的行为与犯罪行为的区分。

正确区分违反危险物质管理的行为和犯罪行为的关键在于,违反危险物质管理的行为必须是情节较轻,尚不够刑事处罚,否则不能根据本条的规定给予治安管理处罚。如果该行为危及公共安全,具有危害不特定多数人生命、健康和重大公私财产的现实危险性,则已经构成犯罪,应当按照《刑法》第125条规定的非法制造、买卖、运输、储存危险物质罪和第130条规定的非法携带危险物品危及公共安全罪以及第338条规定的污染环境罪等规定定罪处刑。

案例与评析

【案例】某市公安局联合市住建局、市综合执法局开展燃气安全清查行动,发现某商行张某非法储存危险物质(煤气罐)。张某将加气后的煤气罐非法存储在店里铁皮棚内,该地点不具备安全、正规的存储危险物质条件,存在极大安全隐患。张某均无储存、运输煤气罐资质,公安机关依法对其进行了治安管理处罚。

【评析】张某的行为构成"违规储存危险物质"的违反治安管理行为,具体认定如下:

1. 侵害客体

侵害公共安全及危险物质安全监管秩序,具体表现为未经许可在居民区储存容易引发燃烧爆炸的煤气罐,对周边居民人身、财产形成现实威胁,同时也破坏国家对危险物品的管理制度。

2. 客观方面

在无任何危险化学品经营、储存许可前提下,私自将煤气罐(液化气)存放于不具备安全、正规的储存条件铁皮棚内,对周边不特定人民群众的人身、财产安全造成现实威胁,符合本条"违反国家规定储存危险物质"的客观要件。

3. 行为主体

张某作为具备完全责任能力的自然人,属适格责任主体。

4. 主观方面

张某明知液化气是易燃易爆危险物品,仍为牟利规避安全存储规范,将其存放于铁皮棚中;张某应当可以预见其储存行为会增加液化气燃爆风险,并对危害公共安全的后果持放任态度,存在间接故意。

> **第三十七条** 【危险物质被盗、被抢、丢失不报行为和处罚】爆炸性、毒害性、放射性、腐蚀性物质或者传染病病原体等危险物质被盗、被抢或者丢失，未按规定报告的，处五日以下拘留；故意隐瞒不报的，处五日以上十日以下拘留。

解读与适用

本条规定了危险物质被盗、被抢、丢失不报的行为和处罚。把握危险物质被盗、被抢、丢失不报的行为构成特征需要注意以下几方面：

1. 侵害客体

危险物质被盗、被抢、丢失不报行为侵害的客体是公共安全，即不特定的多数人的生命、健康、重大公私财产以及社会生产、生活的安全；其直接客体为国家对爆炸性、毒害性、放射性、腐蚀性物质或者传染病病原体等危险物质的管理制度。

2. 客观方面

危险物质被盗、被抢、丢失不报行为在客观方面表现为在制造、储存、运输、买卖、使用危险物质过程中，发现危险物质被盗、被抢或者丢失，未按规定报告，尚不够刑事处罚的行为。

"未按规定报告"，是指未按照有关法律法规规定的报告时间、报告方式报告危险物质的被盗、被抢或者丢失情况，或者未向应当报告的部门报告。例如，《民用爆炸物品安全管理条例》第41条第4项规定，储存民用爆炸物品应当遵守"民用爆炸物品丢失、被盗、被抢，应当立即报告当地公安机关"。《核材料管制条例》第15条规定："发现核材料被盗、破坏、丢失、非法转让和非法使用的事件，当事单位必须立即追查原因、追回核材料，并迅速报告其上级领导部门、核工业部、国防科学技术工业委员会和国家核安全局。对核材料被盗、破坏、丢失等事件，必须迅速报告当地公安机关。"

尚不够刑事处罚，是指危险物质被盗、被抢、丢失后，未造成严重后果，或者未被违法犯罪嫌疑人利用实施危害公共安全，根据法律规定违法行为尚不构成犯罪。

3. 行为主体

危险物质被盗、被抢、丢失不报行为的行为主体既可以是自然人，也可以是单位。

4. 主观方面

危险物质被盗、被抢、丢失不报行为的主观方面既可以是故意,也可以是过失。该行为的故意,是指行为人发现危险物质被盗、被抢或者丢失后,明知应当上报有关部门,但未上报,此构成故意隐瞒不报;该行为的过失,是指行为人发现危险物质被盗、被抢或者丢失后,知道应当报告有关部门,但由于业务不熟,不知道如何上报而未上报,此属于未按规定报告。

---------**实务要点**---------

在实践中,应注意危险物质被盗、被抢、丢失不报行为与危险物品肇事罪的区别。危险物品肇事罪是指违反爆炸性、易燃性、放射性、毒害性、腐蚀性物品的管理规定,在生产、储存、运输、使用中,由于过失发生重大事故造成严重后果的行为。"重大事故"是指因非法携带上述危险品而发生爆炸、燃烧、泄漏事件,致人重伤 1 人以上;致人轻伤 3 人以上;造成直接经济损失 1 万元以上;或者造成暂时中断铁路行车等严重后果。反之,后果未达到上述严重程度的,则以危险物质被盗、被抢、丢失不报行为论处。

案例与评析

【案例】某市化工企业剧毒化学品仓库保管员张某在例行盘库时,发现库存的 2 瓶氰化钾(每瓶 500 克,属毒害性危险物质)丢失。因担心被追责,张某未立即上报,而是私下组织人员寻找,并篡改台账记录试图掩盖。企业安全总监李某核查时发现异常,在其追问下张某才承认丢失的情况。企业随即向公安机关报告。经查,氰化钾系仓库窗户锁具损坏后被外部人员盗取,流向不明。

【评析】张某、李某的行为构成"危险物质被盗、被抢、丢失不报行为",具体认定如下:

1. 侵犯客体

侵害危险物质安全监管秩序及公共安全,具体表现为剧毒化学品氰化钾(毒害性物质)被盗后未依法上报,导致 2 瓶共 1000 克高危物质流向不明,严重威胁不特定公众生命、健康安全,破坏危险物质全流程监管制度。

2. 客观方面

张某作为保管员发现丢失后实施三重违法——(1)未按规定立即上报;(2)私

下组织搜寻延误处置；(3)篡改台账掩盖事实。李某作为安全总监在核查异常时未能及时识破瞒报(存在监管失职)，完全符合本条"危险物质被盗、丢失未按规定报告"的客观要件。

3. 行为主体

张某作为直接保管责任人、李某作为安全管理负责人，均对危险物质监管负有法定报告义务，属适格责任主体。

4. 主观方面

张某为逃避追责故意瞒报篡改记录，存在直接故意；李某虽未参与掩盖，但作为专业安全管理人员应预见剧毒物质流失的严重危害性，核查中未能发现异常，具有过失责任。

第三十八条 【非法携带管制器具行为和处罚】 非法携带枪支、弹药或者弩、匕首等国家规定的管制器具的，处五日以下拘留，可以并处一千元以下罚款；情节较轻的，处警告或者五百元以下罚款。

非法携带枪支、弹药或者弩、匕首等国家规定的管制器具进入公共场所或者公共交通工具的，处五日以上十日以下拘留，可以并处一千元以下罚款。

解读与适用

本条规定了非法携带管制器具的行为和处罚。把握非法携带管制器具的行为构成特征需要注意以下几方面：

1. 侵害客体

非法携带管制器具行为侵害的客体是公共安全，即不特定的多数人的生命、健康、公共财产以及社会生产、生活的安全，其直接客体是国家对枪支、弹药或者弩、匕首等管制器具的管理制度。

2. 客观方面

非法携带管制器具行为在客观方面表现为非法携带枪支、弹药或者弩、匕首等国家规定的管制器具行为，或者携带上述器具进入公共场所或者公共交通工具。

枪支，是通过金属管，以压缩气体、火药发射金属弹丸，具备杀伤力的武器，包括军用手枪、步枪、冲锋枪、机枪、射击运动所用的各种枪支，狩猎用的膛线枪、散弹枪、火药枪、麻醉动物的注射枪和发射金属弹丸的气枪。

弹药，是指上述枪支所使用的火药、弹丸等。

弩，在古代是一种攻击性、杀伤力都很强的兵器。经过现代科技改进后的弩具有便于携带、射程远、精度高等特点。进口弩还分手枪式、步枪式、冲锋枪式等多种式样。弩具有枪支、管制刀具的部分功能和特性，属于危险物品，如不严加控制和管理，极易被犯罪分子利用，危害公共安全。

匕首及其他国家规定的管制器具，是指匕首、三棱刀（含机械加工用的三棱刮刀）、带有自锁装置的弹簧刀（跳刀），以及其他相类似的单刃、双刃、三棱尖刀等。所谓非法携带，是指违反国家法律法规，未经法律授权携带枪支、弹药或者弩、匕首等国家规定的管制器具。如果具有法律授权，如依法携带枪支进入民用航空器实施空中安保工作，或者铁路乘警携带枪支进行火车内安保工作，就属于依法携带枪支。

非法携带管制器具行为专指非法携带上述器具，不包含其他危险品。

公共场所，是指社会公众任意往来的场所，包括公园、商场、广场、车站、影剧院、码头等。

公共交通工具，是指供社会公众乘坐的交通运输工具，包括公共汽车、电车、火车、渡船、游轮、航班飞机等。

3. 行为主体

非法携带管制器具行为的主体是一般主体，即达到法定责任年龄、具有法定责任能力的自然人。

4. 主观方面

非法携带管制器具行为的主观方面是故意。

---- **实务要点** ----

在实践中，应注意本违法行为与其他类似行为的区别。

1. 非法携带管制器具行为与非法携带枪支、弹药、管制刀具、危险物品危及公共安全罪的区别

非法携带管制器具行为与非法携带枪支、弹药、管制刀具、危险物品危及公共安全罪，在客观方面都有非法携带行为，两者的区别在于：

(1)非法携带的物品范围不同。本违法行为规定的非法携带的物品仅指枪支、弹药等管制器具,不包括危险物品。非法携带危险物品行为属于《治安管理处罚法》第36条之非法携带危险物质行为。此外,《刑法》第130条的规定没有涉及弩,而本违法行为中非法携带的对象包括弩。

(2)情节后果不同。本违法行为属于治安违法,必须情节轻微,未造成公共安全的危害后果;非法携带枪支、弹药、管制刀具、危险物品危及公共安全罪必须情节严重。

如果非法携带枪支、弹药、管制刀具的行为是出于故意,则要视非法携带的行为是否危及公共安全,并且情节严重。如果非法携带枪支、弹药、管制刀具进入公共场所或者公共交通工具,危及公共安全,情节严重,则构成犯罪行为;情节不严重的,构成违反治安管理行为。

2. 非法携带管制器具行为与非法携带危险物质行为的区别

两种违法行为都属于非法携带危害公共安全物品的治安违法行为,两者的主要区别在于携带的物品是属于爆炸性、毒害性、放射性、腐蚀性物质或者传染病病原体等能够对公共安全产生危害的物质,还是非法携带管制器具。携带对公共安全产生危害的危险物质属于《治安管理处罚法》第36条规定之非法携带危险物质行为;非法携带管制器具属于本违法行为。

案例与评析

【案例】大学生张某网购一把带有自锁装置的弹簧刀(属管制刀具)用于野外露营。张某为防身将刀放入背包搭乘火车,因为安检疏忽混入火车与人发生争执对骂后亮出弹簧刀被查获。经公安机关调查:张某的刀具系通过非法渠道购买,张某无犯罪前科,自称"不知带刀违法";未造成实际危害,应当免罚。公安机关依法处罚张某。

【评析】张某的行为构成"非法携带管制器具进入公共交通工具"与"威胁他人人身安全的"两种违反治安管理行为,其中"非法携带管制器具进入公共交通工具"的具体认定如下:

1. 侵害客体

侵害公共交通工具安全管理秩序及不特定乘客人身安全,具体表现为非法携带带有自锁装置的弹簧刀(属管制刀具)进入火车,其刀具潜在攻击性(弹簧装置可快速弹出)对密集乘客构成抽象危险,破坏公共交通场所的安全要求。

2.客观方面

实施携带管制刀具进入火车的行为(背包中查获实物),刀具系非法渠道购得,符合《治安管理处罚法》第 38 条"非法携带管制器具进入公共交通工具"的客观要件;虽刀具本身符合公安部《管制刀具认定标准》及中华人民共和国公共安全行业标准《管制刀具分类与安全要求》的规定。

3.行为主体

张某作为具备完全责任能力的大学生属适格责任主体。

4.主观方面

虽张某辩称"不知带刀违法",但非法渠道网购管制刀具并故意携带刀具进入公共交通工具,其行为已经符合法定构成要件,不论其是否具备违法性认识,不影响对其携带管制刀具进入公共交通工具的违法性评价。更何况其经过火车站安检及安全提示,其辩称理由"不知带刀违法"成立可能性小。

第三十九条 【盗窃、损毁公共设施行为和处罚】有下列行为之一的,处十日以上十五日以下拘留;情节较轻的,处五日以下拘留:

(一)盗窃、损毁油气管道设施、电力电信设施、广播电视设施、水利工程设施、公共供水设施、公路及附属设施或者水文监测、测量、气象测报、生态环境监测、地质监测、地震监测等公共设施,危及公共安全的;

(二)移动、损毁国家边境的界碑、界桩以及其他边境标志、边境设施或者领土、领海基点标志设施的;

(三)非法进行影响国(边)界线走向的活动或者修建有碍国(边)境管理的设施的。

解读与适用

一、本条第 1 项是对盗窃、损毁油气管道设施、电力电信设施、广播电视设施、水利工程设施、公共供水设施、公路及附属设施或者水文监测、测量、气象测报、生态环境监测、地质监测、地震监测等公共设施,危及公共安全行为的规定

本条规定了盗窃、损毁公共设施的行为和处罚。把握盗窃、损毁公共设施的

行为构成特征需要注意以下几方面：

1. 侵害客体

盗窃、损毁公共设施行为侵害的客体是公共安全。虽然违法行为表面上侵害的是油气管道设施、电力电信设施、广播电视设施、水利工程设施、公共供水设施、公路及附属设施或者水文监测、测量、气象测报、生态环境监测、地质监测、地震监测等公共设施，属于财产权，但违法行为侵害的是公共安全，即不特定的多数人的生命、健康、公私财产以及社会生产、生活的安全。

2. 客观方面

盗窃、损毁公共设施行为在客观方面表现为盗窃、损毁油气管道设施、电力电信设施、广播电视设施、水利防汛工程设施或者水文监测、测量、气象测报、环境监测、地质监测、地震监测等公共设施，尚不够刑事处罚的行为。

盗窃、损毁公共设施的行为是行为犯，只要违法行为人盗窃、损毁油气管道设施、电力电信设施、广播电视设施、水利工程设施、公共供水设施、公路及附属设施或者水文监测、测量、气象测报、生态环境监测、地质监测、地震监测等公共设施，即可构成盗窃、损毁公共设施行为，不需要违法行为人在主观上明知被盗窃、损毁的公共设施是否正在使用，只要被盗窃、损毁的公共设施在实际中正在使用，即可构成本违法行为。

盗窃、损毁公共设施行为的侵害对象仅限于油气管道设施、电力电信设施、广播电视设施、水利工程设施、公共供水设施、公路及附属设施或者水文监测、测量、气象测报、生态环境监测、地质监测、地震监测等公共设施。

所谓尚不够刑事处罚，是指危害公共安全的情节轻微，没有造成严重后果，不属于犯罪。

3. 行为主体

盗窃、损毁公共设施行为的主体既可以是自然人，也可以是单位。

4. 主观方面

盗窃、损毁公共设施行为的主观方面既可以是故意，也可以是过失。

---**实务要点**---

在实践中，如何区分盗窃、损毁公共设施的行为与相关犯罪行为？

相关犯罪主要有：破坏易燃易爆设备罪，过失损坏易燃易爆设备罪，破坏电力设备罪,过失损坏电力设备罪,破坏广播电视设施、公用电信设施罪,过失损坏广播电视设施、公用电信设施罪等。

盗窃、损毁公共设施的行为与相关犯罪的区别主要在于情节与后果不同:如果盗窃、损毁的公共设施属于该设施的附属部分,盗窃和损毁后公共设施主体仍能正常运行,且未危及公共安全,构成盗窃、损毁公共设施的行为;若盗窃、损毁的公共设施是该设施的主要或者重要部件,盗窃、损毁后,公共设施被破坏或损坏,不能正常发挥作用,危及公共安全,则构成相应的犯罪行为。

案例与评析

【案例】李某为牟取非法利益,驾驶红色三轮车至某村河道防护区,使用工具拆卸并盗走总长 4 米的铸铁护栏 3 块,造成防护设施缺失,其形成的裸露缺口正对村民日常通行便道,存在严重安全隐患。次日公安机关接到报警后,通过现场勘查、群众走访及监控溯源锁定嫌疑人李某,并在当日下午 5 时许在其住所查获赃物。李某对盗窃水利防护设施的违法事实供认不讳,其行为已构成盗窃公共设施危及公共安全。

【评析】李某的行为构成"盗窃水利防汛工程设施,危及公共安全"的违反治安管理行为,具体认定如下:

1. 侵害客体

客体方面,李某侵害的客体是公共安全。具体而言,被李某盗取的铸铁护栏属于水利防护设施,其缺失形成裸露缺口正对村民通行便道,直接危及不特定多数人的人身安全,符合法条保护的公共安全法益。

2. 客观方面

李某实施了驾驶三轮车至河道防护区、拆卸盗走 3 块总长 4 米护栏的违法行为,造成防护设施损毁缺失的实害结果,且该结果与公共安全风险存在直接的因果关系。

3. 行为主体

李某作为具备完全责任能力的违法行为人,系直接实施者,属适格责任主体。

4. 主观方面

李某以牟取非法利益为目的,明知护栏属于公共设施仍实施盗窃,虽未造成实际损害,但作为理性人应预见 4 米护栏的缺失会对不特定多数人的生命财产安全造成威胁,并对危害公共安全的后果持放任态度,存在间接故意。

二、本条第 2 项是对移动、损毁国家边境的界碑、界桩以及其他边境标志、边境设施或者领土、领海基点标志设施行为的规定

本条规定了移动、损毁国家边境的界碑、界桩以及其他边境标志、边境设施或者领土、领海基点标志设施的行为和处罚。把握违法移动、损毁国家边境的界碑、界桩以及其他边境标志、边境设施或者领土、领海基点标志设施的行为构成特征需要注意以下几方面:

1. 侵害客体

移动、损毁国家边境的界碑、界桩以及其他边境标志、边境设施或者领土、领海基点标志设施的行为侵害的客体是国家边境管理秩序。界碑、界桩是在我国与邻国接壤地区设置的用以划分两国疆界线的标志物,涉及两国的领土范围问题,任何人不得擅自移动和破坏,否则,就有可能引起两国间的领土纠纷,造成国家边境管理秩序混乱,给国家和人民在政治上造成重大损失。

2. 客观方面

移动、损毁国家边境的界碑、界桩以及其他边境标志、边境设施或者领土、领海基点标志设施的行为在客观方面表现为移动、损毁国家边境的界碑、界桩以及其他边境标志、边境设施或者领土、领海基点标志设施,尚不够刑事处罚的行为。

移动,是指将国家边境的界碑、界桩以及其他边境标志、边境设施或者领土、领海基点标志设施从原地理位置移动到新的地理位置。

损毁,是指改变国家边境的界碑、界桩以及其他边境标志、边境设施或者领土、领海基点标志设施原有外形、功能,如砸毁、拆除界碑、界桩。

尚不构成刑事处罚,是指移动、损毁国家边境的界碑、界桩以及其他边境标志、边境设施或者领土、领海基点标志设施的数量较少,没有发生因为移动、毁损界碑、界桩以及其他边境标志而导致的国际边界纠纷,没有造成其他严重后果,尚不构成犯罪。

3. 行为主体

移动、损毁国家边境的界碑、界桩以及其他边境标志、边境设施或者领土、领海基点标志设施的行为的主体既可以是自然人,也可以是单位。

4. 主观方面

移动、损毁国家边境的界碑、界桩以及其他边境标志、边境设施或者领土、领海基点标志设施的行为的主观方面既可以是故意，也可以是过失。

──────── **实务要点** ────────

在实践中，应注意移动、损毁国家边境的界碑、界桩以及其他边境标志、边境设施或者领土、领海基点标志设施的行为与破坏界碑、界桩罪和破坏永久性测量标志罪的区别。

破坏界碑、界桩罪和破坏永久性测量标志罪（《刑法》第323条），是指故意破坏国家边境的界碑、界桩或者永久性测量标志的行为。它们与移动、损毁国家边境或者领土、领海基点标志设施的行为的区别在于：

（1）行为的情节是否恶劣，后果是否严重。确定情节严重的依据主要有：一是使有关标志设施丧失功能。如果使有关标志设施丧失或者改变其应有功能，则构成破坏界碑、界桩罪或者破坏永久性测量标志罪；如果未使有关标志设施丧失或改变其应有功能，仅对其功能的发挥造成一定影响，则构成违反治安管理行为。二是破坏的有关标志设施数量多，一般以3个为起点。三是造成国境领土纠纷，发生领土争端。

（2）破坏界碑、界桩罪和破坏永久性测量标志罪必须由故意构成，而移动、损毁国家边境或者领土、领海基点标志设施行为在主观上既可以是故意，也可以是过失。

三、本条第3项是关于非法进行影响国（边）界线走向的活动或者修建有碍国（边）境管理的设施的行为的规定

本条规定非法进行影响国（边）界线走向的活动或者修建有碍国（边）境管理的设施的行为和处罚。把握非法进行影响国（边）界线走向的活动或者修建有碍国（边）境管理的设施的行为构成特征需要注意以下几方面：

1. 侵害客体

行为侵害的客体是国家边境管理秩序。

2. 客观方面

违法行为在客观方面表现为违反国家边境管理法律法规，非法进行影响国

(边)界线走向的活动或者修建有碍国(边)境管理的设施的行为。例如,在距国界线一定范围的地带耕地、挖渠、修筑新的建筑物改变国境自然状况,影响国境的辨识。

3.行为主体

本违法行为的主体既可以是自然人,也可以是单位。

4.主观方面

本违法行为的主观方面既可以是故意,也可以是过失。

第四十条 【妨害航空器飞行安全、妨碍公共交通工具驾驶的行为和处罚】 盗窃、损坏、擅自移动使用中的航空设施,或者强行进入航空器驾驶舱的,处十日以上十五日以下拘留。

在使用中的航空器上使用可能影响导航系统正常功能的器具、工具,不听劝阻的,处五日以下拘留或者一千元以下罚款。

盗窃、损坏、擅自移动使用中的其他公共交通工具设施、设备,或者以抢控驾驶操纵装置、拉扯、殴打驾驶人员等方式,干扰公共交通工具正常行驶的,处五日以下拘留或者一千元以下罚款;情节较重的,处五日以上十日以下拘留。

解读与适用

一、本条第1款规定了盗窃、损坏、擅自移动使用中的航空设施行为

本条规定了盗窃、损坏、擅自移动使用中的航空设施的行为和处罚。把握盗窃、损坏、擅自移动使用中的航空设施行为的构成特征需要注意以下几方面:

1.侵害客体

行为侵害的客体是交通运输安全,其直接客体是民用航空器飞行的安全,其涉及飞行过程中旅客、机组乘务人员等的不特定多数人的人身、财产安全。

2.客观方面

盗窃、损坏、擅自移动使用中的航空设施行为在客观方面表现为:违反国家法律法规,盗窃、损坏、擅自移动使用中的航空设施,尚不够刑事处罚的行为。

盗窃、损坏、擅自移动使用中的航空设施行为侵害的对象是正在使用中的航

空设施。所谓正在使用,包括正在使用、准备使用以及备用的航空设施。如果已经废弃或尚未交付使用,不构成此违法行为。所谓尚不够刑事犯罪,是指违法行为情节轻微,未发生严重危害后果。

3. 行为主体

盗窃、损坏、擅自移动使用中的航空设施行为的主体为一般主体,即年满14周岁,具有辨认和控制能力的自然人都可以成为本行为主体。

4. 主观方面

盗窃、损坏、擅自移动使用中的航空设施行为的主观方面为故意。

---- 实务要点 ----

在实践中,盗窃、损坏、擅自移动使用中的航空设施行为与破坏交通设施罪的区别。

破坏交通设施罪,是指故意破坏轨道、桥梁、隧道、公路、机场、航道、灯塔等交通设施,或者进行其他破坏活动,足以使火车、汽车、电车、船只、航空器发生倾覆、损坏危险的行为。

盗窃、损坏、擅自移动使用中的航空设施行为与破坏交通设施罪中的破坏航空设施的犯罪行为的区别主要在于是否使航空器产生倾覆、毁坏危险。

盗窃、损坏、擅自移动使用中的航空设施行为不需要产生危害后果,或者危害后果不足以使航空器产生倾覆、毁坏危险;而犯罪行为必须具有足以使航空器发生倾覆、毁坏危险的犯罪情节。

二、本条第1款规定了强行进入航空器驾驶舱行为

本条规定了强行进入航空器驾驶舱的行为和处罚。把握强行进入航空器驾驶舱行为的构成特征需要注意以下几方面:

1. 侵害客体

行为侵害的客体是交通运输安全,其直接客体是民用航空器飞行的安全,其涉及飞行过程中旅客、机组乘务人员等的不特定多数人的人身、财产安全。

2. 客观方面

强行进入航空器驾驶舱行为在客观方面表现为违反航空管理规定,强行进入航空器驾驶舱,尚不构成犯罪的行为。

所谓强行进入,是指不听从他人制止或者不服从管理,采用强力方式进入航空器驾驶舱。由于航空器驾驶舱是航空器的重要控制部位,因而为保证航空器飞行安全,禁止非工作人员进入。

所谓尚不构成犯罪,是指强行进入航空器驾驶舱,未产生严重影响飞行器安全的危害后果,不符合刑法规定的犯罪构成。

3. 行为主体

强行进入航空器驾驶舱行为的主体是一般主体,即达到法定责任年龄、具有法定责任能力的自然人。

4. 主观方面

行为的主观方面只能是故意,过失不构成此行为。

------**实务要点**------

在实践中,应注意强行进入航空器驾驶舱行为与暴力危及飞行安全罪的区别。

暴力危及飞行安全罪,是指对飞行中的航空器上的人员使用暴力,危及飞行安全的行为。暴力危及飞行安全罪在客观方面表现为:一是行为人必须使用了暴力,但不受所用暴力的手段和程度的影响;二是使用暴力必须针对飞行中的航空器上的人员,而不是其他场合的人员;三是必须危及飞行安全。

所谓飞行中,是指航空器在装载结束,机舱外部各门均已关闭时起,直到打开任一机门以便卸载时为止的任何时间;如果飞机是强迫降落,则指在主管当局接管该航空器及其所载人员和财产以前。

强行进入航空器驾驶舱行为与暴力危及飞行安全罪的区别主要在于:

(1)行为状态不同。本违法行为是采用强力方式进入航空器驾驶舱;暴力危及飞行安全罪是在飞行中的航空器上使用暴力。

(2)航空器的飞行状态要求不同。本违法行为不要求航空器处于飞行状态之中,即便停驶也可构成;暴力危及飞行安全罪要求航空器处于飞行状态之中。

(3)对行为的危害结果要求不同。本违法行为只要具备强行进入航空器驾驶舱,即可构成本违法行为;暴力危及飞行安全罪要求有关暴力危及飞行安全的情节。

三、本条第2款规定了在航空器上非法使用器具、工具的行为

本条规定了在航空器上非法使用器具、工具的行为和处罚。把握在航空器

上非法使用器具、工具行为构成特征需要注意以下几方面：

1. 侵害客体

行为侵犯的客体是公共交通安全，其直接客体是航空器飞行秩序，以及民用航空器上的旅客与机组人员等的不特定多数人的人身、财产安全。

2. 客观方面

行为的客观方面表现为违反航空管理规定，在使用中的航空器上使用可能影响飞行安全的器具、工具，不听劝阻，危害飞行安全，尚不构成犯罪。可能影响飞行安全的器具、工具，是指能够对飞行无线电引导构成威胁的器具、工具，主要包括手机、笔记本电脑、电子游戏机、GPS 等能够对航空器导航系统产生无线电干扰的器具、工具。

使用中的航空器是指处于飞行前、飞行中以及飞行停止前阶段的航空器。

不听劝阻，是指不听航空乘务人员的劝阻，执意使用可能影响飞行安全的器具、工具。尚不构成犯罪，是指不听劝阻未发生严重飞行事故，但其违法行为已经构成对飞行安全的严重影响。如果发生飞行事故，造成飞行安全危害，就构成犯罪，按照刑法进行处罚。

3. 行为主体

在使用中的航空器上使用可能影响导航系统正常功能的器具、工具，不听劝阻的行为的主体是一般主体，即达到法定责任年龄、具有法定责任能力的自然人。

4. 主观方面

在使用中的航空器上使用可能影响导航系统正常功能的器具、工具，不听劝阻的行为的主观方面表现为故意。

---------- **实务要点** ----------

在实践中，应注意在使用中的航空器上使用可能影响导航系统正常功能的器具、工具，不听劝阻的行为与扰乱公共交通工具上的秩序的违法行为的区别。

本违法行为与扰乱公共交通工具上的秩序的违法行为的区别主要在于：

1. 违法行为侵害的客体不同

本违法行为侵害的客体是航空器的飞行安全；扰乱公共交通工具上的秩序侵害的客体是公共秩序。

2. 违法行为的具体表现形式不同

本违法行为表现为在飞行中的航空器上不听劝阻非法使用有关器具、工具；扰乱公共交通工具上的秩序的行为多种多样，既可以是抢占座位，也可以是随意打闹、寻衅滋事，还可以是不听劝阻实施其他违法行为。

3. 违法行为对飞行安全的影响不同

本违法行为对飞行安全产生威胁；扰乱公共交通工具上的秩序对公共秩序产生破坏。

案例与评析

【案例】某高校学生林某乘坐某航班从上海飞往昆明。飞机准备起飞阶段，乘务员多次广播要求关闭电子设备，林某拒不执行，继续玩游戏。安全员上前劝阻，林某拒绝关机致使飞机暂停起飞。公安机关依法处罚林某。

【评析】林某的行为构成"使用可能影响导航系统的工具不听劝阻"的违反治安管理行为，具体认定如下。

1. 侵害客体

侵害航空器飞行安全管理制度及公共安全，具体表现为在飞机准备起飞阶段违规使用电子设备，其信号泄露风险可能干扰机载导航系统精密电子设备运行，危及百余乘客生命、财产安全及航空管制秩序。

2. 客观方面

在乘务员多次广播指令及安全员当面劝阻下，林某仍故意开启手机持续使用，致使飞机暂停起飞，完全符合《治安管理处罚法》第40条"在使用中的航空器上使用可能影响导航系统的器具不听劝阻"的客观要件；林某面对安全员劝阻的拒绝关机行为构成违法事实。

3. 行为主体

林某作为具备完全责任能力的高校学生，明知航空安全规范，属适格责任主体。

4. 主观方面

林某明知民航法规严禁起飞阶段使用电子设备（多次广播提示），仍故意对抗指令；作为大学生应预见电子设备对航空导航的潜在干扰，却放任风险持续存在，存在间接故意；辱骂行为进一步印证其主观恶性。

四、本条第3款规定了干扰公共交通工具正常行驶行为

本条规定了干扰公共交通工具正常行驶的行为和处罚。把握该行为的构成特征需要注意以下几方面：

1. 侵害客体

该行为侵害的客体是公共交通运输安全，具体表现为正在运行中的公交车、城市轨道交通等大型公共交通工具的正常行驶秩序，以及公交车、城市轨道交通等大型公共交通工具上司机及乘客等不特定多数人的人身、财产安全。

2. 客观方面

该行为的客观方面分为两类：（1）针对设施、设备的行为。盗窃使用中的其他公共交通工具设施、设备行为是指非法取得交通工具上的关键设施设备，如拆卸座椅安全扣、窃取灭火器；损坏使用中的其他公共交通工具设施、设备是指破坏设施设备功能，如砸碎车窗、切断电路等；擅自移动使用中的其他公共交通工具设施、设备是指未经许可改变设备位置，如私调监控探头、移动安全锤等。（2）针对驾驶人员的行为。包括：一是抢控驾驶操纵装置，如抢夺方向盘、变速杆等；二是拉扯驾驶人员，如拖拽驾驶员肢体、衣物；三是殴打驾驶人员，对驾驶员实施暴力攻击。

"使用中"：行为必须发生在公共交通工具运行期间（如车辆行驶中）；停运检修期间不适用本条。

危害性要求：行为须实际干扰公共交通工具正常行驶，如导致急刹、偏离路线、暂停运行。

3. 行为主体

该行为的主体为任何年满14周岁、具有责任能力的自然人。

4. 主观方面

该行为的主观方面为主要表现为故意，即行为人明知自身行为会干扰其他公共交通工具运行，仍积极追求或放任结果发生。该行为可因过失成立（如醉酒乘客不慎碰撞操纵装置），但多数为故意。

-------- 实务要点 --------

实践中，如何区别该行为与以危险方法危害公共安全罪？

1. 两者侵犯的客体不同

干扰公共交通工具正常行驶行为侵犯的主要客体为交通运输的正常管理秩序和公共交通工具的运行安全。虽然也涉及公共安全,但其行为尚未达到足以危害不特定多数人的生命、健康或重大公私财产安全的程度。其危害性相对局限在特定交通工具及其乘客的安全范围内。以危险方法危害公共安全罪侵犯的客体为不特定多数人的生命、健康安全以及重大公私财产安全,即公共安全。该罪名的本质特征是行为具有与放火、爆炸、决水、投放危险物质相当的危险性、破坏性和广泛的杀伤力、破坏力,一旦实施或失控,后果可能极其严重且难以控制。两者关键区别在于前者危害的是特定交通工具的运行秩序和安全;后者危害的是广泛、不特定的公共安全。

2. 两者的客观方面不同

干扰公共交通工具正常行驶行为的行为表现为盗窃、损坏、擅自移动正在使用中的公共交通工具(如公交车、地铁、火车、飞机、轮船等)的设施、设备(如方向盘、刹车、仪表盘、车门、安全锤、灭火器、信号设备等);或者抢控驾驶操纵装置、拉扯、殴打驾驶人员等直接干扰驾驶员正常操作的行为。其危害结果为通常造成交通工具运行受阻、延误、紧急停车、轻微事故(如剐蹭)、车内秩序混乱、驾乘人员受伤(轻微)等后果。尚未造成或不足以造成车辆倾覆、坠毁、爆炸、大规模冲撞等灾难性后果。其危险程度为行为虽然危险且违法,但其具体的、现实的风险主要局限于该交通工具内部或附近较小范围,其危险性与放火、爆炸等不具有相当性。

以危险方法危害公共安全罪的行为表现为实施了除放火、爆炸、决水、投放危险物质以外的,但危险性与之相当的其他方法。在交通工具场景下,典型表现如:在高速行驶、载客量大、处于危险路段(如高架桥、隧道、闹市区)时,强行抢夺方向盘、暴力殴打致驾驶员丧失操控能力。恶意破坏关键安全设施(如刹车系统、转向系统),意图或放任车辆失控。在交通工具上纵火、引爆危险物品(此时可能同时触犯放火罪、爆炸罪)。故意驾驶交通工具(如汽车)高速冲撞人群、公共场所。危害结果/危险程度表现为尚未造成严重后果(第114条):行为本身足以危害公共安全,即具有现实的、紧迫的、广泛的危险性,即使没有实际发生伤亡或重大损失,也构成本罪(危险犯)。致人重伤、死亡或使公私财产遭受重大损失(第115条第1款):实际造成了严重后果(实害犯)。该罪的行为核心为行为方式本身或其造成的具体危险状态,具有与放火、爆炸等相当的、广泛的、难以控制的巨大杀伤力和破坏力。

两者的关键区别在于:(1)行为性质与危险性,前者是干扰运行秩序和安全;后者是实施具有高度扩散性、致命性、毁灭性的危险方法。(2)结果/危险程度,前者后果相对局限、可控;后者足以或已经造成广泛的、灾难性的后果。(3)"使用中":前者强调设施设备处于"使用中",即行为发生时交通工具正在运行或即将运行;后者不限于此,但发生在运行中时危险性和危害性更大。

3. 两者的主体不同

干扰行驶行为违反《治安管理处罚法》,处罚对象是14周岁以上(行政责任年龄);以危险方法危害公共安全罪是刑事犯罪,责任年龄为16周岁。实践中实施这些行为的主体通常都是乘坐公共交通工具的乘客或相关人员。

4. 两者的主观方面不同

干扰公共交通工具正常行驶行为的主观方面主要为故意。行为人明知自己的行为(如拉扯司机、损坏设备)会干扰交通工具的正常行驶和安全,并且希望或放任这种结果发生。可能伴随特定动机(如坐过站要求停车未果、发泄不满、盗窃财物等),但动机不影响行为性质的认定。通常不包含为积极追求或放任交通工具失控造成大规模人员伤亡和财产毁灭的故意。其故意内容集中在"干扰运行"本身。

以危险方法危害公共安全罪必须是故意。行为人明知其行为(如高速行驶中抢夺方向盘)具有广泛的、与放火爆炸相当的危险性,会危及不特定多数人的生命健康和重大财产安全,并且希望或放任这种危害公共安全的结果发生。其主观方面的认定核心是对公共安全这一法益所持的敌视或漠视的态度。间接故意(放任)是常见形态。其动机可能多样(如泄愤、报复社会、制造恐慌等),但动机不影响本罪故意的认定。

两者的关键区别在于:(1)认识内容方面,前者认识到行为会干扰运行和安全;后者必须认识到行为具有广泛的、灾难性的公共危险性。(2)意志因素方面,前者希望或放任干扰运行的结果;后者希望或放任危害公共安全的结果(大规模伤亡、毁灭)发生。

案例与评析

【案例】王某乘坐某市123路公交车(载客20人),因手机故障未能扫码支付车费,与司机李某发生争执。车辆行驶至城区普通道路(限速40公里/小时,非高峰时段)时,王某突然拿起手中的雨伞敲打司机背部,并大喊"停车退钱!"。司机李某为保证行车安全,迅速将车行驶至路边并停车,造成车辆停运约3分钟。随后王某被其他乘客制服并报警。

【评析】王某的行为构成"殴打驾驶人员,干扰其他公共交通正常行驶"的违反治安管理行为,具体认定如下:

1. 侵害客体

王某行为侵害的客体是公共交通运输安全,具体表现为行驶中公交车的行驶安全及车内不特定司机与乘客人身、财产安全,王某用雨伞击打司机行为直接破坏驾驶操作稳定性,虽未造成事故但因发生在实际运行道路上,仍具现实危险性。

2. 客观方面

王某实施了用雨伞敲打司机背部的物理攻击行为,并伴随"停车退钱"的言语干扰,该行为直接导致司机被迫紧急停靠车辆,并引发运营中断,符合"以拉扯、殴打驾驶人员等方式干扰正常行驶"的客观要件。

3. 行为主体

王某作为具备完全责任能力的乘客,系直接实施者,属适格责任主体。

4. 主观方面

明知车辆行驶中敲打司机背部可能危及车辆的行车安全,为泄愤(车费纠纷)故意实施殴打司机的行为,对可能引发的车辆上人员的人身、财产安全持放任态度。

第四十一条 【妨害铁路、城市轨道交通运行安全行为和处罚】有下列行为之一的,处五日以上十日以下拘留,可以并处一千元以下罚款;情节较轻的,处五日以下拘留或者一千元以下罚款:

(一)盗窃、损毁、擅自移动铁路、城市轨道交通设施、设备、机车车辆配件或者安全标志的;

(二)在铁路、城市轨道交通线路上放置障碍物,或者故意向列车投掷物品的;

(三)在铁路、城市轨道交通线路、桥梁、隧道、涵洞处挖掘坑穴、采石取沙的；

　　(四)在铁路、城市轨道交通线路上私设道口或者平交过道的。

解读与适用

一、本条第 1 项是关于盗窃、损毁、擅自移动铁路、城市轨道交通设施、设备、机车车辆配件或者安全标志行为的规定

本条规定了盗窃、损毁、擅自移动铁路、城市轨道交通设施、设备、机车车辆配件或者安全标志的行为和处罚。把握该行为的构成特征需要注意以下几方面：

1. 侵害客体

该行为侵犯的客体是铁路、城市轨道交通的运输安全。

2. 客观方面

该行为的客观方面表现为违反国家有关法律法规,盗窃、损毁、擅自移动铁路、城市轨道交通设施、设备、机车车辆配件或者安全标志,威胁铁路运输安全,尚不构成犯罪的行为。

该行为侵害的对象是正在使用中的铁路、城市轨道交通设施、设备、机车车辆配件或者安全标志。由于违法行为影响铁路设施的安全性,因此会导致铁路、城市轨道交通运输安全事故。这里的"铁路、城市轨道交通设施、设备",是指构成铁路、城市轨道交通线路网的固定设施、设备,包括线路、桥涵、站场、电力系统、通信信号系统等,如信号机抗流变压器、信号接线盒、钢轨扣件等。"机车车辆配件",是指蒸汽、内燃电力机车车轴、油罐车底架、各类机车轮对、主变压器、受电弓、电机座等零部件。

3. 行为主体

该行为的主体是一般主体,即达到法定责任年龄、具有法定责任能力的自然人。

4. 主观方面

该行为的主观方面为故意或过失。

实务要点

在实践中,应注意盗窃、损毁、擅自移动铁路、城市轨道交通设施、设备、机车车辆配件或者安全标志行为与其他类似违法犯罪行为的区分。

1. 本违法行为与破坏交通设施罪的区别

破坏交通设施罪是指故意破坏轨道、桥梁、隧道、公路、机场、航道、灯塔、标志等交通设施,或者进行其他破坏活动,足以使火车、汽车、电车、船只、航空器发生倾覆、毁坏危险的行为。

本违法行为与破坏交通设施罪的区别主要在于:对铁路、城市轨道交通设施、设备、机车车辆配件或者安全标志的盗窃、损毁、擅自移动是否足以使火车发生倾覆、毁坏危险。如果足以造成火车、城市轨道交通发生倾覆、毁坏危险,构成破坏交通设施罪;如果不足以造成火车、城市轨道交通发生倾覆、毁坏危险,则可定性为盗窃、损毁、擅自移动铁路、城市轨道交通设施、设备、机车车辆配件、安全标志。

2. 盗窃、损毁、擅自移动铁路、城市轨道交通设施、设备、机车车辆配件或者安全标志行为与一般盗窃行为的区别

本违法行为与一般盗窃行为的主要区别在于盗窃的对象不同。本违法行为的侵害对象是正在使用中的铁路、城市轨道交通设施、设备、机车车辆配件或者安全标志。一般盗窃行为的侵害对象必须是非使用中的设施、物品,如仓库中存放的设施、物品;废弃的设施、物品。

二、本条第 2 项是关于在铁路、城市轨道交通线路上放置障碍物,或者故意向列车投掷物品行为的规定

本条规定了在铁路、城市轨道交通线路上放置障碍物,或者故意向列车投掷物品的行为和处罚。把握该行为的构成特征需要注意以下几方面:

1. 侵害客体

该行为侵害的客体是铁路、城市轨道交通的运输安全和旅客的人身、财产安全。

2. 客观方面

该行为在客观方面表现为违反铁路管理法律法规,在铁路、城市轨道交通线

上放置障碍物,造成危险,尚不够刑事处罚的行为;以及故意向列车投掷物品,危及铁路、城市轨道交通运输安全,尚不构成犯罪的行为。

在铁路、城市轨道交通线路上放置障碍物的行为必须对铁路、城市轨道交通运输安全构成威胁,否则不构成治安违法行为。例如,在铁路、城市轨道交通线上放置一个小石子,对铁路运输安全不构成任何影响,也就是说小石子难以成为铁路运输的障碍,因此该行为也就不构成本违法行为。本违法行为是行为犯,只要在铁路、城市轨道交通线上放置的物品能够成为铁路运输的障碍,就构成本违法行为,不需要发生具体的危害后果。

故意向列车投掷物品行为属于行为犯,只要实施了故意向列车投掷物品,无论是否造成严重人身伤亡或列车运行事故,即构成该违法行为,不以发生安全事故为必要条件。如果出现严重事故,如列车晚点、人身伤亡、列车颠覆,则构成破坏交通工具罪。

3. 行为主体

该行为的主体是一般主体,即达到法定责任年龄、具有法定责任能力的自然人。

4. 主观方面

该行为的主观方面为故意。

--------实务要点--------

在实践中,应注意在铁路、城市轨道交通线路上放置障碍物,或者故意向列车投掷物品行为与破坏交通设施罪的区别。

破坏交通设施罪是指故意破坏轨道、桥梁、隧道、公路、机场、航道、灯塔、标志等交通设施,或者进行其他破坏活动,足以使火车、汽车、电车、船只、航空器发生倾覆、毁坏危险的行为。

在铁路、城市轨道交通线路上放置障碍物,或者故意向列车投掷物品行为与破坏交通设施罪的区别主要在于:在铁路、城市轨道交通线上放置障碍物是否足以使火车、城市轨道交通发生倾覆、毁坏危险。如果足以造成火车发生倾覆、毁坏危险,则构成破坏交通设施罪;如果不足以造成火车、城市轨道交通发生倾覆、毁坏危险,则构成违反治安管理行为。

三、本条第 3 项是对在铁路、城市轨道交通线路、桥梁、隧道、涵洞处挖掘坑穴、采石取沙行为的规定

本条规定了铁路、城市轨道交通线路、桥梁、隧道、涵洞处挖掘坑穴、采石取沙行为和处罚。把握该行为的构成特征需要注意以下几方面：

1. 侵害客体

该行为侵害的客体是铁路、城市轨道交通的运输安全和旅客的人身、财产安全。

2. 客观方面

该行为在客观方面表现为：违反铁路管理法律法规，在铁路沿线非法挖穴、采石取沙，危及铁路运输安全，尚不构成犯罪。铁路沿线的路基稳固直接关系到火车的运行安全，在铁路沿线非法挖掘坑穴、采石取沙，将会危及路基稳固，因而铁路管理法律法规对此类行为进行了严格规定，必须征得相关部门同意，方可动工。本违法行为属于行为犯，以不发生具体危害后果为必要条件。如果擅自非法挖掘坑穴、采石取沙，足以造成列车颠覆、毁坏，则构成破坏交通设施罪。

3. 行为主体

该行为的主体为一般主体，即达到法定责任年龄、具有法定责任能力的自然人。

4. 主观方面

该行为的主观方面为故意。

------- 实务要点 -------

在实践中，应注意铁路、城市轨道交通线路、桥梁、隧道、涵洞处挖掘坑穴、采石取沙行为与破坏交通设施罪的区别。

破坏交通设施罪，是指故意破坏轨道、桥梁、隧道、公路、机场、航道、灯塔、标志等交通设施，或者进行其他破坏活动，足以使火车、汽车、电车、船只、航空器发生倾覆、毁坏危险的行为。

本违法行为与破坏交通设施罪的区别主要在于：在铁路、城市轨道交通线路等处非法挖掘坑穴、采石取沙是否足以使火车、城市轨道交通发生倾覆、毁坏的危险。如果不足以，则构成该行为；如果足以，则构成刑事犯罪，按照破坏交通设施罪立案侦查。

案例与评析

【案例】某铁路工作人员对其负责的铁路线进行安全巡查时,发现有人在铁路沿线安全保护区内采石挖沙,便立即向当地铁路公安派出所报警。接到报警后,铁路民警第一时间赶到事发地点。经勘察测量,民警发现在该段铁路线上行右侧237公里60米、距离铁路线路路基坡脚4米处,有一长10米、宽8米、深1.5米的土坑。随后,民警立即在周边开展走访摸排工作。经调查,确定该土坑为西口村村民荣某为牟利所挖。

【评析】荣某的行为构成"在铁路涵洞处挖掘坑穴"的违反治安管理行为,具体认定如下:

1. 侵害客体

荣某行为侵害铁路运输安全,坑穴位于路基坡脚4米处,深1.5米破坏路基稳定性,可能引发轨道沉降、列车脱轨等重大事故,威胁不特定乘客生命及国有资产安全。

2. 客观方面

荣某实施积极采石挖沙行为,具体实施挖掘长10米、宽8米、深1.5米的大型土坑;坑穴位置具有高度危险性;行为符合《治安管理处罚法》第41条"在铁路线路安全保护区内挖掘坑穴"的客观要件。

3. 行为主体

荣某作为具备完全责任能力的村民,系直接实施者,属适格责任主体。

4. 主观方面

荣某作为铁路沿线村民应当明知保护区禁止挖掘的规定(铁路沿线设有警示标志),其为牟利在此处采石挖沙,对危害铁路安全的结果持放任态度,存在间接故意。

四、本条第4项是关于在铁路、城市轨道交通线路上私设道口或者平交过道的行为的规定

本条规定了在铁路、城市轨道交通线路上私设道口或者平交过道的行为和处罚。把握该行为的构成特征,需要注意以下几方面:

1. 侵害客体

该行为侵害的客体是铁路、城市轨道交通的运输安全和旅客的人身、财产安全。

2. 客观方面

该行为在客观方面表现为：在铁路、城市轨道交通线路上私设道口或者平交过道，危及铁路运输安全，尚不构成犯罪。

在铁路、城市轨道交通线路上私设道口、平交过道，直接影响铁路、城市轨道运输安全，也危及通过道口、平交过道的行人和车辆安全。该行为属于行为犯，只要在铁路、城市轨道交通线路上私设道口或者平交过道，就构成该行为；如果造成严重后果，足以导致火车、城市轨道倾覆、毁坏，造成车辆延误、发生重大人员伤亡，则构成破坏交通设施罪。

3. 行为主体

该行为的主体是一般主体，即达到法定责任年龄、具有法定责任能力的自然人。

4. 主观方面

该行为的主观方面为故意。

实务要点

在实践中，应注意在铁路、城市轨道交通线路上私设道口或者平交过道行为与破坏交通设施罪的区别。

破坏交通设施罪，是指故意破坏轨道、桥梁、隧道、公路、机场、航道、灯塔、标志等交通设施，或者进行其他破坏活动，足以使火车、汽车、电车、船只、航空器发生倾覆、毁坏危险的行为。

本违法行为与破坏交通设施罪的区别主要在于：在铁路、城市轨道交通线路上私设道口或者平交过道是否足以使火车、城市轨道交通发生倾覆、毁坏的危险。如果不足以发生倾覆、毁坏的危险，则构成本违法行为；如果足以产生倾覆、毁坏的危险，则构成刑事犯罪，按照破坏交通设施罪立案侦查。

案例与评析

【案例】覃某为方便其驾驶三轮摩托车穿越铁路，在铁路某站间线路钢轨中间放置木板，后被铁路民警当场查获，未影响列车运行，经查，距离此处不远的地方有天桥，但覃某觉得上天桥费力，就做出了放置木板的行为。

【评析】覃某的行为构成"在铁路线路上私设平交道口"的违反治安管理，具体认定如下：

1. 侵害客体

覃某行为侵害的客体是铁路运输安全,其行为直接威胁不特定列车运行安全,在来合铁路钢轨放置木板,虽未造成实际事故,但已形成列车脱轨、颠覆的现实危险;同时也破坏铁路交通管理秩序。

2. 客观方面

覃某在正在使用的铁路钢轨中间放置木板,符合《治安管理处罚法》第41条"在铁路线路上私设平交道口"的客观要件。

3. 行为主体

覃某作为具有完全责任能力的自然人,符合违法行为主体资格。

4. 主观方面

覃某为"方便穿越铁路"故意实施设置平交道口行为,其作为成年人明知铁轨属列车专用通道,应当预见木板可能引发事故却仍实施,对危害结果持放任态度,存在间接故意。

> **第四十二条** 【妨害列车、城市轨道交通行车安全行为和处罚】擅自进入铁路、城市轨道交通防护网或者火车、城市轨道交通列车来临时在铁路、城市轨道交通线路上行走坐卧,抢越铁路、城市轨道,影响行车安全的,处警告或者五百元以下罚款。

解读与适用

一、擅自进入铁路、城市轨道交通防护网行为

本条规定了擅自进入铁路、城市轨道交通防护网的行为和处罚。把握擅自进入铁路、轨道交通防护网行为的构成特征需要注意以下几方面:

1. 侵害客体

擅自进入铁路、轨道交通防护网行为侵害的客体是铁路、城市轨道交通的运输安全和旅客的人身、财产安全。

2. 客观方面

擅自进入铁路、轨道交通防护网行为的客观方面表现为违反铁路管理法律法规,擅自进入铁路、城市轨道交通防护网,影响行车安全。擅自进入铁路、城市轨道交通防护网，不仅影响行车安全，也会给擅自进入者带来人身、财产危险。该行为属于行为犯，只要擅自进入铁路、城市轨道交通防护网，即构成本违法行为。

3. 行为主体

擅自进入铁路、轨道交通防护网行为的主体是一般主体，即达到法定责任年龄、具有法定责任能力的自然人。

4. 主观方面

擅自进入铁路、轨道交通防护网行为的主观方面为故意。

----------实务要点----------

在实践中，应注意擅自进入铁路、轨道交通防护网行为与妨碍交通工具正常行驶的区别。

妨碍交通工具正常行驶，是指非法拦截或者强登、扒乘机动车、船舶、航空器以及其他交通工具，影响交通工具正常行驶的行为。

擅自进入铁路、城市轨道交通防护网行为与妨碍交通工具正常行驶的区别主要在于：两者的行为表现不同。本违法行为只是擅自进入铁路、城市轨道交通防护网；而妨碍交通工具正常行驶是非法拦截或者强登、扒乘机动车等交通工具。

在某些情况下，擅自进入铁路、城市轨道交通防护网的目的就是非法拦截或者强登、扒乘机动车等交通工具，应根据吸收原则，按照妨碍交通工具正常行驶进行处罚。

二、铁路、城市轨道交通线路上行走坐卧，抢越铁路、城市轨道行为

本条规定了铁路、城市轨道交通线路上行走坐卧，抢越铁路、城市轨道的行为和处罚。把握该行为的构成特征需要注意以下几方面：

1. 侵害客体

该行为侵害的客体是铁路、城市轨道交通的运输安全和旅客的人身、财产安全。

2. 客观方面

该行为的客观方面表现为：违反铁路管理法律法规，火车、城市轨道交通列

车来临时在铁路、城市轨道交通线路上行走坐卧、抢越铁路、城市轨道,影响行车安全。本违法行为有两种表现形式:一是火车、城市轨道交通列车来临时在铁路、城市轨道交通线路上行走坐卧;二是火车、城市轨道交通列车来临时抢越轨道。

火车、城市轨道交通列车来临时,行为人实施上述两种行为之一,即可构成该行为。

3. 行为主体

该行为的主体是一般主体,即达到法定责任年龄、具有法定责任能力的自然人。

4. 主观方面

该行为的主观方面为故意。

------- 实务要点 -------

在实践中,应注意铁路、城市轨道交通线路上行走坐卧,抢越铁路、城市轨道行为与交通肇事罪的区别。

交通肇事罪,是指违反交通运输管理法规,因而发生重大交通事故,致人重伤、死亡或者使公私财产遭受重大损失的行为。

本违法行为由于会致使人员伤亡,因而容易发生与交通肇事罪的混淆。两者的主要区别在于是否发生严重后果,即重大交通事故,致人重伤、死亡或者使公私财产遭受重大损失。未发生严重后果的,属于本违法行为;发生严重后果的,造成人员伤亡的,构成交通肇事罪。

案例与评析

【案例】务工人员张某为赶时间上班,在铁路防护网破损处强行穿越轨道,恰逢列车驶近。列车司机紧急鸣笛并制动,张某加速跑过轨道致列车急停延误3分钟。经调查,急停未造成设备损坏或乘客受伤。张某认错,称"以前常这样走没事"。

【评析】张某的行为构成"抢越铁路"的违反治安管理行为,具体认定如下。

1. 侵害客体

侵害铁路运输公共安全管理制度及列车运行秩序,具体表现为擅自穿越铁路防护网,破坏封闭管理要求,在列车临近时强行抢越轨道,直接干扰正常行车,威胁列车运行安全及乘客人身、财产安全,虽未造成实害但已形成具体危险。

2. 客观方面

张某利用防护网破损处侵入铁路线路,在列车驶近时加速抢越轨道,迫使列车紧急停车造成运行延误,符合《治安管理处罚法》第42条"擅自进入铁路防护网且在列车来临时抢越铁路,影响行车安全"的客观要件。

3. 行为主体

张某作为具备完全责任能力的行为人,系适格责任主体。

4. 主观方面

张某明知穿越铁路防护网违法(防护网设立目的即禁止侵入),且应预见列车逼近时抢越轨道的危险性(司机已鸣笛警示),仍为赶时间故意实施;对可能引发的列车事故持放任态度。

第四十三条 【危害他人人身安全、公私财产安全或者公共安全的危险行为和处罚】有下列行为之一的,处五日以下拘留或者一千元以下罚款;情节严重的,处十日以上十五日以下拘留,可以并处一千元以下罚款:

(一)未经批准,安装、使用电网的,或者安装、使用电网不符合安全规定的;

(二)在车辆、行人通行的地方施工,对沟井坎穴不设覆盖物、防围和警示标志的,或者故意损毁、移动覆盖物、防围和警示标志的;

(三)盗窃、损毁路面井盖、照明等公共设施的;

(四)违反有关法律法规规定,升放携带明火的升空物体,有发生火灾事故危险,不听劝阻的;

(五)从建筑物或者其他高空抛掷物品,有危害他人人身安全、公私财产安全或者公共安全危险的。

> 解读与适用

一、本条第 1 项是关于擅自安装、使用电网的行为的规定

本条规定了擅自安装、使用电网的,或者安装、使用电网不符合安全规定的行为和处罚。把握该行为的构成特征需要注意以下几方面：

1. 侵害客体

该行为侵害的客体是公共安全，即电网周边不特定多数人的生命、健康安全。

2. 客观方面

该行为的客观方面表现为经批准安装、使用电网的单位，不按照安全规定正确安装、使用电网，危及公共安全，尚不够刑事处罚。本违法行为属于行为犯，只要安装、使用电网不符合安全规定，就构成本违法行为。

安装、使用电网不符合安全规定，发生重大伤亡事故或者造成其他严重后果的，构成重大责任事故罪。

3. 行为主体

该行为的主体包括单位和达到法定责任年龄、具有法定责任能力的自然人。

4. 主观方面

该行为的主观方面为故意。

---**实务要点**---

在实践中，应注意未经批准，安装、使用电网的，或者安装、使用电网不符合安全规定行为与重大责任事故罪的区别。

重大责任事故罪，是指工厂、矿山、林场、建筑企业或者其他企业、事业单位的职工由于不服从管理，违反规章制度，或者强令工人违章冒险作业而发生重大伤亡事故或者造成其他严重后果的行为。

犯罪主体由特殊主体构成，即工厂、矿山、林场、建筑企业或者其他企业、事业单位直接从事生产、科研和指挥生产的人员。主观方面由过失构成，尽管在违反安全生产规章制度方面行为人可能出于故意，但对引起的严重后果则表现为过失。客体是厂矿、企业事业单位的生产安全。客观方面表现为不服从管理、违反规章制度，或者强令工人违章冒险作业而造成严重后果的行为。本罪为结果犯，即必须具有严重后果。严重后果包括重大伤亡事故，以及其他严重后果。按照司法实践和解释，严重后果主要有以下几种情形：(1)重大伤亡事故，是指致人死亡1人以上，或者重伤3人以上的；(2)造成直接经济损失5万元以上的；(3)经济损失虽不足规定数额，但情节严重，使生产、工作受到重大损害的。

两者的区别主要在于：

（1）主体不同。该行为的主体既可以是单位,也可以是个人;而重大责任事故罪的犯罪主体是特殊主体,即工厂、矿山、林场、建筑企业或者其他企业、事业单位直接从事生产、科研和指挥生产的人员。

（2）客观方面不同。该行为不需要具体的危害结果;而重大责任事故罪必须具有严重的危害结果。

据此,单位安装、使用电网不符合安全规定,具有批准安装、使用合法手续,但是没有按照安全规定进行安装、使用而造成严重危害后果,应属于重大责任事故罪。未发生重大人身伤亡或财产损失的,按照本违法行为进行治安处罚。

二、本条第 2 款是关于道路施工不设置安全防护设施的行为的规定

本条规定了道路施工不设置安全防护设施的行为和处罚。把握该行为的构成特征需要注意以下几方面：

1. 侵害客体

该行为侵害的客体是道路交通安全,即在道路交通通行中不特定多数行人与车辆的通行安全。

2. 客观方面

该行为在客观方面表现为:(1)在车辆、行人通行的地方施工,对沟井坎穴不设覆盖物、防围和警示标志,未造成严重危害后果,尚不够刑事处罚的行为。(2)故意损毁、移动覆盖物、防围或警示标志;未造成严重危害后果,尚不够刑事处罚的行为。

该行为属于行为犯,不需要出现具体的危害后果,只要是在车辆、行人通行的地方施工,对沟井坎穴不设覆盖物、防围或警示标志,或者故意损毁、移动覆盖物、防围或警示标志,即构成该行为。

3. 行为主体

该行为的主体包括单位和达到法定责任年龄、具有法定责任能力的自然人。

4. 主观方面

该行为的主观方面既可以是故意,也可以是过失。

实务要点

实践中,应注意不设覆盖物、防围或警示标志的,或者故意损毁、移动覆盖

物、防围或警示标志行为与重大责任事故罪的区别

重大责任事故罪,是指工厂、矿山、林场、建筑企业或者其他企业、事业单位的职工,由于不服从管理,违反规章制度,或者强令工人违章冒险作业而发生重大伤亡事故或者造成其他严重后果的行为。

重大责任事故罪的犯罪主体由特殊主体构成,即工厂、矿山、林场、建筑企业或者其他企业、事业单位直接从事生产、科研和指挥生产的人员;其主观方面由过失构成,尽管在违反安全生产规章制度方面行为人可能出于故意,但对引起的严重后果则表现为过失;其客体是厂矿、企业事业单位的生产安全;其客观方面表现为不服从管理、违反规章制度,或者强令工人违章冒险作业而造成严重后果。本罪为结果犯,即必须具有严重后果。按照司法实践和解释,严重后果主要有以下几种情形:(1)重大伤亡事故,是指致人死亡1人以上,或者重伤3人以上的;(2)造成直接经济损失5万元以上的;(3)经济损失虽不足规定数额,但情节严重,使生产、工作受到重大损害的。

道路施工不设置安全防护设施,是在车辆、行人通行的地方施工,对沟井坎穴不设覆盖物、防围或警示标志,表面上看是对交通设施的破坏,但是如果其对道路交通设施的施工经过相关行政管理审批或者其具有道路管理职责,就不属于破坏交通设施,由此导致严重危害后果,应属于重大责任事故罪。

不设覆盖物、防围或警示标志的,或者故意损毁、移动覆盖物、防围或警示标志的行为与重大责任事故罪的区别在于是否发生重大人身伤亡或财产损失。未发生重大人身伤亡或财产损失的,按照该违法行为进行治安处罚。

案例与评析

【案例】某市政公司施工队负责人赵某,在城区主干道交叉口开挖深1.2米的电缆沟施工。为节省成本,赵某未按规范设置反光围挡及夜间警示灯,仅用简易塑料布遮盖沟渠。当晚9时许,市民张某驾车途经该路段,因塑料布被风吹散且无警示标志,车辆陷入沟中,汽车底盘被损坏。

【评析】赵某的行为构成"道路施工不设置安全防护设施"的违反治安管理行为,具体认定如下:

1. 侵害客体

侵害公共交通安全管理秩序及道路交通中人员与车辆的通行安全,具体表

现为在交通枢纽未设施工防护设施,破坏道路通行安全条件,直接威胁不特定车辆及行人安全。

2. 客观方面

在车辆通行要道施工时,不设置反光围挡和夜间警示标志,且该违规行为直接造成张某车辆底盘损坏的实害结果,完全符合《治安管理处罚法》第43条第2项"在车辆通行地方施工未设防围和警示标志"的客观要件。

3. 行为主体

赵某作为市政公司施工负责人,对施工现场安全防护负有直接管理责任,属于适格的治安管理责任主体。

4. 主观方面

赵某应当预见且可能预见,在城区主干道交叉口施工不设置施工防护设施可能会对城市道路交通的通行安全造成威胁,但仍然不设置有关防护设施,对可能引发的危害结果持放任态度,存在间接故意。

三、本条第3款是关于盗窃、损毁路面井盖、照明等公共设施行为的规定

本条规定了盗窃、损毁路面井盖、照明等公共设施的行为和处罚。把握该行为的构成特征需要注意以下几方面:

1. 侵害客体

该行为侵害的客体是道路交通安全,具体表现为道路交通中的不特定多数行人、车辆的通行安全。

2. 客观方面

该行为在客观方面表现为盗窃、损毁路面井盖、照明等公共设施,未造成严重危害后果,尚不够刑事处罚。该行为侵害的对象具有特定性,即路面井盖、照明等公共设施。未造成严重后果,是指没有造成人员伤亡或重大财产损失,否则,构成破坏交通设施罪;盗窃路面井盖数量巨大,也构成破坏交通设施罪。

3. 行为主体

该行为的主体是达到法定责任年龄、具有法定责任能力的自然人。

4. 主观方面

该行为的主观方面为故意。

实务要点

在实践中,应注意盗窃、损毁路面井盖、照明等公共设施行为与其他违法犯罪行为的区别。

1. 本违法行为与破坏交通设施罪的区别

本违法行为与破坏交通设施罪的区别主要在于:是否因盗窃、损毁正在使用的路面公共设施而产生严重危害后果。如果造成人员伤亡、重大财产损失,或者盗窃、损毁数量大,构成破坏交通设施罪;如果未发生严重危害后果,盗窃、损毁数量较少,构成本违法行为。

2. 本违法行为与盗窃、损毁其他公共设施行为的区别

本违法行为与盗窃、损毁公共设施行为的区别在于盗窃、损毁的物品是正在使用的路面公共设施,如路面井盖、路灯;还是其他正在使用的公共设施,如油气管道设施、电力电信设施、广播电视设施、水利防汛设施等。前者属于本违法行为,后者属于盗窃、损毁其他公共设施行为。

案例与评析

【案例】无业人员周某为卖废铁牟利,盗窃城市主干道机动车道上的铸铁井盖1个(位于公交站前方50米),形成直径60厘米深坑。当晚暴雨,坑内积水淹没,骑电动车下班市民刘某被卡住摔倒,所幸未受伤,随即报警。公安机关追回井盖并锁定周某,其辩称"只偷了1个,没想到伤人"。

【评析】周某的行为构成"盗窃、损毁路面公共设施"的违反治安管理行为,具体认定如下。

1. 侵害客体

周某行为侵害公共安全,具体表现为周某盗窃是城市主干道关键交通节点的机动车道井盖,破坏公共交通设施完整性,直接形成了公共通行危险源,威胁道路交通安全,即城市道路交通中行人、车辆的通行安全。

2. 客观方面

实施盗窃机动车道铸铁井盖的行为,造成路面深坑危险状态;该危险在暴雨中因积水隐蔽化,直接导致市民刘某骑行坠坑受轻微伤,危害结果与盗窃行为具有直接因果关系,符合《治安管理处罚法》第43条第3项"盗窃路面井盖等公共

设施"的客观要件,如致人伤害、位于交通要道,可达到情节较重标准。

3. 行为主体

周某作为具备完全责任能力的自然人,属于治安管理责任适格主体。

4. 主观方面

周某明知井盖系公共交通设施,为卖废铁牟利故意实施盗窃;虽辩称未预见伤人结果,但作为成年人应预见到主干道井盖缺失会危及城市道路交通的通行安全,仍对自己行为可能造成的危险持放任态度,存在间接故意。

四、本条第 4 款是关于违反有关法律法规规定,升放携带明火的升空物体,有发生火灾事故危险,不听劝阻的行为的规定

本条规定了违反有关法律法规规定,升放携带明火的升空物体,有发生火灾事故危险,不听劝阻的行为和处罚。把握该行为的构成特征需要注意以下几方面:

1. 侵害客体

该行为的客体是公共安全,即不特定多数人的生命、健康及重大财产安全。

2. 客观方面

该行为的客观方面表现在以下几个方面:

(1)该行为具有违法性前提,即违反《消防法》《民用航空法》《森林防火条例》等相关法律法规。

(2)该行为为升放携带明火的升空物体,如孔明灯、火焰风筝、自制火球、热气球。

(3)该行为的危险状态为存在引发火灾的客观风险,如临近山林、油库、高层建筑群。

(4)程序要件为经有权主体劝阻后仍不停止。

3. 行为主体

该行为的主体为任何年满 14 周岁、具有责任能力的自然人。

4. 主观方面

该行为主观方面为故意,即知晓升放物体携带明火,且违反法律法规,不听劝阻执意实施,如拒绝接受警告、强行点燃升空。

案例与评析

【案例】 某派出所民警在巡逻时发现,某村委会附近燃放一个孔明灯坠落村民吴某家平房屋顶。随后,燃放人员到现场及时收走孔明灯。辖区派出所立即与镇执法中队赶往现场,对非法燃放孔明灯的情况调查取证,经公安机关查明该孔明灯陈某和王某二人制作并违规燃放。

【评析】 陈某和王某行为构成"违规升放携带明火的升空物体"的违反治安管理行为,具体认定如下:

1. 侵害客体

二人行为侵害消防安全管理秩序及公共安全,孔明灯坠落村民屋顶可能引发火灾,威胁不特定多数人人身、财产安全和重大公私财物安全。

2. 客观方面

二人共同实施燃放孔明灯的违法行为,且实际造成孔明灯坠落民房屋顶的具体危险状态(虽未起火但已具备现实危险性),符合"在禁止区域燃放升空明火装置"的客观要件。

3. 行为主体

李某作为具备完全责任能力的行为人,属于责任适格主体。

4. 主观方面

二人明知孔明灯属明火飞行物,在村委会附近燃放时应当可以预见可能引发火灾,仍故意实施燃放行为,对危害公共安全的结果持放任态度,存在间接故意。

五、本条第 5 款是关于从建筑物或者其他高空抛掷物品,有危害他人人身安全、公私财产安全或者公共安全危险行为的规定

本条规定了从建筑物或者其他高空抛掷物品,有危害他人人身安全、公私财产安全或者公共安全危险的行为和处罚。把握该行为的构成特征需要注意以下几方面:

1. 侵害客体

该行为的客体为公共安全,主要涉及地面不特定多数人的人身、财产安全。

2. 客观方面

该行为的客观方面包括以下几个方面:(1)抛掷地点——建筑物(如住宅、

商厦等)或其他高空场所(如天桥、施工脚手架、山崖等);(2)行为方式——主动抛掷物品(非自然坠落),包括故意投掷或放任物品坠落(如阳台花盆未固定被风吹落);(3)危险状态——只要从高空抛掷物品即推定有危险,无须实际损害。

3. 行为主体

该行为的主体为任何年满 14 周岁、具有责任能力的自然人。

4. 主观方面

该行为的主观方面包括故意、重大过失:(1)直接故意,明知抛物会伤人仍实施;(2)间接故意,预见风险但放任,如高空作业不清理工具;(3)重大过失,应预见风险但因疏忽未预见,如未固定阳台杂物等情况。

案例与评析

【案例】某小区 3 层住户陈某因与女友争吵而泄愤,将一袋垃圾(约 1 斤)抛向楼下人行道,垃圾从行人吴某身旁砸下,险些被砸中,遂报警。民警调取监控锁定陈某,其辩称"只想扔到绿化带"。

【评析】陈某的行为构成"从高空抛掷物品"的违反治安管理行为,具体认定如下:

1. 侵害客体

陈某行为侵害的客体是公共安全,具体表现为对不特定行人人身、财产的威胁。其从 3 楼抛掷 1 斤重垃圾至人行道,坠落点紧贴行人吴某,已形成现实危险状态。

2. 客观方面

陈某实施了从建筑物抛掷物品的积极行为,造成物品紧贴行人坠落的具体危险结果,虽未实际砸中但已具备实质侵害可能性,且危险状态与抛掷行为存在直接因果关系,符合《治安管理处罚法》第 43 条"威胁他人人身安全"的客观要件。

3. 行为主体

陈某作为具备完全责任能力的成年人,系适格责任主体。

4. 主观方面

陈某明知高空抛物违法且可能伤及行人(自述目标绿化带亦属公共区域),为泄愤故意实施抛掷;虽辩称目标偏离,但作为理性成年人应预见重物从高处坠落可能伤及无辜,对危害结果持放任态度,存在间接故意。

> **第四十四条** 【违反规定举办大型群众性活动的行为和处罚】举办体育、文化等大型群众性活动,违反有关规定,有发生安全事故危险,经公安机关责令改正而拒不改正或者无法改正的,责令停止活动,立即疏散;对其直接负责的主管人员和其他直接责任人员处五日以上十日以下拘留,并处一千元以上三千元以下罚款;情节较重的,处十日以上十五日以下拘留,并处三千元以上五千元以下罚款,可以同时责令六个月至一年以内不得举办大型群众性活动。

解读与适用

本条是对违反规定举办大型群众性活动行为的规定。

本条规定了违反规定举办大型群众性活动的行为和处罚。把握违反规定举办大型群众性活动行为的构成特征需要注意以下几方面:

1. 侵害客体

违反规定举办大型群众性活动行为侵害的客体是公共安全,即大型群众性活动不特定多数人的生命、财产安全。

2. 客观方面

违反规定举办大型群众性活动行为在客观方面表现为举办体育、文化等大型群众性活动,违反有关规定,有发生安全事故危险,尚不够刑事处罚。本违法行为属于危险犯,即以存在发生安全事故危险为必要条件。如果没有发生安全事故的危险,不构成此行为;如果已经发生安全事故,也不构成此行为,按照刑法追究刑事责任。

本违法行为要求:首先,存在基础违法行为,即违反安全管理规定并伴随现实安全事故危险;其次,公安机关履行了责令改正程序;再次,行为人处于拒不改正(如伪造疏散记录)或无法改正(如舞台结构变形,无法及时加固)的对抗性状态;最后,触发双重法律后果——即时性强制措施(责令停止活动+立即疏散)与事后处罚,环环相扣,构成"风险识别→程序预警→行为对抗→强制干预"的完整行政规制闭环。

3. 行为主体

违反规定举办大型群众性活动行为的主体为特殊主体,是举办大型活动的直接负责的主管人员和其他直接责任人员。

4. 主观方面

违反规定举办大型群众性活动行为的主观方面既可以是故意,也可以是过失。

---------- **实务要点** ----------

在实践中,应注意违反规定举办大型群众性活动行为与消防责任事故罪的区别。

消防责任事故罪是指违反消防管理法规,经消防监督机构通知采取改正措施而拒绝执行,造成严重后果的行为。消防责任事故罪在客观方面表现为违反消防管理法规且经消防监督机构通知采取改正措施而拒绝执行。违反消防管理法规而造成严重后果,是这种犯罪行为的本质特征。本违法行为与消防责任事故罪的区别主要在于是否发生消防责任事故;如果发生消防责任事故,则构成消防责任事故罪。

案例与评析

【案例】某公司举办"美食狂欢节"大型群众性活动。在活动开始前,公安机关例行安全检查时发现:活动场所未按要求设立消防安全措施、车辆停放与疏导措施,以及未配备专业保安人员,存在重大安全隐患。公安机关随即书面责令其限期整改。活动当日,公安机关在活动现场巡查时发现,群众聚集数量严重超出报备人数,主办方并未按照要求配备充足的专业安保人员,现场人员拥挤、秩序混乱。公安机关立即责令停止活动。公安机关依法对该活动的负责人张某(公司副总经理)予以治安处罚。

【评析】某公司的行为构成"违规举办大型活动"的违反治安管理行为,具体认定如下:

1. 侵害客体

侵害大型群众性活动安全管理秩序及不特定参与者人身安全,具体表现为超核定容量、安保人员缺失等叠加风险,对活动现场的不特定人民群众的人身、财产安全造成威胁。

2. 客观方面

客观方面具体表现为：(1)事前违规：违反《大型群众性活动安全管理条例》的相关规定，未按要求配备专业保安人员、设立消防安全措施、车辆停放与疏导措施；(2)未按公安机关责令整改的要求配备专业安保人员；(3)活动当日未控制现场活动参与人数，导致，群众聚集数量严重超出报备人数，造成现场人员、秩序混乱的现实危险。上述要素完全符合《治安管理处罚法》第 44 条"举办大型活动违反安全规定，经责令改正拒不改正，发生安全事故危险"的客观要件。

3. 行为主体

张某作为公司的副总经理是该活动直接负责的主管人员，系适格的责任主体。

4. 主观方面

在公安机关责令整改后，张某仍未配备充足的专业安保人员，活动当日对超员状态下所加剧的风险持放任态度，存在间接故意。

第四十五条 【违反公共场所安全规定的行为和处罚】旅馆、饭店、影剧院、娱乐场、体育场馆、展览馆或者其他供社会公众活动的场所违反安全规定，致使该场所有发生安全事故危险，经公安机关责令改正而拒不改正的，对其直接负责的主管人员和其他直接责任人员处五日以下拘留；情节较重的，处五日以上十日以下拘留。

解读与适用

本条是对违反公共场所安全规定行为的规定。

本条规定了违反公共场所安全规定的行为和处罚。把握违反公共场所安全规定行为的构成特征需要注意以下几方面：

1. 侵害客体

违反公共场所安全规定行为的客体为公共场所中的公共安全，即旅馆、饭店、影剧院、娱乐场、体育场馆、展览馆等公共场所中不特定多数人的人身、财产安全。

2. 客观方面

违反公共场所安全规定行为在客观方面表现为旅馆、饭店、影剧院、娱乐场、体育场馆、展览馆或者其他供社会公众活动的经营管理人员，违反安全规定，致使该场所有发生安全事故危险，经公安机关责令改正而拒不改正的行为。

为保证公共安全，国家对公共场所都规定了具体的安全管理制度，如对旅馆、影剧院、饭店、娱乐场等公共场所的安全要求都进行了详细规定。

本违法行为的客观构成要素主要有：

（1）旅馆、饭店、影剧院、娱乐场、体育场馆、展览馆或者其他供社会公众活动的场所经营管理人员，违反相关安全管理规定。

（2）公共场所存在安全风险。

（3）经公安机关责令改正，经营者拒不改正。

如果经营者根据公安机关要求，对相关安全问题进行改正，则不构成本违法行为。

3. 行为主体

违反公共场所安全规定行为的主体是旅馆、饭店、影剧院、娱乐场、体育场馆、展览馆或者其他供社会公众活动的场所直接负责的主管人员和其他直接责任人员。

4. 主观方面

违反公共场所安全规定行为的主观方面是故意。

实务要点

在实践中，应注意本违法行为与重大劳动安全事故罪的区别。

重大劳动安全事故罪，是指工厂、矿山、林场、建筑企业或者其他企业、事业单位的劳动安全设施不符合国家的规定，经有关部门或者单位职工提出后，对事故隐患仍不采取措施，因而发生重大伤亡事故或者其他严重后果的行为。

本违法行为与重大劳动安全事故罪的主要区别在于：是否因为安全设施不符合国家规定而引发严重后果。如果引发严重后果，则构成重大劳动安全事故罪。

第四十六条 【违规飞行民用无人驾驶航空器、航空运动器材,升放升空物体的行为和处罚】违反有关法律法规关于飞行空域管理规定,飞行民用无人驾驶航空器、航空运动器材,或者升放无人驾驶自由气球、系留气球等升空物体,情节较重的,处五日以上十日以下拘留。

飞行、升放前款规定的物体非法穿越国(边)境的,处十日以上十五日以下拘留。

解读与适用

一、本条第 1 款是关于违反有关法律法规关于飞行空域管理的规定,飞行民用无人驾驶航空器、航空运动器材,或者升放无人驾驶自由气球、系留气球等升空物体的行为的规定

本条规定了违规飞行民用无人驾驶航空器、航空运动器材,升放升空物体的行为和处罚。把握该行为的构成特征需要注意以下几方面:

1. 侵害客体

该行为侵犯的客体为低空领域航空飞行安全,具体涉及民用无人机等的违规飞行对低空航空器,如直升机、通航飞机构成碰撞风险,同时威胁地面不特定人员的人身、财产安全。

2. 客观方面

该行为的客观方面包括以下要素:(1)违反国家空域管理法律法规,包括但不限于《民用航空法》《无人驾驶航空器飞行管理暂行条例》《通用航空飞行管制条例》等法律法规。(2)典型违法行为包括未经批准在禁飞区飞行,如机场周边、军事禁区、政府机关上空;未依法申请飞行计划,如超出视距飞行未报备;超限飞行,如超过规定高度 120 米;升放系留气球未报批,可能影响航空安全的。(3)"情节较重"的认定包括产生航空器避让、航班延误等影响;在重大活动(如大型赛事、重要会议)期间违规飞行;多次违规或拒不配合执法;在敏感区域(军事基地、核设施等)飞行等情形。

行为所涉及的对象包括"民用无人驾驶航空器""航空运动器材""无人驾驶自由气球""系留气球"。"民用无人驾驶航空器",是指军用无人、农用无人航空器以及警察、海关、应急管理部门辖有的无人驾驶航空器之外的无人驾驶航

空器。根据《无人驾驶航空器飞行管理暂行条例》第2条、第62条的规定,无人驾驶航空器,是指没有机载驾驶员、自备动力系统的航空器。按照性能指标可分为微型、轻型、小型、中型和大型五种类型。"航空运动器材",主要包括但不限于"航空体育运动器材"。根据《航空体育运动管理办法》的规定,航空体育运动器材,是指开展航空体育运动使用的降落伞、滑翔伞、动力伞、牵引伞、悬挂滑翔翼、动力悬挂滑翔机、航空航天模型(无人机)等,以及飞行模拟舱(器)、牵引绞盘设备收索机等相关配套设备。"无人驾驶自由气球",是指无动力驱动、无人操纵、轻于空气、总质量大于4千克自由飘移的充气物体。"系留气球",是指系留于地面物体上、直径大于1.8米或者体积容量大于3.2立方米、轻于空气的充气物体。

3. 行为主体

该行为的主体为任何年满14周岁、具有责任能力的自然人。

4. 主观方面

该行为的主观方面一般为故意,也可以是过失。

------实务要点------

在实践中,应注意违规飞行民用无人驾驶航空器、航空运动器材、升放升空物体与以危险方法危害公共安全罪的区分。

1. 两者侵犯的客体不同

违规飞行/升放行为主要侵犯是低空领域航空飞行安全(如机场净空区安全)以及地面不特定人员的人身、财产安全。以危险方法危害公共安全罪侵犯的是不特定多数人的生命、健康或重大公私财产安全(即公共安全)。两者的核心区别在于前者破坏的是特定领域的局部安全;后者威胁的是广泛且不可控的公共安全。

2. 两者的客观方面不同

违规飞行/升放行为的行为表现为违反《无人驾驶航空器飞行管理暂行条例》等规定,例如,未实名登记、未申请空域许可;在机场净空区、军事管制区、大型活动禁飞区放飞无人机、孔明灯等。危害程度通常造成秩序扰乱或局部风险,但尚未达到与放火、爆炸相当的广泛危险性。以危险方法危害公共安全罪的行为表现为采用与放火、爆炸、决水危险性相当的极端手段,例如,操控无人机撞击高压线路或人群;在机场净空区故意放飞大量金属风筝或孔明灯,意图制造坠机事故。其危害程度具有高度扩散性、不可控性,足以造成大规模伤亡或财产毁灭。但其不要求实际损害,若行为具有现实紧迫危险(如无人机逼近民航客机),即使未坠机也构罪(《刑法》第114条);若致人重伤、死亡或重大财产损失:处10年以上至死刑(《刑法》第115条)。

3. 两者的主观方面不同

违规飞行/升放行为既可以是过失,行为人应当预见风险但因疏忽未预见(如未查看禁飞地图);也可以是故意,明知违规仍实施,但无危害公共安全的意图(如为拍摄而黑飞)。

以危险方法危害公共安全罪必须为故意(直接或间接):明知行为会引发大规模伤亡/破坏;仍然希望或放任结果发生。例如,为报复社会故意在机场放飞无人机干扰航班。

案例与评析

【案例】某市公安机关接到群众举报,称某区存在无人机违规飞行现象。经技术核查,查明向某在某家装经营部门口操控无人机,当其飞行至奇幻谷上空时,高度达140米。经调查认定,该行为违反以下规定:飞行高度超过《无人驾驶航空器飞行管理暂行条例》规定的120米真高限制;奇幻谷属管制空域,飞行前未依法向民航部门报备审批。

【评析】向某的行为构成"违规飞行民用无人驾驶航空器"的违反治安管理行为,具体认定如下:

1. 侵害客体

向某的行为侵害了空域管理秩序,其未经报备擅闯奇幻谷管制空域,破坏国家对空域资源的统一管控;其行为还侵害了公共安全,向某的无人机超高飞行对低空航空器,如直升机、通航飞机构成碰撞风险,同时威胁地面密集人群的人身、财产安全(奇幻谷属人流密集景区)。

2. 客观方面

向某行为具体表现为其无人机飞行高度突破120米真高限制,并擅闯管制空域,符合《治安管理处罚法》第45条"违反有关法律法规关于飞行空域管理规定,飞行民用无人驾驶航空器,情节较重"的客观要件。

3. 行为主体

向某作为具备完全责任能力的无人机操作者，属于治安管理责任适格主体。

4. 主观方面

向某作为无人机操作人员应当知晓法定限高及空域管制规定，其未履行报备义务而故意飞行，对危害空域秩序和公共安全的结果持放任态度，存在间接故意。

二、本条第 2 款是关于飞行、升放前款规定的物体非法穿越国（边）境行为的规定

本条规定了非法穿越国（边）境的行为和处罚。把握非法穿越国（边）境行为的构成特征需要注意以下几方面：

1. 侵害客体

非法穿越国（边）境行为侵害的客体为国（边）境管理制度。国（边）境管理制度是指国家为了维护国家主权、安全和社会管理秩序，对出入国（边）境的活动进行规范和管理的一系列制度和规定；其中国境是指我国与邻国的交界，边境是指我国内地（大陆）与我国香港、澳门、台湾等地区的分界。

2. 客观方面

非法穿越国（边）境行为的客观方面包括以下两个方面：一是无人机、航空运动器材等越境飞行，如从中国飞往邻国；二是升空气球飘移至境外，如气象气球失控越境。该行为的危害性表现为可能涉及间谍活动、走私、非法测绘等国家安全问题，或引发国际纠纷（如外国无人机侵入我国领空）。

3. 行为主体

非法穿越国（边）境行为的主体为任何年满 14 周岁、具有责任能力的自然人。

4. 主观方面

非法穿越国（边）境行为的主观方面一般为故意。

案例与评析

【案例】摄影博主钱某为拍摄"边境落日"素材，操控大疆 M300 无人机（可续航 55 分钟）从某边境小镇起飞，穿越界河主航道进入临近国家境内，持续飞行

10分钟。钱某无人机返航时,被公安机关的雷达监测,并通过无人机序列号锁定钱某。经查,钱某无人机的飞行轨迹深入邻国境内3.8公里。

【评析】钱某的行为构成飞行民用无人机非法穿越国(边)境的行为,具体认定如下:

1. 侵害客体

钱某的行为侵害三重法益:一是钱某无人机穿越界河主航道进入邻国境内3.8公里,实质构成非法越境,破坏国(边)境管理制度;二是钱某无人机境外飞行可能被误判为军事侦察,触发边境防空警报,威胁国防利益;三是钱某飞行民用无人机未向相关部门申请侵犯了空域管理秩序。

2. 客观方面

钱某操控无人机主动穿越界河主航道,在邻国境内持续飞行10分钟、深入3.8公里;符合《治安管理处罚法》第46条第2款"非法穿越国(边)境飞行"的客观要件。

3. 行为主体

钱某作为具备完全责任能力的无人机操作者,属于治安管理责任适格主体。

4. 主观方面

钱某为拍摄"边境落日"故意选择界河起飞点,其作为专业人员明知可能越境(此镇属边境口岸,设有明确界碑警示),仍操控无人机向邻国方向飞行并持续10分钟,对危害国家安全的结果持放任态度,存在间接故意。

第三节 侵犯人身权利、财产权利的行为和处罚

我国宪法等法律从不同的方面规定保护公民人身权利和国家、集体、个人的财产权利。《宪法》对公民人身权利的保护规定有:"中华人民共和国公民的人身自由不受侵犯。""禁止非法拘禁和以其他方法非法剥夺或者限制公民的人身自由,禁止非法搜查公民的身体。""中华人民共和国公民的人格尊严不受侵犯。禁止用任何方法对公民进行侮辱、诽谤和诬告陷害。"《宪法》对财产权利的保护规定有:"社会主义的公共财产神圣不可侵犯。国家保护社会主义的公共财产。禁止任何组织或者个人用任何手段侵占或者破坏国家的和集体的财产。""公民的合法的私有财产不受侵犯。国家依照法律规定保护公民的私有财产权和继承

权。"同时,其他法律、法规也从不同的角度以不同的保护方式对公民人身权利和财产权利进行了保护,如《刑法》以刑事处罚为手段打击一切犯罪行为,本法是以治安管理处罚为手段,打击侵犯公民人身权利,国家、集体、个人财产权利的违反治安管理行为。

本节是对侵犯人身权利、财产权利的行为及其处罚的规定,从第 47 条至第 60 条,共 14 条。本次修订主要变化是将组织胁迫未成年人在不适宜未成年人活动的经营场所从事陪酒陪唱等有偿陪侍活动、虐待被监护看护的人、违规出售或者提供个人信息等行为增列为侵犯人身、财产权利的行为。同时增加了以殴打、侮辱、恐吓等方式实施学生欺凌行为及处理的相关规定。

第四十七条 【侵犯不满 16 周岁的人、残疾人人身权利、强迫他人劳动以及非法限制他人人身自由、非法侵入他人住宅、非法搜查他人身体行为及处罚】有下列行为之一的,处十日以上十五日以下拘留,并处一千元以上二千元以下罚款;情节较轻的,处五日以上十日以下拘留,并处一千元以下罚款:

(一)组织、胁迫、诱骗不满十六周岁的人或者残疾人进行恐怖、残忍表演的;

(二)以暴力、威胁或者其他手段强迫他人劳动的;

(三)非法限制他人人身自由、非法侵入他人住宅或者非法搜查他人身体的。

解读与适用

一、本条第 1 项是关于组织、胁迫、诱骗不满 16 周岁的人或者残疾人进行恐怖、残忍表演行为的规定

本条规定了组织、胁迫、诱骗不满 16 周岁的人或者残疾人进行恐怖、残忍表演行为及处罚。本次修订加大了对该行为罚款的处罚力度。

组织、胁迫、诱骗未成年人或者残疾人进行恐怖、残忍表演行为,是指组织、胁迫或者诱骗不满 16 周岁的人或者残疾人表演恐怖、残忍节目,摧残其身心健康,情节轻微,尚不够刑事处罚的行为。其构成要件包括:

1. 侵犯客体

该行为侵犯的客体是不满 16 周岁的人、残疾人的身心健康,侵害的对象是不满 16 周岁的人或者残疾人。

2. 客观方面

行为在客观方面主要表现为组织、胁迫或者诱骗不满 16 周岁的人、残疾人表演恐怖、残忍节目,摧残其身心健康,尚不够刑事处罚的行为。组织,主要是指招募、雇佣等。胁迫,是指以暴力相威胁或者以解除抚养、收养及其他关系相要挟。诱骗,是指用金钱、物质利益或者以亲属、抚养、收养关系进行引诱和欺骗。表演恐怖、残忍节目,是指表演宣扬暴力、凶杀或残酷折磨身体的节目。

3. 行为主体

行为的主体既可以是自然人,也可以是单位。

4. 主观方面

行为人主观上必须故意。

实务要点

实践中,查处这类案件应注意其与故意伤害罪的区别。

本行为从本质上看,是一种伤害行为,其后果是不满 16 周岁的人、残疾人身心受到伤害。是否构成犯罪,关键是看行为的情节、后果。如果摧残不满 16 周岁的人、残疾人身心健康行为情节轻微,未造成严重后果,则应按违反治安管理行为论处;如果因为表演恐怖、残忍节目,使不满 16 周岁的人、残疾人身心遭受了严重摧残和直接伤害,造成了不满 16 周岁的人、残疾人伤亡的严重后果,如肢体残废、失去听觉、视觉、容貌被毁等,则应以故意伤害罪追究行为人的刑事责任。

二、本条第 2 项是关于强迫他人劳动行为的规定

本条规定了强迫他人劳动行为及其处罚。强迫他人劳动行为是指违反劳动管理法规,以暴力、威胁或者其他手段强迫他人劳动,情节轻微,尚不够刑事处罚的行为。其构成要件包括:

1. 侵犯客体

行为侵犯的客体是公民的自由劳动权。

2. 客观方面

行为的客观方面表现为违反劳动管理法规,以暴力、威胁或者其他手段强迫他人劳动的行为。在理解时要注意:第一,必须是有违背他人意志,强迫他人劳动的行为。如果是他人自愿地加班、加点,干粗活、重活,则不能构成本行为。第二,强迫他人劳动是违反劳动管理法规的。这是构成本行为的前提。如果由于生产经营需要,经与工会和劳动者协商后延长工作时间,且支付相应的劳动报酬,则不构成本行为。第三,强迫他人劳动行为可以采取暴力、威胁的方法,也可以采取其他方法,如以限制人身自由的方式来强迫他人劳动。

3. 行为主体

行为的主体一般是用人单位,根据《劳动法》的规定,用人单位是指在中华人民共和国境内的企业、个体经济组织,个人也可以构成本行为的主体。

4. 主观方面

行为人主观上必须故意。

---- **实务要点** ----

实践中,查处这类案件应注意其与相关行为的区别。

1. 与强迫劳动罪的区别

二者的区别主要表现在情节方面。强迫他人劳动行为情节较轻,如偶尔强迫他人劳动、持续时间短、被强迫人数少等。而强迫劳动罪则表现为强迫3人以上劳动、强迫未成年人劳动、长时间无偿强迫他人劳动、采取殴打等方式强迫劳动等情节严重的情形。

2. 与相关犯罪的区别

从行为的方式方法上看,强迫他人劳动行为可能涉及多种犯罪,如使用暴力可能涉及故意伤害罪,限制他人人身自由可能涉及非法拘禁罪等,是否构成犯罪,关键是看行为的情节、后果。如果行为人以强迫他人劳动为目的,实施了一般的暴力、胁迫或其他方法,没有对劳动者造成较大的伤害,可按违反治安管理行为论处。如果因暴力、胁迫或其他方法,致使劳动者身心遭到严重摧残和直接伤害(如因暴力致使他人肢体残废,失去听觉、视觉,容貌被毁;或因胁迫、非法限制他人人身自由致使他人精神障碍;或非法拘禁时间较长,行为性质发生变化等),则构成故意伤害罪或者非法拘禁罪。

3. 与劳动过程中强迫命令、简单、粗暴的管理行为的界限

有些单位的负责人不注意调动他人的劳动积极性，工作方法简单、粗暴，引起他人的不满。这种行为虽然也违背了他人的意志，具有强迫他人劳动的性质，但由于没有采取暴力、威胁或者其他手段，故应属于工作方法问题，不能构成强迫他人劳动的违反治安管理行为。

三、本条第 3 项是关于非法限制他人人身自由、非法侵入他人住宅或非法搜查他人身体的规定

本条规定了非法限制他人人身自由、非法侵入他人住宅或者非法搜查他人身体三种行为及其处罚。

(一)非法限制他人人身自由行为

非法限制他人人身自由行为是指利用各种方法和手段，非法限制他人人身自由，情节轻微，尚不够刑事处罚的行为。其构成要件包括：

1. 侵犯客体

行为侵犯的客体是他人的人身自由权利，即他人按照自己的意志自由支配身体活动的权利。

2. 客观方面

行为的客观方面表现为非法限制他人人身自由的行为。理解这一点，首先，要明确限制他人人身自由的行为必须是非法的，即为法律所禁止的。其次，要明确非法限制他人人身自由的行为方式，主要表现为限制他人在一定区域内活动、居住，限制他人不得参加某种社会活动，限制外出活动，或者规定他人的活动情况必须及时向违法行为人报告等。

3. 行为主体

行为的主体一般是自然人，单位也可以构成本行为的主体。

4. 主观方面

行为人主观上必须故意。

---**实务要点**---

实践中，查处这类案件应注意其与类似行为的区别。

1. 与非法拘禁罪的区别

非法拘禁罪是指以拘禁或者其他强制方法非法剥夺他人人身自由，具有下

列情形之一的行为：第一，非法拘禁他人，并实施捆绑、殴打、侮辱等行为的。第二，多次非法拘禁他人，或非法拘禁多人，非法拘禁时间较长的。第三，非法拘禁致人重伤、死亡、精神失常或自杀的。第四，非法拘禁造成其他严重后果的。

国家机关工作人员利用职权非法拘禁，具有下列情形之一的，构成非法拘禁罪：第一，非法拘禁持续时间超过24小时的。第二，三次以上非法拘禁他人或者一次非法拘禁3人以上的。第三，非法拘禁他人，并实施捆绑、殴打、侮辱等行为的。第四，非法拘禁，致人伤残、死亡、精神失常的。第五，为索取债务非法扣押、拘禁他人，具有上述情形之一的。第六，司法工作人员对明知是无辜的人而非法拘禁的。

由此可见，非法拘禁行为只有达到严重的程度，才构成犯罪。因此，应当根据情节的轻重、危害大小、动机目的、拘禁时间的长短等因素综合分析、确定是违反治安管理行为还是犯罪行为。

2. 与公安、司法人员违法限制他人人身自由的区别

公安、司法机关根据法律规定对行为人可以采取限制人身自由的强制性措施，是法律赋予的职权。但在具体实施过程中，也可能出现违法限制他人人身自由的行为，如讯问超过法定时间、拖延被拘留时间等。此类行为与非法限制他人人身自由行为在行为主体上有原则性区别：前者必须是公安、司法人员在执行公务过程中的一种职务行为，如果是以个人名义实施的行为，则不能以此行为论处；而后者是一般主体行为，不包括公安、司法人员的职务行为。对公安、司法人员违法限制他人人身自由的行为，应当予以行政处分；情节严重构成犯罪的，应依法追究刑事责任。

(二) 非法侵入他人住宅行为

非法侵入他人住宅行为，是指未经住宅主人允许，没有正当理由，非法侵入他人住宅，尚不够刑事处罚的行为。其构成要件是包括：

1. 侵犯客体

行为侵犯的客体是他人的住宅权。住宅，是指公民合法居住的场所。至于该住所是本人的，还是租来的，对构成该行为均无影响。

2. 客观方面

行为的客观方面表现为非法侵入他人住宅，情节轻微，尚不够刑事处罚。非法侵入他人住宅，包括两种情况：一是未经住宅主人许可，没有正当理由擅自进入他人住宅。二是虽经住宅主人同意或者有正当理由进入，但经住宅主人要求

退出而无正当理由拒不退出他人住宅。

3. 行为主体

行为的主体为一般主体。单位不构成该行为的主体。

4. 主观方面

行为人主观上必须故意。

-----**实务要点**-----

实践中,查处这类案件应注意其与非法侵入他人住宅罪的区别。两者在行为主体、客体和主观方面均相同,根本的区别在于行为客观方面的情节和危害程度。具有下列情形之一的,构成非法侵入他人住宅罪:

(1)非法强行侵入他人住宅,经要求或教育仍拒不退出,严重影响他人正常生活和居住安全的。

(2)非法强行侵入他人住宅,毁损、污损或搬走他人生活用品严重影响他人正常生活的。

(3)非法强行侵入并封闭他人住宅,致使他人无法居住的。

(4)非法强行侵入他人住宅,引起其他严重后果的。

由此可见,构成非法侵入他人住宅罪的行为所采取的方法、手段恶劣,侵入他人住宅时间长,甚至经行政机关、司法机关介入仍不退出。非法侵入他人住宅行为没有采取上述恶劣手段,一般没有造成危害后果或危害后果极小。

案例与评析

【案例】某日晚,在次某经营的商店里,饮酒的万某(30岁)用装有衣服的袋子砸到次某头部,因情节轻微,次某当时未报警。次日晚,万某再次饮酒后来到次某商店,次某多次表示商店要关门,让万某回去,但万某不听劝阻,当晚私自翻墙闯入次某家院内,次某立即报警。派出所民警接到报警后立即赶赴现场,依法对违法行为人万某依法进行治安管理处罚。万某认为他的行为不应该受到治安管理处罚,理由是他没有进入次某家,而只进入了次某家的院子。

【评析】万某的行为属于非法侵入他人住宅行为。万某在前一天已经与次某发生冲突的情况下,第二天仍强行闯入次某家院内,私家院落只要是封闭的,也属于住宅的组成部分,这种行为侵犯了次某的住宅安全和生活安宁。从法律层面来看,万某的行为完全符合《治安管理处罚法》中关于非法侵入他人住宅的构成要件。

(三)非法搜查他人身体行为

非法搜查他人身体行为,是指非法搜查他人身体,情节轻微,尚不够刑事处罚的行为。其构成要件包括:

1. 侵犯客体

行为侵犯的客体是他人的人身权利。

2. 客观方面

行为的客观方面表现为非法搜查他人身体的行为。该行为包括两种情况:一是无搜查权的人出于某种目的非法对他人人身进行搜查;二是有搜查权的人不经合法批准,滥用权力,非法进行搜查。不论哪种情况,只要是没有法律根据的非法搜查,均可以构成此行为。

3. 行为主体

行为的主体既可以是自然人,也可以是单位。

4. 主观方面

行为人主观上必须故意。

实务要点

实践中,查处这类案件应注意其与非法搜查罪的界限。二者主要区别表现在以下三个方面:一是主体不同。前者的主体既可以是自然人,也可以是单位;后者的主体则只能是一般主体。二是对象不同。前者的对象只能是他人的身体;后者的对象则既包括他人的身体,也包括他人的住宅。三是情节不同。非法搜查他人身体,情节轻微的,构成违反治安管理行为;情节严重的,构成犯罪。

第四十八条 【组织、胁迫未成年人在不适宜未成年人活动的经营场所从事陪酒、陪唱等有偿陪侍活动行为及处罚】组织、胁迫未成年人在不适宜未成年人活动的经营场所从事陪酒、陪唱等有偿陪侍活动的,处十日以上十五日以下拘留,并处五千元以下罚款;情节较轻的,处五日以下拘留或者五千元以下罚款。

解读与适用

本条是 2025 年修订新增加的内容,是关于组织、胁迫未成年人在不适宜未成年人活动的经营场所从事陪酒、陪唱等有偿陪侍活动行为及处罚的规定。

组织、胁迫未成年人在不适宜未成年人活动的经营场所从事陪酒、陪唱等有偿陪侍活动行为的构成要件:

1. 侵犯客体

行为侵犯的客体是未成年人的人身权利。

2. 客观方面

行为客观方面表现为组织、胁迫未成年人在不适宜未成年人活动的经营场所从事陪酒、陪唱等有偿陪侍活动行为。组织,是指招募、雇用、指使、安排等,如经营者发布招聘信息招募未成年人从事陪侍,或管理者对未成年人进行签到排班、分配任务等。胁迫,是指通过暴力、威胁、恐吓等手段,使未成年人因恐惧而被迫参与,如以殴打、伤害其家人相威胁等。行为对象必须是未满 18 周岁的未成年人。对于未成年人年龄的认定,可依据身份证、户口本等身份证明文件,若无法提供,可根据身体发育状况、言谈举止等综合判断。

3. 行为主体

行为主体是特殊主体,通常是娱乐场所的经营者、管理者或相关人员。

4. 主观方面

主观方面必须故意,即行为人需明知从事陪侍服务的人是未成年人,或者根据其行为应推定其明知。例如:组织不满 12 周岁未成年人,应认定为明知;对于已满 12 周岁不满 18 周岁的未成年人,若从其外观等可推测是未成年人仍组织其陪侍的,也认定为明知。此外,娱乐场所经营者、管理者未履行核实身份义务,不能以不知晓为由抗辩,除非能证明已尽充分注意义务。

值得注意的是,必须是有偿陪侍活动,即未成年人提供陪酒、陪唱等服务,且行为人或场所从中获取经济利益,或未成年人据此获得报酬。若只是偶尔免费陪侍,不构成此行为。

该行为的处罚力度较大,组织、胁迫未成年人在不适宜未成年人活动的经营场所从事陪酒、陪唱等有偿陪侍活动的,处 10 日以上 15 日以下拘留,并处 5000 元以下罚款;情节较轻的,处 5 日以下拘留或者 5000 元以下罚款。

案例与评析

【案例】 某市"璀璨"KTV老板李某(30岁)以"高薪"为诱饵,组织17岁晓妍、16岁宇轩等5名未成年女孩从事陪酒、陪唱等有偿陪侍,抽取30%收入作为"管理费",并通过扣工资、言语威胁及安排保安王某(35岁)监视等方式胁迫她们服从管理。警方接举报后突击检查,现场查获相关未成年人,短短两天,李某等非法获利达3000多元。面对警方的询问,李某和王某辩称,不知道这5名女孩未满18周岁,他们不应该受到治安管理处罚。

【评析】 本案中,李某和王某的说法是不成立的,他们的行为符合该行为的四个构成要件,已经构成组织、胁迫未成年人在不适宜未成年人活动的经营场所从事陪酒、陪唱等有偿陪侍活动行为。对于已满12周岁不满18周岁的未成年人,若从其外观等可推测是未成年人仍组织其陪侍,可以认定为明知。此外,娱乐场所经营者、管理者未履行核实身份义务,不能以不知晓为由抗辩,警方可以依据此条规定,对李某、王某作出治安管理处罚的决定。

第四十九条 【胁迫、诱骗、利用他人乞讨或者以滋扰方式乞讨行为及处罚】胁迫、诱骗或者利用他人乞讨的,处十日以上十五日以下拘留,可以并处二千元以下罚款。

反复纠缠、强行讨要或者以其他滋扰他人的方式乞讨的,处五日以下拘留或者警告。

解读与适用

一、本条第1款是关于胁迫、诱骗或者利用他人乞讨行为的规定

本条规定了胁迫、诱骗或者利用他人乞讨行为及其处罚。

胁迫、诱骗或者利用他人乞讨行为的构成要件包括:

1. 侵犯客体

行为侵犯的客体是他人的人身权利。

2. 客观方面

行为在客观上表现为胁迫、诱骗或者利用他人乞讨行为。胁迫,是指行为人

以实施暴力或其他有损身心健康的行为如冻饿、罚跪等相要挟,逼迫他人进行乞讨。诱骗,是指行为人利用他人的弱点或亲属等人身依附关系,或者以许愿、诱惑、欺骗等手段指使他人进行乞讨。利用,是指行为人使用各种手段让他人自愿地按其要求进行乞讨,包括租借或者其他形式。租借,是指行为人给未成年人、残疾人或者老年人等的亲属、监护人或其本人一定的钱物,使其进行乞讨,以谋取非法利益。在所列举的三种表现形式中,只要行为人实施了其中一种,即构成违反治安管理行为。如果行为人同时实施了两种以上行为,也只按一种违反治安管理行为实施处罚。

3. 行为主体

行为的主体为一般主体。

4. 主观方面

行为人主观上为故意。

二、本条第 2 款是关于以滋扰他人的方式乞讨行为的规定

本条规定了以滋扰他人的方式乞讨行为及其处罚。

以滋扰他人的方式乞讨是指反复纠缠、强行讨要或者以其他滋扰他人的方式乞讨的行为,其构成要件包括:

1. 侵犯客体

该行为侵犯的客体是他人的人身权利。

2. 客观方面

在客观上表现为反复纠缠、强行讨要或者以其他滋扰他人的方式乞讨的行为。反复纠缠,是指乞讨人员向他人行乞遭拒绝后,仍采取阻拦、尾随等其他令人反感的方式继续乞讨钱财。强行讨要,是指以生拉硬拽、污言秽语等令人厌恶的方式乞讨钱财。其他滋扰他人的方式,包括以强迫接受的方式卖花、卖唱、开车门、擦车、拎包等。这类行为的主要表现是滋扰他人,不达到乞讨目的则不放过他人。

3. 行为主体

行为的主体为一般主体。

4. 主观方面

行为人主观上为故意。

第五十条 【威胁他人人身安全，侮辱、诽谤他人，诬告陷害他人，打击报复证人及其近亲属，发送淫秽、侮辱、恐吓等信息或者采取滋扰、纠缠、跟踪等方法干扰他人正常生活，侵犯他人隐私行为及处罚】有下列行为之一的，处五日以下拘留或者一千元以下罚款；情节较重的，处五日以上十日以下拘留，可以并处一千元以下罚款：

（一）写恐吓信或者以其他方法威胁他人人身安全的；

（二）公然侮辱他人或者捏造事实诽谤他人的；

（三）捏造事实诬告陷害他人，企图使他人受到刑事追究或者受到治安管理处罚的；

（四）对证人及其近亲属进行威胁、侮辱、殴打或者打击报复的；

（五）多次发送淫秽、侮辱、恐吓等信息或者采取滋扰、纠缠、跟踪等方法，干扰他人正常生活的；

（六）偷窥、偷拍、窃听、散布他人隐私的。

有前款第五项规定的滋扰、纠缠、跟踪行为的，除依照前款规定给予处罚外，经公安机关负责人批准，可以责令其一定期限内禁止接触被侵害人。对违反禁止接触规定的，处五日以上十日以下拘留，可以并处一千元以下罚款。

解读与适用

2025年本法修订，本条新增加了"采取滋扰、纠缠、跟踪等方法，干扰他人正常生活的"行为及其处罚。

一、本条第1款第1项是关于威胁他人人身安全行为的规定

本条规定了威胁他人人身安全行为及其处罚。

威胁他人人身安全行为，是指用写恐吓信或者其他方法威胁他人人身安全，尚不够刑事处罚的行为。其构成要件包括：

1. 侵犯客体

行为侵犯的客体是他人的人身安全。

2. 客观方面

行为客观方面表现为写恐吓信或者用其他方法威胁他人的生命、健康，尚不够刑事处罚。其他方法,是指除了写恐吓信以外的其他方法,如当面以言语恐吓、打恐吓电话、由他人传话进行恐吓、往他人住房内(院中)投掷砖石来威胁等方法。

3. 行为主体

行为主体是一般主体。

4. 主观方面

主观方面出于故意。行为人动机具有多样性:有的是出于报复,有的是通过威胁他人得到某种政治、经济或者其他利益等。行为的主观上都是故意威胁他人的人身安全。

------实务要点------

实践中,查处威胁他人人身安全行为应注意其与相关行为的区别。

1. 与构成犯罪的区别

威胁他人人身安全行为无论采用哪些具体方法,其行为本身都是使他人精神受到折磨,安全受到威胁。对于这种违法行为,如果只是单纯的精神威胁,没有采用暴力、限制等非法手段,也没有造成严重后果,应以违反治安管理行为论处;如果情节严重,如采用暴力手段,或对被威胁人造成严重后果,则应当依法追究其相应的刑事责任。

2. 与敲诈勒索行为的区别

二者区别的关键在于行为是否具有勒索钱财或财产性质的利益的目的。如果有此目的,则是敲诈勒索行为;如果无此目的,则属于威胁他人人身安全的违反治安管理行为。

二、本条第 1 款第 2 项是关于侮辱、诽谤行为的规定

本条规定了侮辱、诽谤行为及其处罚。

侮辱、诽谤行为,是指以各种方法公然侮辱他人或者捏造事实诽谤他人,使对方人格或名誉受到损害,尚不够刑事处罚的行为。其构成要件包括:

1. 侵犯客体

行为所侵犯的客体是他人的人格尊严和名誉权利。

2. 客观方面

行为的客观方面表现为公然侮辱、诽谤他人,尚不够刑事处罚。侮辱行为表现为在众多人面前或者有可能使众多人知道的情况下,用语言、文字、动作等方式,故意损害他人人格,破坏他人名誉。其表现形式主要有:一是暴力侮辱,如当众打人耳光,强迫他人从自己胯下钻过,强迫他人在地上学动物爬、学动物叫,强行给他人画鬼脸、剃阴阳头,往他人身上泼抹污物等。二是口头侮辱,如以言辞对他人进行辱骂、恶语中伤等。三是文字侮辱,如以大小字报或漫画等形式进行人身侮辱。诽谤行为,即指捏造事实诽谤他人。其表现形式为无中生有、凭空捏造足以损害他人人格和名誉的虚假事实,并加以散布。散布的方法,主要以口头或文字方式扩散其所捏造的事实,以使众人知道,达到损害他人人格和名誉的目的。

3. 行为主体

行为主体是一般主体。

4. 主观方面

主观方面出于故意。行为人动机具有多样性:有的是出于报复,有的是通过威胁他人得到某种政治、经济或者其他利益等。行为的主观上都是故意威胁他人的人身安全。

---------实务要点---------

实践中要注意侮辱、诽谤行为与侮辱罪、诽谤罪的界限。二者的主要区别在于情节的轻重或危害后果的大小。一般来说,情节较轻,危害后果较小的一般性侮辱、诽谤,属于违反治安管理行为;而情节、后果严重的,如当众以粪便泼人身体或者强令被害人吃粪便等,造成被害人精神失常或导致精神病,或不堪侮辱、诽谤而自杀,即构成了侮辱罪或诽谤罪。

案例与评析

【案例】刘某(45岁)与刘某某(48岁)因纠纷问题,在人数为168人的微信群内疯狂对骂了十几分钟,言语粗俗不堪,内容包含大量侮辱性词汇和不实指责,对骂过程被群内成员围观,造成了极其不好的影响。辖区派出所民警接警后,立即展开调查并及时固定证据。刘某与刘某某对其在微信群内公然互相辱骂对方的行为供认不讳。但他们认为相互对骂,没骂群里的其他人,不应该受到治安管理处罚。

【评析】微信群作为一个半公开的社交空间,在群内对他人进行侮辱、诽谤,同样侵犯了他人的名誉权,属于公然侮辱他人、诽谤他人。本条对于此类公然侮辱、诽谤他人的行为有明确的处罚规定。刘某与刘某某的行为均构成侮辱诽谤他人,可以对他们给予治安管理处罚。

三、本条第 1 款第 3 项是关于诬告陷害行为的规定

本条规定了诬告陷害行为及其处罚。

诬告陷害行为,是指捏造犯罪事实或者违反治安管理事实向有关机关告发,意图使他人受刑事处罚或者治安管理处罚,情节较轻,尚不够刑事处罚的行为。其构成要件包括:

1. 侵犯客体

行为侵犯的客体是双重客体,既侵犯了被诬陷人的人身权利,也侵害了国家司法机关的正常活动。

2. 客观方面

行为的客观方面表现为捏造犯罪事实或者违反治安管理事实,向有关机关告发的诬告陷害行为。首先,必须有捏造犯罪事实或者违反治安管理事实的行为。如果行为人不是捏造犯罪事实或者违反治安管理事实,而是检举告发真实的犯罪事实或者违反治安管理事实,则是正当合法的行为,不构成本行为。如果行为人捏造的是一般事实而不是犯罪事实或者违反治安管理事实,目的是使他人受某种行政处分的,也不能构成本行为。其次,必须将捏造的犯罪事实或者违反治安管理事实向有关机关作虚假告发。有关机关,是指公、检、法等司法机关,也包括一般的国家机关。只要能引起司法机关的行政处罚或者诉讼程序的机关,都属于这个范围。虚假告发是指虚假的检举、揭发。构成诬告陷害行为,必须两个方面的行为同时具备。缺少其中一种,都不能构成本行为。

3. 行为主体

行为的主体是一般主体。

4. 主观方面

行为的主观方面是故意使他人受到刑事追究或受到治安管理处罚。

---**实务要点**---

实践中,查处诬告陷害行为应注意其与相关行为的区别。

1. 与诬告陷害罪的区别

正确区分这两种行为应以情节轻重为标准。情节轻微的,构成违反治安管理行为;情节严重的,则构成犯罪。情节严重,主要是指捏造的犯罪事实或者违反治安管理事实情节严重,诬陷手段恶劣,严重影响了司法机关的正常活动或者在社会上造成了恶劣的影响或者被诬告人已被错误地追究刑事责任等情形。

2. 与诽谤行为的区别

两者的相同之处在于实施的都是捏造事实的行为。其区别在于:一是所侵犯的客体不同。前者是他人的人身权利和司法机关的正常活动,后者是他人的人格尊严和名誉权。二是捏造的内容和行为的方式不同。前者表现为捏造犯罪事实并向有关机关进行告发,后者是捏造并散布足以损害他人人格和名誉的虚假事实。三是行为的目的不同。前者是为了使他受到刑事处罚,后者则是为了损害他人的人格和名誉。

四、本条第1款第4项是关于打击报复证人及其近亲属行为的规定

本条规定了打击报复证人及其近亲属行为及其处罚。

打击报复证人及其近亲属行为的构成要件包括:

1. 侵犯客体

行为侵犯的客体是复杂客体,既侵害了证人及其近亲属的人身权利,也侵害了行政机关、司法机关的正常活动和证人依法作证的权利。

2. 客观方面

行为的客观方面表现为对证人及其近亲属进行威胁、侮辱、殴打或者打击报复的行为。

3. 行为主体

行为的主体是自然人,通常是案件的当事人和其他有关人员。

4. 主观方面

行为人主观上必须故意。

──────── 实务要点 ────────

实践中,查处打击报复证人及其近亲属行为应注意其与相关行为的区别。

1. 与打击报复证人罪的区别

二者的主要区别表现在:一是侵害对象不同。前者侵害的对象既包括证人,

也包括证人的近亲属;后者侵害的对象则只限于证人。二是实施方法不尽相同。前者主要通过威胁、侮辱、殴打或者打击报复的方法进行,后者则主要通过暴力、威胁、引诱、贿买或者打击报复的方法进行。三是行为实施的范围不同。前者既包括行政机关办理行政案件,也包括司法机关办理刑事案件,后者则只限于司法机关办理刑事案件。四是情节不同。前者情节轻微,后者情节严重。

2. 与威胁他人人身安全行为、侮辱行为、殴打他人行为的区别

二者的区别主要在于行为侵害的对象不同。前者所侵害的对象是证人及其近亲属,后者侵害的对象则是除了证人及其近亲属之外的其他人。

五、本条第1款第5项是关于干扰他人正常生活行为的规定

本条规定了干扰他人正常生活行为及其处罚。

干扰他人正常生活行为,是指通过多次发送淫秽、侮辱、恐吓等信息,干扰他人正常生活或者有滋扰、纠缠、跟踪行为,危及他人人身安全的,情节轻微,尚不够刑事处罚的行为。其构成要件包括:

1. 侵犯客体

行为侵犯的客体是他人的正常生活秩序。

2. 客观方面

行为的客观方面表现为多次通过信件、电话、计算机信息网络等途径传送淫秽、侮辱、恐吓等信息,干扰他人正常生活或者滋扰、纠缠、跟踪行为,危及他人人身安全的行为。计算机信息网络包括国际互联网和局域网。淫秽信息,是指具体描写或者露骨宣扬色情的诲淫性信息。侮辱信息,是指含有恶意攻击、谩骂、羞辱等有损他人人格尊严的信息。其他信息,主要是指提供服务、商品的信息。行为人通过发送骚扰信息扰乱了他人的正常生活,影响到他人的休息、工作或者学习。行为人的动机多种多样;有的是为了报复,有的是为了寻求刺激,有的是为了搞恶作剧等。本行为必须是多次实施,即重复实施三次以上的,才应予以治安管理处罚。

3. 行为主体

行为主体为一般主体。

4. 主观方面

行为人主观上必须故意。

实务要点

实践中，查处发送信息干扰他人正常生活行为应注意其与传播淫秽物品行为、侮辱行为、威胁他人安全行为的界限。

二者的区别主要表现在三个方面：一是侵犯的客体不同。二是实施的方法不同。三是行为目的不同。

值得注意的是，根据《治安管理处罚法》第50条的规定，构成本行为的，处5日以下拘留或者1000元以下罚款；情节较重的，处5日以上10日以下拘留，可以并处1000元以下罚款。有滋扰、纠缠、跟踪行为，危及他人人身安全的，经公安机关负责人批准，可以责令其一定期限内禁止接触被侵害人；违反规定的，处5日以上10日以下拘留，可以并处1000元以下罚款。

六、本条第1款第6项是关于侵犯他人隐私行为的规定

本条规定了侵犯他人隐私行为及其处罚。

侵犯他人隐私行为，是指行为人出于各种目的，未经他人同意，以秘密的方式观看、拍摄、听取或者散布他人隐私的行为。其构成要件包括：

1. 侵犯客体

行为侵犯的客体是他人的隐私权。

2. 客观方面

行为的客观方面表现为偷窥、偷拍、窃听或者散布他人隐私的行为。隐私，是指不愿意让他人知道的，属于个人的生活秘密，如两性关系、生育能力、健康状况等。隐私一旦公开，将会给当事人的生活、心理带来压力。偷窥，是指行为人在当事人不知道的情况下，秘密偷看他人隐私的行为。有的行为人在隐私场所直接用眼睛偷窥，如偷窥女厕所、女浴室等；有的行为人通过安装针孔摄像头等设备来偷窥。偷拍，是指行为人乘当事人不备，利用照相机、手机、摄像机等器材秘密拍摄他人的隐私，包括他人身体的隐私部位、隐私活动等。窃听，是指行为人通过秘密方式偷听他人隐私的行为。散布，是指行为人用各种方式将知悉的他人的隐私传播于众的行为，传播的方式包括语言、文字、图片、电子信息等。他人隐私，既包括非法知悉的他人隐私，也包括合法知悉的他人隐私。行为人的动机多种多样：有的是为了寻求刺激、满足某种欲望；有的是为了损坏他人名誉。

3. 行为主体

行为主体为一般主体。

4. 主观方面

行为人主观上必须故意。

第五十一条 【殴打他人或者故意伤害他人身体的行为及处罚】殴打他人的,或者故意伤害他人身体的,处五日以上十日以下拘留,并处五百元以上一千元以下罚款;情节较轻的,处五日以下拘留或者一千元以下罚款。

有下列情形之一的,处十日以上十五日以下拘留,并处一千元以上二千元以下罚款:

(一)结伙殴打、伤害他人的;

(二)殴打、伤害残疾人、孕妇、不满十四周岁的人或者七十周岁以上的人的;

(三)多次殴打、伤害他人或者一次殴打、伤害多人的。

解读与适用

本条是关于殴打他人或者故意伤害他人身体的行为及处罚的规定。

本条第 2 款第 2 项对被殴打的特殊对象中老年人的年龄界定有变化,由原来的"六十周岁"改为"七十周岁"。

殴打他人或者故意伤害他人身体的行为,是指殴打他人或者故意伤害他人身体,尚不够刑事处罚的行为。其构成要件包括:

1. 侵犯客体

行为侵犯的客体是公民的身体健康权。

2. 客观方面

行为的客观方面表现为殴打他人或者故意伤害他人身体。殴打他人,是指行为人公然实施损害他人身体健康的打人行为。行为方式一般包括拳打脚踢或者使用棍棒等器具殴打。故意伤害他人身体,是指以殴打以外的其他方式故意伤害他人的行为。例如:使用机械撞击、电击和驱使动物伤害他人等方法实施伤害;以故意移动楼梯或蹬塌树木,致他人从楼梯或树木上摔下的方式实施伤害等。本行为属于行为犯,即只要有证据证明行为人实施了殴打他人或者故意伤害他人身体的行为,不论其是否造成被侵害人受伤,均应当视为违反治安管理行为。

3. 行为主体

行为主体为一般主体。

4. 主观方面

行为人主观上必须故意。

---- 实务要点 ----

实践中,查处殴打他人或者故意伤害他人行为,应注意其与相关行为的区别。

1. 与故意伤害罪的区别

正确区分这两种行为应以被害人的受伤程度为标准。故意伤害罪,以造成"轻伤害"以上程度的人身伤害为条件。如果造成了轻伤害、重伤害,甚至死亡,就应当依《刑法》有关故意伤害罪的规定论处。

2. 与结伙斗殴行为的区别

一是所侵犯的客体不同。前者侵害的对象是特定的,侵犯的客体是特定人的身体健康权;后者侵害的对象是不特定的,所侵害的客体是社会公共秩序。二是目的动机不同。前者的目的是伤害他人身体;后者不仅追求对他人身体的伤害,更企图以此行为来显示自己的霸气和对国家法律、社会公德的蔑视,是一种反社会的行为。三是对行为主体数量的要求不同。前者包括个人之间、数人与数人之间、个人与数人之间的斗殴行为;后者是指团伙之间发生的殴斗行为。

案例与评析

【案例】王某某误以为在路边候车的陈某某对其拍照,遂要求陈某某不要拍摄。陈某某称未拍摄,双方发生争吵。王某某情绪激动,对陈某某进行殴打,陈某某本能还手。经司法鉴定,陈某某为轻微伤,王某某无明显伤情。警方依法对有殴打他人违法行为的王某某作出行政拘留 7 日并处罚款 500 元的处罚决定。王某某不服,认为陈某某还了手,属于互殴。

【评析】王某某在未核实清楚情况的前提下,仅凭主观臆断就与陈某某发生争吵并实施殴打行为,其行为侵犯了陈某某的人身权利,构成殴打他人。陈某某还手,根据本法第19条的规定,属于正当防卫,不构成违反治安管理行为,且无明显过当行为,因此,不属于互殴,不应受治安管理处罚。

> **第五十二条** 【猥亵他人、公共场所故意裸露身体隐私部位的行为及处罚】猥亵他人的,处五日以上十日以下拘留;猥亵精神病人、智力残疾人、不满十四周岁的人或者有其他严重情节的,处十日以上十五日以下拘留。
>
> 在公共场所故意裸露身体隐私部位的,处警告或者五百元以下罚款;情节恶劣的,处五日以上十日以下拘留。

解读与适用

一、本条第1款是关于猥亵他人行为的规定

本条规定了猥亵他人行为及其处罚。

猥亵他人行为,是指用淫秽举动猥亵他人,尚不够刑事处罚的行为。其构成要件包括:

1. 侵犯客体

行为侵犯的客体是他人的人格尊严和名誉权,有的还可能损害他人的身体健康。行为的对象是他人。该行为既可以发生同性之间,也可以发生在异性之间。

2. 客观方面

行为的客观方面表现为猥亵他人的行为。所谓猥亵行为,是指除性交以外的一切满足自己性欲或其他低级趣味的行为,或者足以挑逗他人引起性欲的淫秽行为。例如,抠摸妇女乳房、阴部、臀部,用生殖器顶擦妇女阴部、臀部,强行搂抱、吸吮等。行为的对象既可以是女性,也可以是男性;既可是对同性的猥亵,也可以是对异性的猥亵。如果双方之间出于自愿,则不属于本行为。

3. 行为主体

行为的主体是一般主体。

4. 主观方面

行为人主观上必须故意。

值得注意的是,猥亵的对象是精神病人、智力残疾人、不满 14 周岁的人或者有其他严重情节的,处 10 日以上 15 日以下拘留。

二、本条第 2 款是关于故意裸露身体隐私部位行为的规定

本条规定了故意裸露身体隐私部位的行为及其处罚。

故意裸露身体隐私部位的行为,是指在公共场所故意裸露自己身体的隐私部位的行为。其构成要件包括:

1. 侵犯客体

行为侵犯的客体是他人人格尊严及社会的公序良俗。

2. 客观方面

行为的客观方面表现为在公共场所裸露自己的身体隐私部位。公共场所,是指人们可以自由出入或者凭票可以自由出入的场所,不包括机关、团体、企业、事业单位内部场所。裸露身体隐私部位,比较常见的是赤裸下身或者暴露阴私部位,或者女性赤裸上身等情形。此类行为易引起众人围观,群众意见很大,社会影响恶劣。

3. 行为主体

行为主体一般为自然人。

4. 主观方面

行为人的主观方面为故意。

第五十三条 【虐待家庭成员,虐待被监护、看护的人及遗弃被扶养人的行为及处罚】有下列行为之一的,处五日以下拘留或者警告;情节较重的,处五日以上十日以下拘留,可以并处一千元以下罚款:

(一)虐待家庭成员,被虐待人或者其监护人要求处理的;

(二)对未成年人、老年人、患病的人、残疾人等负有监护、看护职责的人虐待被监护、看护的人的;

(三)遗弃没有独立生活能力的被扶养人的。

解读与适用

一、本条第 1 项是关于虐待家庭成员行为的规定

本条规定了虐待家庭成员行为及其处罚,2025 年本法修订增加了"其监护人要求处理"。

虐待家庭成员行为,是指经常以打骂、冻饿、强迫过度劳动或者凌辱人格等方法,从肉体或精神上摧残、折磨家庭成员,被虐待人或者其监护人要求处理,尚不够刑事处罚的行为。其构成要件包括:

1. 侵犯客体

行为侵犯的客体是复杂客体,既侵犯了家庭成员在家庭中的平等权利,又侵犯了被虐待人的人身权利,但其侵犯的主要方面是家庭成员间的平等权利。行为的侵害对象是家庭成员,对无亲属关系或没有共同生活的人的侵害,不构成虐待行为。

2. 客观方面

行为的客观方面表现为各种虐待行为。虐待,是指对被害人的身心实施经常性的折磨和摧残。例如:殴打、冻饿、强迫超体力劳动,有病不给治疗等肉体折磨手段;侮辱、咒骂、讽刺,限制人身自由等精神上的折磨手段。虐待行为可以作为的方式表现出来,也可以不作为的方式表现出来。被虐待人或者监护人要求处理,是指被虐待人在无法忍受和无法自行改善关系的情况下,主动要求公安机关进行处理。这是此项行为必不可少的法律特征。

3. 行为主体

行为的主体为特殊主体,只能是与被虐待人共同生活在一个家庭之中,具有亲属关系的成员。一般来说,行为人都是在经济上或亲属关系上居于优势地位的人。

4. 主观方面

行为人主观上必须故意。

二、本条第 2 项是关于虐待被监护、看护的人的行为的规定

本条规定了虐待被监护、看护的人的行为及其处罚。虐待被监护、看护的人的行为,是指对未成年人、老年人、患病的人、残疾人等负有监护、看护职责的人故意虐待被监护、看护的人的行为。其构成要件包括：

1. 侵犯客体

行为侵犯的客体为被监护、看护的人的人身权利。

2. 客观方面

行为的客观方面表现为各种虐待行为；

3. 行为主体

行为的主体为特殊主体，只能是对未成年人、老年人、患病的人、残疾人等负有监护、看护职责的人。

4. 主观方面

行为人主观上必须故意。

三、本条第 3 项是关于遗弃被抚养人行为的规定

本条规定了遗弃被抚养人的行为及其处罚。遗弃被抚养人的行为，是指负有抚养义务的人故意遗弃没有独立生活能力的被抚养人，情节轻微，尚不够刑事处罚的行为。其构成要件包括：

1. 侵犯客体

行为侵犯的客体是家庭成员之间相互抚养的权利义务关系。行为的对象是没有独立生活能力的被抚养人，只限于年老、年幼、患病或者其他没有独立生活能力的家庭成员。

2. 客观方面

行为的客观方面表现为遗弃没有独立生活能力的被抚养人。首先，该行为是以不作为的形式实施的，构成本行为的前提必须是行为人具有抚养义务。如果没有抚养义务而遗弃，则不能构成本行为。其次，要求行为人能够履行这种义务，即行为人具有抚养能力。如果自身没有这种抚养能力，就不可能尽到抚养义务，也不能构成此行为。

3. 行为主体

行为的主体是特殊主体，即依法对没有独立生活能力的被抚养人负有抚养义务的家庭成员。

4. 主观方面

行为人主观上必须故意。

> **第五十四条 【强迫交易行为及处罚】**强买强卖商品,强迫他人提供服务或者强迫他人接受服务的,处五日以上十日以下拘留,并处三千元以上五千元以下罚款;情节较轻的,处五日以下拘留或者一千元以下罚款。

解读与适用

本条是关于强迫交易行为及处罚的规定。

强迫交易行为,是指强买强卖商品,强迫他人提供服务或者强迫他人接受服务,情节轻微,尚不够刑事处罚的行为。其构成要件包括:

1. 侵犯客体

行为侵犯的客体是复杂客体,既包括市场交易秩序,也包括消费者或经营者的合法权益。在市场上,交易双方都是平等的,商品买卖、服务的提供或者接受,都应当遵循市场交易中的自愿和公平原则。然而,在社会经济生活中,强买强卖,强迫他人提供服务或者接受服务的现象并不少见。这不仅违背了市场交易的自愿、公平原则,破坏市场交易秩序,也侵害了消费者和经营者的合法权益。

2. 客观方面

行为的客观方面表现为强买强卖商品,强迫他人提供服务或者强迫他人接受服务。该行为的要害在于违背对方的意志,以不合理的价格或以不正当的方式强行买卖或强行服务。

3. 行为主体

行为的主体既可以是自然人,也可以是单位。

4. 主观方面

行为人主观上必须故意。

实务要点

实践中查处强迫交易行为,应注意其与强迫交易罪的区别。二者的情节不同。如果以暴力、威胁手段推销的商品或提供的服务价格明显不合理且数额较大或质量十分低劣,多次强行交易经行政处罚后仍不悔改,以暴力手段致人伤害,由于强行交易严重扰乱市场秩序造成恶劣影响的,属于情节严重,构成强迫交易罪;情节轻微的,则构成强迫交易行为。

> **第五十五条** 【煽动民族仇恨、民族歧视,刊载民族歧视、侮辱内容的行为及处罚】煽动民族仇恨、民族歧视,或者在出版物、信息网络中刊载民族歧视、侮辱内容的,处十日以上十五日以下拘留,可以并处三千元以下罚款;情节较轻的,处五日以下拘留或者三千元以下罚款。

解读与适用

本条是关于煽动民族仇恨、民族歧视,刊载民族歧视、侮辱内容的行为及其处罚的规定。

一、煽动民族仇恨、民族歧视行为

煽动民族仇恨、民族歧视行为,是指煽动民族仇恨、民族歧视,情节轻微,尚不够刑事处罚的行为。其构成要件包括:

1. 侵犯客体

行为侵犯的客体是公民的民主权利。

2. 客观方面

行为的客观方面表现为煽动民族仇恨、民族歧视。所谓煽动,是指用语言、文字和行动鼓动、挑动他人的行为。煽动民族仇恨、民族歧视,也就是宣传狭隘的民族观念,挑动民族情绪,使之仇恨、歧视其他民族。民族仇恨,是指一个民族对另一个民族的强烈不满和痛恨的情绪及心理,即民族间的相互敌对和仇视。民族歧视,是指对于某个民族不平等、不公正的对待,包括观念上的歧视和具体行为上的歧视。

3. 行为主体

行为主体为一般主体。

4. 主观方面

行为人主观上必须故意。

二、刊载民族歧视、侮辱内容行为

刊载民族歧视、侮辱内容行为,是指在出版物、信息网络中刊载民族歧视、侮辱内容,情节轻微,尚不够刑事处罚的行为。其构成要件包括:

1. 侵犯客体

行为侵犯的客体是各民族保持或改革自己民族风俗习惯的自由和民族尊严。

2. 客观方面

客观方面表现为在出版物、信息网络中刊载民族歧视、侮辱内容。

3. 行为主体

行为的主体是特殊主体,即对出版物、信息网络的内容负责的直接责任人员。

4. 主观方面

行为人主观上必须故意。

实务要点

实践中,查处刊载民族歧视、侮辱内容行为应注意其与出版歧视、侮辱少数民族作品罪的区别。二者的主要区别在于情节、后果不同。在出版物中刊载歧视、侮辱少数民族的内容,情节恶劣,造成严重后果的,构成出版歧视、侮辱少数民族作品罪。情节恶劣,是指歧视、侮辱的手段恶劣,出版物传播范围广,造成的影响大等。造成严重后果,主要是指引起少数民族的普遍不满,甚至激化了民族矛盾,破坏了民族团结,造成恶劣的政治影响等。如果情节轻微,后果不严重,则构成刊载民族歧视、侮辱内容行为。

> **第五十六条** 【向他人出售或者提供个人信息及窃取或者以其他方法非法获取个人信息行为及处罚】违反国家有关规定,向他人出售或者提供个人信息的,处十日以上十五日以下拘留;情节较轻的,处五日以下拘留。
>
> 窃取或者以其他方法非法获取个人信息的,依照前款的规定处罚。

解读与适用

本条是关于向他人出售或者提供个人信息及窃取或者以其他方法非法获取个人信息行为及处罚的规定。本条是2025年本法修订新增加的规定。

一、本条第 1 款是关于向他人出售或者提供个人信息行为的规定

向他人出售或者提供个人信息行为,是指违反国家有关规定,向他人出售或者提供个人信息,尚不够刑事处罚的行为。其构成要件包括:

1. 侵犯客体

行为侵犯的客体是公民个人信息的安全与隐私权。个人信息,是以电子或者其他方式记录的能够单独或者与其他信息结合识别特定自然人身份或者反映特定自然人活动情况的各种信息,如姓名、身份证号、住址、行踪轨迹、账号密码等。这些信息承载着公民个人的隐私内容,关乎公民个人生活安宁和安全,一旦被随意出售或提供,公民的隐私就可能被侵犯,生活安宁被打破,安全也会受到威胁。

2. 客观方面

行为的客观表现为出售或提供公民个人信息。"违反国家有关规定"包括未取得个人同意,或者超出合法收集范围等情形。

3. 行为主体

行为主体为一般主体,单位亦可构成本行为。

4. 主观方面

行为人主观方面必须是故意,即行为人明知出售或提供信息的行为是违法的,但仍然实施相关行为。若是因为过失,比如系统故障等导致个人信息泄露并被他人获取利用,不构成此行为。

二、本条第 2 款是关于窃取或者以其他方法非法获取个人信息行为的规定

窃取或者以其他方法非法获取个人信息行为,是指通过窃取、购买、收受、交换等手段获取公民个人信息,尚不够刑事处罚的行为。其构成要件包括:

1. 侵犯客体

行为侵犯的客体是公民个人信息的安全与隐私权,保护对象为"公民个人信息"。公民个人信息是指以电子或者其他方式记录的能够单独或者与其他信息结合识别特定自然人身份或者反映特定自然人活动情况的各种信息,包括姓名、身份证件号码、通信方式、住址、账号密码、财产状况、行踪轨迹等。

2. 客观方面

行为客观方面表现为通过窃取、购买、收受、交换等手段获取公民个人信息。

例如,黑客通过技术手段窃取网站用户的账号密码,或者不法分子通过购买的方式从内部人员手中获取客户信息等。

3. 行为主体

行为主体为一般主体,单位亦可构成本行为。

4. 主观方面

行为人主观上必须为故意,即明知自己获取信息的行为是违法的,仍实施相关行为。过失不构成本罪。例如,行为人明知法律禁止通过不正当途径获取他人的个人信息,但为了谋取利益或满足其他目的,仍然积极实施该行为,就符合主观故意的构成要件。

案例与评析

【案例】林某(30岁),一家颇具规模的互联网营销公司的员工,因薪资待遇问题心生不满,遂打起了公司客户信息的主意。该公司长期为各类企业提供精准营销服务,手中掌握着大量客户的详细信息,包括企业名称、联系人姓名、联系方式、业务需求及过往合作数据等。林某利用职务之便,在日常工作中通过拷贝公司内部客户管理系统数据的方式,短短两天内便窃取了20余条高价值客户信息。之后,林某通过网络论坛联系上了一家竞争对手公司,以每条信息100元的价格,将这些客户信息批量出售,从中获利2000余元。公安机关对林某的行为的认定出现了分歧,一种认为构成窃取、出售个人信息两种违反治安管理行为,分别决定,合并处罚;另一种意见认为林某的两行为之间存在吸收关系,按一行为窃取个人信息行为处罚。

【评析】本案中林某的行为符合窃取、出售个人信息行为的构成要件,分别构成窃取、出售个人信息行为。但这两种行为之间存在吸收关系,按照数行为不典型理论,应按一行为处罚,即窃取个人信息行为处罚,林某获利2000余元,尚不够刑事处罚,可以给予治安管理处罚。

第五十七条 【侵犯他人邮件、快件行为及处罚】冒领、隐匿、毁弃、倒卖、私自开拆或者非法检查他人邮件、快件的,处警告或者一千元以下罚款;情节较重的,处五日以上十日以下拘留。

解读与适用

本条是关于侵犯他人邮件、快件行为及处罚的规定。侵犯他人邮件、快件行为,是指冒领、隐匿、毁弃、私自开拆或者非法检查他人邮件、快件,尚不够刑事处罚的行为。其构成要件包括:

1. 侵犯客体

行为侵犯的客体是公民通信自由及相关的权利,行为的对象是他人的邮件、快件。

2. 客观方面

行为的客观方面表现为冒领、隐匿、毁弃、私自开拆或者非法检查他人邮件、快件。冒领,是指假冒他人名义领取他人邮件、快件。隐匿,是指将他人的邮件、快件隐藏起来不交给本人。毁弃,是指将他人的邮件、快件毁掉而使收件人无法看到或无法完整收看到。私自开拆,是指未经本人允许擅自开拆他人邮件、快件,偷看邮件、快件内容。非法检查,是指违反国家法律规定,对他人邮件、快件的内容进行检查。行为人只要实施了上述五种行为中的一种,即构成违反治安管理行为。如果行为人同时实施了该项行为的两种以上,也只按一种违反治安管理行为实施处罚。

3. 行为主体

行为的主体是一般主体。

4. 主观方面

行为人主观上必须故意。

实务要点

实践中,查处侵犯他人邮件、快件行为,应注意其与相关行为的区别。

1. 与侵犯公民通信自由罪的区别

二者区别的关键在情节是否严重。情节严重的,构成犯罪;情节轻微的,构成违反治安管理行为。所谓情节严重,是指多次隐匿、毁弃、私自开拆、非法检查他人邮件的;隐匿、毁弃、私自开拆、非法检查他人邮件,造成严重后果的等。

2. 与私自开拆、隐匿、毁弃邮件、电报罪的区别

二者的主体都是邮政工作人员,主要区别在于情节是否严重。情节严重的,

构成犯罪;情节轻微的,构成违反治安管理行为。所谓情节严重,包括四种情形:一是私自开拆或者隐匿、毁弃邮件、电报次数较多、数量较大的。二是私自开拆或者隐匿、毁弃邮件并从中窃取财物的。三是私自开拆或者隐匿、毁弃邮件、电报,虽然数量不多,但给国家、集体利益及公民合法权益造成严重后果的。四是私自开拆或者隐匿、毁弃邮件、电报,造成其他危害后果的。

3. 与教师、家长管教方法不当的区别

现实生活中,有的教师、家长出于对学生或子女的关心、爱护,防止其交友不慎,误入歧途,而未经本人同意,私自开拆、阅看其信件或隐匿、毁弃其信件,虽然行为本身也属违反法律规定,但由于是出于善意,主观上没有侵犯他人通信自由的故意,又发生在特定的当事人之间,属于教师教育方法或家长管教方法不当的问题,一般不以违反治安管理行为论处,但可对行为人予以批评、教育,指出其教育或管教方法上的不妥之处。

第五十八条 【盗窃、诈骗、哄抢、抢夺或者敲诈勒索行为及处罚】盗窃、诈骗、哄抢、抢夺或者敲诈勒索的,处五日以上十日以下拘留或者二千元以下罚款;情节较重的,处十日以上十五日以下拘留,可以并处三千元以下罚款。

解读与适用

2025年本法修订,本条最大的变化是可以单处罚款。

一、盗窃行为

盗窃行为,是指以非法占有为目的,秘密窃取财产权利,尚不够刑事处罚的行为。其构成要件包括:

1. 侵犯客体

行为侵犯的客体是财产权利的所有权。

2. 客观方面

行为的客观方面表现为秘密窃取财产权利。所谓秘密窃取是指违法行为人采取自己认为不会被财物所有人或保管人发现的方法将财物取走。对秘密的理解要把握以下三个要点:①秘密是指取得财物为暗中进行,如果取得财物是暗中进行,在财物到手后被发觉公开携财逃跑或者虽使用了欺骗的方法吸引被侵害人的注意力但乘其不注意时取走财物,仍然属于秘密窃取,构成盗窃行为。②秘密是相对财物的所有者、保管者而言的。所以,即使窃取财物时已经被他人发现或者暗中注视,也不影响盗窃行为的成立。③秘密是指行为人自认为没有被所有者、保管者发觉。如果行为人已经明知被侵害人发觉,公然将财物取走,则构成抢夺行为。秘密窃取财物的手段多种多样,如翻墙越窗、顺手牵羊或在公共场所掏兜、割包等。秘密窃取,是盗窃行为的本质特征,也是与骗取、抢夺、哄抢、敲诈勒索等违法行为相区别的主要标志。

3. 行为主体

行为的主体为一般主体。

4. 主观方面

行为的主观方面是故意,并且以非法占有为目的。

实务要点

实践中,查处盗窃行为应注意其与其他相关行为的区别。

1. 与盗窃罪的区别

根据《刑法》的有关规定,盗窃数额较大,是构成盗窃罪并区别罪与非罪的主要标志。2011年5月1日起施行的《刑法修正案(八)》将原来的盗窃数额较大和多次盗窃两种罪状表述为五种情形:一是盗窃公私财物,数额较大;二是多次盗窃;三是入户盗窃;四是携带凶器盗窃;五是扒窃。罪状表述更具体,更具可操作性。盗窃数额是否较大,是区分罪与非罪的重要标准之一。所谓数额较大,根据有关的司法解释和司法实践,各省、自治区、直辖市可以根据本地区经济发展状况,在500元至2000元的幅度内具体掌握。

盗窃公私财物价值接近数额较大的起点,如果具有以破坏性手段盗窃造成财产损失,盗窃残疾人、孤寡老人、丧失劳动能力的人的财物或者造成严重后果、情节恶劣的,也可以定罪处罚。所谓接近数额较大的起点,参照有关规定,应为达到规定数额80%以上。虽然达到数额较大的起点,但如果具有未成年人作案、全部退赃退赔、主动投案、被胁迫作案等情节轻微、危害不大的情形,可以不作犯罪处理。

盗窃未遂,情节严重的,如以数额巨大的财物或者国家珍贵文物为盗窃目标,应当定罪处罚。

多次盗窃,依据《最高人民法院、最高人民检察院关于办理盗窃刑事案件适用法律若干问题的解释》第3条的规定2年内盗窃3次以上的,应当认定为"多次盗窃"。《刑法修正案(八)》虽将入户盗窃和扒窃单独作为一种罪状入罪,但仍应当是2年内盗窃3次以上才作为多次盗窃的情形来认定。同时,参照《最高人民法院关于审理抢劫、抢夺刑事案件适用法律若干问题的意见》的规定,也应当是3次以上才认定为多次。

对于入户盗窃,不论次数,不论盗窃价值多少,一律追究刑事责任。基于入户盗窃不但侵犯了公民的财产权、住宅权,而且极易引发抢劫、杀人、强奸等恶性刑事案件,严重危及公民的人身和生命安全,《刑法》作此规定。

携带凶器盗窃中携带的"凶器"应为两类:一类是国家规定的管制器具,如枪支弹药、爆炸物、管制刀具等;另一类是为盗窃而准备的凶器,不属于国家管制的器具,如棍棒等。在盗窃中,将携带的凶器向被侵害人显示或为窝藏赃物、抗拒抓捕、毁灭罪证而当场使用凶器、使用暴力或者暴力相威胁的,则以抢劫罪定罪量刑。

扒窃,一般理解为在公共场所或公共交通工具上秘密窃取他人随身携带的财物的行为。《刑法修正案(八)》明确将扒窃列为盗窃罪的罪状之一,是行为犯,只要实施了扒窃行为,不论窃得财物多少,就构成犯罪。认定扒窃行为应把握两个重要特点:一是发生的地点是车站、码头、广场、集贸市场等公共场所或公共汽车等公共交通工具上。二是扒窃的对象是被侵害人随身携带的财物,既包括带在当事人身上的财物,如口袋中的钱包、手机等,也包括随身带在身边,伸手可及的地方的财物,如当事人吃饭时放在餐桌上的手机、挂在椅子背上衣服中的钱包等。

2.与发生在家庭成员或近亲属之间的盗窃行为的区别

根据有关司法解释的精神,盗窃自己家里或者近亲属的财物,一般可不按违法犯罪处理。对确有追究法律责任必要的,在处理时应与社会上作案的有所区别。

二、诈骗行为

诈骗行为是指以非法占有为目的,虚构事实或者隐瞒真相以骗取财产权利,尚不够刑事处罚的行为。其构成要件包括：

1. 侵犯客体

行为侵犯的客体是财产权利的所有权。

2. 客观方面

行为的客观方面表现为以欺骗的方法获取财产权利。欺骗方法的表现形式主要有虚构事实和隐瞒真相两种。所谓虚构事实，就是假造本来不存在的事实，使他人信以为真，"自愿"将财物交给违法人员；隐瞒真相，就是把存在的事实的真正情况掩盖起来或者加以歪曲，使他人信以为真，"自愿"将财物交给违法人员。常见诈骗财产权利的方法多种多样，如浑水摸鱼、以假乱真等。根据《最高人民法院、最高人民检察院关于办理诈骗刑事案件具体应用法律若干问题的解释》的有关规定，诈骗公私财物价值3000元至1万元以上为"数额较大"，各省、自治区、直辖市高级人民法院可根据本地区经济发展状况，在规定的数额幅度内，共同研究确定本地区执行的具体数额标准，报最高人民法院、最高人民检察院备案。因此，侵犯数额能否达到3000元是区分诈骗罪与非罪的主要标准。

3. 行为主体

行为的主体为一般主体。

4. 主观方面

行为的主观方面是故意，且以非法占有为目的。

―――――――――――― 实务要点 ――――――――――――

实践中，查处诈骗行为，应注意其与其他相关行为的区别。

1. 与借贷行为、代人购物拖欠货款的行为的区别

在司法实践中，有的人借贷后基于某种原因拖欠不还，或者编造谎言骗借财物，到期不能偿还；也有的人以代人购买紧俏商品为名，取走货款，没买到东西，又擅自挪用货款，拖欠不还，此时很容易与诈骗行为相混淆。区分的关键在于行为人在主观上有无以非法占有财产权利为目的。凡以占有为目的，无论是以借为名还是以代购为名，只要采取了欺骗的方法，即应以诈骗行为论处。反之，如果没有非法占有的目的，即使借款时使用了一些欺骗的方法，代购本身也有夸大成分，也属于民事纠纷，不能定为诈骗行为。判断有无非法占有目的，应从双方关系、事情的起因、未能还款有无正当理由、有无赖账、有无逃避行为等方面进行综合分析。

2. 与招摇撞骗行为的区别

有的招摇撞骗行为的目的也是骗取财产权利,但其与诈骗行为的性质有本质区别:(1)两种行为侵犯的客体不同。诈骗行为所侵犯的客体是财产权利的所有权,而招摇撞骗行为所侵犯的客体是社会管理秩序。(2)二者在客观方面的表现不同。一是两种行为造成的危害结果不同。前者直接造成了财产权利的损失;而后者可能造成了财产权利的损失,也可能造成公民的人身或者其他合法权益的损失。二是在行为方式上,后者具有特殊性。虽然二者都采用了欺骗的手段,但后者以冒充国家机关工作人员或者其他虚假身份为前提,冒充国家机关工作人员或者其他虚假身份是其特定的行为方式。

三、抢夺行为

抢夺行为是指以非法占有为目的,乘人不备,公然夺取财产权利,尚不够刑事处罚的行为。其构成要件包括:

1. 侵犯客体

行为侵犯的客体是财产权利的所有权。

2. 客观方面

行为的客观方面表现为乘人不备,公然夺取财产权利。所谓乘人不备,公然夺取,就是趁财物的所有人或者保管人不注意时,当着所有人或保管人的面,公开夺取其财物。

3. 行为主体

行为的主体为一般主体。

4. 主观方面

行为的主观方面是故意,并且具有非法占有的目的,过失不能构成抢夺行为。

---- 实务要点 ----

实践中,查处抢夺行为应注意其与其他相关行为的区别。

1. 与抢夺罪的区别

抢夺财产权利,数额较大是构成抢夺罪的法定条件。因此,抢夺的财物数额必须较大,才能认定为抢夺罪。反之,如果抢夺数额没有达到"较大",情节显著轻微,则构成违反治安管理的抢夺行为。关于抢夺财物数额多少才是"较大",

《最高人民法院、最高人民检察院关于办理抢夺刑事案件适用法律若干问题的解释》的规定,抢夺公私财物价值人民币1000元至3000元以上的,为"数额较大"。各地可以根据当地实际情况,确定执行的数额标准。

2. 与抢劫罪的区别

依照《刑法》规定,只要行为人实施了抢劫行为,不论数额大小,一般均构成抢劫罪;如果行为人携带凶器抢夺,则以抢劫罪论处。二者的主要区别有:(1)二者侵犯的客体不同。抢夺行为侵犯的客体是简单客体,即财产权利的所有权;而抢劫罪侵犯的是复杂客体,是财产权利的所有权和公民的人身权利。(2)二者在客观上的表现不同。抢夺行为是乘人不备,公然夺取财物;而抢劫罪则是采用暴力、胁迫或者其他手段将财物抢走。在区分抢夺行为与抢劫罪时,要特别注意司法实践中经常发生的夺取财物的过程中造成被侵害人伤害的情况,如夺取耳环时将耳垂拉伤,乘人不备猛夺他人手中财物致被害人跌倒摔伤,等等。在这种情况下,如果抢夺造成的结果是轻伤,由于《刑法》和《治安管理处罚法》都没有对过失轻伤的行为加以规定,因而仍应按抢夺行为论处;如果造成的结果是重伤,则应按照《刑法》规定,定为过失致人重伤罪,依法追究刑事责任。因此,在实践中,认定是抢夺行为还是抢劫罪,关键要把握两点:一是看强力的作用对象和使用目的。抢夺行为的强力直接作用于被抢夺的财物,目的是将财物夺到手中;而抢劫行为的强力是一种暴力,直接指向被侵害人的人身,具有排除被侵害人反抗的性质和目的。二是看伤害是否为行为人有意为之。在抢劫行为实施过程中,行为人是有意造成伤害以暴力敛财;而在抢夺行为实施过程中,行为人是无意识地造成伤害。

四、哄抢行为

哄抢行为,是指以非法占有为目的,多人起哄,乘机抢夺财产,尚不够刑事处罚的行为。其构成要件包括:

1. 侵犯客体

行为侵犯的客体是财产权利的所有权。

2. 客观方面

行为的客观方面表现为多人起哄,乘机抢夺财产权利。所谓哄抢,一般是指3人以上,蜂拥而上,各自为政,抢夺占有。"哄"是表现形式,"抢"才是它的本质特征。也就是说,这种行为是在共同起哄所造成的混乱状态中实施的,这是区分本行为与其他侵犯公私财产行为的重要标志。

3. 行为主体

行为主体为一般主体。

4. 主观方面

行为人主观上必须故意。

---- **实务要点** ----

实践中,查处哄抢行为应注意其与其他相关行为的区别。

1. 与聚众哄抢罪的区别

在处理哄抢行为时,应注意一般哄抢行为与聚众哄抢罪的区别。聚众哄抢罪是指以非法占有为目的,聚集多人公然夺取财产权利,数额较大或者情节严重的行为。聚众哄抢罪的主体通常是参加哄抢行为的首要分子和积极参加的人。首要分子是指在哄抢中起组织、策划和指挥作用的人。积极参加的人,主要是指主动参与哄抢,在哄抢中起主要作用以及哄抢财物较多的人。对于其他参与哄抢的行为人,则应当按照违反治安管理的哄抢行为处理。

2. 与共同抢夺行为的区别

哄抢行为和共同抢夺行为在主观上都是为了非法占有财产权利,但二者又有显著的区别。哄抢财物的人的目的在于非法占有自己所抢得的所有财产,而不是共同非法占有参与哄抢的人共同抢得的所有财物;共同抢夺行为人的目的是共同非法占有所有共同抢得的财物,然后再将共同非法占有的财物加以瓜分。

在处理哄抢行为时,要把这种行为同抢夺罪和抢劫罪严格区别开来。对于那些起哄闹事,抢得的财物数额又很大的首要分子,应当按抢夺罪论处;对其他参与哄抢的人,则应按哄抢行为处理。如果在哄抢财产权利时使用暴力、胁迫的方法,或者先用酒将财物所有人或者保管人灌醉,或者用药将其麻醉,使其无法抗拒,再乘机哄抢的,或者在哄抢财物时遭到制止或者追赶,为了抗拒逮捕、毁灭证据或窝藏赃物而当场使用暴力或者以暴力相威胁的,应当按抢劫罪论处。

五、敲诈勒索行为

敲诈勒索行为,是指以非法占有为目的,对财物的所有人或者保管人进行威胁或者要挟,强行索取财产,尚不够刑事处罚的行为。其构成要件包括：

1. 侵犯客体

行为侵犯的客体是财产权利的所有权。

2. 客观方面

行为的客观方面表现为使用威胁或者要挟的方法,迫使被侵害人交付财物。威胁和要挟是指通过对被侵害人及其亲属精神上的强制,使其在心理上产生恐惧和压力。威胁和要挟的方法可以有多种表现。从形式上看,威胁、要挟可以对被侵害人直接发出,也可以通过第三者或者用书信等方式发出。既可以采用明示的方法,也可以通过暗示达到目的。从内容上看,可以以危害生命、健康、自由相威胁,也可以以损害人格、名誉或者毁坏财产相要挟。从侵害的对象上看,可以是财产的所有者、保管者本人,也可以是他们的亲属。一般而言,威胁内容的实现不具有当场性,而是扬言在以后某个时间付诸实施。所谓迫使被侵害人交付财物是指行为人通过实施威胁、要挟的手段,使被侵害人产生恐惧心理,不得不交出财物,至于取得财物的时间,可以是当场,也可以是在若干日以内。

3. 行为主体

行为主体为一般主体。

4. 主观方面

行为的主观方面只能是直接故意,且以非法占有财产权利为目的。

---- **实务要点** ----

实践中,查处敲诈勒索行为,应注意其与其他相关行为的区别：

1. 与敲诈勒索罪的区别

敲诈勒索财产必须是数额较大,或者多次敲诈勒索的,才构成犯罪。数额是否较大,根据《最高人民法院、最高人民检察院关于办理敲诈勒索刑事案件适用法律若干问题的解释》的规定,敲诈勒索公私财物"数额较大",以2000元至5000元为起点,各省、自治区、直辖市高级人民法院、人民检察院可以根据本地区经济发展状况和社会治安状况,在前款规定的数额幅度内,共同研究确定本地区执行的具体数额标准,报最高人民法院、最高人民检察院批准,多次敲诈勒索的,一般是指2年实施了3次以上的敲诈勒索行为。

2. 与诈骗行为的区别

敲诈勒索行为主要是靠赤裸裸的威胁方法恐吓被侵害人,使其感到害怕被迫交出财物,但有时也包含一些诈骗的因素,如诈称损害发生由被侵害人引起,如不给钱物,就要给予报复。此时,不能因为有欺诈的因素在内,就按诈骗行为论处。认定这类行为的性质,关键是看获取财物的手段主要是靠虚构事实欺诈还是靠威胁、恐吓。如果主要是靠欺骗手段,使被侵害人"自愿"交出财物,则应认定是诈骗行为。如果主要是靠威胁、恐吓手段获取财物,即使有欺诈的因素,也只能构成敲诈勒索行为。

> **第五十九条 【故意损毁公私财物行为及处罚】**故意损毁公私财物的,处五日以下拘留或者一千元以下罚款;情节较重的,处五日以上十日以下拘留,可以并处三千元以下罚款。

解读与适用

本条是关于故意损毁公私财物行为及处罚的规定。

故意损毁公私财物行为是指故意非法损毁财物,尚不够刑事处罚的行为。其构成要件包括:

1. 侵犯客体

行为侵犯的客体是财产权利的所有权。

2. 客观方面

行为的客观方面表现为非法损毁财物。所谓损毁,在通常情况下是指将财物部分损坏,使其丧失一部分价值和使用价值,如果财物本身的价值数额较小,即使全部将其损坏,使其丧失全部价值和使用价值,也以损毁行为论处。损毁行为必须是非法的,如果合法地损毁财物,如逃避犯罪嫌疑人的侵害而紧急避险,将他人门窗打破进入室内、拆除违章搭建的棚屋等,都不构成损毁财产权利的违反治安管理行为。

3. 行为主体

行为的主体为一般主体。

4. 主观方面

行为的主观方面必须是故意。动机可能是报复、发泄不满情绪或者嫉妒等,行为的目的是损坏财产权利,使其丧失价值,而不是非法占有。这是该行为区别于其他侵犯财产行为的重要特征。

---***实务要点***---

实践中查处故意损毁公私财物行为应注意其与其他相关行为的区别。

1. 与故意毁坏财物罪的区别

故意损毁公私财物行为与故意毁坏财物罪区别的关键在于情节是否严重。情节严重的,构成故意毁坏财物罪。所谓情节严重主要是指财物被损毁后丧失的价值数额较大,损毁的手段恶劣,多次损毁财物,损毁的动机卑鄙等。

2. 与破坏生产经营罪的区别

二者主要的区别是损毁对象不同,故意损毁公私财物行为损毁的对象是普通财物;而破坏生产经营罪所损坏的对象为生产经营中正在使用的设备和用具,如故意损坏机器设备、残害耕畜等。

案例与评析

【案例】某日,王某饮酒后途经家后面的空地。由于当时天色已晚,视线不佳,王某不慎撞到了停放在此处的邻居杨某的车辆。酒后的王某顿时火冒三丈,借着酒劲,对着车身猛踹几脚,随后又找来砖头砸破了三个车窗的玻璃,还在车门上划了几道痕迹,发泄完后才返回家中。次日清晨6时左右,车主杨某准备开车上班,却发现自己的车辆遭受严重破坏,随即选择报警。警方迅速展开调查,成功将王某抓获。到案后,王某如实交代了自己打砸车辆的违法行为。经专业机构鉴定,杨某车辆的损失金额为3550元。事发后,王某意识到自己的错误,主动赔偿杨某4200元车辆修理费,并获得了杨某的谅解。最后警方依法对王某处以罚款400元。

【评析】从主观方面来看,王某在撞车后,出于愤怒情绪,故意对杨某的车辆实施打砸行为,具有主观故意。客观上,王某实施了踹车、砸车窗玻璃、划车门等行为,导致车辆损坏,侵犯了杨某对车辆的所有权,符合故意损毁公私财物行为的构成要件。本案中,车辆损失金额为3550元,未达到刑事案件立案标准,可以给予治安处罚,但他及时赔偿了杨某的损失并取得谅解,同时符合从轻处罚的条件,因此警方的处罚是正确的。

> **第六十条 【以殴打、侮辱、恐吓等方式实施学生欺凌行为及处理】**以殴打、侮辱、恐吓等方式实施学生欺凌,违反治安管理的,公安机关应当依照本法、《中华人民共和国预防未成年人犯罪法》的规定,给予治安管理处罚、采取相应矫治教育等措施。
>
> 学校违反有关法律法规规定,明知发生严重的学生欺凌或者明知发生其他侵害未成年学生的犯罪,不按规定报告或者处置的,责令改正,对其直接负责的主管人员和其他直接责任人员,建议有关部门依法予以处分。

解读与适用

本条是关于以殴打、侮辱、恐吓等方式实施学生欺凌行为及处理的规定。

本条是2025年本法修订新增加的规定,旨在加强对学生欺凌行为的治理和对未成年人的保护,明确了公安机关和学校在学生欺凌事件中的责任。

一、关于学生欺凌行为的处罚与矫治

以殴打、侮辱、恐吓等方式实施学生欺凌,若违反治安管理,公安机关将依照《治安管理处罚法》给予相应处罚,体现了法律对学生欺凌行为的零容忍。通过行政处罚手段如罚款、拘留等,对欺凌者进行惩戒,维护校园治安和未成年人的合法权益。对于因年龄等不够治安处罚或不执行拘留的未成年人,公安机关会依照《预防未成年人犯罪法》采取相应矫治教育措施,如心理辅导、行为矫正等,帮助其认识错误,改正不良行为,避免再次违法犯罪,体现了教育和处罚相结合的原则。

根据《学生欺凌防范处置工作指引(试行)》等相关规定,公安机关处理学生欺凌事件时,可采取的矫治措施具体包括以下方面:

1. 心理辅导和行为干预

要求学校对实施欺凌的学生进行心理辅导和行为干预,帮助其认识错误,改变不良行为习惯,引导其树立正确的价值观和行为准则。

2. 警示教育或训诫

对于情节比较恶劣的欺凌事件,公安机关可参与对实施欺凌学生的警示教育或予以训诫,通过法律知识讲解、案例分析等方式,让其明白欺凌行为的危害性和法律后果。

3. 送入专门学校

对屡教不改或情节恶劣的严重欺凌事件，公安机关可会同教育部门，按照法定程序将实施欺凌学生送入专门学校接受专门教育，使其在特殊环境中接受针对性矫治。

4. 督促监护人履行职责

督促实施欺凌学生的父母或者其他监护人依法履行监护职责，责令其消除或者减轻违法后果，采取措施严加管教。若监护人不依法履行监护职责，公安机关应当予以训诫，并可责令其接受家庭教育指导。

二、关于学校责任的规定

学校若明知发生严重的学生欺凌或其他侵害未成年学生的犯罪，却不按规定报告或处置，公安机关应要求学校及时纠正错误行为，履行好保护学生的职责，建立健全校园安全管理机制。对学校直接负责的主管人员和其他直接责任人员，公安机关有权建议有关部门依法予以处分。这促使学校相关人员重视学生欺凌问题，积极履行报告和处置义务，有助于增强学校管理层面的责任意识，保障学生在安全的校园环境中学习和生活。

第四节　妨害社会管理的行为和处罚

妨害社会管理的违法行为侵犯了社会管理秩序的法益，这体现了社会生活中必须遵循的行为规范，以及由国家管理活动所维护的社会结构、模式及关系的稳定性、有序性和持续运转。社会管理秩序的外延非常广泛，既包含社会公共事务的管理，也包括司法事务、国边境秩序的管理，还涵盖了社会善良风俗的维护与弘扬。因此本节行为类型多样，从《治安管理处罚法》第 61 条到第 89 条，共计 29 条，规定了 69 种不同的妨害社会管理行为。

本节的修订变化情况，一是加大了处罚力度，如提高罚款数额。二是新增加五种妨害社会管理违法行为类型：第 69 条违反行业登记管理规定行为、第 70 条非法安装、使用、提供窃听、窃照专用器材行为、第 73 条违反司法、执法、监察禁令行为、第 74 条脱逃行为、第 86 条非法生产、经营、购买、运输用于制造毒品的原料、配剂行为。三是普遍提升处罚幅度。四是注重了与其他法律法规的有效衔接。

第六十一条 【阻碍执行公务行为】有下列行为之一的,处警告或者五百元以下罚款;情节严重的,处五日以上十日以下拘留,可以并处一千元以下罚款:

(一)拒不执行人民政府在紧急状态情况下依法发布的决定、命令的;

(二)阻碍国家机关工作人员依法执行职务的;

(三)阻碍执行紧急任务的消防车、救护车、工程抢险车、警车或者执行上述紧急任务的专用船舶通行的;

(四)强行冲闯公安机关设置的警戒带、警戒区或者检查点的。

阻碍人民警察依法执行职务的,从重处罚。

解读与适用

本条是对拒不执行紧急状态下的决定、命令,阻碍执行职务,阻碍执行紧急任务车辆、舰艇等交通工具通行,强行冲闯公安机关设置的警戒带、警戒区或者检查点等阻碍执行公务行为的规定。

公务,主要是指国家或集体的事务性工作,涵盖了政府为了维护社会秩序、推动经济发展、保障公民权益等所进行的一系列活动。这些活动包括但不限于立法、行政、司法等方面的工作。公务活动具有正式性、严肃性和权威性的特点,公务人员是执行公务的主体,包括政府官员、公务员等[①]。

阻碍执行公务行为,是指用非暴力、无威胁的方法,阻碍国家机关工作人员依法执行职务,情节轻微,尚不够刑事处罚的违法行为。其主要法律特征是:

1. 侵犯客体

行为侵犯的客体是国家机关的正常管理活动。所谓国家机关的正常管理活动,是指国家机关工作人员在法律规定的职责范围内履行其职责,进行的合法管理活动;国家机关工作人员超越自己的职责范围进行的其他活动,不属于合格

---

① 中国社会科学院语言研究所词典编辑室编:《现代汉语词典》(第7版),商务印书馆2016年版,第453页。

客体。

2. 客观方面

行为的客观方面必须表现为以非暴力、无威胁的方法阻碍国家机关工作人员依法执行职务。一是本违法行为与妨害公务罪的区别关键在于是否采取暴力、威胁的方法。如果采用的是暴力或威胁的方法,阻碍国家机关工作人员依法执行职务,依照《刑法》则构成妨害公务罪;反之,属于违反治安管理行为。但对群众提出合理要求,或者对政策不理解或者因国家机关工作人员态度生硬而与国家机关工作人员发生的争吵、纠缠等行为,不构成犯罪,也不构成本违法行为。二是"阻碍"是指阻止、阻挡、拦阻、妨碍等,使得执行职务的国家机关工作人员不能正常、顺利地行使执行职务的权力;阻碍的对象是正在依法执行职务的国家机关工作人员,"依法执行职务"是指国家机关工作人员根据有关规定或者命令在特定时间、场所执行的某项职务活动,属于国家机关工作人员的公务活动之一。三是尚未造成严重后果,阻碍行为使得依法执行职务的国家机关工作人员无法正常执行职务,或者使其执行职务的活动被迫停止、延迟等,但尚未造成人员伤亡、财产损失的严重后果。

3. 行为主体

行为的主体为达到法定责任年龄,具有责任能力的自然人。

4. 主观方面

行为的主观方面是故意。即明知国家机关工作人员正在依法执行职务,而故意阻碍使其不能顺利执行。例如,明知是特种车辆或者执行紧急任务的专用船舶却阻碍其通行;明知是设置的警戒带、警戒区或者检查点而冲闯。如果违法行为人不知道是国家机关工作人员,或者不知道其正在执行职务,不知道是执行紧急任务特种车辆和舰艇等交通工具而阻碍,不知道是警戒带、警戒区或者检查点而冲闯,则不构成本违法行为。

案例与评析

【案例】某县公安局治安大队于某工作日上午9点接到群众举报某食杂店藏有雷管等违禁品,于是,立即派出两名民警对食杂店进行检查。对店主可能存放违禁品的里间屋进行检查时(外间屋是食杂店,里间屋是店主的卧室,平时用于居住和堆放杂物)遭到店主的阻挠,店主手持菜刀,扬言谁要进屋检查,就伤害谁。两名民警在检查时已向当事人出示了两人的人民警察证和县公安局开具的检查证。店主的这一行为,是否构成阻碍执行公务?是否可以依照《治安管理处罚法》进行处罚?

【评析】两名民警合法执行职务,店主的行为构成阻碍执行职务,视店主行为情节的严重程度,办案单位可以依据刑法或者治安管理处罚法对其进行处理。使用暴力、威胁以外的方式,拒绝、阻碍国家机关工作人员依法执行公务,尚未造成严重后果,不够刑事处罚的行为,按阻碍执行公务行为处罚。

> 第六十二条 【招摇撞骗行为】冒充国家机关工作人员招摇撞骗的,处十日以上十五日以下拘留,可以并处一千元以下罚款;情节较轻的,处五日以上十日以下拘留。
>
> 冒充军警人员招摇撞骗的,从重处罚。
>
> 盗用、冒用个人、组织的身份、名义或者以其他虚假身份招摇撞骗的,处五日以下拘留或者一千元以下罚款;情节较重的,处五日以上十日以下拘留,可以并处一千元以下罚款。

解读与适用

本条是对招摇撞骗行为的规定。

招摇撞骗行为,是指违法行为人冒充国家机关工作人员,或者盗用、冒用其他虚假身份招摇撞骗,情节轻微,危害不大,尚不够刑事处罚的违法行为。其主要法律特征是:

1. 侵犯客体

行为侵犯的客体是国家的管理秩序和某些单位与公民的合法利益,是国家机关或者其他身份的威信及其正常活动。

2. 客观方面

行为的客观方面必须表现为具体实施了冒充国家机关工作人员或者以其他虚假身份进行招摇撞骗的违法行为。其特点突出地表现为:其一,这里冒充国家机关工作人员是以特定的虚假身份为前提,即不单是指非国家机关工作人员冒充国家机关工作人员,而且包括此种国家机关工作人员冒充他种国家机关工作人员的身份或者职称、职务低的冒充较高职称、职务的,如普通机关的行政干部冒充公检法机关的干部,普通国家干部冒充高级职务的国家干部等。其他虚假身份是指除了国家工作人员身份以外的个人、组织的身份、名义,如假扮医生行医,假扮学校教师招生,假扮名人演出等。盗用是指未经同意使用或批准而非法使用。其二,招摇撞骗,即采用的是假冒身份、职位,到处炫耀,利用公民对国家机关工作人员或者有些特定职业的信任,骗取非法利益。它既包括骗取物质性利益,如金钱或其他财物,也包括骗取非物质性利益,如骗取情感或谋取某种待遇等。其危害表现在:一是损害国家机关工作人员的形象和正常的管理活动;二是被侵害单位和个人的合法权益遭到侵犯;三是妨害正常的社会管理秩序。对冒充军警人员招摇撞骗的,从重处罚。这是由军警人员的特殊身份所决定的。

3. 行为主体

行为的主体可以是达到法定责任年龄,具有责任能力的自然人的一般主体,也可以是特殊主体,即包括非国家机关工作人员和国家机关工作人员。

4. 主观方面

行为的主观方面必须由故意构成,且是直接故意。即明知自己不具有这种身份,而向他人招摇显示本人具有这种身份,以骗取非法利益为目的,其动机、目的具有多样性。如果违法行为人出于个人虚荣而谎称自己是国家机关工作人员,或者只是穿着、借用国家机关工作人员制服、标志拍照等,则不构成此违法行为。如果违法行为人假冒身份,目的是实施抢劫、强奸的,对其应当以抢劫罪、强奸罪定罪论处。

> **案例与评析**

【案例】某镇派出所接到群众反映,在时代高架南延出口附近,被"交警"拦下罚款,"事后越想越不对劲,对方开私家车,还用私人微信收罚款",民警立即开展调查迅速锁定嫌疑人甲某,该人有多次招摇撞骗等前科,无正当职业,在掌握其行踪后,民警随即带队前往某小区,将正在冒充"物业保安"行骗的甲某,当场抓获,甲某到案后,如实供述其通过线上不法渠道,购买执勤服、反光背心、大檐帽等装备,冒充"交警""保安"等身份招摇撞骗,目前,甲某已被公安机关依法行政拘留。

【评析】根据《治安管理处罚法》第62条第1款和第2款的规定,甲某行为构成冒充军警人员招摇撞骗与诈骗的想象竞合,应当从重处罚。

行为定性:本案中甲某身着交警服装,站在高架路口,用私人微信收"罚款"。且本人有多次招摇撞骗的前科,甚至在被抓获时,甲某正在冒充物业保安行骗。虽然这里甲某表现的行为目的多集中在骗取财物,但其穿着警服站在高架路口收"罚款"的行为,显然也同时侵犯了公众对国家机关的公共信赖。因此其行为具有同时侵犯两个法益的特征,即公众对国家机关的公共信赖和财产权。在进行违法评价时,应当认定为甲某行为构成招摇撞骗行为与诈骗行为的想象竞合,即一个行为侵犯了两个法益,择一重而罚之。只有这样才能全面评价甲某行为。

第六十三条 【关于公文、证件、证明文件、印章、票证的违反治安管理行为和违反船舶管理规定行为】有下列行为之一的,处十日以上十五日以下拘留,可以并处五千元以下罚款;情节较轻的,处五日以上十日以下拘留,可以并处三千元以下罚款:

(一)伪造、变造或者买卖国家机关、人民团体、企业、事业单位或者其他组织的公文、证件、证明文件、印章的;

(二)出租、出借国家机关、人民团体、企业、事业单位或者其他组织的公文、证件、证明文件、印章供他人非法使用的;

(三)买卖或者使用伪造、变造的国家机关、人民团体、企业、事业单位或者其他组织的公文、证件、证明文件、印章的;

(四)伪造、变造或者倒卖车票、船票、航空客票、文艺演出票、体育比赛入场券或者其他有价票证、凭证的;

(五)伪造、变造船舶户牌,买卖或者使用伪造、变造的船舶户牌,或者涂改船舶发动机号码的。

第六十四条 【违反船舶管理规定行为】船舶擅自进入、停靠国家禁止、限制进入的水域或者岛屿的,对船舶负责人及有关责任人员处一千元以上二千元以下罚款;情节严重的,处五日以下拘留,可以并处二千元以下罚款。

> 解读与适用

第63条是对涉及公文、证件、证明文件、印章、票证等违反治安管理行为和违反船舶管理规定行为的规定。由于第64条和第63条第5项均属于违反船舶管理规定的行为,本文一并论述,对其理解应当注意几个方面。

一、伪造、变造或者买卖公文、证件、证明文件、印章,买卖或者使用伪造、变造公文、证件、证明文件、印章行为

伪造、变造或者买卖公文、证件、证明文件、印章,买卖或者使用伪造、变造公文、证件、证明文件、印章违法行为,是指违法行为人故意伪造、变造或买卖国家机关、人民团体、企事业单位或其他组织的公文、证件、证明文件、印章,或者买卖、使用伪造、变造公文、证件、证明文件、印章,尚不够刑事处罚的违法行为。其主要法律特征是:

1. 侵犯客体

行为侵犯的客体是国家机关、人民团体、企事业单位或者其他合法组织的正常管理活动和信誉。任何伪造、变造或买卖国家机关、人民团体、企事业单位或其他组织的公文、证件、证明文件、印章,或者买卖、使用伪造、变造公文、证件、证明文件、印章的违法行为,都会影响相关单位或组织正常管理活动,损害其名誉,从而破坏社会管理秩序。认定时应注意,行为人伪造的假印章与真实的印章不一定要求完全一致,只要其伪造的印章足以使人相信其表述的单位的真实性,从客观方面来讲,就已构成犯罪,但情节轻微的,可认定为本行为。另外,伪造高等院校印章制作学历、学位证明,或者明知是伪造高等院校印章制作的学历、学位证明而贩卖的行为,则构成伪造事业单位印章罪,但情节轻微,不够刑事处罚的,认定为本行为。

2. 客观方面

行为的客观方面表现为实施了伪造、变造或买卖国家机关、人民团体、企事业单位或其他组织的公文、证件、证明文件、印章的违法行为,或者买卖、使用伪造、变造公文、证件、证明文件、印章的违法行为。伪造、变造、买卖、使用这几种行为是可选择的,实施其中任意一种行为,即构成本行为客观方面的要件。所谓伪造,是指无权制作的人制造假的公文、证件、证明文件、印章,用以骗取他人信任的违法行为。模仿有权签发公文、电函等单位主管人员或其他责任人员的手迹,制作假公文、函件的,也属于伪造违法行为。变造,是指采取涂改、拼接、擦消、挖补、填充等手段,改变真实的公文、证件、证明文件、印章内容的违法行为,如涂改证件姓名,把他人的证件变为自己的证件等。买卖,是指为了某种目的,以钱财购买或者出售(伪造、变造的)公文、证件、证明文件、印章的违法行为。使用,是指为了某种目的,非法使用伪造、变造的公文、证件、证明文件、印章的违法行为。本违法行为侵犯的对象是公文、证件、证明文件、印章,如命令、指示、决定、函电、学生证、工作证、护照、户口迁移证等。

3. 行为主体

行为的主体是达到法定责任年龄,具有责任能力的自然人。单位也可以成为本行为的主体。

4. 主观方面

行为的主观方面必须是故意。

二、出租、出借国家机关、人民团体、企业、事业单位或者其他组织的公文、证件、证明文件、印章供他人非法使用的行为

出租、出借国家机关、人民团体、企业、事业单位或者其他组织的公文、证件、证明文件、印章供他人非法使用的行为,是指违法行为人故意出租、出借国家机关、人民团体、企业、事业单位或者其他组织的公文、证件、证明文件、印章供他人非法使用,尚不够刑事处罚的违法行为。其主要法律特征是:

1. 侵犯客体

行为侵犯的客体是国家机关、人民团体、企事业单位或者其他合法组织的正常管理活动和信誉。

2. 客观方面

行为的客观方面表现为实施了出租、出借国家机关、人民团体、企业、事业单位或者其他组织的公文、证件、证明文件、印章供他人非法使用的行为。所谓出租是指收取一定的代价,让别人暂时使用。[①] 所谓出借是指根据约定或按照双方达成的某种协议或合同,将钱或物品借给别人使用,并约定在未来某个时间点

---

① 参见中国社会科学院语言研究所词典编辑室编:《现代汉语词典》(第7版),商务印书馆2016年版,第192页。

归还的行为。这种行为通常涉及双方,会约定借用物品的具体细节和归还时间。

3. 行为主体

行为的主体是达到法定责任年龄,具有责任能力的自然人。单位也可以成为本行为的主体。

4. 主观方面

行为的主观方面必须是故意。

三、伪造、变造、倒卖票证、凭证行为

伪造、变造、倒卖票证、凭证行为,是指伪造、变造、倒卖车票、船票、航空客票、文艺演出票、体育比赛入场券或者其他有价票证、凭证,情节轻微,尚不够刑事处罚的行为。其主要法律特征是:

1. 侵犯客体

行为侵犯的客体是国家对有价票证的正常管理制度和对客运交通、文艺、体育等事业的正常管理秩序。侵害的对象是国家禁止伪造、变造的各种票证和国家禁止倒卖的部分票证。

2. 客观方面

行为的客观方面表现为伪造、变造、倒卖车票、船票、航空客票、文艺演出票、体育比赛入场券或者其他有价票证、凭证的行为。所谓"其他有价票证、凭证",是指涉及正常社会管理秩序又具有商业性质的各种运营、入场等权利的票证,也包括国家规定允许交易的股票、债券、邮票等有价票证。但对国家允许上市交易的票券倒卖属于合法的行为,对国家不允许上市交易的票券倒卖则属于违法行为。本行为中的"倒卖",就其本义是指按规定价格或低于规定价格买进,以高价卖出从中牟利的行为,如车站的贩票行为等,属于违反治安管理行为。区分本行为与伪造、变造、倒卖票证、凭证罪,关键在于情节是否严重。如果伪造、变造、倒卖票证次数多,获利大,情节严重,则构成犯罪;反之,若次数少,获利小,后果较轻,则属于违反治安管理行为。所谓情节严重,是指高价、变价、变相加价倒卖车票或者倒卖坐席、卧铺签字号及订购车票凭证,票面数额在 5000 元以上,或者非法获利数额在 2000 元以上的行为。①

---

① 参见《最高人民法院关于审理倒卖车票刑事案件有关问题的解释》第 1 条的规定。

3. 行为主体

行为的主体是达到法定责任年龄，具有责任能力的自然人。

4. 主观方面

行为的主观方面必须是故意，通常有营利目的。行为人不是以谋取非法利益为目的，而是因种种原因不能按时乘车、船或观看文体活动等，将票原价转卖给他人的，不属于倒卖票证的行为。

四、违反船舶管理规定行为

违反船舶管理规定行为，是指伪造、变造船舶户牌，买卖或者使用伪造、变造的船舶户牌，或者涂改船舶发动机号码的，或者船舶擅自进入、停靠国家禁止、限制进入的水域或者岛屿的，情节轻微，尚不够刑事处罚的行为。其主要法律特征是：

1. 侵犯客体

行为侵犯的客体是国家对船舶的管理秩序。国家有关部门对船舶有明确的管理规定，如船舶登记，按规定的区域、航线行驶等。本行为违反了上述规定，侵害了国家机关对船舶的管理秩序。

2. 客观方面

行为的客观方面表现为行为人伪造、变造船舶户牌，买卖或者使用伪造、变造的船舶户牌，涂改船舶发动机号码，或者船舶擅自进入、停靠国家禁止、限制进入的水域或者岛屿。

3. 行为主体

行为的主体为达到法定责任年龄，具有责任能力的自然人，一般是船舶的所有人、负责人（包括船长、船东）、水手等。

4. 主观方面

行为的主观方面有两种情况。伪造、变造船舶户牌，买卖或者使用伪造、变造的船舶户牌，涂改船舶发动机号码的，主观上是由故意构成。船舶擅自进入、停靠国家禁止、限制进入的水域或者岛屿的，主观上既可以是故意，也可以由过失构成。

> **第六十五条** 【违反社会团体、基金会、社会服务机构登记管理秩序或擅自经营需公安机关许可行业的行为】有下列行为之一的,处十日以上十五日以下拘留,可以并处五千元以下罚款;情节较轻的,处五日以上十日以下拘留或者一千元以上三千元以下罚款:
>
> (一)违反国家规定,未经注册登记,以社会团体、基金会、社会服务机构等社会组织名义进行活动,被取缔后,仍进行活动的;
>
> (二)被依法撤销登记或者吊销登记证书的社会团体、基金会、社会服务机构等社会组织,仍以原社会组织名义进行活动的;
>
> (三)未经许可,擅自经营按照国家规定需要由公安机关许可的行业的。
>
> 有前款第三项行为的,予以取缔。被取缔一年以内又实施的,处十日以上十五日以下拘留,并处三千元以上五千元以下罚款。
>
> 取得公安机关许可的经营者,违反国家有关管理规定,情节严重的,公安机关可以吊销许可证件。

解读与适用

本条是对违反社会团体登记管理秩序行为和擅自经营需公安机关许可行业的行为的规定,对本条的理解应当注意几个方面。

一、违反社会团体、基金会、社会服务机构登记管理秩序行为

违反社会团体、基金会、社会服务机构登记管理秩序行为,是指行为人违反国家规定,未经注册登记,以社会团体、基金会、社会服务机构等社会组织名义进行活动,被取缔后,仍以原社会组织名义进行活动,情节轻微,尚不够刑事处罚的行为。其主要法律特征是:

1.侵犯客体

行为侵犯的客体是国家依法对社会团体、基金会、社会服务机构的管理制度。根据《社会团体登记管理条例》的规定,社会团体,是指中国公民自愿组成,为实现会员共同意愿,按照其章程开展活动的非营利性社会组织。包括各种学会、协会、研究会、促进会、联谊会、联合会、商会等称谓的社会组织。成立社会团体,应当经其业务主管单位审查同意,并依照《社会团体登记管理条例》的规定进行登记。基金会一般指慈善基金会。慈善基金会,是以私人财富用于公共事业的合法社会组织,旨在资助诸如教育、科学、医学、公共卫生和社会福利方面的科学研究和公益事业。社会服务机构属于为公益目的以捐助财产设立的捐助法人,具有非营利性、公益性、服务性等基本特征。结社自由是我国公民依据宪法规定享有的一项基本权利,社团的合法活动,对于社会主义物质文明和精神文明建设具有重要的促进作用。但是结社自由的权利应该有法律的保障,成立社团必须依法履行登记手续,经批准后依法进行活动。根据《慈善法》《社会团体登记管理条例》的规定,未经注册登记的,不得以社会团体、基金会、社会服务机构的名义进行活动。

2. 客观方面

行为的客观方面表现为社会团体、基金会、社会服务机构的主管人员违反国家规定,不履行向主管机关登记的义务,被取缔后,仍以社会团体的名义进行活动的行为。即行为客观上表现为:一是未经注册登记;二是以社会团体、基金会、社会服务机构名义进行活动;三是被取缔后,仍进行活动。如果被取缔后,不再进行活动,则不构成该行为。认定本行为时,一要注意区分罪与非罪的界限,具体要看行为的情节及后果。如果违反社会团体、基金会、社会服务机构登记管理秩序,进行非法组织活动,造成严重危害后果和政治影响,则构成犯罪;反之,未造成严重危害后果和政治影响的,属于违反治安管理行为。在具体适用法律时,要根据行为侵犯的客体、情节,依法追究其责任。二要注意区分两种不同的情况:一是未注册登记而取缔;二是虽然依法注册登记,但又被依法撤销登记。这两种行为的共性都是在没有取得合法注册登记的前提下,以社会团体的名义进行活动。认定时,应按两种违反治安管理行为认定。

3. 行为主体

行为的主体是符合法律规定,能够承担违反治安管理责任的自然人。通常是该非法社会团体的负责人或者其某种活动的主持人。

4. 主观方面

行为的主观方面是故意,即社会团体、基金会、社会服务机构负责人或者活动的主管人员,不听劝阻,明知违规还执意为之。

二、擅自经营需公安机关许可行业的行为

擅自经营需公安机关许可行业的行为,是指未经许可,擅自经营按照国家规

定需要由公安机关许可的行业,尚不够刑事处罚的行为。擅自经营需公安机关许可行业的行为构成特征如下:

1. 侵犯客体

行为侵犯客体是国家对特种行业进行许可的正常管理秩序。特种行业,是指工商服务业中,因其业务内容、经营性质和经营方式容易被利用进行违法犯罪活动,根据国家法律法规或地方性法规规定,由公安机关对其实行特殊治安管理的行业。

2. 客观方面

行为在客观上表现是未经许可,擅自经营按照国家规定需要由公安机关许可的行业的行为。目前,我国全国性的特种行业需要许可的有旅馆业、公章刻制业,需要备案的有典当业、旧货业(生产性废旧金属收购业、信托寄卖业、旧货流通业)、印刷业、机动车修理业、报废机动车回收业。

3. 行为主体

行为主体均为一般主体,即符合法律规定,能够承担治安管理责任的自然人。

4. 主观方面

行为人主观方面均为故意。

第六十六条 【煽动、策划非法集会、游行、示威,不听劝阻行为】煽动、策划非法集会、游行、示威,不听劝阻的,处十日以上十五日以下拘留。

解读与适用

本条是对煽动、策划非法集会、游行、示威,不听劝阻行为的规定。

煽动、策划非法集会、游行、示威,不听劝阻行为,是指行为人故意煽动、策划非法集会、游行、示威,不听劝阻,尚不够刑事处罚的行为。其主要法律特征是:

1. 侵犯客体

行为侵犯的客体是国家对集会、游行、示威活动的管理制度,如《集会游行示威法》等法律、法规的规定。

集会、游行、示威是宪法赋予公民的一项基本权利,但是根据《集会游行示威法》第4条的规定,公民在行使集会、游行、示威的权利的时候,必须遵守宪法和法律,不得反对宪法所确定的基本原则,不得损害国家的、社会的、集体的利益和其他公民的合法的自由和权利。根据《集会游行示威法》第7条的规定,举行集会、游行、示威,必须依照该法规定向主管机关提出申请并获得许可。只有两种情况不需要申请许可:一是国家举行或者根据国家决定举行的庆祝、纪念等活动;二是国家机关、政党、社会团体、企业事业组织依照法律、组织章程举行的集会。

2. 客观方面

行为的客观方面表现为行为人煽动、策划非法集会、游行、示威,而且不听劝阻的行为。煽动的本意是指鼓动别人去做坏事。[①] 这里的煽动,是指行为人以劝诱、鼓动或者其他方法,促使他人去实施违法犯罪行为。其危害就在于可能使被煽动者产生违法犯罪的意图和行动。煽动的方式可以是面对面口头方式,也可以是通过电信通讯、计算机网络、书写、张贴、散布谣言等。煽动的内容可以是敌我矛盾性质的内容,也可以是人民内部矛盾性质的内容。所谓策划,是指行为人为非法集会、游行、示威而暗中密谋、筹划,实际上是处于一种行为实施的预备状态。本行为中的"非法"含有三种情况:一是未申报的;二是申报未批准的;三是申报批准后,未按许可的方案,如起止时间、地点、路线等事项进行的。

集会,是指公民聚集于露天公共场所,发表意见、表达意愿的活动。游行,是指为表达共同意愿,而结队行进于公共道路、广场和其他露天公共场所的活动。示威,是指公民在公共道路或露天公共场所上以集会、游行、静坐等方式,表达要求、抗议或者支持、声援等共同意愿的活动。"露天公共场所""公共道路",均是指公众可以自由出入或者凭票可以进入的室外公共场所,不包括单位组织管理的内部露天场所和专用道路。[②]

3. 行为主体

行为主体均为一般主体,即符合法律规定,能够承担治安管理责任的自然人。即具体实施煽动、策划非法集会、游行、示威的人员,其他没有实施煽动、策划的一般参加人员不是本行为的主体。

---

① 参见中国社会科学院语言研究所词典编辑室编:《现代汉语词典》(第7版),商务印书馆2016年版,第1138页。

② 参见《集会游行示威法》第2条规定。

4. 主观方面

行为的主观方面必须是故意,过失不构成此行为。

实务要点

本行为与非法集会、游行、示威罪的区别。一是行为程度不同,前者行为人只具有煽动、策划的行为;而后者是行为人不仅有煽动、策划行为,而且作为负责人和直接责任人举行非法集会、游行、示威活动。二是情节不同,前者是在煽动、策划的预备阶段,不听人民警察劝阻的情形。对服从人民警察解散命令,或者没有严重破坏社会秩序的,不构成犯罪;对煽动、策划时,听从人民警察劝阻的,也不构成违反治安管理行为。后者是行为人在实施了非法集会、游行、示威后,又拒不服从人民警察解散的命令,严重破坏社会秩序的情形。三是方式不同。依照《集会游行示威法》的规定,集会、游行、示威必须和平地进行,非法携带武器、管制刀具或者爆炸物参加集会、游行、示威的,则构成犯罪。

第六十七条　【违反旅馆业管理规定行为】从事旅馆业经营活动不按规定登记住宿人员姓名、有效身份证件种类和号码等信息的,或者为身份不明、拒绝登记身份信息的人提供住宿服务的,对其直接负责的主管人员和其他直接责任人员处五百元以上一千元以下罚款;情节较轻的,处警告或者五百元以下罚款。

实施前款行为,妨害反恐怖主义工作进行,违反《中华人民共和国反恐怖主义法》规定的,依照其规定处罚。

从事旅馆业经营活动有下列行为之一的,对其直接负责的主管人员和其他直接责任人员处一千元以上三千元以下罚款;情节严重的,处五日以下拘留,可以并处三千元以上五千元以下罚款:

(一)明知住宿人员违反规定将危险物质带入住宿区域,不予制止的;

(二)明知住宿人员是犯罪嫌疑人员或者被公安机关通缉的人员,不向公安机关报告的;

(三)明知住宿人员利用旅馆实施犯罪活动,不向公安机关报告的。

> **解读与适用**

本条是对违反旅馆业管理规定行为的规定。

违反旅馆业管理规定行为，是指以下情节轻微，尚不够刑事处罚的行为：从事旅馆业经营活动不按规定登记住宿人员姓名、有效身份证件种类和号码等信息的；为身份不明、拒绝登记身份信息的人提供住宿服务的；明知住宿的人员违反规定将危险物质带入住宿区域，而不予制止的；明知住宿人员是犯罪嫌疑人员或者被公安机关通缉的人员，不向公安机关报告的；明知住宿人员利用旅馆实施犯罪活动，不向公安机关报告的。其主要法律特征是：

1. 侵犯客体

行为侵犯的客体是国家对旅馆业的管理制度。所谓旅馆业，是指接待旅客住宿，为旅客提供住宿条件和其他服务项目的行业。包括经营接待旅客住宿的旅馆、饭店、宾馆、招待所、客货栈、车马店、浴池、度假村（渔家乐、农家乐、民宿、网约房、电竞酒店）等。为了维护社会治安，保障公共安全，公安机关将旅馆业列入特种行业，实行特殊的治安管理。公安机关作为旅馆业治安管理的主管部门，应经常对旅馆业的安全工作进行监督、检查和指导，并对旅馆业中出现的各类治安问题进行查处，首先需要旅馆业的工作人员对住宿的旅客按规定登记，以掌握住宿人员情况。公安机关对旅馆业有明确的治安管理规定，如登记时应当查验旅客的身份证件，按规定的项目如实登记，接待境外旅客住宿，应在24小时内向当地公安机关报送住宿登记表，发现可疑人员及时报告等。该行为就是违反了上述规定，侵害了公安机关对旅馆业的管理秩序。

2. 客观方面

行为的客观方面表现为行为人对住宿的旅客不按规定登记姓名、身份证件种类和号码等信息；为身份不明拒绝登记身份信息的人提供住宿服务的；或者明知住宿的旅客将危险物质带入旅馆，而不予制止；或者明知住宿的旅客是犯罪嫌疑人员或者被公安机关通缉的人员，不向公安机关报告；或者明知住宿人员利用旅馆实施犯罪活动，不向公安机关报告。《旅馆业治安管理办法》赋予旅馆业工作人员的法定义务为："旅馆接待旅客住宿必须登记。登记时，应当查验旅客的身份证件，按规定的项目如实登记。接待境外旅客住宿，还应当在24小时内向当地公安机关报送住宿登记表。"上述"危险物质"，是指具有爆炸性、毒害性、放射性、腐蚀性、传染性病病原体等的物质,不但包括危险物品,而且包括危险物品以外的其他具有危害性的物质。

3. 行为主体

行为的主体为特殊主体,即必须是对旅馆业直接负责的主管人员和其他直接责任人员违反了有关旅客住宿方面的管理规定,才构成本行为。

4. 主观方面

行为的主观方面有两种情况。对住宿旅客不按规定登记的,主观上可以由故意或者过失两种状态构成。对住宿旅客将危险物质带入旅馆而不予制止的行为,明知住宿的旅客是犯罪嫌疑人员或者被公安机关通缉的人员而不向公安机关报告的行为,或明知住宿人员利用旅馆实施犯罪活动而不向公安机关报告的行为,必须是故意,即明知故犯。

《治安管理处罚法》第 67 条规定,从事旅馆业经营活动不按规定登记住宿人员姓名、有效身份证件种类和号码等信息的,或者为身份不明、拒绝登记身份信息的人提供住宿服务的,对其直接负责的主管人员和其他直接责任人员处 500 元以上 1000 元以下罚款;情节较轻的,处警告或者 500 元以下罚款。

实施前款行为,妨害反恐怖主义工作进行,违反《反恐怖主义法》规定的,依照其规定处罚。《反恐怖主义法》第 21 条规定,电信、互联网、金融、住宿、长途客运、机动车租赁等业务经营者、服务提供者,应当对客户身份进行查验。对身份不明或者拒绝身份查验的,不得提供服务。《反恐怖主义法》第 86 条规定,电信、互联网、金融业务经营者、服务提供者未按规定对客户身份进行查验,或者对身份不明、拒绝身份查验的客户提供服务的,主管部门应当责令改正;拒不改正的,处 20 万元以上 50 万元以下罚款,并对其直接负责的主管人员和其他直接责任人员处 10 万元以下罚款;情节严重的,处 50 万元以上罚款,并对其直接负责的主管人员和其他直接责任人员,处 10 万元以上 50 万元以下罚款。住宿、长途客运、机动车租赁等业务经营者、服务提供者有前款规定情形的,由主管部门处 10 万元以上 50 万元以下罚款,并对其直接负责的主管人员和其他直接责任人员处 10 万元以下罚款。

《治安管理处罚法》与《反恐怖主义法》对违反住宿实名制的行为均规定了行政处罚,二者罚款处罚数额差别较大。具体应如何区分?对于在日常监管中发现未履行治安防范责任的行为,应依据《治安管理处罚法》予以处罚。而适用

《反恐怖主义法》的情形,主要针对妨害反恐怖主义工作的行为,例如:在重点地区或特殊时期,因反恐斗争需要必须加强管控的;或者行为直接涉及恐怖主义、极端主义活动,或与涉恐嫌疑人员相关的,影响反恐工作正常开展的情形。

> 第六十八条 【违反租赁房屋规定行为】房屋出租人将房屋出租给身份不明、拒绝登记身份信息的人的,或者不按规定登记承租人姓名、有效身份证件种类和号码等信息的,处五百元以上一千元以下罚款;情节较轻的,处警告或者五百元以下罚款。
>
> 房屋出租人明知承租人利用出租房屋实施犯罪活动,不向公安机关报告的,处一千元以上三千元以下罚款;情节严重的,处五日以下拘留,可以并处三千元以上五千元以下罚款。

解读与适用

本条是对违反租赁房屋规定行为的规定。

违反租赁房屋规定行为,是指房屋出租人将房屋出租给身份不明、拒绝登记身份信息的人,或者不按规定登记承租人姓名、有效身份证件种类和号码等信息,或者明知承租人利用出租房屋进行犯罪活动而不向公安机关报告,尚不够刑事处罚的行为。其主要法律特征是:

1. 侵犯客体

行为侵犯的客体是公安机关对租赁房屋的管理制度。公安机关对租赁房屋实行治安管理,建立登记、安全检查、发现违法犯罪行为及时报告等管理制度。本行为就是违反上述规定,侵害了公安机关对租赁房屋的管理秩序。

2. 客观方面

行为的客观方面表现为房屋出租人将房屋出租给身份不明、拒绝登记身份信息的人,或者不按规定登记承租人姓名、有效身份证件种类和号码等信息,或者明知承租人利用出租房屋进行犯罪活动而不向公安机关报告的行为。

3. 行为主体

行为的主体为特殊主体,即必须是对出租房屋拥有合法权利的出租人或者单位。承租人将承租房屋转租、转借他人,经与出租人达成协议,报当地公安机关备案后,也可构成本行为的主体。

4. 主观方面

在主观方面,出租人将房屋出租给身份不明、拒绝登记身份信息的人的,或者不按规定登记承租人姓名、有效身份证件种类和号码等信息的,故意和过失均可构成;明知承租人利用出租房屋进行犯罪活动而不向公安机关报告的,或明知承租人利用出租房屋进行犯罪活动而不向公安机关报告行为的,主观方面是故意。

第六十九条 【娱乐场所和公章刻制、旧货、机动车修理等行业经营者不依法登记行为】娱乐场所和公章刻制、机动车修理、报废机动车回收行业经营者违反法律法规关于要求登记信息的规定,不登记信息的,处警告;拒不改正或者造成后果的,对其直接负责的主管人员和其他直接责任人员处五日以下拘留或者三千元以下罚款。

解读与适用

本条是对娱乐场所和公章刻制、机动车修理、报废机动车回收行业不依法登记行为的规定。

娱乐场所和公章刻制、机动车修理、报废机动车回收行业不依法登记行为,是指娱乐场所和公章刻制、机动车修理、报废机动车回收行业的经营者、直接负责的主管人员和其他直接责任人员不依法登记信息,尚不够刑事处罚的行为。其主要法律特征是:

1. 侵犯客体

行为侵犯的客体是国家对娱乐场所和公章刻制、机动车修理、报废机动车回收行业的管理制度。为了维护社会治安,保障公共安全,国家要对娱乐场所和公章刻制、机动车修理、报废机动车回收行业加强管理。为便于公安机关和其他职能部门对娱乐场所和公章刻制、机动车修理、报废机动车回收行业的安全工作进行监督、检查和指导,并对出现的各类治安问题进行查处,首先需要娱乐场所和公章刻制、机动车修理、报废机动车回收行业按规定登记,以掌握其具体情况。

2. 客观方面

行为的客观方面表现为娱乐场所和公章刻制、机动车修理、报废机动车回收行业经营者不依法登记信息,或拒不改正或者造成后果的。

3. 行为主体

行为的主体为特殊主体,即必须是娱乐场所和公章刻制、机动车修理、报废机动车回收行业的经营者、直接负责的主管人员和其他直接责任人员。

4. 主观方面

在主观方面,故意和过失均可构成。

> 第七十条 【非法安装、使用、提供窃听、窃照专用器材行为】非法安装、使用、提供窃听、窃照专用器材的,处五日以下拘留或者一千元以上三千元以下罚款;情节较重的,处五日以上十日以下拘留,并处三千元以上五千元以下罚款。

解读与适用

本条是对非法安装、使用、提供窃听、窃照专用器材行为的规定。

非法安装、使用、提供窃听、窃照专用器材行为,是指非法安装、使用、提供窃听、窃照专用器材,尚不够刑事处罚的行为。其主要法律特征是:

1. 侵犯客体

行为侵犯的客体是国家对窃听、窃照专用器材的管理秩序。根据国家安全法和其他法律、法规的规定,任何组织和个人均不得非法持有、安装、使用、提供窃听、窃照等专用器材,因此在我国,窃听、窃照专用器材是一般禁止持有、使用的物品,除非法律特别授权,持有、安装、使用、提供即为非法。对于有关机关确有需要的,应当符合国家法律法规的规定,对其具体使用程序作严格的限制,如《国家安全法》第75条规定,国家安全机关、公安机关、有关军事机关开展国家安全专门工作,可以依法采取必要手段和方式,有关部门和地方应当在职责范围内提供支持和配合。

2. 客观方面

行为的客观方面表现为非法安装、使用、提供窃听、窃照专用器材。窃听、窃照专用器材是技术侦察工作中使用的重要装备。技术侦查,是指国家有关部门根据法律规定,运用现代科学技术手段,侦破刑事案件,发现犯罪和查找罪证的措施。国家有关部门因侦查犯罪的需要,根据国家有关规定,经过严格的批准手续,可以采取技术侦查措施。任何未经批准,擅自安装、使用窃听、窃照专用器材的行为,都是违法行为。主要包括两种情形:一是非法安装、使用,包括有权使用窃听、窃照专用器材,但未经批准擅自安装、使用窃听、窃照专用器材的,以及无权使用窃听、窃照专用器材而擅自使用窃听、窃照专用器材的。行为人使用普通的录音、摄影器材非法窃听、窃照的,不构成本行为。窃听、窃照专用器材是进行秘密监听、录音、拍摄影像的专用工具,所以非法使用是指使用窃听、窃照专用器材进行非法窃听、窃照。如果使用窃听、窃照专用器材公开录音、拍摄影像,其持有窃听、窃照专用器材的行为可能是非法的,但其使用行为不属于本行为客观方面的"非法使用"。非法窃听是指非法使用窃听专用器材,秘密监听窃听对象的言谈、动静。监听对象既可以是我国公民,也可以是外国人、企事业单位。监听内容包括私人谈话、电话、日常生活起居、会议等。当然,如果行为人利用窃听专用器材窃听国家秘密的,则构成妨害国家秘密的犯罪。非法窃照是指行为人非法使用窃照专用器材偷拍、偷录他人活动或其他目标的行为,窃照的对象包括日常生活起居、个人交往活动、企事业单位经营活动等。如行为人用窃照专用器材偷拍、偷摄国家秘密的,构成妨害国家秘密的犯罪。二是非法提供,即送人、转借给他人。本行为与犯罪行为的区别就是是否造成严重后果。

3. 行为主体

行为主体均为一般主体,即符合法律规定,能够承担治安管理责任的自然人。

4. 主观方面

在主观方面表现为故意,过失不构成本行为。在司法实践中,行为人实施这种窃听、窃照的行为,一般是出于某种非法的目的,有的则是出于好奇,无论行为人出于何种目的和动机,都不影响本行为的成立。

案例与评析

【案例】颜某为了偷拍他人隐私,通过非法途径购买窃照专用器材,分别安装在自己拟出租楼房的卧室和卫生间内,使用手机 App 将窃照专用器材与房间内 Wi-Fi 和自己的手机配对连接,并设置了远程使用手机 App 观看房间内实时监控录像、回放录像、下载录像的功能。颜某通过手机 App 实时观看时,若发现房间内有人发生性行为,就将相关视频和截图下载至手机观看、保存并存储于颜某的笔记本电脑内。5月7日颜某将房子出租给唐某某,5月10日唐某某发现房间内安装有窃照器材,随后报警。

【评析】公安机关经调查认为,颜某非法安装使用窃照专用器材,尚未造成严重后果,其行为已构成非法使用窃照专用器材;另外,其行为也触犯了"偷窥、偷拍、窃听、他人隐私",两行为具有牵连关系,择一重处理。

除了安装以外,颜某还通过联网、调试、实时监控、下载等非法使用窃听窃照行为对房屋租客的居住行为尤其是性行为等隐私进行实时监控,用于自己观看;尚未造成严重后果,也未进行传播、也未造成被害人精神失常、社会影响未扩散。且颜某属于具有责任能力的自然人,符合主体要件;其主观要件为直接故意,目的为偷窥他人隐私。因此符合非法安装、使用窃听窃照专用器材。颜某通过在卧室、卫生间等私密空间安装隐蔽摄像设备并实时观看、下载租客身体隐私、性生活等敏感隐私信息;其只要实施了,偷拍即成立,不要求传播或严重后果,就构成"偷窥、偷拍、窃听、散布他人隐私"行为。

第七十一条 【违法承接典当物品、收购国家禁止收购物品的行为】有下列行为之一,处一千元以上三千元以下罚款;情节严重的,处五日以上十日以下拘留,并处一千元以上三千元以下罚款:

(一)典当业工作人员承接典当的物品,不查验有关证明、不履行登记手续的,或者违反国家规定对明知是违法犯罪嫌疑人、赃物而不向公安机关报告的;

(二)违反国家规定,收购铁路、油田、供电、电信、矿山、水利、测量和城市公用设施等废旧专用器材的;

(三)收购公安机关通报寻查的赃物或者有赃物嫌疑的物品的;

(四)收购国家禁止收购的其他物品的。

解读与适用

本条是对违法承接典当物品、收购国家禁止收购物品的行为的规定,对本条的理解应当注意几个方面。

一、违法承接典当物品行为

违法承接典当物品行为,是指典当业经营中,工作人员违反典当业管理规定承接典当物品,不查验有关证明、不履行登记手续的,或者典当经营过程中违反国家规定明知是违法犯罪嫌疑人、赃物而不向公安机关报告,情节轻微,尚不够刑事处罚的行为。其主要法律特征是:

1. 侵犯客体

行为侵犯的客体是公安机关对典当业的正常管理秩序。典当业,是以实物占有权转移形式,为集体、私营企业和个人提供临时性质押贷款的非银行金融机构的通称。由于典当业容易被不法人员利用进行销赃,因此被列为特种行业,由公安机关实行治安管理,依法赋予其特定的义务,建立查验、登记、安全检查、发现可疑情况及时报告等管理制度。本行为就是违反上述规定,侵害了公安机关对典当业的管理秩序。

2. 客观方面

行为的客观方面表现为行为人在典当业经营中承接典当物品时,不查验有关证明、不履行登记手续,或者违反国家规定明知是违法犯罪嫌疑人、赃物而不向公安机关报告,是一种不作为行为。区分本行为与犯罪行为的关键在于行为情节是否严重。违反规定承接典当物品,情节严重的,则构成犯罪;情节轻微的,可认定为违反治安管理行为。

3. 行为主体

行为的主体为特殊主体,即只有具有典当业工作人员身份的,才能构成本行为的主体。

4. 主观方面

行为的主观方面是故意。

二、违法收购国家禁止收购物品行为

违法收购国家禁止收购物品行为,是指违反国家规定,收购铁路、油田、供电、电信、矿山、水利、测量和城市公用设施等废旧专用器材,收购公安机关通报寻查的赃物或者有赃物嫌疑的物品,收购国家禁止收购的其他物品,尚不够刑事处罚的行为。其主要法律特征是:

1. 侵犯客体

行为侵犯的直接客体是国家对废旧金属收购业的治安管理制度以及司法机关的司法活动。

2. 客观方面

行为在客观上表现：一是违反国家规定，收购铁路、油田、供电、电信、矿山、水利、测量和城市公用设施等废旧专用器材，收购公安机关通报寻查的赃物或者有赃物嫌疑的物品，收购国家禁止收购的其他物品；二是客观上不要求收购的数量，即只要具有收购这些物品的行为就构成本行为。《废旧金属收购业治安管理办法》规定，收购废旧金属的企业和个体工商户不得收购公安机关通报寻查的赃物或者有赃物嫌疑的物品，发现有出售公安机关通报寻查的赃物或者有赃物嫌疑的物品的，应当立即报告公安机关，公安机关对赃物或者有赃物嫌疑的物品应当予以扣留，并开付收据。因此，如果非法收购此类物品，即构成本行为。

3. 行为主体

行为的主体是一般主体，既包括个人也可以是废旧金属收购单位。

4. 主观方面

行为在主观上是故意。

案例与评析

【案例】李某持身份证到"红星典当行"回赎典当的金项链，声称当票丢失。红星典当行工作人员刘某简单核对了出当日期和金项链的特征后办理了赎当手续。公安机关发现后，以"典当业工作人员承接典当的物品，不查验有关证明"为由，对刘某处以500元罚款。

问题：

(1) 公安机关对刘某处以1500元罚款是否正确？为什么？

(2) 典当业工作人员承接典当的物品，应查验哪些证明？

【评析】

(1) 公安机关对刘某处以1500元罚款正确。根据《治安管理处罚法》第71条第1款规定，典当业工作人员承接典当的物品，不查验有关证明，处1000元以上3000元以下罚款；情节严重的，处5日以上10日以下拘留，并处1000元以上3000元以下罚款；刘某在李某赎当时，不查验当票，属于"典当业工作人员承接典当的物品,不查验有关证明的情形"。

(2)典当业工作人员承接典当的物品,应查验的有关证明包括:当户本人的有效身份证件;当户为单位的,经办人员出具的单位证明和经办人的有效身份证件;委托典当中,被委托人出具的典当委托书、本人和委托人的有效身份证件;出当时,当户提供的当物的来源及相关证明材料;赎当时,当户出示的当票。

第七十二条 【妨害执法、司法管理秩序行为】有下列行为之一的,处五日以上十日以下拘留,可以并处一千元以下罚款;情节较轻的,处警告或者一千元以下罚款:

(一)隐藏、转移、变卖、擅自使用或者损毁行政执法机关依法扣押、查封、冻结、扣留、先行登记保存的财物的;

(二)伪造、隐匿、毁灭证据或者提供虚假证言、谎报案情,影响行政执法机关依法办案的;

(三)明知是赃物而窝藏、转移或者代为销售的;

(四)被依法执行管制、剥夺政治权利或者在缓刑、暂予监外执行中的罪犯或者被依法采取刑事强制措施的人,有违反法律、行政法规或者国务院有关部门的监督管理规定的行为的。

解读与适用

本条是对妨害执法、司法管理行为的规定,对本条的理解应当注意几个方面。

一、隐藏、转移、变卖、擅自使用或者损毁行政执法机关依法扣押、查封、冻结、扣留、先行登记保存的财物的行为

隐藏、转移、变卖、擅自使用或者损毁行政执法机关依法扣押、查封、冻结、扣留、先行登记保存的财物的行为,是指违反有关规定,隐藏、转移、变卖、擅自使用或者损毁行政执法机关依法扣押、查封、冻结、扣留、先行登记保存的财物,尚不够刑事处罚的行为。其主要法律特征是:

1.侵犯客体

行为侵犯客体是行政执法机关的正常管理秩序和正常的执法活动,行为的对象是依法扣押、查封、冻结、扣留、先行登记保存的财物。

2. 客观方面

行为在客观上表现是违反有关规定,隐藏、转移、变卖、擅自使用或者损毁行政执法机关依法扣押、查封、冻结、扣留、先行登记保存的财物,尚不够刑事处罚。所谓隐藏是指隐蔽、藏匿,转移是指转运、移动,变卖是指出售,损毁是指损坏、毁灭。

3. 行为主体

行为主体为一般主体,既包括单位,也包括自然人。

4. 主观方面

行为人主观方面为故意,即明知属于行政执法机关依法扣押、查封、冻结的财物,却予以隐藏、转移、变卖、损毁的。

二、伪造、隐匿、毁灭证据或者提供虚假证言、谎报案情行为

伪造、隐匿、毁灭证据或者提供虚假证言、谎报案情行为,是指行为人出于某种动机或者需要,故意伪造、隐匿、毁灭证据或者提供虚假证言、谎报案情,影响行政执法机关依法办案,情节轻微,尚不够刑事处罚的行为。其主要法律特征是:

1. 侵犯客体

行为侵犯的客体是国家行政执法机关依法办案的正常秩序。

2. 客观方面

行为的客观方面表现为行为人实施了伪造、隐匿、毁灭证据或者提供虚假证言、谎报案情,影响行政执法机关依法办案的行为。虚假证据,是指与案件真实情况不相符合的一种虚构事实。隐匿证据,是指故意隐藏能够证明案件真实情况的证据;毁灭证据,是指故意销毁案件证据。提供虚假证言,是指行为人向行政执法机关提供与案件事实不相符合的子虚乌有的证言。谎报案情,是指行为人出于某种目的或需要,故意编造不真实的案件情况并向行政执法机关报告的行为。客观方面造成的结果是影响行政执法机关依法办案。

3. 行为主体

行为的主体为一般主体,但必须是与案件有关联的人和单位。

4. 主观方面

行为的主观方面必须出于故意,过失不构成本行为。例如,行为人不存在主观上的故意,而是因工作不认真、记忆不清、文化水平低、重视程度不够等,作出不符合事实的证明,或者是无意损毁证据等,均不能认定为本行为。

三、窝藏、转移或者代为销售赃物行为

窝藏、转移或者代为销售赃物行为,是指行为人明知是赃物而窝藏、转移或者代为销售,情节轻微,尚不够刑事处罚的行为。其主要法律特征是:

1. 侵犯客体

行为侵犯的客体是国家司法、执法机关的正常管理秩序。行为侵犯对象是赃物,即行政执法、司法机关依法认定的属于违法、犯罪所得之物、所用之物等。

2. 客观方面

行为的客观方面表现为明知是犯罪所得赃物而予以窝藏、转移或代为销售的行为。本行为与掩饰、隐瞒犯罪所得及其收益罪的区别主要在于行为的对象、情节和危害后果不同。掩饰、隐瞒犯罪所得及其收益罪的行为对象还包括犯罪收益,行为人的行为所涉及的赃物数量较大,价值3000元以上,则构成掩饰、隐瞒犯罪所得及其收益罪;反之,应认定为违反治安管理行为。

3. 行为主体

行为的主体为一般主体。既包括单位,也包括自然人。

4. 主观方面

行为的主观方面必须是故意,即明知。其表现为:一方面是行为人看到或听到该物品是赃物;另一方面是通过分析、判断认为是赃物,如在非法的交易场所购买的、物品证件手续不全或明显违反规定的、证明物品合法的标志有更改痕迹而没有合法证明的、以明显低于市场价格购买该物品的等。但有证据证明确属被蒙骗的除外。如果行为人主观上不是出于故意,即不知道是赃物而替人保管、收藏、运送的,则不构成此行为。

四、违反监管规定行为

违反监管规定行为,是指被依法执行管制、剥夺政治权利或者在缓刑、暂予监外执行中的罪犯或者被依法采取刑事强制措施的人,违反法律、行政法规或者国务院有关部门的监督管理规定,尚不够刑事处罚的行为。其主要法律特征是:

1. 侵犯客体

行为侵犯的客体是社会管理秩序,即公安、司法机关依法实施的监管活动。

2. 客观方面

行为的客观方面表现为依法执行管制、剥夺政治权利或者在缓刑、暂予监外执行中的罪犯或者被依法采取刑事强制措施的人，违反法律、行政法规或者国务院有关部门的监督管理规定，依照《刑法》规定尚不够刑事处罚的行为。所谓"违反法律、法规和国务院公安部门有关监督管理的规定"，是指违反《刑事诉讼法》《监狱法》及其实施细则，以及公安部发布实施的有关公安机关对被管制、剥夺政治权利、缓刑、保外就医等罪犯监督管理的有关规定。

3. 行为主体

行为的主体为特殊主体，即依法执行管制、剥夺政治权利或者在缓刑、暂予监外执行中的罪犯或者被依法采取刑事强制措施的人。

4. 主观方面

行为的主观方面必须出于故意，即违法行为人明知是违反监管规定的行为而故意实施。

第七十三条 【妨害司法、监察秩序行为】有下列行为之一的，处警告或者一千元以下罚款；情节较重的，处五日以上十日以下拘留，可以并处一千元以下罚款：

（一）违反人民法院刑事判决中的禁止令或者职业禁止决定的；

（二）拒不执行公安机关依照《中华人民共和国反家庭暴力法》《中华人民共和国妇女权益保障法》出具的禁止家庭暴力告诫书、禁止性骚扰告诫书的；

（三）违反监察机关在监察工作中、司法机关在刑事诉讼中依法采取的禁止接触证人、鉴定人、被害人及其近亲属保护措施的。

解读与适用

一、违反人民法院刑事判决中的禁止令或者职业禁止决定的行为

违反人民法院刑事判决中的禁止令或者职业禁止决定的行为，是指被禁止从事相关职业的人违反人民法院刑事判决中的禁止令或者职业禁止决定，违法从事被禁止的相关职业，尚不够刑事处罚的行为。其主要法律特征是：

1. 侵犯客体

行为侵犯的客体是司法机关的司法活动秩序。为维护社会治安秩序，根据《刑法》第37条之一第1款的规定，对于因利用职业便利实施犯罪，或者实施违背职业要求的特定义务的犯罪被判处刑罚的人员，人民法院可以根据犯罪情况和预防再犯罪的需要，禁止其自刑罚执行完毕之日或者假释之日起从事相关职业，期限为3年至5年。

2. 客观方面

行为的客观方面表现为从事了人民法院刑事判决中的禁止令或者职业禁止决定禁止的职业。

3. 行为主体

行为的主体为特殊主体，即必须是根据人民法院刑事判决中的禁止令或者职业禁止决定，被禁止从事相关职业的人。

4. 主观方面

行为主观方面是故意。

二、拒不执行禁止家庭暴力告诫书、禁止性骚扰告诫书行为

拒不执行禁止家庭暴力告诫书、禁止性骚扰告诫书行为，是指行为人拒不执行公安机关依照《反家庭暴力法》《妇女权益保障法》出具的禁止家庭暴力告诫书、禁止性骚扰告诫书，尚不够刑事处罚的行为。其主要法律特征是：

1. 侵犯客体

行为侵犯的客体是公安机关的执法活动管理秩序。为了预防和制止家庭暴力，保护家庭成员的合法权益，维护平等、和睦、文明的家庭关系，促进家庭和谐、社会稳定，根据《反家庭暴力法》第16条和第17条的规定，公安机关可以对情节较轻的家庭暴力行为出具告诫书，告诫书应包括加害人的身份信息、家庭暴力的事实陈述以及禁止加害人实施家庭暴力的内容。公安机关应当将告诫书送交加害人和受害人，并通知居民委员会、村民委员会。这些机构应对收到告诫书的加害人和受害人进行查访，监督加害人不再实施家庭暴力。

2. 客观方面

行为的客观方面表现为拒不执行公安机关依照《反家庭暴力法》《妇女权益保障法》出具的禁止家庭暴力告诫书、禁止性骚扰告诫书。

3. 行为主体

行为的主体为特殊主体,即必须是家庭暴力或性骚扰的加害人。

4. 主观方面

行为主观方面是故意。

三、违法接触证人、鉴定人、被害人及其近亲属的行为

违法接触证人、鉴定人、被害人及其近亲属的行为,是指行为人违反监察机关在监察工作中、司法机关在刑事诉讼中依法采取的禁止接触证人、鉴定人、被害人及其近亲属保护措施,尚不够刑事处罚的行为。由于有些案件关系国家安全、公共安全,或者犯罪性质恶劣、组织性强,证人遭到打击报复的可能性大,后果也可能更严重,甚至是有生命危险。对于这些案件,有必要在对打击报复证人的行为追究责任之外,加强对证人的保护力度,以预防打击报复证人的事件发生,保证公民履行作证义务,保障诉讼活动的顺利进行。同时,通过切实保护公民的人身安全,支持和鼓励人民群众积极同犯罪行为作斗争,更好地实现刑事诉讼法"打击犯罪,保护人民"的立法目的。本行为主要法律特征是:

1. 侵犯客体

行为侵犯的客体是行政机关、司法机关的活动管理秩序。证人、鉴定人、被害人认为因在监察工作中、诉讼中作证,本人或者其近亲属的人身安全面临危险的,可以向监察机关、人民法院、人民检察院、公安机关请求予以保护。根据我国《刑事诉讼法》第64条的规定,对于危害国家安全犯罪、恐怖活动犯罪、黑社会性质的组织犯罪、毒品犯罪等案件,证人、鉴定人、被害人因在诉讼中作证,本人或者其近亲属的人身安全面临危险的,人民法院、人民检察院和公安机关应当采取以下一项或者多项保护措施:①不公开真实姓名、住址和工作单位等个人信息;②采取不暴露外貌、真实声音等出庭作证措施;③禁止特定的人员接触证人、鉴定人、被害人及其近亲属;④对人身和住宅采取专门性保护措施;⑤其他必要的保护措施。证人、鉴定人、被害人认为因在诉讼中作证,本人或者其近亲属的人身安全面临危险的,可以向人民法院、人民检察院、公安机关请求予以保护。人民法院、人民检察院、公安机关依法采取保护措施,有关单位和个人应当配合。

2. 客观方面

行为的客观方面表现为违反监察机关在监察工作中、司法机关在刑事诉讼中采取的禁止接触证人、鉴定人、被害人及其近亲属保护措施。

3.行为主体

行为的主体为达到法定责任年龄、具有责任能力的自然人。

4.主观方面

行为主观方面是故意。

> **第七十四条** 【依法被关押的违法行为人脱逃行为】依法被关押的违法行为人脱逃的,处十日以上十五日以下拘留;情节较轻的,处五日以上十日以下拘留。

解读与适用

依法被关押的违法行为人脱逃行为,是指依法被关押的违法行为人从羁押和改造场所逃走,尚不够刑事处罚的行为。主要法律特征是:

1.侵犯客体

行为侵犯的客体是行政机关、司法机关的活动管理秩序。

2.客观方面

行为的客观方面表现为脱离监管机关的控制,具体表现为逃离关押场所,打破门窗或毁损械具后逃离关押场所等,尚不够刑事处罚的。

3.行为主体

行为的主体为特殊主体,即被关押的违法行为人。

4.主观方面

行为主观方面是故意,即脱逃行为必须是故意的,且出于逃避监管机关监管的目的。

> **第七十五条** 【故意损坏国家保护的文物、名胜古迹,或者危害文物安全行为】有下列行为之一的,处警告或者五百元以下罚款;情节较重的,处五日以上十日以下拘留,并处五百元以上一千元以下罚款:
> （一）刻划、涂污或者以其他方式故意损坏国家保护的文物、名胜古迹的;
> （二）违反国家规定,在文物保护单位附近进行爆破、钻探、挖掘等活动,危及文物安全的。

解读与适用

本条是对故意损坏国家保护的文物、名胜古迹,或者危害文物安全行为的规定。

故意损坏国家保护的文物、名胜古迹,或者危害文物安全行为,是指行为人违反文物保护法律法规,刻划、涂污或者以其他方式故意损坏国家保护的文物、名胜古迹,或者在文物保护单位附近进行爆破、钻探、挖掘等活动,危及文物安全,情节轻微,尚不够刑事处罚的行为。其主要法律特征是:

1. 侵犯客体

行为侵犯的客体是国家文物管理秩序和国家对名胜古迹的正常管理活动。

2. 客观方面

行为的客观方面表现为刻划、涂污或者以其他方式故意损坏国家保护的文物、名胜古迹,在文物保护单位附近进行爆破、挖掘等活动,危及文物安全的行为。

3. 行为主体

行为的主体分为两类:刻划、涂污或者以其他方式故意损坏国家保护的文物、名胜古迹的行为主体为达到法定责任年龄、具有责任能力的自然人;违反国家规定,在文物保护单位附近进行爆破、钻探、挖掘等活动,危及文物安全的行为主体既可以是自然人,也可以是单位。

4. 主观方面

行为的主观方面必须是故意,即行为人明知是国家保护的文物,过失不构成本行为。对于可能出现的多种动机,不影响本行为的认定。

实务要点

区分本行为与故意损毁文物犯罪行为、过失损毁文物犯罪行为、故意损毁名胜古迹犯罪行为,主要看情节是否严重、是否造成严重后果。如果是故意损毁国家保护的珍贵文物或者被确定为全国重点保护单位、省级文物保护单位的文物,则构成故意损毁文物罪;过失损毁,造成严重后果的,构成过失损毁文物罪;对于故意损毁国家保护的名胜古迹,情节严重的,则构成故意损毁名胜古迹罪。只有情节轻微,没有造成严重后果的,才可认定为违反治安管理行为。

> **第七十六条** 【偷开他人机动车或无证驾驶、偷开他人航空器、机动船舶行为】有下列行为之一的,处一千元以上二千元以下罚款;情节严重的,处十日以上十五日以下拘留,可以并处二千元以下罚款:
> （一）偷开他人机动车的;
> （二）未取得驾驶证驾驶或者偷开他人航空器、机动船舶的。

解读与适用

本条是对偷开机动车或无证驾驶、偷开他人航空器、机动船舶行为的规定。

偷开他人机动车或无证驾驶、偷开他人航空器、机动船舶行为,是指行为人未经机动车所有人、机动车保管人或者驾驶人员同意,秘密开动他人机动车,或者未取得驾驶证驾驶或者偷开他人航空器、机动船舶,尚不够刑事处罚的行为。其主要法律特征是：

1. 侵犯客体

行为侵犯的客体是国家对交通运输的管理秩序。

2. 客观方面

行为的客观方面表现为行为人未经机动车所有人、保管人或驾驶人员的允许,私自偷开机动车,或者未取得驾驶证驾驶或者偷开他人航空器、机动船舶的行为。机动车,是指以动力装置驱动或者牵引的车辆。它一般包括各种汽车、无轨电车、电瓶车、摩托车、农用运输车、轮式专用机械车、轮式拖拉机车组、手扶拖拉机车组、手扶拖拉机变形运输机以及被牵引的半挂车和全挂车等。"非机动车",是指以人力或者畜力驱动,以及道路行驶虽有动力装置驱动但设计最高时速、空车质量、外形尺寸符合有关国家标准的残疾人机动轮椅车、电动自行车等。

3. 行为主体

行为的主体为达到法定年龄,具有责任能力的自然人。

4. 主观方面

行为的主观方面表现为故意,其动机具有多样性,如学习驾驶、开心取乐等,但没有非法占有的目的。

---------- 实务要点 ----------

区分本行为与其他相关犯罪行为,主要看其目的和行为造成的后果。不以

占有为目的,多次偷开他人机动车并丢失的,以盗窃罪论处;在偷开时发生重大交通事故,致人重伤、死亡或者重大财产损失的,构成交通肇事罪;偷开中发生倾覆、毁坏车辆,造成严重后果的,构成过失损坏交通工具罪等。只有在偷开他人机动车,情节轻微没有造成严重后果的情况下,按违反治安管理行为认定。

案例与评析

【案例】某日,黄某(14岁)见邻居张某新买的摩托车停在小区院内,遂产生要试一试的念头。于是黄某假装到张某家找其儿子玩,趁其家人不备,将车钥匙偷出,把摩托车推出小区。但由于其此前从未开过摩托车,上车骑了不到100米就人仰车翻,被巡逻的警察发现。张某修车共花费300元。

问题:

(1)公安机关能否对黄某的行为进行处罚?为什么?

(2)公安机关在处理此案中应注意什么?

【评析】

(1)公安机关可以处罚黄某。《治安管理处罚法》第76条第1款规定,偷开他人机动车的,处1000元以上2000元以下罚款;情节严重的,处10日以上15日以下拘留,可以并处2000元以下罚款。黄某已满14周岁符合该行为的主体条件,同时摩托车属于本条规定的机动车,并且黄某属于偷开行为,所以公安机关可以处罚黄某。

(2)公安机关在处理此案中应注意:因为黄某是未成年人《治安管理处罚法》第98条第3款规定,在对其进行询问时应通知其监护人到场;根据《治安管理处罚法》第12条规定,作处罚决定时应当从轻或者减轻处罚;如果决定行政拘留根据《治安管理处罚法》第23条第1款规定应当不执行。

第七十七条 【破坏、污损他人坟墓或毁坏、丢弃他人尸骨、骨灰或者违法停放尸体行为】有下列行为之一的,处五日以上十日以下拘留;情节严重的,处十日以上十五日以下拘留,可以并处二千元以下罚款:

(一)故意破坏、污损他人坟墓或者毁坏、丢弃他人尸骨、骨灰的;

(二)在公共场所停放尸体或者因停放尸体影响他人正常生活、工作秩序,不听劝阻的。

解读与适用

本条是对破坏、污损他人坟墓或毁坏、丢弃他人尸骨、骨灰或者违法停放尸体行为的规定。

破坏、污损他人坟墓或毁坏、丢弃他人尸骨、骨灰或者违法停放尸体行为,是指行为人明知是他人的坟墓或尸骨、骨灰,而故意破坏、污损他人坟墓或者毁坏、丢弃他人尸骨、骨灰,或者在公共场所停放尸体或因停放尸体影响他人正常生活、工作秩序,尚不够刑事处罚的行为。其主要法律特征是:

1. 侵犯客体

行为侵犯的客体是社会公共秩序。

2. 客观方面

行为的客观方面表现为故意破坏、污损他人坟墓或者毁坏、丢弃他人尸骨、骨灰,或者在公共场所停放尸体或因停放尸体影响他人正常生活、工作秩序。这里的尸骨,是指尸体的组织物蜕化分离后留存的尸骸。骨灰,是指将尸体火化后形成的残留物。破坏,是指行为人铲平、挖掘坟墓等。污损,是指任意践踏、丢弃污物、涂抹坟墓等。毁坏,是指焚烧、砸碎、销毁等。法律对自然人死亡后的坟墓或者尸骨、骨灰的保护,不是基于死者是民事主体,享有民事权利能力,而是基于人性和死者遗族遗属利益、社会利益的考虑。

3. 行为主体

行为的主体为达到法定年龄,具有责任能力的自然人。

4. 主观方面

行为的主观方面必须是故意,过失不构成本行为。

实务要点

本行为与盗窃、侮辱、故意毁坏尸体、尸骨、骨灰犯罪行为的区别:一是侵害的对象不同。前者行为人侵害的是掩埋尸体的墓或尸骨、骨灰;后者行为人侵害的是死者的尸体、尸骨、骨灰。二是侵害的方式不同。前者采用的是故意破坏、污损或者毁坏、丢弃。后者采用的是盗窃、侮辱,如盗尸配"阴阳婚"、制作标本,包括尸体的某个器官,或者扒墓奸尸等。其盗窃、侮辱发生不分场所,可以是医院,也可以是坟地。

第七十八条 【卖淫、嫖娼或公共场所拉客招嫖行为】卖淫、嫖娼的,处十日以上十五日以下拘留,可以并处五千元以下罚款;情节较轻的,处五日以下拘留或者一千元以下罚款。

在公共场所拉客招嫖的,处五日以下拘留或者一千元以下罚款。

解读与适用

本条是对卖淫、嫖娼或公共场所拉客招嫖行为的规定。

卖淫、嫖娼行为,是指不特定的同性或异性之间以金钱、财物为媒介,发生性关系的行为。行为主体之间主观上已经就卖淫、嫖娼达成一致,已经谈好价钱或者已经给付财物,并且着手实施,但由于本人主观意志以外的原因,尚未发生性关系的,或者已经发生性关系,但尚未给付金钱财物的,都应当按照卖淫、嫖娼行为依法处理。在公共场所拉客招嫖,是指行为人在公共交通、娱乐、休闲、饮食、服务等公共场所,以语言挑逗或者肢体动作强拉硬拽等方式,意图使他人嫖娼的行为。其主要法律特征是:

1. 侵犯客体

行为侵犯的客体是社会治安管理秩序和社会道德风尚。

2. 客观方面

行为的客观方面表现为行为人实施卖淫、嫖娼的行为,或者在公共场所拉客招嫖。所谓卖淫,是指行为人将自己的肉体当作商品,供人玩乐,进行不正当性行为,从而换取金钱、实物或者达到其他目的的非法行为。嫖娼,是指以金钱、财物或者付出某种代价为手段,换取他人肉体作乐,进行不正当性行为的非法活动。公共场所拉客招嫖,是指在街道、车站、广场等公共场所,使用语言或肢体如投怀送抱、裸露身体挑逗等手段,意图引诱他人进行嫖娼的非法行为。

3. 行为主体

行为的主体为达到法定年龄,具有责任能力的自然人。卖淫者和嫖娼者,既包括女性,也包括男性。嫖宿不满14周岁的女性,以强奸罪论处。

4. 主观方面

行为的主观方面必须是故意,即行为人明知自己的行为违法而执意为之。至于是否以营利为目的,不影响本行为的认定。卖淫、嫖娼是行为犯,只要具有特定的情节,就能构成犯罪,如明知自己患有梅毒、淋病等严重性病而卖淫、嫖娼的,则构成传播性病罪;患有性病,若不属于严重性病或者不明知自己患有严重性病的,则属于违反治安管理行为。

> **第七十九条** 【引诱、容留、介绍他人卖淫行为】引诱、容留、介绍他人卖淫的,处十日以上十五日以下拘留,可以并处五千元以下罚款;情节较轻的,处五日以下拘留或者一千元以上二千元以下罚款。

解读与适用

本条是对引诱、容留、介绍他人卖淫行为的规定。

引诱、容留、介绍他人卖淫行为,是指行为人利用金钱、物质或者其他利益,诱使他人卖淫,或者为他人卖淫提供场所,或者为卖淫的人介绍嫖客,情节轻微,尚不够刑事处罚的行为。其主要法律特征是:

1. 侵犯客体

行为侵犯的客体是社会治安管理秩序和良好的社会道德风尚。

2. 客观方面

行为的客观方面表现为行为人实施了引诱、容留、介绍他人卖淫的行为。所谓引诱他人卖淫,是指使用金钱、物质或者奢靡的生活方式等勾引、诱惑他人从事卖淫的行为。容留他人卖淫,是指提供固定的或不固定的、短期的或长期的卖淫场所的行为,场所可以多种多样,如住处、旅社、宾馆、汽车内等。介绍他人卖淫,是指为卖淫人员和嫖客寻找对象,从中引见、沟通、撮合,促使卖淫、嫖娼活动实现的行为。

3. 行为主体

行为的主体为达到法定年龄,具有责任能力的自然人。这里的"他人",可以是女性,也可以是男性;可以是一个人,也可以是多人。

4. 主观方面

行为的主观方面必须是故意,过失不构成本行为。

―――――――――――実务要点―――――――――――

本行为与引诱、容留、介绍他人卖淫犯罪行为的区别:一是情节不同。引诱、容留、介绍他人卖淫,情节严重的,构成犯罪;情节轻微的,认定为违反治安管理行为。二是被侵害人的意志表现不同。被侵害的他人主观上是自愿的,即行为人不违背他人意志的,属于违反治安管理行为;反之,违背他人意志强迫他人卖淫的,则构成强迫卖淫罪。三是侵害的对象不同。引诱不满14周岁的幼女卖淫的,则构成引诱幼女卖淫罪。

案例与评析

【案例】某日凌晨在某小区外,甲某靠近一辆辆汽车,动作熟练,掏出一张张印着露骨涉黄信息的小卡片,迅速贴在后视镜上。他以为自己神不知鬼不觉,却不知,乙县公安局丙派出所的民警早已"恭候多时"!这一次,他刚"出手",便被民警当场控制。经查,违法行为人甲某窜至城区,数次在城区不同地点张贴涉黄小卡片在路边汽车后视镜上。到案后,甲某对其违法事实供认不讳。公安机关依法行政拘留。

【评析】为了非法牟利,甲某数次在不同街区流窜作案,将涉黄卡片四处张贴。对于甲某的行为,应当如何认定?

如果甲某不仅是发卡片,还居间联系嫖客和卖淫者以促成卖淫的,且并不存在支配、控制卖淫人员及其卖淫活动的,应以介绍卖淫论。如果没有充分证据证明发卡人甲某介绍卖淫,其只是发发卡片,并非直接牵线搭桥,距离介绍卖淫尚远,则依据《治安管理处罚法》第26条,以扰乱公共秩序论。

第八十条 【制作、运输、复制、出售、出租淫秽物品或者传播淫秽信息行为】制作、运输、复制、出售、出租淫秽的书刊、图片、影片、音像制品等淫秽物品或者利用信息网络、电话以及其他通讯工具传播淫秽信息的,处十日以上十五日以下拘留,可以并处五千元以下罚款;情节较轻的,处五日以下拘留或者一千元以上三千元以下罚款。

前款规定的淫秽物品或者淫秽信息中涉及未成年人的,从重处罚。

解读与适用

本条是对制作、运输、复制、出售、出租淫秽物品或者传播淫秽信息行为的规定。

制作、运输、复制、出售、出租淫秽物品或者传播淫秽信息的行为,是指行为人制作、运输、复制、出售、出租淫秽的书刊、图片、影片、音像制品等淫秽物品或者利用计算机信息网络、电话以及其他通讯工具传播淫秽信息,情节轻微,尚不够刑事处罚的行为。其主要法律特征是:

1. 侵犯客体

行为侵犯的客体是社会风尚和国家对文化娱乐制品的治安管理秩序。

2. 客观方面

行为的客观方面表现为:一是明知是淫秽书刊、图片、影片、音像制品等淫秽物品、淫秽信息的;二是制作、运输、复制、出售、出租淫秽的书刊、图片、影片、音像制品等淫秽物品或者利用计算机信息网络、电话以及其他通讯工具传播淫秽信息。所谓"淫秽物品",是指具体描绘性行为或者露骨宣扬色情淫荡的诲淫性的书刊、影片、录像带、录音带、图片等。但是,有关人体生理、医学知识的科学著作不属于淫秽物品,包含色情内容的有艺术价值的文学、艺术作品不视为淫秽物品。"淫秽信息"是指具体描绘性行为或者露骨宣扬色情的诲淫性的视频文件、音频文件、电子刊物、图片、文章、短信息等互联网、移动通讯终端电子信息和声讯台语音信息。利用"其他通讯工具"传播淫秽信息,是指利用如聊天室、论坛、即时通信软件、电子邮件等方式传播淫秽信息的。

3. 行为主体

行为的主体为一般主体,是符合法律规定,能够承担违反治安管理责任的任何自然人或单位。

4. 主观方面

行为的主观方面必须是故意,并且往往具有营利的目的,但不以营利目的为构成的必要要件。

---------实务要点---------

区分本行为与制作、复制、出版、贩卖、传播淫秽物品牟利犯罪行为、传播淫秽物品犯罪行为的区别,主要看行为人的动机、目的和行为情节。以牟利为目的,数量(数额)达到法定标准的,则构成制作、复制、出版、贩卖、传播淫秽物品牟利罪;不是为了牟利,而是在社会上传播淫秽的书刊、影片、音像、图片或者其

他淫秽物品,情节严重的,则构成传播淫秽物品罪。以上情节轻微,达不到法定数额标准的,可认定为违反治安管理行为。① 对以牟利为目的,利用计算机技术等通信工具制作、贩卖、传播淫秽物品的,要严格依照《刑法》从严惩处;对不构成犯罪的,依照《治安管理处罚法》的规定处罚。

> **第八十一条** 【组织播放淫秽音像或组织、进行淫秽表演,参与聚众淫乱行为】有下列行为之一的,处十日以上十五日以下拘留,并处一千元以上二千元以下罚款:
> (一)组织播放淫秽音像的;
> (二)组织或者进行淫秽表演的;
> (三)参与聚众淫乱活动的。
> 明知他人从事前款活动,为其提供条件的,依照前款的规定处罚。
> 组织未成年人从事第一款活动的,从重处罚。

解读与适用

本条是对组织播放淫秽音像或组织、进行淫秽表演,参与聚众淫乱行为的规定,对本条的理解应当注意几个方面。

一、组织播放淫秽音像行为

组织播放淫秽音像行为,是指行为人组织召集多人观看、收听并播放淫秽音

---

① 参见《最高人民法院、最高人民检察院关于办理利用互联网、移动通讯终端、声讯台制作、复制、出版、贩卖、传播淫秽电子信息刑事案件具体应用法律若干问题的解释(一)》第1条规定,利用互联网、移动通讯终端制作、复制、出版、贩卖、传播淫秽电子信息,具有下列情形之一的,以制作、复制、出版、贩卖、传播淫秽物品牟利罪定罪处罚:(1)制作、复制、出版、贩卖、传播淫秽电影、表演、动画等视频文件20个以上的;(2)制作、复制、出版、贩卖、传播淫秽音频文件100个以上的;(3)制作、复制、出版、贩卖、传播淫秽电子刊物、图片、文章、短信息等200件以上的;(4)制作、复制、出版、贩卖、传播的淫秽电子信息,实际被点击数达到1万次以上的;(5)以会员制方式出版、贩卖、传播淫秽电子信息,注册会员达200人以上的;(6)利用淫秽电子信息收取广告费、会员注册费或者其他费用,违法所得1万元以上的;(7)数量或者数额虽未达到第(1)项至第(6)项规定标准,但分别达到其中两项以上标准一半以上的;(8)造成严重后果的。该解释还规定,利用聊天室、论坛、即时通信软件、电子邮件等方式,实施上述八种行为的,也以制作、复制、出版、贩卖、传播淫秽物品牟利罪定罪处罚。如果情节显著轻微,未达到该解释所规定的定罪标准的,不认定为犯罪,可以作为违反治安管理行为,按照本条的规定处罚。

像,情节轻微,尚不够刑事处罚的违反治安管理行为。其主要法律特征是:

1. 侵犯客体

行为侵犯的客体是国家对文化娱乐活动的管理秩序和社会道德风尚。

2. 客观方面

行为的客观方面表现为实施了组织播放淫秽音像制品的行为。所谓组织播放,是指行为人召集多人或者多次播放淫秽音像制品的行为。淫秽音像制品主要包括淫秽的电影、录像、幻灯片、录音带、激光唱片等。播放,是指使用电影放映机、录像机、录音机、影碟机等机器传播淫秽音像制品的行为。区分本行为与组织播放淫秽音像制品犯罪行为,主要看行为人组织播放的场次多少或造成影响是否恶劣。①

3. 行为主体

行为的主体为一般主体,即符合法律规定,能够承担违反治安管理责任的自然人。

4. 主观方面

行为的主观方面必须是故意,过失不构成此行为,动机和目的不影响本行为的认定。

二、组织或者进行淫秽表演行为

组织或者进行淫秽表演的行为,是指行为人组织他人当众进行淫秽表演,或者行为人自己进行淫秽表演,尚不够刑事处罚的行为。其主要法律特征是:

1. 侵犯客体

行为侵犯的客体是国家对文化娱乐业活动的治安管理秩序和良好的社会道德风尚。

2. 客观方面

行为的客观方面表现为组织或者进行淫秽表演的行为。所谓组织他人,是指行为人招揽、召集、安排表演者、时间、地点、场次、编排动作节目等。"当众进行",一般是指3人以上观看的场合。淫秽表演,是指行为人通过声音、表情、动

---

① 《最高人民法院关于审理非法出版物刑事案件具体应用法律若干问题的解释》第10条第2款规定:"组织播放淫秽的电影、录像等音像制品达十五至三十场次以上或者造成恶劣社会影响的,依照刑法第三百六十四条第二款的规定,以组织播放淫秽音像制品罪定罪处罚。"达不到法定的场次或者没有给社会造成恶劣影响的,则认定为违反治安管理行为,进行治安处罚。

作向人们展现色情淫荡形象,实施挑动人们性欲的行为,如脱衣舞、裸体舞或者表演性交动作等。

3. 行为主体

行为的主体是特殊主体,即必须是淫秽表演的组织者或者是具体进行表演的人。

4. 主观方面

主观方面必须是故意,行为的动机多种多样,但不影响本行为的认定。

―――――实务要点―――――

区分本行为与组织淫秽表演犯罪行为,主要要看行为人在实施行为中所起的作用。如果行为人在淫秽表演中起的是组织者的作用,则构成组织淫秽表演罪;如果行为人是组织者,但情节显著轻微,社会危害不大的,或者是无组织、私下进行的,或者是自己进行的,则不构成犯罪,应认定为本行为。

三、参与聚众淫乱活动行为

参与聚众淫乱活动行为,是指行为人参加由3人以上共同进行的猥亵、性交等淫乱活动,情节轻微,尚不够刑事处罚的行为。其主要法律特征是:

1. 侵犯客体

行为侵犯的客体是治安管理秩序和良好的社会道德风尚。

2. 客观方面

行为的客观方面表现为参与由3人以上共同进行的奸淫、猥亵等淫乱活动。所谓聚众,是指3人以上。猥亵,是指男女之间除奸淫外的手淫、口淫、抠摸、吸吮、搂抱等,用来刺激或者满足性欲的行为。聚众淫乱具体可以通过多个男女进行性交表演,聚众奸宿,聚众跳脱衣舞、裸体舞,男女多人一起裸体玩耍、挑逗等各种淫乱活动形式表现出来。聚众淫乱违反了公共生活规则,破坏了公共秩序,败坏了社会习俗风尚。

3. 行为主体

行为的主体为一般主体,即符合法律规定,能够承担违反治安管理责任的自然人。

4. 主观方面

行为的主观方面是直接故意,即明知自己的行为有伤社会道德风化,破坏了社会治安秩序,但为了发泄性欲,寻求刺激而实施本行为。

------------实务要点------------

本行为与聚众淫乱犯罪行为、引诱未成年人聚众淫乱犯罪行为的区别:一要看行为人在活动中所起的作用和行为情节。如果行为人在参与聚众淫乱中起着"首要分子"(策划、召集、唆使、首倡、组织指挥)的作用,或者多次参加聚众淫乱活动,依照刑法则构成聚众淫乱罪。二要看行为侵害的对象。如果引诱未成年人参加聚众淫乱活动,依照刑法则构成引诱未成年人聚众淫乱罪。对于只是偶尔参与,起不到"首要分子"的作用,或者参与次数较少(一般在 3 次以下),应认定为违反治安管理行为。

> **第八十二条** 【为赌博提供条件或者参与赌博行为】以营利为目的,为赌博提供条件的,或者参与赌博赌资较大的,处五日以下拘留或者一千元以下罚款;情节严重的,处十日以上十五日以下拘留,并处一千元以上五千元以下罚款。

解读与适用

本条是对为赌博提供条件或者参与赌博行为的规定。

为赌博提供条件或者参与赌博行为,是指行为人以营利为目的,为赌博提供条件,或者参与赌博赌资较大,尚不够刑事处罚的行为。其主要法律特征是:

1. 侵犯客体

行为侵犯的客体是治安管理秩序和良好的社会道德风尚。

2. 客观方面

行为的客观方面表现为以营利为目的,为赌博提供条件,或者参与赌博赌资较大的行为。以营利为目的,是指行为人提供条件是为了获得钱财,或者参与赌博也是为了钱财,而不是为了消遣、娱乐等。所谓赌博,是指用斗牌、掷色子等形式,拿财物作为赌注比输赢的行为。[1] 为赌博提供条件,是指行为人为使赌博顺

---

[1] 参见中国社会科学院语言研究所词典编辑室编:《现代汉语词典》(第 7 版),商务印书馆 2016 年版,第 323 页。

利实施而提供场所、赌具、赌资、交通、食宿等行为。这里行为人是否参与赌博与构成本行为无关。

3. 行为主体

行为的主体分为两类：参与赌博的主体是符合法律规定，能够承担违反治安管理责任的自然人；为赌博提供条件的既可以是自然人，也可以是单位。

4. 主观方面

行为的主观方面必须是故意，并以营利为目的。

---实务要点---

区分本行为与赌博犯罪行为，主要看行为的情节是否严重，是否达到特定的法定条件。以营利为目的，聚众赌博、开设赌场或者以赌博为业的，依照刑法构成赌博罪。对于明知他人实施赌博犯罪活动，而为其提供资金、计算机网络、通信、费用结算等直接帮助的，同样以赌博犯罪行为的共犯论处。对于不具备上述法定条件，达不到规定的数额标准，但又属于数额较大范围的，则认定为违反治安管理行为。

> **第八十三条** 【非法种植毒品原植物，非法买卖、运输、携带、持有少量未经灭活的罂粟等毒品原植物种子或幼苗或者非法运输、买卖、储存、使用少量罂粟壳行为】有下列行为之一的，处十日以上十五日以下拘留，可以并处五千元以下罚款；情节较轻的，处五日以下拘留或者一千元以下罚款：
>
> （一）非法种植罂粟不满五百株或者其他少量毒品原植物的；
>
> （二）非法买卖、运输、携带、持有少量未经灭活的罂粟等毒品原植物种子或者幼苗的；
>
> （三）非法运输、买卖、储存、使用少量罂粟壳的。
>
> 有前款第一项行为，在成熟前自行铲除的，不予处罚。

解读与适用

本条是对非法种植毒品原植物，非法买卖、运输、携带、持有少量未经灭活的罂粟等毒品原植物种子或幼苗或者非法运输、买卖、储存、使用少量罂粟壳行为的规定。

非法种植毒品原植物,非法买卖、运输、携带、持有少量未经灭活的罂粟等毒品原植物种子或幼苗或者非法运输、买卖、储存、使用少量罂粟壳行为,是指行为人非法种植罂粟不满500株或其他少量毒品原植物,非法买卖、运输、携带、持有少量未经灭活的罂粟等毒品原植物种子或者幼苗,非法运输、买卖、储存、使用少量罂粟壳,情节轻微,尚不够刑事处罚的行为。其主要法律特征是:

1. 侵犯客体

行为侵犯的客体是国家对毒品原植物的管理制度和人民的生命健康。

2. 客观方面

行为的客观方面表现为行为人非法种植罂粟不满500株或者其他少量大麻、古柯等毒品原植物,非法买卖、运输、携带、持有少量未经灭活的罂粟等毒品原植物种子或幼苗,或者非法运输、买卖、储存、使用少量罂粟壳的行为。

3. 行为主体

行为的主体既可以是达到法定责任年龄、具有责任能力的自然人,也可以是单位。

4. 主观方面

行为的主观方面必须是故意,过失不构成本行为。至于行为人的目的是营利还是满足个人享受,均不影响本行为的认定。

------**实务要点**------

区分本行为与非法种植毒品原植物罪,主要看非法种植毒品原植物的数量和情节是否严重。根据《刑法》的规定,非法种植罂粟500株以上不满3000株或其他毒品原植物数量较大的,或者经公安机关处理后又种植的,或者抗拒铲除的,构成非法种植毒品原植物罪。但在收获前自动铲除的,可以免除处罚。对种植罂粟不足500株或者其他毒品原植物数量较小,或者不具备上述其他法定情节的,则认定为违反治安管理行为。

案例与评析

【案例】一少数民族自治区某县少数村民,在村民李某的带头下,违反政府禁令,种植了200余株罂粟。当地公安机关发现这一情况后,立即向上级汇报,自治区政府、公安厅十分重视,派专人前往,协同县公安机关,共同向群众宣传烟毒的危害,监督村民们将罂粟铲除、烧毁。其他村民都配合铲除了所种罂粟,只有李某以祖辈制药都种植罂粟为由抗拒铲除,公安机关遂对其作出了行政拘留7日的处罚。李某认为大家都种了,只处罚自己是公安机关处罚不公,不服处罚决定,于是申请了行政复议,其家人欲提供保证金申请拘留的暂缓执行,遭到了公安机关的拒绝。公安机关对李某的处罚是否合法?

【评析】根据《治安管理处罚法》第83条的规定,公安机关对非法种植毒品原植物,非法买卖、运输、携带、持有少量未经灭活的罂粟等毒品原植物种子或幼苗或者非法运输、买卖、储存、使用少量罂粟壳行为之一的行为人处10日以上15日以下拘留,可以并处5000元以下罚款;情节较轻的,处5日以下拘留或者1000元以下罚款。有非法种植罂粟不满500株或者其他少量毒品原植物行为,在成熟前自行铲除的,不予处罚。本案中,李某与其他村民虽然都种植了不满500株的罂粟,都应当予以治安管理处罚,但其他村民在罂粟成熟前,都在公安机关的监督下自行将罂粟铲除了,因此,依法不予处罚。李某抗拒铲除,不再具备不予处罚的条件,因此,公安机关应当对其给予治安管理处罚。

第八十四条 【非法持有毒品,向他人提供毒品,吸食、注射毒品或胁迫、欺骗医务人员开具麻醉药品、精神药品行为】有下列行为之一的,处十日以上十五日以下拘留,可以并处三千元以下罚款;情节较轻的,处五日以下拘留或者一千元以下罚款:

(一)非法持有鸦片不满二百克、海洛因或者甲基苯丙胺不满十克或者其他少量毒品的;

(二)向他人提供毒品的;

(三)吸食、注射毒品的;

(四)胁迫、欺骗医务人员开具麻醉药品、精神药品的。

聚众、组织吸食、注射毒品的,对首要分子、组织者依照前款的规定从重处罚。

吸食、注射毒品的,可以同时责令其六个月至一年以内不得进入娱乐场所、不得擅自接触涉及毒品违法犯罪人员。违反规定的,处五日以下拘留或者一千元以下罚款。

> **解读与适用**

本条是对非法持有毒品,向他人提供毒品,吸食、注射毒品或胁迫、欺骗医务人员开具麻醉药品、精神药品行为的规定。

毒品,根据《禁毒法》第 2 条的规定,本法所称毒品,是指鸦片、海洛因、甲基苯丙胺(冰毒)、吗啡、大麻、可卡因,以及国家规定管制的其他能够使人形成瘾癖的麻醉药品和精神药品。根据医疗、教学、科研的需要,依法可以生产、经营、使用、储存、运输麻醉药品和精神药品。非法持有毒品,向他人提供毒品,吸食、注射毒品或胁迫、欺骗医务人员开具麻醉药品、精神药品行为,是指违反国家法律规定,非法持有鸦片不满 200 克、海洛因或者甲基苯丙胺不满 10 克或者其他少量毒品,或者没有合法根据向不该拥有毒品的人提供毒品,或者吸食鸦片、注射吗啡等毒品,或者胁迫、欺骗医务人员开具麻醉药品、精神药品,尚不够刑事处罚的行为。其主要法律特征是:

1. 侵犯客体

行为侵犯的客体是国家对毒品的管理秩序。《禁毒法》《药品管理法》《麻醉药品和精神药品管理条例》等对毒品、毒品种植、制造、运输、使用、管理都作了明确、严格的规定,禁止任何人非法种植、制造、运输、持有、使用、管理毒品。

2. 客观方面

行为的客观方面表现为违反国家法律规定,非法持有毒品,向他人提供毒品,吸食、注射毒品或胁迫、欺骗医务人员开具麻醉药品、精神药品的行为。一是明知是毒品,如鸦片、海洛因、甲基苯丙胺或者其他毒品。二是非法持有鸦片不满 200 克、海洛因或者甲基苯丙胺不满 10 克或者其他少量毒品。持有,是指行为人对毒品事实上的支配,表现为占有、携带、藏有或者以其他方法持有、支配毒品。持有不要求行为人时时刻刻将毒品放在身上和装在口袋里,只要行为人认识到它的存在,能够对之进行管理或者支配,就是持有;持有不要求行为人对毒品具有所有权,也不要求直接持有,如行为人认为自己管理毒品不安全,将毒品委托给第三人保管时,行为人与第三者均是持有毒品。非法,是指行为人持有毒品时,没有合法的根据,换言之,行为人持有毒品,不是基于法律、法令、法规的规定或允许。三是向不该拥有毒品的人提供毒品。如果是出于合法的目的,如医生为了给病人治病,而向其提供毒品,则不构成本行为。四是吸食、注射毒品,是指用口服、鼻吸、吞服、饮用、皮下注射或静脉注射等方法使用毒品。五是胁迫、欺骗医务人员开具麻醉药品、精神药品,是指行为人采取胁迫、欺骗等手段,要求医务人员开具麻醉药品、精神药品的非法行为。

3. 行为主体

行为主体为达到法定责任年龄,具有责任能力的自然人。

4. 主观方面

行为的主观方面必须是故意,过失不构成本行为。

第八十五条 【引诱、教唆、欺骗或者强迫、容留他人吸食、注射毒品行为】引诱、教唆、欺骗或者强迫他人吸食、注射毒品的,处十日以上十五日以下拘留,并处一千元以上五千元以下罚款。

容留他人吸食、注射毒品或者介绍买卖毒品的,处十日以上十五日以下拘留,可以并处三千元以下罚款;情节较轻的,处五日以下拘留或者一千元以下罚款。

解读与适用

本条是对引诱、教唆、欺骗或者强迫、容留他人吸食、注射毒品行为的规定。

一、引诱、教唆、欺骗或者强迫他人吸食、注射毒品行为

引诱、教唆、欺骗或者强迫他人吸食、注射毒品行为,是指行为人通过向他人宣扬吸食、注射毒品后的感受等方法,教唆、引诱、欺骗或者强迫他人吸食、注射毒品,情节轻微,尚不够刑事处罚的行为。其主要法律特征是:

1. 侵犯客体

行为侵犯的客体是社会治安管理秩序和他人的身心健康。

2. 客观方面

行为的客观方面表现:一是行为人明知是毒品。二是教唆、引诱、欺骗或者强迫他人吸食、注射毒品。所谓教唆,是指以劝说、授意、怂恿、激将等方法,鼓动、唆使原本没有意愿吸毒的人吸食毒品的行为。所谓引诱,是指以金钱、物质及其他利益或需求为诱导,拉拢原本没有意愿吸毒的人吸食、注射毒品的行为。所谓欺骗,是指用隐瞒事实真相或者制造假象等方法,使原本没有吸毒意愿的人上当吸食、注射毒品的行为,如暗地里在香烟或在药品、饮料中掺入毒品,供人吸食和使用,使他人在不知不觉中染上毒瘾。强迫,是指施加压力使他人吸食、注射毒品。

3.行为主体

行为的主体为达到法定责任年龄,具有责任能力的自然人。

4.主观方面

行为的主观方面必须是故意,过失不构成本行为。

-------- 实务要点 --------

区分本行为与引诱、教唆、欺骗他人吸毒犯罪行为,主要看情节是否严重。依照刑法规定,引诱、教唆、欺骗他人吸食、注射毒品的,构成犯罪。但在司法实践中,并非都认定为犯罪,对情节轻微、危害不大的,则认定为违反治安管理行为。

二、容留他人吸食、注射毒品或者介绍买卖毒品的行为

容留他人吸食、注射毒品或者介绍买卖毒品的行为,是指行为人允许他人在自己管理的场所吸食、注射毒品,或者为他人吸食、注射毒品提供场所的行为或介绍买卖毒品,情节轻微,尚不够刑事处罚的行为。其主要法律特征是:

1.侵犯客体

行为侵犯的客体是社会治安管理秩序和他人的身心健康。

2.客观方面

行为的客观方面表现:一是行为人明知是毒品;二是容留他人吸食、注射毒品。容留,是指允许他人在自己管理的场所吸食、注射毒品,或者为他人吸食、注射毒品提供场所的行为。容留行为既可以主动实施,也可以被动实施;既可以是有偿的,也可能是无偿的。上述行为,是可选择性的行为,实施任一行为,即构成本行为,如果同时实施几种方式,相互之间有联系,可以牵连行为定性处罚。三是介绍买卖毒品,即为买卖毒品的双方进行沟通使双方相识或发生联系进而达成毒品交易。介绍者在毒品交易中处于中间人地位,发挥介绍联络作用。

3.行为主体

行为的主体为达到法定责任年龄,具有责任能力的自然人。

4. 主观方面

行为的主观方面必须是故意,过失不构成本行为。

> 第八十六条 【违反国家规定,非法生产、经营、购买、运输用于制造毒品的原料、配剂行为】违反国家规定,非法生产、经营、购买、运输用于制造毒品的原料、配剂的,处十日以上十五日以下拘留;情节较轻的,处五日以上十日以下拘留。

解读与适用

本条是对违反国家规定,非法生产、经营、购买、运输用于制造毒品的原料、配剂行为的规定。

违反国家规定,非法生产、经营、购买、运输用于制造毒品的原料、配剂行为,是指违反国家规定,非法生产、买卖、运输醋酸酐、乙醚、三氯甲烷或者其他用于制造毒品的原料、配剂,情节较轻,尚不够刑事处罚的行为。其主要法律特征是:

1. 侵犯客体

行为侵犯的客体是国家对易制毒化学品的管理制度。易制毒化学品是指国家规定管制的可用于制造毒品的前体、原料和化学助剂等物质,其既广泛应用于工农业生产和群众日常生活,流入非法渠道又可用于制造毒品。

禁毒是全社会的共同责任,易制毒化学品相关企业及从业人员应当履行禁毒职责或义务。对易制毒化学品加强严格的执行管理,杜绝易制毒化学品流入不法分子的手中,以免造成危害。

根据《易制毒化学品管理条例》第 2 条的规定,国家对易制毒化学品的生产、经营、购买、运输和进口、出口实行分类管理和许可制度。易制毒化学品分为三类:第一类是可以用于制毒的主要原料,包括 1-苯基-2-丙酮等;第二类是可以用于制毒的化学配剂,包括苯乙酸等;第三类也是可以用于制毒的化学配剂,包括甲苯等。易制毒化学品的具体分类和品种,由《易制毒化学品管理条例》附表列示。易制毒化学品的分类和品种需要调整的,由国务院公安部门会同国务院药品监督管理部门、安全生产监督管理部门、商务主管部门、卫生主管部门和海关总署提出方案,报国务院批准。省、自治区、直辖市人民政府认为有必要在本行政区域内调整分类或者增加《易制毒化学品管理条例》规定以外的品种的，应当向国务院公安部门提出，由国务院公安部门会同国务院有关行政主管部门提出方案，报国务院批准。

《刑法》第 350 条规定的"非法生产、买卖、运输制毒物品罪"是指违反国家规定，非法生产、买卖、运输醋酸酐、乙醚、三氯甲烷或者其他用于制造毒品的原料、配剂，情节较重的行为。条文中列举的醋酸酐、乙醚、三氯甲烷这几种物品，既是医药和工农业生产原料，又是制造毒品必不可少的配剂。"其他用于制造毒品的原料、配剂"，是指提炼、分解毒品使用的原材料及辅助性配料。

2. 客观方面

行为的客观方面表现为行为人违反国家规定，非法生产、经营、购买、运输用于制造毒品的原料、配剂，情节轻微，尚不够刑事处罚。

3. 行为主体

行为的主体既可以是达到法定责任年龄，具有责任能力的自然人，也可以是单位。

4. 主观方面

行为的主观方面为故意。要求行为人明知是国家管制的用于制造毒品的原料或者配剂，而非法生产、买卖、运输。如果行为人明知他人制造毒品而为其生产、买卖、运输前述规定的物品的，根据《刑法》第 350 条第 2 款的规定，以制造毒品罪的共犯论处。

第八十七条 【旅馆业、饮食服务业、文化娱乐业、出租汽车业等单位的人员为违法犯罪行为人通风报信行为】旅馆业、饮食服务业、文化娱乐业、出租汽车业等单位的人员，在公安机关查处吸毒、赌博、卖淫、嫖娼活动时，为违法犯罪行为人通风报信的，或者以其他方式为上述活动提供条件的，处十日以上十五日以下拘留；情节较轻的，处五日以下拘留或者一千元以上二千元以下罚款。

解读与适用

本条是对旅馆业、饮食服务业、文化娱乐业、出租汽车业等单位的人员为违法犯罪行为人通风报信行为的规定。

旅馆业、饮食服务业、文化娱乐业、出租汽车业等单位的人员为违法犯罪行为人通风报信行为,是指旅馆业、饮食服务业、文化娱乐业、出租汽车业等单位的人员,在公安机关查处吸毒、赌博、卖淫、嫖娼活动时,为违法犯罪行为人通风报信或者以其他方式为上述活动提供条件,情节较轻,尚不够刑事处罚的行为。其主要法律特征是:

1. 侵犯客体

行为侵犯的客体是公安机关的行政执法活动和社会治安管理秩序。为了维护社会治安秩序,保障公共安全,国家对黄赌毒进行严厉的打击,旅馆业、饮食服务业、文化娱乐业、出租汽车业等单位的人员要积极配合。

2. 客观方面

行为的客观方面表现为在公安机关查处吸毒、赌博、卖淫、嫖娼活动时,为违法犯罪行为人通风报信或者以其他方式为上述活动提供条件,情节较轻,尚不够刑事处罚的。所谓通风报信,是指向违法犯罪分子泄露、提供有关查禁违法犯罪活动的情况、信息,如查禁的时间、地点、人员、方案、计划、部署等。其既可以当面口述,又可以通过电话、电报、传真、书信等方式告知,还可以通过第三人转告。其他方式,如利用网络等。无论其通风报信的方式如何,其目的则只有一个,即帮助他人逃避制裁,即免受刑事追究或者行政处罚。

3. 行为主体

行为的主体为特殊主体,即必须是单位旅馆业、饮食服务业、文化娱乐业、出租汽车业等单位的人员。

4. 主观方面

行为的主观方面为故意。

第八十八条 【违反规定产生社会生活噪声干扰他人正常生活、工作和学习行为】违反关于社会生活噪声污染防治的法律法规规定,产生社会生活噪声,经基层群众性自治组织、业主委员会、物业服务人、有关部门依法劝阻、调解和处理未能制止,继续干扰他人正常生活、工作和学习的,处五日以下拘留或者一千元以下罚款;情节严重的,处五日以上十日以下拘留,可以并处一千元以下罚款。

解读与适用

本条是对违反规定产生社会生活噪声干扰他人正常生活、工作和学习行为的规定。

违反规定产生社会生活噪声干扰他人正常生活、工作和学习行为，是指违反关于社会生活噪声污染防治的法律法规规定，产生社会生活噪声，经基层群众性自治组织、业主委员会、物业服务人、有关部门依法劝阻、调解和处理未能制止，继续干扰他人正常生活、工作和学习，尚不够刑事处罚的行为。其主要法律特征是：

1. 侵犯客体

行为侵害的直接客体是国家防止生活噪声污染的管理规定以及公民的身心健康权。任何单位和个人都有保护声环境的义务，同时依法享有获取声环境信息、参与和监督噪声污染防治的权利。产生噪声的单位和个人应当采取有效措施，防止、减轻噪声污染。根据第十三届全国人民代表大会常务委员会第三十二次会议于2021年12月24日通过，自2022年6月5日起施行的《噪声污染防治法》第2条规定，该法所称噪声，是指在工业生产、建筑施工、交通运输和社会生活中产生的干扰周围生活环境的声音。本法所称噪声污染，是指超过噪声排放标准或者未依法采取防控措施产生噪声，并干扰他人正常生活、工作和学习的现象。噪声污染是一种感觉社会公害，不仅影响人们的工作和休息，长期受到噪声的强烈刺激，还会损害身心健康。

噪声的来源主要有：①交通噪声包括机动车辆、船舶、地铁、火车、飞机等的噪声。由于机动车辆迅速增加，交通噪声成为城市的主要噪声源。②工业噪声是工厂的各种设备产生的噪声。工业噪声的声级一般较高，对工人及周围居民带来较大的影响。③建筑噪声主要源于建筑机械发出的噪声。建筑噪声的特点是强度较大，且多发生在人口密集地区，因此严重影响居民的休息与生活。④社会噪声包括人们的社会活动和家用电器、音响设备发出的噪声。这些设备的噪声级虽然不高，但与人们的日常生活联系密切，可能使人们在休息时得不到安静，尤为让人烦恼，极易引起邻里纠纷。

2. 客观方面

行为在客观上的表现是：一是违反关于社会生活噪声污染防治的法律规定；

二是产生社会生活噪声,干扰他人正常生活;三是经基层群众性自治组织、业主委员会、物业服务人、有关部门依法劝阻、调解和处理未能制止,继续干扰他人正常生活、工作和学习;四是尚不够刑事处罚。噪声的标准,依据我国《噪声污染防治法》的规定标准判断;干扰到他人正常生活,是指对周围居民学习、工作或休息造成影响。实践中,噪声多来自使用音像器材音量过大,施工场地机器运作声音过大等。本行为的构成,不要求造成严重的危害后果,只要干扰了他人的正常生活即构成。同时,本行为构成违反治安管理行为,处警告,警告后不改正的,从重处罚。

3. 行为主体

行为的主体既包括达到法定责任年龄,具有责任能力的自然人,也包括单位。

4. 主观方面

行为人主观上既可以是故意,也可以是过失。

实务要点

本行为与干扰他人正常生活行为的主要区别:一是干扰他人正常生活行为侵害的客体,是他人的人身权利和正常生活权利,并且对象特定,即一般是与行为人有个人恩怨的人;而本行为侵害的客体是国家防止噪声污染的管理规定和公民的身心健康,手段是制造噪声干扰周围居民的正常工作、休息,对象是不特定的个人。二是行为方法不同,干扰他人正常生活行为的方法多种多样,如写恐吓信、打骚扰电话、发送"不良短信""垃圾短信"等;本行为是产生噪声干扰他人正常生活。

案例与评析

【案例】某辖区李某开设于"佳园小区"邻街房的 A 歌厅噪声很大,干扰居民正常生活,物业服务人员多次前往劝阻,但李某置之不理。派出所民警王某接警后拟对 A 歌厅处以 500 元罚款,并依法履行告知程序。李某以小区居民未要求公安机关处理和没进行噪声分贝检测为由抗辩。

问题:

1. 李某的抗辩理由是否成立?

2. 派出所拟对 A 歌厅处 500 元罚款是否合法？为什么？

【评析】

(1) 李某以小区居民未要求公安机关处理为由抗辩不能成立,因物业服务人员已多次前往劝阻,但李某均置之不理;李某以没进行噪声分贝检测为由抗辩成立。家庭、娱乐场所等产生的噪声,应当进行噪声分贝检测以确定是否达到干扰他人的噪声标准。

(2) 派出所拟对 A 歌厅处 500 元罚款符合治安管理处罚法的规定。根据《治安管理处罚法》第 88 条的规定,公安机关对违反关于社会生活噪声污染防治的法律法规规定,产生社会生活噪声,经基层群众性自治组织、业主委员会、物业服务人、有关部门依法劝阻、调解和处理未能制止,继续干扰他人正常生活、工作和学习的,处 5 日以下拘留或者 1000 元以下罚款;情节严重的,处 5 日以上 10 日以下拘留,可以并处 1000 元以下罚款。

第八十九条 【饲养动物干扰他人正常生活或者放任动物恐吓他人,出售、饲养烈性犬等危险动物或者致使动物伤害他人,未对动物采取安全措施致使动物伤害他人行为】饲养动物,干扰他人正常生活的,处警告;警告后不改正的,或者放任动物恐吓他人的,处一千元以下罚款。

违反有关法律、法规、规章规定,出售、饲养烈性犬等危险动物的,处警告;警告后不改正的,或者致使动物伤害他人的,处五日以下拘留或者一千元以下罚款;情节较重的,处五日以上十日以下拘留。

未对动物采取安全措施,致使动物伤害他人的,处一千元以下罚款;情节较重的,处五日以上十日以下拘留。

驱使动物伤害他人的,依照本法第五十一条的规定处罚。

解读与适用

本条是对饲养动物干扰他人正常生活或者放任动物恐吓他人,出售、饲养烈性犬等危险动物或者致使动物伤害他人,未对动物采取安全措施致使动物伤害他人行为的规定。

饲养动物干扰他人正常生活或者放任动物恐吓他人,出售、饲养烈性犬等危险动物或者致使动物伤害他人,未对动物采取安全措施致使动物伤害他人行为,是指饲养动物,干扰他人正常生活处警告;警告后不改正的,或者放任动物恐吓他人,违法出售、饲养烈性犬等危险动物处警告;警告后不改正的,或者致使动物伤害他人的,未对动物采取安全措施,致使动物伤害他人的,尚不够刑事处罚的行为。其主要法律特征是:

1. 侵犯客体

行为侵犯的客体是国家对动物饲养的管理规定和社会公共生活秩序。

2. 客观方面

行为的客观方面表现为饲养动物,干扰他人正常生活处警告,警告后不改正的,或者放任动物恐吓他人,违法出售、饲养烈性犬等危险动物处警告,警告后不改正的,致使动物伤害他人,或者未对动物采取安全措施,致使动物伤害他人的,尚不够刑事处罚的。所谓饲养动物,是指行为人对自己控制下的动物,提供食物、栖息、活动场所、安全等一系列管理活动的行为。

3. 行为主体

行为的主体既包括达到法定责任年龄,具有责任能力的自然人,也包括单位。

4. 主观方面

行为的主观方面是故意,多为间接故意。

第四章 处罚程序

本章是关于治安管理处罚程序的规定,由 35 条修订增加为 41 条,分为调查、决定、执行三节。

处罚程序是规范行政处罚的方式、步骤、时间和顺序的法律规则。从时间和顺序上来讲,治安管理处罚应当遵循先调查、后决定、再执行的基本准则;从方式和步骤来说,治安管理处罚应当包括立案、调查、审核审批、告知、听取意见并复核、决定、送达、执行等步骤。

第一节 调 查

本节是关于治安案件调查的规定,由 14 条修订增加为 19 条。其中,合并 1 条,新增 6 条。

治安案件的调查,是指公安机关在立案后为了证实违反治安管理行为的存在和查明违法行为人,依据法定程序所展开的收集和固定能够印证违法事实是否存在、违法情节轻重的各种证据的活动。治安案件调查需查明以下事实:违反治安管理嫌疑人的基本情况;违反治安管理行为是否存在;违反治安管理行为是否为违反治安管理嫌疑人实施;实施违反治安管理行为的时间、地点、手段、后果以及其他情节;违反治安管理嫌疑人有无法定从重、从轻、减轻以及不予处罚的情形;与治安案件有关的其他事实等。

> **第九十条 【立案】**公安机关对报案、控告、举报或者违反治安管理行为人主动投案,以及其他国家机关移送的违反治安管理案件,应当立即立案并进行调查;认为不属于违反治安管理行为的,应当告知报案人、控告人、举报人、投案人,并说明理由。

> **解读与适用**

本条是关于立案的规定,是在 2012 年《治安管理处罚法》第 77 条和第 78 条基础上修改而成的。理解本条规定,应当注意以下问题:

根据本条规定,治安案件的来源主要包括报案、控告、举报、主动投案、其他国家机关移送等,其中大部分案件来自"110"接处警。实践中,除上述来源外,公安机关的自行发现,也可作为治安案件的来源。

1. 报案

报案,一般是指违反治安管理行为发生后,公民、法人、其他组织或者被侵害人主动向公安机关报告,提供其所发现的违法事实或违法嫌疑人信息,要求公安机关依法调查处理的行为,其中"110"报警是最主要的形式。

2. 控告

控告,一般是指被侵害人及其法定代理人或近亲属,因被侵害人的人身、财产等权利受到违反治安管理行为的侵害,而向公安机关告发违法嫌疑人,要求公安机关依法查处的行为。

3. 举报

举报,一般是指被侵害人以外的公民、法人或者其他组织,发现违法事实或违法嫌疑人后向公安机关告发,或者提供调查线索、证据并要求公安机关依法进行调查处理的行为。实践中,群众将发现的违法嫌疑人扭送至公安机关(俗称"群众扭送"),视为举报的一种特殊形式。

4. 主动投案

主动投案,一般是指违法嫌疑人在实施违反治安管理行为后,主动向公安机关投案,如实交代自己或者同伙的违法事实,并自愿接受公安机关调查和处理的行为。

5. 其他国家机关移送

其他国家机关移送,是指公安机关以外的行政机关、监察机关、司法机关等其他国家机关在执法过程中,将不属于本部门职权管辖范围但属于公安机关管辖范围的违反治安管理案件移交给公安机关依法查处的行为。

本条最大的变化是引入了立案环节。立案环节的引入使治安管理处罚程序更加完整、规范,进一步强化了行政程序对治安管理处罚的监督制约。但是,治安案件的立案不同于行政诉讼中的立案,前者还要考量效率因素。根据本条规定,对报案、控告、举报或者违反治安管理行为人主动投案,以及其他国家机关移送的违反治安管理案件,公安机关应当立即立案并进行调查;认为不属于违反治安管理行为的,应当告知报案人、控告人、举报人、投案人,并说明理由。

案例与评析[①]

【案例】某公安派出所民警接到辖区内居民李某的报案,称家中一辆价值不到1000元的自行车被邻居赵某偷走。经初步审查后认为,该案件情节较严重,嫌疑人赵某应当受到行政拘留处罚。因派出所没有行政拘留处罚的决定权,遂以"派出所无立案权"为由,告知李某到县公安局报案。

【评析】依据本条规定,对报案的违反治安管理案件,公安机关应当立即立案并进行调查。本案是因报案而受理的盗窃类治安案件,且在派出所管辖范围之内,民警以"派出所无立案权"为由要求受害人到县公安局报案是错误的。

第九十一条 【依法调查】公安机关及其人民警察对治安案件的调查,应当依法进行。严禁刑讯逼供或者采用威胁、引诱、欺骗等非法手段收集证据。

以非法手段收集的证据不得作为处罚的根据。

解读与适用

本条是关于公安机关依法进行调查及严禁非法取证的规定,包括调查取证的要求、非法取证的不利后果等内容,沿用了2012年《治安管理处罚法》第79条的规定,未作修改。理解本条规定,应注意以下问题:

一、依法进行调查

依法进行调查,是现代法治社会的基本要求,是依法行政和依法处罚的必然要求,也是治安管理处罚证据具备合法性的前提条件。本条所称的"依法进行"调查,是指公安机关及其人民警察的调查必须合乎法律规定。其中的"法",既

[①] 参见熊一新、华敬锋主编:《治安管理处罚法解读与适用》,法律出版社2005年版,第201页。

包括程序法规范,也包括实体法规范。换言之,只有程序法和实体法兼顾的调查,才是真正意义的依法调查。

(一)依据程序法规范进行调查

程序法规范,主要是指本法的规定,本法没有规定的,适用《行政处罚法》《行政强制法》的有关规定。依据程序法进行调查,必须满足以下条件:

1. 主体合法

主体合法包括身份合法和人数合法。身份合法,要求实施调查的人员必须是有权办理治安案件的公安机关人民警察。而且,在调查过程中,人民警察应当向相对人主动出示人民警察证。人数合法,要求实施调查的人民警察的数量必须符合法律。根据《行政处罚法》第42条第1款的规定,"执法人员不得少于两人,法律另有规定的除外"。因此,除本法第108条规定的情形外,调查时的人民警察不得少于两人。

2. 程序合法

程序合法,要求人民警察实施调查应当符合法定程序,即符合"程序法规范"要求的方式、时间、步骤或者顺序。调查方式合法是指人民警察调查的方法必须符合法律规定。除本法规定的调查方法外,人民警察还可以采用《行政处罚法》规定的调查方法,如先行登记保存、抽样取证等。凡是法律没有授予的调查方法,人民警察都不应采用。法律禁止的如威胁、引诱、欺骗等非法手段更不得在调查中采用。调查时间合法是指人民警察调查的时间必须符合法律规定。一方面,人民警察必须在行政处罚决定之前完成调查取证活动,即应当先调查后决定,而不应当先决定后调查。任何在治安管理处罚决定作出后所收集的证据,都不具有合法性,不应当作为认定处罚决定合法的根据。另一方面,法律对特定调查方法有时间限制的,人民警察必须在法定期限内完成调查。例如,《行政强制法》第25条第1款规定,扣押的期限不得超过30日;情况复杂的,经行政机关负责人批准,可以延长,但是延长期限不得超过30日。据此,人民警察必须在30日或者60日内完成相应的调查,否则,对扣押的物品即应予以解除。逾期不解除,即违反法定程序。调查步骤、顺序合法,是指人民警察的调查应当依照法律规定的顺序、步骤来进行,既不能跳跃也不能颠倒法律规定的顺序、步骤,否则会侵犯行政相对人的合法权益,损害法律的权威。例如,在进行第一次询问查证之前,人民警察应当首先对被询问人进行权利义务告知,告知的内容主要包括但不限于以下事项:(1)执法身份告知。向被询问人出示人民警察证,表明身份;(2)权利义务告知。告知被询问人应当如实回答问题、不得故意作出虚假陈述,有权申请回避、有权拒绝回答与案件无关的问题,等等。经过这个步骤之后,人民警察才能就具体案情对被询问人展开询问。对询问前应当告知这一步骤,人民警察在调查时既不能跳跃也不能颠倒。完全不予告知或者结束询问前才予以告知的,也属于违反法定程序。

3. 证据种类合法

证据种类合法,要求人民警察经过调查取证所取得的证据必须属于法律规定的证据种类。[①] 尽管本法没有规定治安管理处罚证据的种类,但《行政处罚法》第 46 条第 1 款规定,证据包括书证、物证、视听资料、电子数据、证人证言、当事人的陈述、鉴定意见以及勘验笔录、现场笔录。根据《治安管理处罚法》第 4 条关于"治安管理处罚的程序,适用本法的规定;本法没有规定的,适用《中华人民共和国行政处罚法》、《中华人民共和国行政强制法》的有关规定"的规定,人民警察调查收集的证据也必须属于上述法律明确规定的证据种类。

(二)依据实体法规范进行调查

实体法规范,主要是指《治安管理处罚法》第二章和第三章的规定。依据实体法规范进行调查,是指公安机关依据有关违反治安管理行为的构成要件和治安管理处罚的裁量情节的法律规范进行调查。实体法规范既包括一般规范,也包括具体规范。以寻衅滋事为例,公安机关依据实体法规范进行调查,意味着公安机关既要依照本法第 12 条至第 14 条等有关治安责任年龄和责任能力的一般规范进行调查,又要依照本法第 30 条有关寻衅滋事的具体规范进行调查。总之,实体法规范所规定的案件事实,通常包括以下内容:(1)违法嫌疑人的基本情况;(2)违法行为是否存在;(3)违法行为是否为违法嫌疑人实施;(4)实施违法行为的时间、地点、手段、后果以及其他情节;(5)违法嫌疑人有无法定从重、从轻、减轻以及不予行政处罚的情形;(6)与案件有关的其他事实。

二、严禁非法取证

(一)非法取证的类型

本条第 1 款后段规定,"严禁刑讯逼供或者采用威胁、引诱、欺骗等非法手段

[①] 参见胡锦光:《行政处罚研究》,法律出版社 1998 年版,第 171 页。

收集证据"。据此,非法取证的手段主要包括刑讯逼供和其他非法手段。

"刑讯逼供",一般是指在调查过程中公安机关对违反治安管理嫌疑人使用肉刑或者变相肉刑,或者采用其他使嫌疑人在肉体上或者精神上遭受疼痛或者痛苦的方法,迫使嫌疑人违背意愿作出陈述的行为。[①] 肉刑,主要是指使用械具或者刑具进行摧残,或者用捆绑、吊起、殴打、拳打脚踢等对身体器官或者肌肤造成痛苦的方法。变相肉刑,主要是指长时间罚跪、罚站、罚冻、罚饿、罚晒、不准睡觉、连轴询问等虽不直接伤害身体但造成身体或者精神痛苦的其他折磨手段或者方法。

"其他非法手段",主要是指威胁、引诱、欺骗等方法。"威胁",是以采用暴力或者严重损害本人及其近亲属人身或者财产等合法权益相恫吓,迫使调查对象违背其意愿,按照办案人民警察的要求进行陈述。"引诱",是指引导、诱惑调查对象,使其按照办案人民警察的意愿进行陈述。"欺骗",是指以隐瞒真相或者虚构事实的方法,误导调查对象,使其按照办案人民警察的意愿进行陈述。

(二)非法取证的后果

非法取证行为,不仅侵害违反治安管理嫌疑人、被侵害人或者其他证人的合法权益,而且损害治安管理处罚的公正与公平,破坏公安机关及其人民警察的权威和形象。根据本条第 2 款和《行政处罚法》第 46 条第 3 款的规定,以非法手段收集的证据,不得作为认定案件事实的根据,不得作为治安管理处罚的根据。

> **第九十二条** 【调取证据】公安机关办理治安案件,有权向有关单位和个人收集、调取证据。有关单位和个人应当如实提供证据。
> 公安机关向有关单位和个人收集、调取证据时,应当告知其必须如实提供证据,以及伪造、隐匿、毁灭证据或者提供虚假证言应当承担的法律责任。

解读与适用

本条是关于调取证据的规定,是此次修订新增加的内容。理解本条规定,应

[①] 参见《最高人民法院关于适用〈中华人民共和国刑事诉讼法〉的解释》(法释〔2012〕21 号)第 54 条的相关规定。该司法解释现已被《最高人民法院关于适用〈中华人民共和国刑事诉讼法〉的解释》(法释〔2021〕1 号)取代。

当注意以下问题：

(一)公安机关收集、调取证据的权力和相关告知义务

在办理治安案件的过程中，违反治安管理嫌疑人、被侵害人和其他证人，是公安机关的主要调查对象。实践中，也有与案件无关的单位和个人，因持有与案件有关的证据，而成为被调查的对象。在此情形下，公安机关收集、调取其持有的证据，就涉及取证合法性问题。为此，本条设定了公安机关的取证权力和告知义务。根据本条规定，公安机关办理治安案件，既有权力向有关单位和个人收集、调取证据，也有义务向有关单位和个人进行告知，包括告知其必须如实提供证据，以及伪造、隐匿、毁灭证据或者提供虚假证言应当承担的法律责任。有关单位和个人在收到调取证据通知书及上述告知后，应当向公安机关如实提供证据。

(二)有关单位和个人的知情权和违法提供证据的责任

根据本条规定，作为证据提交者，有关单位和个人享有相应的知情权，即应当被告知负有如实提供证据的法律义务，以及伪造、隐匿、毁灭证据或者提供虚假证言应当承担的法律责任。收集、调取证据前，公安机关未依法进行告知的，既侵害了有关单位和个人的知情权，也违反了法定程序，直接影响证据的合法性；依法进行了告知，有关单位和个人仍然伪造、隐匿、毁灭证据或者提供虚假证言、谎报案情，影响公安机关依法办案的，涉嫌构成"违法提供证据"的行为，应当依据本法第72条第2项的规定，给予相应的治安管理处罚。

第九十三条 【移送的证据材料】在办理刑事案件过程中以及其他执法办案机关在移送案件前依法收集的物证、书证、视听资料、电子数据等证据材料，可以作为治安案件的证据使用。

解读与适用

本条是关于司法机关以及其他执法办案机关移送案件中的证据材料可以作为治安案件证据使用的规定，是此次修订新增加的内容。

一般而言，治安案件中的证据材料都由公安机关依法收集，经查证属实，方可作为认定案件事实的根据。但移送案件中的证据材料，有些是司法机关在办

理刑事案件过程中依法收集的,有些是由其他执法办案机关在移送案件前依法收集的。对公安机关而言,这些证据材料可否作为治安案件的证据使用,就成了无法回避的实际问题。为此,本条明确规定,在办理刑事案件过程中以及其他执法办案机关在移送案件前依法收集的物证、书证、视听资料、电子数据等证据材料,可以作为治安案件的证据使用。本条可以从以下几个方面来理解。

(一)证据材料的性质与类型

根据本条规定,可以作为治安案件证据使用的证据材料,主要有两种性质、四种类型。(1)刑事证据材料,即办理刑事案件过程中收集的证据材料,主要是指司法机关移送的,依法不需要追究刑事责任或者免予刑事处罚,但应当给予治安管理处罚的案件中的物证、书证、视听资料、电子数据等证据材料;(2)行政证据材料,即由其他执法办案机关在移送案件前收集的证据材料,包括但不限于生态环境保护主管部门、农业农村主管部门等行政机关,以及纪检监察机关等执法机关在移送案件前收集的物证、书证、视听资料、电子数据等证据材料。

(二)证据材料的条件

根据本条规定,只有"依法收集"的上述证据材料,才可以作为治安案件的证据使用。具体包括下列材料:(1)司法机关依照《刑事诉讼法》《公安机关办理刑事案件程序规定》《人民检察院刑事诉讼规则》等法律法规规定的程序,收集、调取的证据材料;(2)其他行政执法机关依照《行政处罚法》《行政强制法》等法律规定的程序,收集、调取的证据材料;(3)监察机关依照《监察法》《监察法实施条例》等法律规定的程序,收集、调取的证据材料。

(三)证据材料的资格

依法收集的证据材料具有合法性,可以作为治安案件的证据使用。违法收集的证据材料不具有合法性,不可以作为治安案件的证据使用。另外,可以作为治安案件的证据使用,并不意味着这些证据材料无须审查核实,就可以直接作为认定案件事实的根据。根据《行政处罚法》第46条第2款关于"证据必须经查证属实,方可作为认定案件事实的根据"的规定,上述"可以作为治安案件的证据使用"的证据材料,必须经过公安机关查证属实,才能作为认定案件事实的根据。

第九十四条 【保密】公安机关及其人民警察在办理治安案件时,对涉及的国家秘密、商业秘密、个人隐私或者个人信息,应当予以保密。

解读与适用

本条是关于保密的规定，是在2012年《治安管理处罚法》第80条基础上修改而成的，将"个人信息"增列为保密事项。理解本条规定，应当注意以下问题：

本条所称"保密"，是指公安机关及其人民警察对在办理治安案件过程中获悉的依法应当保密的事项，不得擅自泄露或者对外公开。《宪法》第53条规定，保守国家秘密是中华人民共和国公民的宪法义务。根据本条规定，公安机关及其人民警察办理治安案件时，应当遵循保密规范，具有下列事项之一，应当予以保密。

（一）国家秘密

1. 国家秘密及其范围

《保守国家秘密法》第2条、第13条对国家秘密及其范围作出了明确规定：国家秘密是关系国家安全和利益，依照法定程序确定，在一定时间内只限一定范围的人员知悉的事项。下列涉及国家安全和利益的事项，泄露后可能损害国家在政治、经济、国防、外交等领域的安全和利益的，应当确定为国家秘密：（1）国家事务重大决策中的秘密事项；（2）国防建设和武装力量活动中的秘密事项；（3）外交和外事活动中的秘密事项以及对外承担保密义务的秘密事项；（4）国民经济和社会发展中的秘密事项；（5）科学技术中的秘密事项；（6）维护国家安全活动和追查刑事犯罪中的秘密事项；（7）经国家保密行政管理部门确定的其他秘密事项。政党的秘密事项中符合前款规定的，属于国家秘密。

2. 密级及保密义务

《保守国家秘密法》第14条、第15条对国家秘密的密级及保密义务作出了明确规定。国家秘密的密级分为绝密、机密、秘密三级。（1）绝密级国家秘密是最重要的国家秘密，泄露会使国家安全和利益遭受特别严重的损害；（2）机密级国家秘密是重要的国家秘密，泄露会使国家安全和利益遭受严重的损害；（3）秘密级国家秘密是一般的国家秘密，泄露会使国家安全和利益遭受损害。国家秘密受法律保护。一切国家机关和武装力量、各政党和各人民团体、企业事业组织和其他社会组织以及公民都有保密的义务。任何危害国家秘密安全的行为，都必须受到法律追究。

对在办理治安案件过程中获悉的国家秘密，公安机关及其人民警察应当予以保密。

(二)商业秘密

本条所称的"商业秘密",根据《反不正当竞争法》第10条第4款的规定,"是指不为公众所知悉、具有商业价值并经权利人采取相应保密措施的技术信息、经营信息等商业信息"。根据《最高人民法院关于审理侵犯商业秘密民事案件适用法律若干问题的规定》第1条的规定,与技术有关的结构、原料、组分、配方、材料、样品、样式、植物新品种繁殖材料、工艺、方法或其步骤、算法、数据、计算机程序及其有关文档等信息,可以认定构成技术信息。与经营活动有关的创意、管理、销售、财务、计划、样本、招投标材料、客户信息、数据等信息,可以认定构成经营信息。前款所称的客户信息,包括客户的名称、地址、联系方式以及交易习惯、意向、内容等信息。实践中,应当注意,不是所有的技术信息、经营信息等商业信息都可以认定为商业秘密。商业秘密应当具备以下三个要件:(1)秘密性。秘密性是商业秘密构成要件中最重要的一个。它是指商业秘密应当是非公开的、不为公众所知悉的信息。(2)价值性。价值性指的是商业秘密应当是能够在生产经营实践中被利用,或者该商业秘密利用能够为权利人在市场竞争方面取得优势,即具有商业价值。(3)保密性。保密性指的是权利人采取了相应的保密措施,即权利人不仅主观上具有将某项信息作为商业秘密保护的愿望,而且在客观上也采取了一定的防止该商业秘密被泄露的合理措施。[1]

对在办理治安案件过程中获悉的商业秘密,公安机关及其人民警察应当予以保密。

(三)个人隐私或者个人信息

根据《民法典》第1032条、第1034条的规定,自然人享有隐私权。任何组织或者个人不得以刺探、侵扰、泄露、公开等方式侵害他人的隐私权。隐私是自然人的私人生活安宁和不愿为他人知晓的私密空间、私密活动、私密信息。自然人的个人信息受法律保护。个人信息是以电子或者其他方式记录的能够单独或者与其他信息结合识别特定自然人的各种信息,包括自然人的姓名、出生日期、身份证件号码、生物识别信息、住址、电话号码、电子邮箱、健康信息、行踪信息等。个人信息中的私密信息,适用有关隐私权的规定;没有规定的,适用有关个人信

---

[1] 参见《知识产权法学》编写组编:《知识产权法学》,高等教育出版社2019年版,第250页。

息保护的规定。

对在办理治安案件过程中获悉的个人隐私或者个人信息,公安机关及其人民警察应当予以保密。

(四)保密的其他事项

除了上述保密事项之外,公安机关及其人民警察对下列事项也应当注意保守秘密:(1)调查取证时,应当防止泄露工作秘密。(2)报案人不愿意公开自己姓名和报案行为的,公安机关应当在受案登记时注明,并为其保密。(3)辨认人不愿意暴露身份的,对违法嫌疑人的辨认可以在不暴露辨认人的情况下进行,公安机关及其人民警察应当为辨认人保守秘密。(4)涉及国家秘密、商业秘密、个人隐私或者个人信息的治安案件,不应当公开举行听证。

案例与评析[①]

【案例】被告某县公安局向法院提交了办案过程中收集提取的程序类证据,共计7份(证据1至证据7),其中,证据7(保密证据)、某县拘留所作出的《建议停止执行拘留通知书》、某市某安定医院对赵某作出的《诊断证明书》《门(急)诊病历》《焦虑自评量表结果分析报告》《抑郁自评量表结果分析报告》,证明赵某患有精神类疾病,某县拘留所建议对赵某停止执行拘留。因证据7涉及第三人赵某的个人隐私,被告申请将其作为保密证据,该申请是否具有法律依据?

【评析】依据本条规定,公安机关及其人民警察在办理治安案件时,对涉及的个人隐私,应当予以保密。证据7系被告某县公安局在治安处罚行政程序中依法制作、获取的,因涉及第三人赵某的个人隐私,被告申请将其作为本案的保密证据,具有明确的法律依据。

第九十五条 【回避】人民警察在办理治安案件过程中,遇有下列情形之一的,应当回避;违反治安管理行为人、被侵害人或者其法定代理人也有权要求他们回避:

(一)是本案当事人或者当事人的近亲属的;

[①] 参见熊一新、华敬锋主编:《治安管理处罚法解读与适用》,法律出版社2005年版,第207~208页。

(二)本人或者其近亲属与本案有利害关系的;

(三)与本案当事人有其他关系,可能影响案件公正处理的。

人民警察的回避,由其所属的公安机关决定;公安机关负责人的回避,由上一级公安机关决定。

解读与适用

本条是关于人民警察在办理治安案件过程中应当回避的情形的规定,沿用了2012年《治安管理处罚法》第81条的规定,未作修改。理解本条规定,应当注意以下问题:

本条所称回避,是指人民警察在办理治安案件过程中,因其与所办理的案件或与案件当事人有利害关系或者可能影响案件公正处理的其他关系,为保证调查程序和处理结果的公正性,根据当事人的申请或办案人民警察的请求,由公安机关依法终止其案件的办理并由他人继续办理的一种程序制度。

(一)回避的法定情形

根据本条第1款的规定,在办理治安案件过程中,遇有下列情形之一,人民警察应当回避:

1.是本案当事人或者当事人的近亲属

人民警察是本案当事人,或者是当事人的近亲属。本条所称"本案当事人",指的是办理本案的人民警察是本案的违反治安管理行为人和被侵害人。本条所称"近亲属",包括配偶、父母、子女、兄弟姐妹、祖父母、外祖父母、孙子女、外孙子女和其他具有抚养、赡养关系的亲属。[①]

2.本人或者其近亲属与本案有利害关系

人民警察或者其近亲属虽然不是本案当事人或者当事人的近亲属,但与本案有利害关系,也应当回避。本条对"利害关系"未作具体规定,学理认为,利害关系指案件处理的结果影响到负责处理案件的行政机关工作人员的金钱、名誉、

[①] 对"近亲属"的范围,本条未作规定,其他法律规定也不尽相同。本书对"近亲属"范围的界定,采用最高人民法院《关于适用〈中华人民共和国行政诉讼法〉的解释》第14条第1款的规定:《行政诉讼法》第25条第2款规定的"近亲属",包括配偶、父母、子女、兄弟姐妹、祖父母、外祖父母、孙子女、外孙子女和其他具有抚养、赡养关系的亲属。

友情、亲情等的增加或减损①。

3. 与本案当事人有其他关系,可能影响案件公正处理

本条未就"其他关系"作出具体规定。一般认为,除上述"近亲属"之外的关系,都可以视为"其他关系",如师生、同学、同籍、同乡、同事、上下级,以及战友、警友、校友、朋友等关系。这些关系在现实生活中广泛存在,在治安案件中也较为常见。如果将此类关系单独作为回避情形,可能会导致人民警察动辄得咎。因此,本条规定,除"与本案当事人有其他关系"外,人民警察还必须同时具备"可能影响案件公正处理"这一条件,才符合回避的法定情形。本条所称"公正处理",既指实体公正,也指程序公正。而程序公正是实体公正的保障。本条所称"可能影响",指的是一种可能性,即影响案件公正处理的可能性。这种可能性是否存在,由公安机关自主判断。如果公安机关认为这种可能性存在,就应当作出回避的决定;反之,就应当作出不予回避的决定。当然,公安机关在此方面的裁量权也应当公正行使。

(二)回避的法定类型

根据本条第1款的规定,回避包括以下两种类型:一是自行回避,是指办理治安案件的人民警察遇有应当回避的法定情形之一时,主动向所属公安机关提出请求,要求回避相关案件的办理。二是申请回避,是指违反治安管理行为人、被侵害人或者其法定代理人认为办案人民警察符合应当回避的法定情形,而向该民警所属的公安机关提出申请,要求其回避相关案件的办理。

根据被代理人是否成年,可以将"法定代理人"分为以下两种情形:第一,本案当事人是未成年人的,父母是其法定代理人;未成年人的父母已经死亡或者没有监护能力的,由下列有监护能力的人按顺序担任其法定代理人:(1)祖父母、外祖父母;(2)兄、姐;(3)其他愿意担任监护人的个人或者组织,但是须经未成年人住所地的居民委员会、村民委员会或者民政部门同意。第二,本案当事人是成年人,但无民事行为能力或者限制民事行为能力的,由下列有监护能力的人按顺序担任其法定代理人:(1)配偶;(2)父母、子女;(3)其他近亲属;(4)其他愿意担任监护人的个人或者组织,但是须经被监护人住所地的居民委员会、村民委

---

① 姜明安主编:《行政法与行政诉讼法》(第2版),北京大学出版社、高等教育出版社2005年版,第378页。

员会或者民政部门同意。① 申请回避是本法赋予当事人的程序性权利,体现了治安管理处罚程序的正当性,可以起到缓解抵触情绪、消除疑虑、化解社会矛盾的作用。

(三)回避决定的作出

回避决定既包括对自行回避的决定,也包括对申请回避的决定。根据本条第2款的规定,人民警察的回避,由其所属的公安机关决定;公安机关负责人的回避,由上一级公安机关决定。实践中,应当注意的是,对人民警察的回避作出决定前,人民警察不能停止对案件的办理。

(四)回避的其他问题②

对于治安案件回避制度的其他问题,如申请形式、回避期限、回避的效力、指令回避等,本条未作规定。笔者认为,从行政法一般原理、回避制度的目的、方便当事人和参照有关规定的角度考虑,回避申请的具体形式可以使用书面、口头等多种方式;回避申请的期限应当包括全部案件办理的期限,即治安案件结案前。

另外,回避制度落实的一个关键是当事人知情权的保障。法律规定的回避事由是以"关系"为核心内容的,这种"关系"能否被公开、多大程度地被公开就成为这种制度能否发挥作用的关键。也就是说,只有全面公开人民警察的有关情况,落实当事人的知情权,才有可能使当事人及时明确有无回避的情形,做好是否要求回避的准备。但是,全面公开人民警察的有关情况,又给公安工作的特殊性带来挑战,势必也给人民警察本人带来许多负面影响。为此,是否应当公开人民警察的有关情况、如何公开等问题尚需探讨。

案例与评析③

【案例】居住在某县某乡政府院内的梁某,趁派出所民警到某电站搞安全保卫工作之机,多次爬墙,侵入派出所办公室,盗走扣押在该所的赃物(废旧铜、铝线)30余斤。后拿到街上卖给某废旧物资收购站,卖得200余元并将其挥霍。该所调查后,提请县公安局给予梁某行政拘留的处罚。在讨论该案取证问题时有两种意见:一种意见认为,该所是县公安局的派出机构,有权调查取证;另一种

---

① 参见《民法典》第23条、第26~28条。
② 参见熊一新、华敬锋主编:《治安管理处罚法解读与适用》,法律出版社2005年版,第210页。
③ 参见《作为失主的派出所在侦查案件中是否应当回避》,载《人民检察》2005年第10期。

意见认为,该所是"失主",不能进行调查,应当"回避"。请问,哪种意见正确?

【评析】被盗的某乡派出所有权对该案调查取证。本案所涉问题,属于对回避制度的理解问题。依据本条规定,在办理治安案件过程中,应当回避的是办案的人民警察和公安机关负责人,而不是办案的单位和部门。换句话说,本条仅对自然人的回避作出了规定,对办案单位和部门的回避并未规定。

本案中,对案件开展调查取证的是被盗的某乡派出所,现行法律并没有规定具有管辖权的公安机关不能调查处理本单位自身发生的盗窃案件;同时对于该盗窃案件,由发生盗窃的派出所进行调查取证,不属于法定的回避范围。因此,被盗的某乡派出所有权对该案进行调查取证。另外,根据我国法律规定的自诉制度,刑事案件的受害人尚有权对自己遭受的人身、财产损害进行调查取证,作为有调查权的派出所,对自身作为被盗人的治安案件,当然有权开展调查取证工作。

第九十六条 【传唤】需要传唤违反治安管理行为人接受调查的,经公安机关办案部门负责人批准,使用传唤证传唤。对现场发现的违反治安管理行为人,人民警察经出示人民警察证,可以口头传唤,但应当在询问笔录中注明。

公安机关应当将传唤的原因和依据告知被传唤人。对无正当理由不接受传唤或者逃避传唤的人,经公安机关办案部门负责人批准,可以强制传唤。

解读与适用

本条是关于公安机关传唤违反治安管理行为人接受调查的方式的规定,是在2012年《治安管理处罚法》第82条基础上修改而成的。理解本条规定,应当注意以下方面:

作为办理治安案件过程中使用较多的一种调查手段,传唤是指公安机关为查清案件事实,依法命令违反治安管理行为人或者嫌疑人于指定时间到达指定地点接受调查问询的一项法律措施。根据本条规定,对违反治安管理行为人或者嫌疑人,既可以采取书面形式进行传唤,即书面传唤,也可以采用口头形式传唤,即口头传唤。强制传唤是对书面传唤和口头传唤的强制执行。

(一)书面传唤

书面传唤,即使用传唤证传唤,是公安机关对需要接受调查的违反治安管理行为人采取的一项法律措施,须公安机关办案部门负责人批准后方可实施。实施书面传唤时应注意:(1)实施书面传唤前必须经过批准;(2)给予批准的是公安机关办案部门负责人,而非公安机关负责人;(3)必须使用传唤证进行传唤;(4)必须将传唤的原因和依据告知被传唤人。

(二)口头传唤

口头传唤是指人民警察对现场发现的违反治安管理行为人,经出示人民警察证,口头限令其在指定的时间到指定的地点接受调查的一项法律措施。实施口头传唤时应注意:(1)口头传唤的对象仅限于现场发现的违反治安管理行为人,不是现场发现的,不适用口头传唤。(2)口头传唤时,人民警察应当出示人民警察证。这里的"人民警察证"就是执法证件。依照《行政处罚法》第55条第1款关于"执法人员不出示执法证件的,当事人或者有关人员有权拒绝接受调查或者检查"的规定,口头传唤时,未出示人民警察证的,被传唤人有权拒绝接受传唤。(3)必须将传唤的原因和依据告知被传唤人。(4)口头传唤后,应当在询问笔录中注明。

(三)强制传唤

作为书面传唤和口头传唤的强制执行措施,强制传唤是指公安机关在调查治安案件时,强行将无正当理由不接受传唤或者逃避传唤的人带到公安机关接受调查问询的一种执行方式。实施强制传唤时应注意:

(1)强制传唤是书面传唤和口头传唤的法律后果和保障手段。

(2)强制传唤的对象仅限于无正当理由不接受书面传唤或口头传唤,或者逃避书面传唤或者口头传唤的人。没有先前的书面传唤或者口头传唤,就不可能有随后的强制传唤。未经书面传唤或者口头传唤,对违反治安管理行为人或者嫌疑人径行实施强制传唤的,属于程序违法。

(3)强制传唤需经公安机关办案部门负责人批准。对无正当理由不接受传唤或者逃避传唤的人,经公安机关办案部门负责人批准,可以强制传唤。

(4)强制传唤是使用强制方法迫使被传唤人到公安机关接受调查的一种措施。强制方法的使用是强制传唤的重要特征。强制方法既可以是徒手控制,也可以是依法使用警械,一般以能够将被传唤人传唤到公安机关为限度。依照

《人民警察使用警械和武器条例》第8条的规定,实施强制传唤,遇有被传唤人可能脱逃、行凶、自杀、自伤或者有其他危险行为的,人民警察可以使用手铐、脚镣、警绳等约束性警械。使用警械实施强制传唤,不得故意造成人身伤害。

(5)实施强制传唤前,被传唤人经告诫和教育,愿意接受传唤的,也可以不执行强制传唤。

案例与评析①

【案例】9日凌晨1时许,肖某、王某等4人持传唤证,到违法嫌疑人陆某住宅外,要求陆某开门接受传唤,该传唤证上载明"现传唤你于某年某月9日9:30前到某县公安局接受询问"。陆某以有事白天来为由,拒绝开门,并告知家人"如果他们强行冲进来就自卫"。随后来到现场的县公安局副局长张某决定强制传唤陆某。在民警撬开陆某家卷帘门的过程中,陆某及家人在楼上用砖头掷击民警。卷帘门被撬开后,民警上楼带走了陆某。本案的强制传唤是否符合法律规定?

【评析】某县公安局为处理治安案件,对陆某实施强制传唤,其法律依据是本条第2款,"对无正当理由不接受传唤或者逃避传唤的人,经公安机关办案部门负责人批准,可以强制传唤"。而对于强制传唤的限度,应以能将被传唤人传唤到公安机关为限度;强制传唤时,可以依法使用手铐、警绳等约束性警械。本案中,某县公安局传唤陆某于某年某月9日9:30前到该局接受询问,9日凌晨1时许,民警到陆某的住宅执行传唤时,陆某称天亮后接受传唤并未超过指定时间,不能认定其不接受传唤或逃避传唤。在此过程中,某县公安局对陆某采取的强制传唤的强度超过了必要的限度,违反了法律规定。

> **第九十七条 【询问违反治安管理行为人】** 对违反治安管理行为人,公安机关传唤后应当及时询问查证,询问查证的时间不得超过八小时;涉案人数众多、违反治安管理行为人身份不明的,询问查证的时间不得超过十二小时;情况复杂,依照本法规定可能适用行政拘留处罚的,询问查证的时间不得超过二十四小时。在执法办案场所询问违反治安管理行为人,应当全程同步录音录像。

---

① 参见云南省高级人民法院刑事附带民事判决书,(2016)云刑再3号。

> 公安机关应当及时将传唤的原因和处所通知被传唤人家属。
>
> 询问查证期间,公安机关应当保证违反治安管理行为人的饮食、必要的休息时间等正当需求。

解读与适用

本条是关于传唤后询问查证的时间及要求的规定,包括询问查证的时限、通知被传唤人家属、保证违反治安管理行为人的正当需求等内容,是在2012年《治安管理处罚法》第83条基础上修改而成的。此次修订对原条文进行了调整:修改了第1款,保留了第2款,并新增了第3款。理解本条规定,应当注意以下问题:

(一)询问查证的时限要求

根据本条第1款规定,询问查证应当遵守以下法定时限:

(1)对违反治安管理行为人,公安机关传唤后应当及时询问查证,询问查证的时间不得超过8小时。这里的"八小时",并不是指询问查证的时间必须达到8小时,未满8小时就违法;而是指询问查证的时间最长只有8小时,在不具备可以延长的法定条件或者具备法定条件但未经批准,超过8小时即属违法。

(2)涉案人数众多、违反治安管理行为人身份不明的,询问查证的时间不得超过12小时。这里的"十二小时",仅适用于人数众多、身份不明两种情形,其他情形不得适用。但这并不意味着,只要具有这两种情形之一,就必须延长至12个小时。如果8小时即可询问查证完毕,当然无须将时间延长至12小时。

(3)情况复杂,依照本法规定可能适用行政拘留处罚的,询问查证的时间不得超过24小时。这里的"二十四小时",是指只要本法规定涉案的违反治安管理行为可能适用行政拘留处罚,询问查证的时间最长可以延长至24小时。

(4)在执法办案场所询问违反治安管理行为人,应当全程同步录音录像。实践中,法定时限内无法查明案情,公安机关是否有权通过增加传唤次数,变相增加询问查证的时间,以达到查明案件事实的目的?关于传唤的次数,本法及本条没有直接规定,依照本法第96条关于"需要传唤违反治安管理行为人接受调查的,经公安机关办案部门负责人批准,使用传唤证传唤"的规定,笔者认为,如果确需再次传唤违反治安管理行为人接受调查,经公安机关办案部门负责人批准后应当可以再次传唤,但两次传唤之间要保证被传唤人必要的休息权,不得"连续传唤"侵犯被传唤人的合法权益。连续传唤,是指在一次传唤询问期限届满后,接连又开出传唤证继续进行询问查证。[1]

(二)询问查证的通知义务

传唤属于可以强制执行的行政决定,直接影响被传唤人及其家属的工作和生活。为了更好地保障家属的知情权,尽量减少传唤带来的不利影响,本条规定,"公安机关应当及时将传唤的原因和处所通知被传唤人家属",使其家属可以妥善作出反应。

(三)询问查证的其他要求

作为新增内容,本条第3款进一步完善了对违反治安管理行为人合法权益的保护。根据规定,实施询问查证时,公安机关应当保证违反治安管理行为人的各种正当需求,包括但不限于饮食、必要的休息时间等。

案例与评析[2]

【案例】一名因网络诈骗而被传唤的违法嫌疑人声称已满18周岁,公安机关拟给予其行政拘留处罚。但询问查证的时间到20小时履行告知程序时,该嫌疑人又称自己未满18周岁。后经查证该人系17周岁,最终公安机关对其作出了罚款2000元的处罚决定。本案的询问查证时间算不算超过时限?

【评析】上述情况不属于询问查证时间超过法定时限。根据本条规定,"对违反治安管理行为人,公安机关传唤后应当及时询问查证,询问查证的时间不得超过八小时;涉案人数众多、违反治安管理行为人身份不明的,询问查证的时间不得超过十二小时;情况复杂,依照本法规定可能适用行政拘留处罚的,询问查证的时间不得超过二十四小时"。从中可看出,一方面,违反治安管理行为人的年龄大小并非决定询问查证时间长短的法定条件。判断本案的询问查证时间是否超期,无须考虑当事人的年龄是18周岁还是17周岁。另一方面,延长时间至24小时的条件是"情况复杂,依照本法规定可能适用行政拘留处罚"。该情形是指违法嫌疑人存在被依法处以行政拘留的可能性,而不是指案件的最终处理结果。上述案件的办理结果虽不是拘留处罚,但延长询问时间时,该人确实存在被

---

[1] 参见熊一新、华敬锋主编:《治安管理处罚法解读与适用》,法律出版社2005年版,第213~214页。
[2] 参见北京市公安局编:《公安民警执法疑难解答900案Ⅱ》,群众出版社2009年版,第467页。

处以拘留处罚的可能性,所以,本案延长询问查证时间的行为,并不构成违法。

> 第九十八条 【询问笔录和自书材料】询问笔录应当交被询问人核对;对没有阅读能力的,应当向其宣读。记载有遗漏或者差错的,被询问人可以提出补充或者更正。被询问人确认笔录无误后,应当签名、盖章或者按指印,询问的人民警察也应当在笔录上签名。
>
> 被询问人要求就被询问事项自行提供书面材料的,应当准许;必要时,人民警察也可以要求被询问人自行书写。
>
> 询问不满十八周岁的违反治安管理行为人,应当通知其父母或者其他监护人到场;其父母或者其他监护人不能到场的,也可以通知其他成年亲属,所在学校、单位、居住地基层组织或者未成年人保护组织的代表等合适成年人到场,并将有关情况记录在案。确实无法通知或者通知后未到场的,应当在笔录中注明。

解读与适用

本条是关于询问笔录、自书材料,以及询问未成年的违反治安管理行为人的规定,是在2012年《治安管理处罚法》第84条基础上修改而成的。理解本条规定,应当注意以下问题:

询问是公安机关及其人民警察对违反治安管理嫌疑人或者行为人、被侵害人和其他证人就相关案情进行了解、探询和核查的一种调查方法,是了解案情最直接,也是最主要的方法。询问笔录是对询问过程及其内容的再现,是公安机关及其人民警察依法对违反治安管理嫌疑人或者行为人、被侵害人和其他证人进行询问了解的情况的书面记录。询问笔录并非法定证据种类,最终属于何种法定证据,取决于询问的对象是谁。依据本法的有关规定,询问的对象包括违反治安管理嫌疑人或者行为人、被侵害人和其他证人。询问的对象是违反治安管理行为人或者嫌疑人的,该询问笔录就属于法定证据中的"当事人的陈述";询问的对象是被侵害人或者其他证人的,该询问笔录就属于法定证据中的"证人证言"。

在询问过程中,被询问人要求就被询问事项自行提供书面材料的,应当准许;必要时,人民警察也可以要求被询问人自行书写。自行书写的材料即"自书材料",并非法定证据种类,其最终属于何种法定证据,取决于自书材料由谁来提供。由违反治安管理行为人或者嫌疑人提供的自书材料,属于"当事人的陈述",由被侵害人或者其他证人提供的自书材料,属于"证人证言"。因此,在治安案件中,作为法定证据类型的当事人的陈述和证人证言,既可以表现为询问笔录,也可以表现为自书材料。

询问不满18周岁的违反治安管理行为人,应当注意保护其作为未成年人的合法权益。

根据我国《未成年人保护法》《预防未成年人犯罪法》等法律的规定,保护未成年人,是国家机关、武装力量、政党、人民团体、企业事业单位、社会组织、城乡基层群众性自治组织、未成年人的监护人以及其他成年人的共同责任。保护未成年人,应当坚持最有利于未成年人的原则。处理涉及未成年人事项,应当给予未成年人特殊、优先保护。作为给予未成年人特殊、优先保护的立法例,本条规定询问不满18周岁的违反治安管理行为人,应当通知其父母或者其他监护人到场。通知的首要人选是未成年人的父母;父母已经死亡或者没有监护能力的,通知"其他监护人"。根据我国《民法典》第27条第2款的规定,"其他监护人"由下列有监护能力的人按顺序担任:(1)祖父母、外祖父母;(2)兄、姐;(3)其他愿意担任监护人的个人或者组织,但是须经未成年人住所地的居民委员会、村民委员会或者民政部门同意。其父母或者其他监护人不能到场的,也可以通知其他成年亲属,所在学校、单位、居住地基层组织或者未成年人保护组织的代表等合适成年人到场,并将有关情况记录在案。确实无法通知或者通知后未到场的,应当在笔录中注明。另外,询问已满18周岁的违反治安管理行为人,依法不需要通知其父母或者其他监护人到场。

询问结束后,应当将询问笔录交被询问人核对;对没有阅读能力的,应当向其宣读。记载有遗漏或者差错的,被询问人可以提出补充或者更正。被询问人确认笔录无误后,应当签名、盖章或者按指印,询问的人民警察也应当在笔录上签名。签名、盖章或者按指印是询问笔录的形式要素,被询问人可以任选其一,而询问的人民警察只能采用签名方式。实践中,通常要求被询问人在笔录签名时明确写上"以上笔录我看过,和我说的一样"。对此,询问的人民警察一定要仔细审核,以防被写成"以上笔录我看过,和我说的不一样"。①

案例与评析②

【案例】某风景名胜区停车场发生一起 2 名游客无故殴打当地保洁人员的案件,引起周围群众义愤,4 名群众合力将 2 名游客扭送到公安派出所。派出所立即立案并进行调查,指派 1 名民警对 4 名群众进行询问,经 4 人当场相互补充作证、签名确认,完成了相关询问笔录的制作。

【评析】询问应当由 2 名以上人民警察依法对各个询问对象独立进行。本案中,由 1 名民警同时询问 4 名群众的做法违反了法定程序,由此获得的相关询问笔录不能作为处罚的根据。另外,根据本法相关规定,在规范设置、严格管理的执法办案场所进行询问的,派出所可以只安排 1 名人民警察进行询问;但对 4 名群众的询问,仍然应当分别进行,并做好全程同步录音录像。未按规定全程同步录音录像或者录音录像资料损毁、丢失的,相关询问笔录不能作为处罚的根据。

第九十九条 【询问被侵害人或者其他证人】人民警察询问被侵害人或者其他证人,可以在现场进行,也可以到其所在单位、住处或者其提出的地点进行;必要时,也可以通知其到公安机关提供证言。

人民警察在公安机关以外询问被侵害人或者其他证人,应当出示人民警察证。

询问被侵害人或者其他证人,同时适用本法第九十八条的规定。

解读与适用

本条是关于人民警察询问被侵害人或者其他证人的规定,由 2012 年《治安管理处罚法》第 85 条修改而成,包括询问的地点、出示人民警察证以及指引条款三项内容。理解本条规定,应当注意以下问题:

根据本条以及本法第 108 条、《行政处罚法》第 42 条第 1 款的规定,询问被

---

① 参见青海省西宁市城西区人民法院刑事判决书,(2014)西刑初字第 56 号。
② 参见熊一新、华敬锋主编:《治安管理处罚法解读与适用》,法律出版社 2005 年版,第 216 页。

侵害人或者其他证人的主体,只能是公安机关的人民警察,而不能是警务辅助人员。询问时,人民警察不得少于2人;公安机关在规范设置、严格管理的执法办案场所进行询问的,可以由1名人民警察进行。根据本条第1款的规定,人民警察询问被侵害人或者其他证人,可以在以下地点进行:(1)现场;(2)被侵害人或者其他证人所在单位;(3)被侵害人或者其他证人的住处;(4)被侵害人或者其他证人提出的地点;(5)公安机关。选择公安机关作为询问地点的,必须注意两个问题:一是确有必要。将公安机关作为询问地点是否确有必要,由公安机关根据案情判定。二是告知方式。告知被侵害人或者其他证人到公安机关提供证言,应当采用通知的形式,不得采用传唤的方式。如果被侵害人或者其他证人不愿意在上述地点接受询问,人民警察应当对其进行耐心细致的思想工作,讲明情况,帮助他们提高认识,解除其顾虑,不能以其不配合工作,而对其采取传唤甚至强制传唤的方式。上述有关询问地点的规定属于法律的强制性规定,人民警察不能在其他地点询问被侵害人或者其他证人。如果允许在其他地点进行询问,由此所获得的询问笔录也可以作为治安案件裁决的根据,无疑会助长人民警察违法办案的行为,难免会出现以刑讯逼供或者威胁、引诱、欺骗等非法的方法收集证据的现象。

行政执法人员代表国家行使行政处罚权,如何向当事人公示这种权力来源,目前的制度设计主要是行政执法证件。行政执法人员执法必须出示执法证件,是《行政处罚法》的明确规定。为落实该项要求,本条第2款将原第85条第2款中的"工作证件"改为"人民警察证"。本法施行后,人民警察在公安机关以外询问被侵害人或者其他证人,向其出示的证件应当是人民警察证,而不再是工作证件。

本条第3款属于指引条款,规定询问被侵害人或者其他证人同时适用本法第98条的规定。换句话说,人民警察询问被侵害人或者其他证人,适用本条第1款和第2款规定的同时,还应适用本法第98条有关询问笔录和询问未成年人的规定。

案例与评析[①]

【案例】某公安派出所在一次专项行动中,当场抓获6名卖淫嫖娼人员,并

[①] 参见熊一新、华敬锋主编:《治安管理处罚法解读与适用》,法律出版社2005年版,第217页。

将娱乐场所负责人和3名服务人员一并通知到派出所接受调查。因办案民警人数不足,所长即安排警务辅助人员参加询问工作。警务辅助人员对3名服务人员进行询问,并制作了询问笔录。后在公安分局组织的案卷评查活动中,该案被认定为办案程序违法。

【评析】询问是公安机关为查清案件事实依法向违反治安管理行为人、被侵害人或者其他证人调查了解案件情况的法律措施。作为一项法律措施,询问的主体必须是人民警察。人民警察在公安机关以外询问被侵害人或者其他证人,还应当出示人民警察证。本案中警务辅助人员询问证人虽然是受派出所所长委托,但是这种委托没有任何法律依据,属于无效委托。警务辅助人员对3名服务人员的询问,属于违法询问,由此所获得的询问笔录不得作为治安管理处罚的根据。

第一百条 【委托询问和远程询问】违反治安管理行为人、被侵害人或者其他证人在异地的,公安机关可以委托异地公安机关代为询问,也可以通过公安机关的视频系统远程询问。

通过远程视频方式询问的,应当向被询问人宣读询问笔录,被询问人确认笔录无误后,询问的人民警察应当在笔录上注明。询问和宣读过程应当全程同步录音录像。

解读与适用

本条是关于委托询问和远程询问的规定,是此次修订新增加的内容。理解本条规定,应当注意以下问题:

实践中,违反治安管理行为人、被侵害人或者其他证人与办理治安案件的公安机关往往不在同一县域,有些甚至相隔千里。为提高办案效率,本条为公安机关提供了两种选择,以代替费时费力的异地询问。一是委托代为询问,即由办案公安机关委托异地公安机关代为询问。"异地公安机关"是指违反治安管理行为人、被侵害人或者其他证人所在地公安机关。二是远程视频询问。进行远程视频询问,应当注意以下三点:(1)远程视频询问采用的系统只能是公安机关的视频系统,而不能是其他视频系统;(2)通过远程视频方式询问的,应当向被询问人宣读询问笔录,被询问人确认笔录无误后,询问的人民警察应当在笔录上注明;(3)询问和宣读过程应当全程同步录音录像。

> **第一百零一条　【询问的语言及翻译】**询问聋哑的违反治安管理行为人、被侵害人或者其他证人,应当有通晓手语等交流方式的人提供帮助,并在笔录上注明。
>
> 询问不通晓当地通用的语言文字的违反治安管理行为人、被侵害人或者其他证人,应当配备翻译人员,并在笔录上注明。

解读与适用

本条是关于询问聋哑的人、不通晓当地通用语言文字的人的特别规定,沿袭了 2012 年《治安管理处罚法》第 86 条的规定,略有修改。理解本条规定,应当注意以下问题:

聋哑的人因为无法使用口语,不通晓当地通用语言文字的人因为难以交流,都会给询问工作带来一定的困难。为了保护此类特殊人员的合法权益,同时也为了确保询问的顺利进行,本条明确要求,询问聋哑的或者不通晓当地通用的语言文字的违反治安管理行为人、被侵害人或者其他证人,应当配备通晓手语等交流方式的人或者翻译人员,提供帮助,并在笔录上注明。

> **第一百零二条　【人身检查】**为了查明案件事实,确定违反治安管理行为人、被侵害人的某些特征、伤害情况或者生理状态,需要对其人身进行检查,提取或者采集肖像、指纹信息和血液、尿液等生物样本的,经公安机关办案部门负责人批准后进行。对已经提取、采集的信息或者样本,不得重复提取、采集。提取或者采集被侵害人的信息或者样本,应当征得被侵害人或者其监护人同意。

解读与适用

本条是关于人身检查的规定,是此次修订新增加的内容。理解本条规定,应当注意以下问题:

人身检查的目的在于查明案件事实,确定违反治安管理行为人、被侵害人的某些特征、伤害情况或者生理状态。人身检查的对象仅限于违反治安管理行为人、被侵害人,不包括证人等其他人。检查的内容包括人身检查、提取或者采集肖像、指纹信息和血液、尿液等生物样本。

对违反治安管理行为人实施人身检查的要求:在实施检查前,应经公安机关办案部门负责人批准。经批准后,对违反治安管理行为人进行人身检查,提取或者采集其肖像、指纹信息和血液、尿液等生物样本。对已经提取、采集的信息或者样本,不得重复提取、采集。

对被侵害人实施人身检查的要求:在实施检查前,应经公安机关办案部门负责人批准。经批准后,对被侵害人实施人身检查,但提取或者采集被侵害人的肖像、指纹信息和血液、尿液等生物样本,应当征得被侵害人或者其监护人的同意。未经同意的,不得提取或者采集被侵害人的信息或者样本。

> **第一百零三条　【场所检查】**公安机关对与违反治安管理行为有关的场所或者违反治安管理行为人的人身、物品可以进行检查。检查时,人民警察不得少于二人,并应当出示人民警察证。
>
> 对场所进行检查的,经县级以上人民政府公安机关负责人批准,使用检查证检查;对确有必要立即进行检查的,人民警察经出示人民警察证,可以当场检查,并应当全程同步录音录像。检查公民住所应当出示县级以上人民政府公安机关开具的检查证。
>
> 检查妇女的身体,应当由女性工作人员或者医师进行。

解读与适用

本条是关于场所检查的规定,是在 2012 年《治安管理处罚法》第 87 条基础上修改而成的。此次修订将原条文第 1 款分割成两款,将检查的对象和检查的要求列为第 1 款;增加场所检查的规定,并将其与当场检查和住所检查的规定合并,单列为第 2 款;原第 2 款修订为第 3 款。理解本条规定,应当注意以下问题:

(一)检查的对象

根据本条规定,检查的对象包括以下三类:(1)与违反治安管理行为有关的场所;(2)违反治安管理行为人的人身、物品;(3)公民住所。应当注意以下两点:一方面,本条主要是对(1)和(3)的检查进行规范,对(2)实施检查,还应当遵守本法第 102 条的规定;另一方面,对与违反治安管理行为无关的场所、被侵害人以外的其他证人的人身、物品,公安机关在办理治安案件的过程中不得实施检查。

(二)检查场所

对场所进行检查的,经县级以上人民政府公安机关负责人批准,使用检查证检查;对确有必要立即进行检查的,人民警察经出示人民警察证,可以当场检查,并应当全程同步录音录像。检查时,人民警察不得少于 2 人,并应当出示人民警察证。

(三)检查违反治安管理行为人的人身、物品

根据本条规定,结合本法第 102 条的规定,对违反治安管理行为人的人身实施检查,应经公安机关办案部门负责人的批准;对违反治安管理行为人的物品实施检查,并未规定应经公安机关办案部门负责人的批准。检查时,人民警察不得少于 2 人,并应当出示人民警察证。

(四)检查公民住所

根据我国《民法典》第 25 条的规定,"自然人以户籍登记或者其他有效身份登记记载的居所为住所;经常居所与住所不一致的,经常居所视为住所"。住所是事关公民财产、隐私、人格尊严、人身自由和安全的重要场所,具有极强的隐蔽性和私密性,受到法律的全方位严格保护。我国《宪法》第 39 条明确规定,"中华人民共和国公民的住宅不受侵犯。禁止非法搜查或者非法侵入公民的住宅"。我国《民法典》第 1033 条规定,"除法律另有规定或者权利人明确同意外,任何组织或者个人不得实施下列行为:……(二)进入、拍摄、窥视他人的住宅、宾馆房间等私密空间"。本条规定即属"法律另有规定"。在办案过程中,无论权利人是否同意,公安机关及其人民警察均有权进入与违反治安管理行为有关的公民住宅,并实施检查,但应当出示县级以上人民政府公安机关开具的检查证。检查时,人民警察不得少于 2 人,并应当出示人民警察证。实践中,应当注意以下两个问题:一是居住场所与经营场所合一的检查问题。违反治安管理行为人的居住场所与其登记的经营场所合一的,在经营时间内对其检查时,应当按照检查经营场所办理相关手续;在非经营时间内对其检查时,应当按照检查公民

住所办理相关手续。① 二是检查证的开具主体问题。同于场所检查证的开具主体,住所检查证的开具主体也只能是"县级以上人民政府公安机关",而不能是公安派出所、治安管理大队等公安机关办案部门。

(五)检查妇女的身体

检查妇女的身体,只能由两类人进行:一类是女性工作人员。女性工作人员"可以是女性人民警察,也可以是公安机关聘请的其他女性工作人员。公安机关聘请的其他女性工作人员实施检查时,公安机关有义务告知检查的基本程序、主要内容和相关注意事项,对因其他女性工作人员因检查不当而引发的有关问题,公安机关办案部门的负责同志应当承担相关的责任"。② 另一类是医师。将医师列为实施检查的法定主体,是此次修订新增的内容。与女性工作人员不同,对医师并无性别要求,既可以是女性医师,也可以是男性医师。本款所称的"妇女",其身份只能是违反治安管理行为人,而不能是被侵害人或者其他证人。检查时,人民警察不得少于2人,并应当出示人民警察证。

案例与评析

【案例】为与桑某针对其家被拆除违建一事进行理论,彭某(女)谎称是"送快递的"进到桑某的家中,在被要求离开后,又以桑某已经报警、需要等待警察处理为由,拒不退出桑某家。某县公安派出所接警后,立即指派2名民警出警到现场。经初步了解情况后,民警将彭某和桑某等人带回派出所调查,并对彭某带来的快递文件封进行拍照取证。当日,派出所正式受理此案。在查清事实的基础上,依法对彭某作出并送达行政处罚决定。彭某不服,诉至法院称,出警民警是2名男民警,违反了办理涉及女性嫌疑人的治安案件时,应当由1名男民警和1名女民警出警的规定,要求撤销处罚决定。彭某的诉称是否具有法律依据?

【评析】关于彭某提出的出警民警是2名男民警,违反了办理涉及女性嫌疑人的治安案件时,应当由1名男民警和1名女民警出警的规定问题,本条仅规定:检查妇女的身体,应当由女性工作人员或者医师进行。本案中,某县公安派出所出警时,民警并未对彭某的身体进行检查,且亦没有相关法律规定,出警现场有女性违法嫌疑人时,必须有1名女民警出警,故彭某的诉称并无法律依据。

---

① 参见《公安机关执行〈中华人民共和国治安管理处罚法〉有关问题的解释(二)》。
② 公安部治安管理局编:《中华人民共和国治安管理处罚法释义及法律文书制作指南》,中国人民公安大学出版社2005年版,第382页。

第一百零四条　【检查笔录】检查的情况应当制作检查笔录,由检查人、被检查人和见证人签名、盖章或者按指印;被检查人不在场或者被检查人、见证人拒绝签名的,人民警察应当在笔录上注明。

解读与适用

本条是关于检查笔录的规定,是在2012年《治安管理处罚法》第88条基础上修改而成的。

检查笔录属于法定证据种类,是人民警察对与违反治安管理行为有关的场所、违反治安管理行为人的人身、物品进行检查的情况所作的记录。与原条文相比,修订后的条文有两点变化:一是将"按指印"新增为一种确认方式。在检查笔录上,检查人、被检查人和见证人既可以通过签名或者盖章来确认,也可以通过按指印的方式来确认。二是新增两种应在笔录上予以注明的情形,即除被检查人拒绝签名应予注明外,被检查人不在场或者被检查人、见证人拒绝签名的,人民警察也应当在检查笔录上注明。实践中,只有检查人、见证人签名的,人民警察应当在检查笔录上注明"被检查人不在场"或者"被检查人拒绝签名";只有检查人、被检查人签名的,人民警察应当在检查笔录上注明"见证人拒绝签名"。

第一百零五条　【扣押】公安机关办理治安案件,对与案件有关的需要作为证据的物品,可以扣押;对被侵害人或者善意第三人合法占有的财产,不得扣押,应当予以登记,但是对其中与案件有关的必须鉴定的物品,可以扣押,鉴定后应当立即解除。对与案件无关的物品,不得扣押。

对扣押的物品,应当会同在场见证人和被扣押物品持有人查点清楚,当场开列清单一式二份,由调查人员、见证人和持有人签名或者盖章,一份交给持有人,另一份附卷备查。

实施扣押前应当报经公安机关负责人批准;因情况紧急或者物品价值不大,当场实施扣押的,人民警察应当及时向其所属公安机关负责人报告,并补办批准手续。公安机关负责人认为不应当扣押的,应当立即解除。当场实施扣押的,应当全程同步录音录像。

> 对扣押的物品,应当妥善保管,不得挪作他用;对不宜长期保存的物品,按照有关规定处理。经查明与案件无关或者经核实属于被侵害人或者他人合法财产的,应当登记后立即退还;满六个月无人对该财产主张权利或者无法查清权利人的,应当公开拍卖或者按照国家有关规定处理,所得款项上缴国库。

解读与适用

本条是关于扣押的规定,是在2012年《治安管理处罚法》第89条基础上修改而成的。此次修订,修改了原条文的第1款和第3款,保留了第2款,新增一款作为第3款。理解本条规定,应当注意以下问题:

(一)扣押物品的范围

本条第1款是关于扣押物品范围的规定。扣押,是指公安机关及其人民警察对与治安案件有关需要作为证据的物品实施暂时性控制的一种调查方法。

可以扣押的物品,主要有以下两类:一是"与案件有关的需要作为证据的物品"。"与案件有关"实际上指的是与案件的待证事实有关。只有"与案件有关"的物品,才能满足证据关联性的要求。但是,并非所有"与案件有关"的物品都可以扣押,只有既与案件有关,又"需要作为证据"的物品,才可以扣押。质言之,只有同时满足"与案件有关""需要作为证据"两个条件的物品,才属于"可以扣押"的对象。二是"与案件有关的必须鉴定的物品"。这里的"物品"出自"被侵害人或者善意第三人合法占有的财产",原本"不得扣押,应当予以登记",但因其与案件有关且必须鉴定,也被纳入可以扣押的范围。上述规定,一方面彰显了"对公民财产权最少干涉"的立法思想,是《治安管理处罚法》的一个进步"[①],另一方面呼应了"规范和保障公安机关及其人民警察依法履行治安管理职责"的立法目的,在行政强制权与公民财产权之间作出了一个较好的平衡。实践中,应当注意的是,对于上述两类物品,公安机关可以扣押,也可以不扣押;对扣押的"必须鉴定的物品",在鉴定后应当立即解除。

不得扣押、应当予以登记的物品,主要有以下两类:一是被侵害人或者善意

[①] 熊一新、华敬锋主编:《治安管理处罚法解读与适用》,法律出版社2005年版,第223页。

第三人①合法占有的财产;二是与案件无关的物品。对前者当中与案件有关的必须鉴定的物品,可以扣押,但在鉴定后应当立即解除。

(二)扣押的实施程序

本条第 2 款和第 3 款是关于扣押实施程序的规定。

扣押,既是治安案件的调查方法,也是一种行政强制措施。对相关物品实施扣押,应当严格遵守以下程序:

(1)依法取得批准。实施扣押前应当报经公安机关负责人批准;因情况紧急或者物品价值不大,当场实施扣押的,人民警察应当及时向其所属公安机关负责人报告,并补办批准手续。公安机关负责人认为不应当扣押的,应当立即解除。当场实施扣押的,应当全程同步录音录像。

(2)查点扣押物品。对扣押的物品,调查人员应当会同在场见证人和被扣押物品持有人查点清楚。查点时,见证人和被扣押物品持有人必须同时在场,缺一不可,调查人员应当与见证人和被扣押物品持有人一起对被扣押物品进行共同查点。见证人应当由与案件无关的自然人充任,既可以是持有人所在单位的保卫干部,也可以是持有人所在居(村)民委员会的工作人员,或者持有人所在小区的物业管理人员等。

(3)当场开列清单一式二份,由调查人员、见证人和持有人签名或者盖章,一份交给持有人,另一份附卷备查。

(三)扣押物品的处理

本条第 4 款是关于扣押物品处理的规定。实践中,应当注意以下事项:

(1)对扣押的物品,应当妥善保管,不得挪作他用;对不宜长期保存的物品,按照有关规定处理。

(2)经查明与案件无关或者经核实属于被侵害人或者他人合法财产的,应当登记后立即退还;满 6 个月无人对该财产主张权利或者无法查清权利人的,应当公开拍卖或者按照国家有关规定处理,所得款项上缴国库。

---

① "善意第三人"指的是不知或不应当知道出卖人在出卖品上具有权利瑕疵而购买瑕疵物品的人。因此而占有的财产为善意占有。狭义的瑕疵仅指权利瑕疵,即出卖人对出卖品不具有所有权或处分权。广义的瑕疵也包括标的物本身的瑕疵。大多数国家均保护善意买主的合法权益,承认其依法取得的所有权。善意购买的财产如为赃物或遗失物,原所有人虽然有权请求返还,但须向善意购买人偿还其支出的价款。参见曾庆敏主编:《法学大辞典》,上海辞书出版社 1998 年版,第 1719 页。

案例与评析[1]

【案例】被盗的自行车被自行车主人发现后被当场取回。派出所办理该案时,对自行车是应当扣押还是登记?涉案的物品,无论是赃物、证物还是作案工具,一律扣押是否正确?

【评析】根据本条规定,对与案件有关的需要作为证据的物品,是"可以扣押"而不是"应当扣押"。换句话说,对在办案过程中发现的需要作为证据的物品,并非一律采取扣押措施。本案中,自行车是自行车主人合法占有的财产且被其当场取回,派出所不得办理扣押手续,而是应当予以登记,写明自行车的相关情况,并由自行车主人签名、盖章或者捺指印,必要时也可以进行拍照。另外,根据本法第11条的规定,办理治安案件所查获的毒品、淫秽物品等违禁品,赌具、赌资、吸食、注射毒品的用具以及直接用于实施违反治安管理行为的本人所有的工具,应当收缴,按照规定处理。违反治安管理所得的财物,追缴退还被侵害人;没有被侵害人的,登记造册,公开拍卖或者按照国家有关规定处理,所得款项上缴国库。可见,对于涉案物品,并非都用扣押手续。

> 第一百零六条 【鉴定】为了查明案情,需要解决案件中有争议的专门性问题的,应当指派或者聘请具有专门知识的人员进行鉴定;鉴定人鉴定后,应当写出鉴定意见,并且签名。

解读与适用

本条是关于鉴定的规定,沿用了2012年《治安管理处罚法》第90条的规定,未作修改。理解本条规定,应当注意以下问题:

(一)鉴定的启动条件

本条所称"鉴定",是指为查明案情而由公安机关指派或者聘请具有专门知识的人员,对治安案件中有争议的专门性问题进行鉴别和判断并提供鉴定意见

---

[1] 参见北京市公安局编:《公安民警执法疑难解答900案Ⅱ》,群众出版社2009年版,第487页。

的活动,[1]不完全等同于"司法鉴定"[2]。作为治安案件的调查方法,鉴定的启动必须满足内外两个条件。鉴定的内在条件,一方面是指案件中存在有争议的专门性问题,如果不存在该问题,就无须启动鉴定;另一方面是指查明案情需要解决该问题,如果查明案情无须解决该问题,就不必启动鉴定。鉴定的外在条件指的是公安机关的指派或者聘请。内外两个条件必须同时具备,缺一不可。不具备内在条件,鉴定无由启动;具备内在条件,公安机关不指派或者聘请,鉴定无从启动。只有具备内在条件且公安机关作出指派或者聘请,鉴定才能得以启动。实践中,有争议的专门性问题,主要包括但不限于以下问题:(1)某些涉案物品的质地、成分、含量、性能、产地、价值、用途等;(2)某些涉案人员的精神、智力状态是否正常,有无行政责任能力等;(3)某些涉案人员的人体损伤程度及其致伤原因等;(4)涉嫌酒驾人员的呼气酒精或者血液酒精含量等;(5)涉嫌吸毒人员的吸毒成分检测等。

(二)鉴定人的资格

本条所称的"鉴定人",必须是对"有争议的专门性问题""具有专门知识的人员",主要包括但不限于以下人员:(1)司法行政部门公告的鉴定人和鉴定机构名册中的鉴定人;(2)依法取得鉴定机构资格证书的公安机关鉴定机构中的鉴定人;(3)卫生行政主管部门许可的医疗机构具有执业资格的医生;(4)有精神病鉴定资格的鉴定机构的鉴定人;(5)价格鉴证机构的鉴定人;等等。

(三)鉴定人的回避

依照《公安机关办理行政案件程序规定》的相关规定,在治安案件调查过程中,鉴定人也应当适用回避制度。有下列情形之一的,鉴定人应当自行提出回避申请,案件当事人及其法定代理人有权要求他们回避:(1)是本案的当事人或者当事人近亲属的;(2)本人或者其近亲属与本案有利害关系的;(3)与本案当事人有其他关系,可能影响案件公正处理的。鉴定人的回避,由指派或者聘请的公

---

[1] 参见《公安机关鉴定机构登记管理办法》第3条规定:"本办法所称的鉴定,是指为解决案(事)件调查和诉讼活动中某些专门性问题,公安机关鉴定机构的鉴定人运用自然科学和社会科学的理论成果与技术方法,对人身、尸体、生物检材、痕迹、文件、证件、视听资料、电子数据及其它相关物品、物质等进行检验、鉴别、分析、判断,并出具鉴定意见或者检验结果的科学实证活动。"

[2] 《全国人民代表大会常务委员会关于司法鉴定管理问题的决定》第1条规定:"司法鉴定是指在诉讼活动中鉴定人运用科学技术或者专门知识对诉讼涉及的专门性问题进行鉴别和判断并提供鉴定意见的活动。"

安机关决定。

(四)鉴定意见的制作

鉴定人鉴定后,应当写出鉴定意见,并且签名。只有具备客观性、关联性和合法性的鉴定意见,才能作为认定案件事实的根据。因此,没有鉴定人签名的鉴定意见,即便加盖了鉴定机构的印章,也不具有合法性,不应采纳为定案的根据。

案例与评析

【案例】高某与刘某发生纠纷后高某当场报警,某县公安局开发区派出所出警并于当日受理了该起案件。在高某递交轻伤鉴定申请后,开发区派出所委托某县公安局物证鉴定室对高某的损伤程度进行鉴定,但之后未出具书面鉴定意见。后受开发区派出所和高某共同委托,广东某司法鉴定所对高某的损伤程度进行了鉴定。鉴定高某鼻骨骨折及身体多处软组织挫伤的损伤程度为轻微伤。在刘某被给予行政拘留10日并处罚款500元处罚之后,高某申请复议,请求撤销处罚决定,并追究刘某的刑事责任。某市公安局的复议决定认为,高某和刘某因刘某在宿舍内抽烟引发口角,后相互厮打,刘某致高某鼻骨骨折、腹部挫伤。经鉴定,高某损伤程度构成轻微伤,未达到刑事案件立案追诉标准,该起纠纷属于违反治安管理的殴打他人案件。某县公安局的处罚决定认定事实清楚,适用法律正确,量罚适当。但某县公安局对高某的伤情鉴定申请未依法出具书面鉴定意见,违反程序规定。某市公安局确认某县公安局作出处罚决定的行政行为程序违法。某市公安局的上述认定是否具有法律依据?

【评析】本案中,高某的损伤程度决定案件的性质,高某申请对其损伤进行鉴定,某县公安局应当根据本条的要求,指派或者聘请具有专门知识的人员进行鉴定;鉴定人鉴定后,应当出具鉴定意见,并且签名。某县公安局虽然委托了物证鉴定室进行鉴定,但未按规定出具书面鉴定意见,该行为违反了本条规定,属程序违法行为。某市公安局认定某县公安局作出处罚决定的行政行为程序违法具有事实和法律依据。

> 第一百零七条 【辨认】为了查明案情,人民警察可以让违反治安管理行为人、被侵害人和其他证人对与违反治安管理行为有关的场所、物品进行辨认,也可以让被侵害人、其他证人对违反治安管理行为人进行辨认,或者让违反治安管理行为人对其他违反治安管理行为人进行辨认。
>
> 辨认应当制作辨认笔录,由人民警察和辨认人签名、盖章或者按指印。

解读与适用

本条是关于辨认的规定,是此次修订新增加的内容。理解本条规定,应当注意以下问题:

(一)辨认的目的及主持人

辨认,是指由公安机关及其人民警察主持并组织相关人员对与违反治安管理行为有关的场所、物品或者违反治安管理嫌疑人进行辨别、确认的一种调查方法。其目的在于查明案件事实。主持辨认的只能是公安机关及其人民警察,而不能是警务辅助人员。警务辅助人员按照公安机关的安排,在人民警察的指挥、带领下,可以从事辨认辅助工作,但不得单独或者以个人名义主持辨认。

(二)辨认的主体及对象

辨认的主体包括违反治安管理行为人、被侵害人和其他证人。辨认的对象包括三种:一是场所,即违反治安管理行为人、被侵害人和其他证人对与违反治安管理行为有关的场所进行辨认;二是物品,即违反治安管理行为人、被侵害人和其他证人对与违反治安管理行为有关的物品进行辨认;三是人,即被侵害人、其他证人对违反治安管理行为人进行辨认,或者违反治安管理行为人对其他违反治安管理行为人进行辨认。

(三)辨认笔录的制作及要求

辨认应当制作辨认笔录,由人民警察和辨认人签名、盖章或者按指印。

> 第一百零八条 【一人执法】公安机关进行询问、辨认、勘验,实施行政强制措施等调查取证工作时,人民警察不得少于二人。
>
> 公安机关在规范设置、严格管理的执法办案场所进行询问、扣押、辨认的,或者进行调解的,可以由一名人民警察进行。

> 依照前款规定由一名人民警察进行询问、扣押、辨认、调解的,应当全程同步录音录像。未按规定全程同步录音录像或者录音录像资料损毁、丢失的,相关证据不能作为处罚的根据。

解读与适用

本条是关于调查取证的人民警察人数的规定,是此次修订新增加的内容。本条共3款,第1款是关于调查取证的警察人数不得少于2人的规定,第2款和第3款是关于调查取证的警察人数可以是1人(以下简称"一人执法")的规定。理解本条规定,应当注意以下问题:

依照第1款的规定,公安机关进行下列调查取证活动时,人民警察不得少于2人:(1)询问,包括对当事人的询问、对被侵害人的询问和对其他证人的询问。(2)辨认,包括对与违反治安管理行为有关的场所、物品的辨认,对违反治安管理行为人的辨认。(3)勘验,主要是对违法行为案发现场的勘验。(4)实施行政强制措施,包括强制传唤等限制公民人身自由、扣押财物等。(5)其他情形,包括人身检查、场所检查、登记、先行登记保存、抽样取证等。

依照第2款的规定,"一人执法"目前仅限于进行询问、扣押、辨认和调解等四种调查取证活动,具体分为以下两种情形:一是在规范设置、严格管理的执法办案场所进行的询问、扣押和辨认。这既意味着进行询问、扣押和辨认的场所只能是执法办案场所,而不能是案发现场、涉案单位等其他场所,也意味着并非所有在执法办案场所进行的询问、扣押和辨认都可以"一人执法",而是只有在规范设置、严格管理的执法办案场所才可以适用。另外,这里的"执法办案场所"既可以是公安机关依法设置的执法办案场所,也可以监察、检察等其他国家机关依法设置的执法办案场所。二是进行调解。与前者相比,以"一人执法"方式进行的调解,既可以在执法办案场所进行,也可以在案发现场、涉案单位等场所进行,对调解的场所或者地点并无特别要求。应当特别指出,根据本款规定,无论是公安机关在规范设置、严格管理的执法办案场所进行的询问、扣押、辨认,还是公安机关在其他场所进行的调解,并不是一定要采用"一人执法"的方式,而是既可以由1名人民警察进行,也可以由不少于2名人民警察进行。是否采用"一人执法"方式,由公安机关及其人民警察根据办案需要、现有警力等因素决定。

依照第 3 款的规定,由 1 名人民警察进行询问、扣押、辨认、调解的,应当全程同步录音录像。"一人执法"收集的相关证据,具有下列情形之一,不能作为处罚的根据:一是未按规定全程同步录音录像的;二是录音录像资料损毁、丢失的。

> 案例与评析

【案例】张某与王某因生意之事在张某家中发生纠纷,进而引发扭打。受案后,某县公安局委托司法鉴定机构为张某和王某鉴定伤情。鉴定结果张某和王某均为轻微伤。某日下午,办理该案的 2 名民警组织张某和王某调解。因双方矛盾激烈,未能达成调解协议。调解过程未全程同步录音录像。后二人均被给予行政拘留 10 日并处罚款 500 元的处罚。张某诉至法院称,调解过程未进行同步录音录像,违反《治安管理处罚法》第 108 条的规定,调解程序不合法,请求撤销处罚决定。张某的诉称是否成立?

【评析】张某的诉称不成立。本条中对"一人执法"作出了规定。根据本条规定,公安机关进行调解的,可以由 1 名人民警察进行。由 1 名人民警察进行调解的,应当全程同步录音录像。未按规定全程同步录音录像或者录音录像资料损毁、丢失的,相关证据不能作为处罚的根据。本案中,调解并未采用"一人执法"的方式,因此,本条规定并不适用本案。况且,无论是《行政处罚法》还是《治安管理处罚法》,对 2 名以上人民警察进行的调解,都没有规定明确应当全程同步录音录像。

第二节 决 定

本节是对治安管理处罚决定的规定,共 13 条。2025 年《治安管理处罚法》修订,主要增加了告知未成年监护人并听取意见(第 112 条)、集体讨论决定(第 113 条)、处罚决定前的法制审核(第 114 条)、未成年人案件听证(第 117 条)。本次修订修改了派出所罚款权限(第 109 条)、听证的范围(第 117 条)、延长期限次数及审批(第 118 条)、当场处罚(第 119 条、第 120 条),法律救济的启动条件(第 121 条)。

> **第一百零九条 【处罚的决定机关】**治安管理处罚由县级以上地方人民政府公安机关决定;其中警告、一千元以下的罚款,可以由公安派出所决定。

解读与适用

本条是关于治安管理处罚决定机关的规定。

治安管理处罚决定是一种行政处罚,具有法定性、强制性、制裁性,其决定机关是公安机关。治安管理处罚由县级以上地方人民政府公安机关决定。根据《公安机关组织管理条例》第 3 条第 2 款的规定,"县级以上地方人民政府公安机关在本级人民政府领导下,负责本行政区域的公安工作,是本行政区域公安工作的领导、指挥机关"。县级人民政府公安机关是按照县级行政区划设立的公安机关,管辖范围通常覆盖整个县级行政区域,包括乡镇、街道等基层单位。设区的市公安局根据工作需要设置公安分局。公安分局是上级公安局的派出机构,有的公安分局组织人事隶属上级公安机关,但经费由地方进行保障,这种类型以区公安分局居多,主要覆盖市辖区内的区域。有的则是人员编制和财权由上级公安机关统一管理,如地铁公安分局。同理,在铁路、林业、民航、交通、海关等部门内设立的与县级人民政府公安机关级别相当的公安机关,也可以依此作出治安管理处罚。警告、1000 元以下的罚款可以由公安派出所决定。市、县、自治县公安局根据工作需要设置公安派出所。公安派出所并不是一级公安机关,而是派出机构,代表其所属的公安机关对其辖区内的治安事项进行管理。

> **第一百一十条 【行政拘留的折抵】**对决定给予行政拘留处罚的人,在处罚前已经采取强制措施限制人身自由的时间,应当折抵。限制人身自由一日,折抵行政拘留一日。

解读与适用

本条是关于限制人身自由的时间折抵行政拘留的规定。

只有被采取强制措施限制人身自由的时间才可以折抵行政拘留。强制措施是为了保障查处案件的顺利进行而采取的临时限制被处罚人人身自由的保障措施。限制人身自由的强制措施一般是指刑事诉讼中的拘留、逮捕、取保候审和监视居住等。这些措施限制了公民的人身自由,但是从性质上来说只具有保障功能,不具有惩罚的特征。非强制措施不能折抵行政拘留。《公安机关办理行政案件程序规定》明确规定公安机关"询问查证、继续盘问和采取约束措施的时间不予折抵"。目前《治安管理处罚法》规定能折抵的只有行政拘留,其他处罚种类之间不能互相折抵或者折抵行政拘留。强制措施折抵行政拘留以日为单位计算。

案例与评析

【案例】某日,违法行为人甲某因盗窃超市商品,A区公安分局将甲某刑事拘留。后A区公安分局同意对甲某办理取保候审,将甲某释放。半年后,A区公安分局根据《治安管理处罚法》之相关规定作出被诉处罚决定。本案中,甲某到超市盗窃,尚不够刑事处罚,但应当给予行政拘留10日的处罚,因先期羁押折抵,不再执行行政拘留。甲某不服提起行政诉讼。一审法院认为A区公安分局作出被诉处罚决定,决定对甲某行政拘留10日。A区公安分局作出的被诉处罚决定证据充分、处罚幅度适当,适用法律正确。二审法院予以维持。

【评析】本案涉及羁押时间折抵行政拘留时间的问题。如果行为人依法被刑事拘留的行为与依法被行政拘留的行为系同一行为,公安机关在依法裁决对其行政拘留时,应当将其刑事拘留的时间折抵行政拘留时间。如果行为人依法被刑事拘留的时间已超过依法被裁决的行政拘留时间,则其行政拘留不再执行,但必须将行政拘留决定书送达被处罚人。对没有犯罪事实或没有事实证明有犯罪重大嫌疑的人错误刑事拘留的,应当依法给予国家赔偿。但是,如果因同一行为依法被决定行政拘留,且刑事拘留时间已经折抵行政拘留时间的,已经折抵的刑事拘留时间不再给予国家赔偿。

第一百一十一条 【违反治安管理行为人的陈述与其他证据关系】公安机关查处治安案件,对没有本人陈述,但其他证据能够证明案件事实的,可以作出治安管理处罚决定。但是,只有本人陈述,没有其他证据证明的,不能作出治安管理处罚决定。

解读与适用

本条是关于如何处理违反治安管理行为人的陈述与其他证据关系问题的规定。

根据本条规定,公安机关在查处治安案件过程中,虽然违反治安管理行为人不承认实施了违反治安管理行为,但被侵害人的陈述、其他证人的证言、现场提取的物证等其他证据确实充分,因果关系清晰,能够相互印证,形成完整的证据链,完全可以证明违反治安管理行为人实施了违反治安管理行为的,可以依法作出治安管理处罚决定,因此当事人的陈述并非认定案件事实的唯一途径。相反,如果只有违反治安管理行为人承认自己实施了违反治安管理行为的陈述,但没有任何其他证据证明或者佐证的,因此形成"疑案"的,应当视为没有实施违反治安管理行为,就不能对该人作出治安管理处罚决定。这样规定,可以有效防止出现错案,防止对公民的人身、财产等权利造成损失。

案例与评析

【案例】某日,在A市B镇C村沃然果蔬某甲办公室内发生劳务纠纷,某乙等7名女工找某甲索要工资时双方发生争执,某甲离开办公室前往其睡觉的屋子,某乙跟随某甲欲一同进屋时,某乙称其在屋门前被某甲用手推、用拳头殴打。A市公安局决定:不予行政处罚。某乙对该不予行政处罚决定不服,向被告A市人民政府申请复议后提起行政诉讼。公安机关认定综合全案证据,不足以认定某甲有殴打他人的违法行为。法院查明事发现场只有原告某乙和第三人某甲两个人,事发现场无监控记录。各方各执一词,只有本人陈述,没有其他证据证明的,不能作出治安管理处罚决定。驳回原告诉讼请求。

【评析】本条已明确规定,公安机关查处治安案件,对没有本人陈述,但其他证据能够证明案件事实的,可以作出治安管理处罚决定,但是,只有本人陈述,没有其他证据证明的,不能作出治安管理处罚决定。公安机关在查处治安案件时,对于本人承认实施了违反治安管理行为,或者自己陈述了违反治安管理行为事实,而没有其他证据证明、佐证的,不能认定其违法并处罚,也就是不能仅凭本人陈述对其进行处罚。因仅有其本人陈述只是违反治安管理行为的孤证,相互之间不能印证,不能形成有效的证据链,在实务操作中,当事人往往容易"翻供",

导致其陈述的真实性难以验证。因此,仅凭当事人的个人陈述,不足以单独作为作出治安管理处罚决定的依据。

> **第一百一十二条** 【公安机关告知义务和违反治安管理行为人陈述与申辩权】公安机关作出治安管理处罚决定前,应当告知违反治安管理行为人拟作出治安管理处罚的内容及事实、理由、依据,并告知违反治安管理行为人依法享有的权利。
>
> 违反治安管理行为人有权陈述和申辩。公安机关必须充分听取违反治安管理行为人的意见,对违反治安管理行为人提出的事实、理由和证据,应当进行复核;违反治安管理行为人提出的事实、理由或者证据成立的,公安机关应当采纳。
>
> 违反治安管理行为人不满十八周岁的,还应当依照前两款的规定告知未成年人的父母或者其他监护人,充分听取其意见。
>
> 公安机关不得因违反治安管理行为人的陈述、申辩而加重其处罚。

解读与适用

本条是关于在治安管理处罚中公安机关的告知义务和违反治安管理行为人享有陈述与申辩权的规定。

告知的对象是"违反治安管理行为人",主要是本法律关系中的被处罚人。根据《行政处罚法》第44条的规定,法定的告知事项主要包括作出治安管理处罚的事实、理由、依据以及告知当事人依法享有的陈述、申辩、要求听证等权利。根据法律规定,违反治安管理行为人的权利还包括:申请回避的权利、拒绝回答无关问题的权利、提供证据的权利、申请复议的权利、提起行政诉讼的权利等。《行政处罚法》第62条规定:"行政机关及其执法人员在做出行政处罚决定之前,不按照本法第四十四条、第四十五条的规定向当事人告知给予行政处罚的事实、理由和依据,或者拒绝听取当事人的陈述、申辩,不得作出行政处罚决定;当事人明确放弃陈述或者申辩权利的除外。"

本条第3款将二审稿中的16周岁,调整为18周岁,体现了法律体系的一致性。

本条第4款规定,公安机关不得因违反治安管理行为人陈述、申辩而加重处罚,以切实保护被处罚人的陈述权和申辩权。公安机关不能因为当事人进行陈述和申辩,而认为其"态度恶劣"进而对其加重处罚,这与《刑事诉讼法》的"上诉不加刑"原则一样,打消违反治安管理行为人的思想顾虑,保障其真正充分行使自己的陈述、申辩权。旨在鼓励违法行为人通过积极的方式保护自己的合法权益。

案例与评析

【案例】某日,15周岁的张某(学生)与同学李某(14周岁)在商场内用激光笔照射过往行人眼睛取乐,导致多人短暂视力模糊并引发混乱。商场保安报警后,民警将二人带至派出所调查。民警首先通过身份核验系统确认二人年龄(张某15岁,李某14岁),均未满16周岁。民警立即通过张某的学籍信息联系其父亲(母亲在外地工作)通过李某的户籍信息联系其祖父(父母离异,由祖父监护)书面告知监护人案件基本情况、法律依据及权利义务。在监护人到达派出所后,向监护人完整播放现场监控视频,允许监护人查阅张某的询问笔录,单独听取张某父亲意见:"孩子刚中考结束压力大,请求从轻处理。"听取李某祖父意见:"愿意赔偿受害人,希望给孩子改过机会。"经查两人系初犯且未造成永久伤害:对张某作出不予行政处罚决定,责令具结悔过,对李某责令监护人严加管教,同步将案件通报学校及社区青少年工作部门,要求监护人签署《教育责任承诺书》。

【评析】"陈述和申辩"是指在公安机关作出治安管理处罚之前,违反治安管理行为人有权提出自己的意见和看法,提出自己掌握的事实、证据或者线索,并对公安机关的指控进行解释、辩解,表明自己的主张,反驳对自己不利的意见和证据,坚持对自己有利的意见和证据的活动。对于未满16周岁的治安管理违法行为人,应当依法向其父母或其他监护人履行告知义务,并在充分听取并审慎考虑监护人意见的基础上作出处理决定。该程序彰显了对未成年人合法权益的切实保障,有效弥补了未成年人在争取自身利益方面的权益缺失。

> 第一百一十三条 【治安案件调查结束后的处理】治安案件调查结束后,公安机关应当根据不同情况,分别作出以下处理:
> (一)确有依法应当给予治安管理处罚的违法行为的,根据情节轻重及具体情况,作出处罚决定;
> (二)依法不予处罚的,或者违法事实不能成立的,作出不予处罚决定;
> (三)违法行为已涉嫌犯罪的,移送有关主管机关依法追究刑事责任;
> (四)发现违反治安管理行为人有其他违法行为的,在对违反治安管理行为作出处罚决定的同时,通知或者移送有关行政主管部门处理。
> 对情节复杂或者重大违法行为给予治安管理处罚,公安机关负责人应当集体讨论决定。

解读与适用

本条第1款是关于公安机关在治安案件调查结束后,区分不同情况作出处理的规定:

(1)确有依法应当给予治安管理处罚的违法行为的,应当根据情节轻重及具体情况,作出处罚决定。"违法行为"是指违反治安管理的行为,也即本法第三章规定的违反治安管理的行为。违反治安管理的行为需要达到给予治安管理处罚的程度。

(2)依法不予处罚的,或者违法事实不能成立的,作出不予处罚的决定。依法不予处罚,是指由于法定事由存在而不适用治安管理处罚。违法事实不能成立,是指没有确凿充分证据证明违法事实。

(3)违法行为已涉嫌犯罪的,移送主管机关依法追究刑事责任。本项规定的"主管机关",是指根据《刑事诉讼法》的规定具有管辖权的公安机关和检察机关。在实践中,公安机关根据具体的情节和危害后果区分罪与非罪,将涉嫌犯罪的移送主管机关依法追究刑事责任,比如,有的省市规定盗窃数额3000元以下为治安案件,3000元以上(包括本数)为刑事案件。另外,只有本法规定为违法的行为以及只有《刑法》规定为犯罪行为的,应当分别适用不同的法律进行处理,比如,反复纠缠或者以其他滋扰他人的方式乞讨的行为,是本法规定的违反治安管理的行为,适用本法,而一旦发现有强奸妇女的行为则属于犯罪行为,则应当移送主管机关,适用《刑法》追究刑事责任。

(4)发现违反治安管理行为人其他违法行为的,在对违反治安管理行为作出处罚决定的同时,通知有关行政主管部门处理。公安机关在查处治安案件时,发现违反治安管理行为人有其他尚未构成犯罪的违法行为的,应当在对其依法作出治安管理处罚决定的同时,将行为人的有关情况通知有关行政主管部门依法处理,如果有相关证据材料,应当一并移交有关行政主管部门。比如,公安机关在查处治安案件时,又发现违法行为人有偷漏税行为,但又尚不构成犯罪,则应当通知税务部门依法对其偷漏税行为进行处罚。对于已经掌握一定证据的案件,可将材料一并移送主管机关。

本条第2款规定,对情节复杂或者重大违法行为给予治安管理处罚,公安机关负责人应当集体讨论决定。体现了对情节复杂或者重大违法行为作出治安管理处罚决定的慎重要求,实务中公安机关负责人应当集体讨论决定,不能流于形式。

案例与评析

【案例】某日,原告李某与第三人苏某因邻里矛盾在楼道内发生冲突。A市公安局B区分局接到"110"报警后,指令C派出所出警,C派出所派出2名警察到达现场并于当日受案调查。后派出所报请分局作出公安行政处罚决定书,认定无充分证据证明第三人有打伤原告的行为,第三人殴打他人的事实不成立,因此决定对苏某不予处罚。李某不服该决定,向A市B区人民政府申请行政复议,复议决定维持了不予处罚决定。李某仍不服,遂向人民法院提起行政诉讼。

【评析】本案涉及不予处罚的情形之一,即违法事实不成立的认定。所谓"违法事实不能成立",是指没有违法事实或者证据不足以证明有违法事实两种情况。公安机关认为违法事实不能成立的,应当作出不予处罚的决定。本案中,根据"就近出警"原则,A市公安局B区分局C派出所有权对涉案治安事件进行受案调查,被告经调查认定苏某殴打他人的事实不成立,无须对其进行治安处罚,这是比警告、罚款更为轻微的治安案件。因此,由C派出所报请分局作出不予处罚决定,符合立法原意,公安机关的处理是正确的。

> **第一百一十四条 【特定事项法制审核及审核人员资质要求】**有下列情形之一的,在公安机关作出治安管理处罚决定之前,应当由从事治安管理处罚决定法制审核的人员进行法制审核;未经法制审核或者审核未通过的,不得作出决定:
> (一)涉及重大公共利益的;
> (二)直接关系当事人或者第三人重大权益,经过听证程序的;
> (三)案件情况疑难复杂、涉及多个法律关系的。
> 公安机关中初次从事治安管理处罚决定法制审核的人员,应当通过国家统一法律职业资格考试取得法律职业资格。

解读与适用

本条与《行政处罚法》第58条相配合,符合特别法与一般法的关系。审核内容包括行政执法主体是否合法,行政执法人员是否具备执法资格;行政执法程序是否合法;案件事实是否清楚,证据是否合法充分;适用法律、法规、规章是否准确,裁量基准运用是否适当;执法是否超越执法机关法定权限;行政执法文书是否完备、规范;违法行为是否涉嫌犯罪、需要移送司法机关等。

法制审核机构完成审核后,要根据不同的情形,提出同意或者存在问题的书面审核意见。行政执法承办机构要对法制审核机构提出的存在问题的审核意见进行研究,作出相应处理后再次报送法制审核。行政执法机关主要负责人是推动落实本机关重大执法决定法制审核制度的第一责任人,对本机关作出的行政执法决定负责。公安机关中初次从事治安管理处罚决定法制审核的人员应当取得国家统一法律职业资格。法律职业资格考试制度是国家统一组织的选拔合格法律职业人才的国家考试制度,实行全国统一组织、统一命题、统一标准、统一录取的考试方式,一年一考。

案例与评析

【案例】某丙与甲市自然资源局行政处罚决定一案,因不服法院判决,提起上诉。涉案行政处罚决定的内容是责令退还非法占用土地,限期拆除非法占用土地上新建的(建)构筑物,涉及上诉人重大财产权益,属于较重的行政处罚,应当经过集体讨论才能决定实施。被上诉人未提交证据证实本案所涉行政处罚经过集体讨论决定;且在作出行政处罚决定之前,从事审核的汤某系初次从事行政处罚决定法制审核的人员,未通过国家统一法律职业资格考试取得法律职业资格,不具有对行政处罚决定审核资格。

【评析】法院认为,在行政机关负责人作出决定之前,应当由从事行政处罚决定法制审核的人员进行审核。行政机关中初次从事行政处罚决定法制审核的人员,应当通过国家统一法律职业资格考试取得法律职业资格。本案中,行政机关从事法制审核的人员系初次从事行政处罚决定法制审核的人员,且未通过国家统一法律职业资格考试取得法律职业资格,不具有对行政处罚决定法制审核的资格,故行政机关作出的涉案行政处罚决定,违反法定程序。

第一百一十五条 【治安管理处罚决定书的内容】公安机关作出治安管理处罚决定的,应当制作治安管理处罚决定书。决定书应当载明下列内容:

(一)被处罚人的姓名、性别、年龄、身份证件的名称和号码、住址;

(二)违法事实和证据;

(三)处罚的种类和依据;

(四)处罚的执行方式和期限;

(五)对处罚决定不服,申请行政复议、提起行政诉讼的途径和期限;

(六)作出处罚决定的公安机关的名称和作出决定的日期。

决定书应当由作出处罚决定的公安机关加盖印章。

解读与适用

本条是关于治安管理处罚决定书内容的规定。对违反治安管理行为人作出治安管理处罚决定的,公安机关应当制作治安管理处罚决定书。一方面,决定书对违反治安管理行为人具有法律约束力,被处罚的违反治安管理行为人应当按决定书要求接受处罚;另一方面,决定书也是其提起行政复议、行政诉讼以及国家赔偿的重要凭证。因此,公安机关在作出治安管理处罚决定时,无论是当场处罚还是按照一般程序作出处罚,都必须制作治安管理处罚决定书。所谓"治安管理处罚决定书",是指公安机关对违反治安管理行为人违反何种治安管理行为、适用何种处罚种类所作出的书面决定,是具有法律效力的文书。

> **第一百一十六条 【处罚决定书的宣告、送达】**公安机关应当向被处罚人宣告治安管理处罚决定书,并当场交付被处罚人;无法当场向被处罚人宣告的,应当在二日内送达被处罚人。决定给予行政拘留处罚的,应当及时通知被处罚人的家属。
>
> 有被侵害人的,公安机关应当将决定书送达被侵害人。

解读与适用

本条是关于治安管理处罚决定书宣告、送达的规定。未交付和送达的治安管理处罚决定书,对被处罚人没有法律约束力。所谓"当场交付",是指与被处罚人面对面交付。公安机关向被处罚人当场宣告后,经被处罚人在处罚决定书上签字,即视为当场送达被处罚人。被处罚人拒绝接收处罚决定书的,应当记录在案,视为当场交付。实际执行中,公安机关既可以派人前往被处罚人所在单位或者住处向被处罚人宣告治安管理处罚决定书,也可以通知被处罚人到公安机关或者公安机关指定的地点听取公安机关向其宣告处罚决定,如被处罚人还未离开公安机关或者指定询问地点的,公安机关也可以在询问查证地点向其宣告并交付治安管理处罚决定书。无法当场向被处罚人宣告的,主要是指被处罚人不在场,或者经通知被处罚人拒不到场听取公安机关向其宣告处罚决定书的情形。

治安管理处罚决定书的送达形式主要有直接送达、留置送达等。直接送达也称交付送达,是指公安机关将治安管理处罚决定书直接交付给被处罚人。如被处罚人不在,可以交付给其成年家属签收。留置送达,是指被处罚人或者他的同住成年家属拒绝接收治安管理处罚决定书的,公安机关应当邀请有关基层组织或者所在单位的代表到场,说明情况,在送达回证上记明拒收事由和日期,由送达人、见证人签名或者盖章,把治安管理处罚决定书留在被处罚人的住所,即视为送达。给予行政拘留处罚的,公安机关除应当依法向被拘留人宣布并送达治安管理处罚决定书外,还应当及时通知被处罚人的家属。有被侵害人的,公安机关应当将决定书送达被侵害人。被侵害人是治安案件的一方当事人,公安机关对违反治安管理行为人作出的处罚决定与其有着直接利害关系,而且按照有关法律、法规,被侵害人可以通过有关法律途径获得法律救助。将处罚决定书送达被侵害人,能保证被侵害人的知情权,便于其监督公安机关的执法活动,也能保证其及时依法行使申诉权。

案例与评析

【案例】某日,因某丁阻止某戊在未凝固的水泥路上行走,双方发生争执,某丁被某戊殴打。某丁向A县公安局报案,A县公安局接警后对该案进行调查。某丁的伤情经被告作出的法医临床学鉴定书,认定属轻微伤。同日,A县公安局作出行政处罚决定书,决定对某戊治安拘留并处罚款,并对某戊实施拘留,但受送达人某戊在送达回执上拒签,见证人为郭某、王某。但郭某、王某均为某戊下属城郊派出所的工作人员,且该送达回执上无送达人,不能证实A县公安局对某戊送达了被诉具体行政行为。因此一审法院审理后判决A县公安局败诉。一审判决后,被告A县公安局不服提起上诉。二审法院认为,上诉人A县公安局在城郊派出所内当场对被上诉人某戊作出被诉行政处罚决定,某戊拒签,办案民警郭某、王某在附卷的决定书和送达回执上进行了注明,符合有关规定,应视为已向被上诉人某戊送达。

【评析】送达问题是本案的焦点。是否送达,一方面关乎行政处罚程序是否合法的问题,因为《行政处罚法》和《治安管理处罚法》均规定,在处罚之前需要向被处罚人明确告知处罚的事实、根据,以及被处罚人所享有的陈述权和申辩权,若未进行告知处罚行为因为程序违法而应当予以撤销;另一方面,送达关乎当事人救济权利的行使。对于具体行政行为的权利救济手段有行政复议或者行政诉讼,不管哪一种,都需要从被处罚人知晓被处罚之日起计算,而送达则是标志被处罚人知晓该种情况的关键点。

第一百一十七条 【听证】公安机关作出吊销许可证件、处四千元以上罚款的治安管理处罚决定或者采取责令停业整顿措施前,应当告知违反治安管理行为人有权要求举行听证;违反治安管理行为人要求听证的,公安机关应当及时依法举行听证。

> 对依照本法第二十三条第二款规定可能执行行政拘留的未成年人,公安机关应当告知违反未成年人和其监护人有权要求举行听证;未成年人和其监护人要求听证的,公安机关应当及时依法听证。对未成年人案件的听证不公开举行。
>
> 前两款规定以外的其他情节、证据复杂或者具有重要社会影响的案件,违反治安管理行为人要求听证,公安机关认为必要的,应当及时依法举行听证。
>
> 公安机关不得因违反治安管理行为人要求听证而加重处罚。

解读与适用

本条是关于治安管理处罚听证的规定。

治安处罚属于行政处罚。行政处罚中的听证程序,是指行政机关为了保障行政管理相对人的合法权益,保证行政机关依法、正确、有效地适用法律,在作出行政处罚决定前,举行的有案件当事人及其代理人、行政机关案件调查人员等参加的,听取上述人员的陈述、申辩、质证的行政程序。本条规定了公安机关办理治安案件中听证的适用范围和程序。

1. 听证的适用范围

基于法律明文规定原则、对当事人权益有重大影响原则及程序正当原则,治安管理处罚案件中的听证必须同时具备以下两个条件:(1)公安机关拟作出吊销许可证或者4000元以上罚款的治安管理处罚的。吊销许可证,是指公安机关依法收回违反治安管理行为人或单位已经取得的从事某种活动的权利或者资格证书,以取消或者禁止被处罚人从事某种活动的特许权利或者资格的处罚。4000元以上罚款,是指公安机关根据治安管理方面的法律、法规的规定,拟对违反治安管理行为人作出4000元以上罚款处罚的,根据本法第118条"本法所称以上、以下、以内,包括本数"的规定,拟对违反治安管理行为人作出4000元罚款的,也属于治安管理处罚听证的适用范围。(2)违反治安管理行为人要求举行听证的。对违反治安管理行为人可以口头或者书面形式提出听证申请。对违反治安管理行为人以口头形式提出听证申请的,公安机关应当记录在案,并由违反治安管理行为人签名或捺指印。

2.听证的适用程序

《公安机关办理行政案件程序规定》对公安机关听证程序作了详细规定。包括听证适用范围、听证组织机构、听证不加重处罚、全面听证原则以及听证人员和听证参加人的权利和义务、听证的具体程序等方面的内容。根据《行政处罚法》第64条第1款的规定,"听证应当按照以下程序组织:(一)当事人要求听证的,应当在行政机关告知后五日内提出;(二)行政机关应当在听证的七日前,通知当事人举行听证的时间、地点;(三)除涉及国家秘密、商业秘密或者个人隐私外,听证公开举行;(四)听证由行政机关指定的非本案调查人员主持;当事人认为主持人与本案有直接利害关系的,有权申请回避;(五)当事人可以亲自参加听证,也可以委托一至二人代理;(六)当事人及其代理人无正当理由拒不出席听证或者未经许可中途退出听证的,视为放弃听证权利,行政机关终止听证;(七)举行听证时,调查人员提出当事人违法的事实、证据和行政处罚建议,当事人进行申辩和质证;(八)听证应当制作笔录。笔录应当交当事人或者其代理人核对无误后签字或者盖章。当事人或者其代理人拒绝签字或者盖章的,由听证主持人在笔录中注明"。本条规定中的依法,即指依照上述程序规定执行。

3.听证的主动权在违反治安管理行为人一方

公安机关对符合听证范围的治安管理处罚,在作出处罚前,应当告知违反治安管理行为人有权要求举行听证。对符合上述听证范围的处罚,违反治安管理行为人有权要求举行听证。这是违反治安管理行为人依法享有的权利,属于公安机关作出治安管理处罚决定前应当告知的内容,公安机关有义务告知。根据《行政处罚法》规定的精神,公安机关应当告知而没有告知,属于程序违法,可导致行政处罚决定不能成立。听证结束后,公安机关应当制作听证笔录,并对案件进行重新审查,根据新认定的事实、依据,按照相关法律、法规和规章,提出处理意见,报公安机关负责人审查,依据本法第95条的规定,根据不同情况,作出处理决定。根据《行政处罚法》的规定,违反治安管理行为人不承担公安机关组织听证的费用。

4.未成年人行政拘留听证制度

本条新增未成年人行政拘留听证制度,切实保障未成年人的权益,敦促其监护人的责任履行。同时未成年人听证不公开符合其自身利益。

5. 听证范围扩大的情形

本条新增"前两款规定以外的其他情节、证据复杂或者具有重要社会影响的案件，违反治安管理行为人要求听证，公安机关认为必要的，应当及时依法举行听证"的规定将扩大听证的适用情形赋予公安机关，使其更能结合工作实际保障、扩展当事人的程序权利，体现了对于听证程序实际应用。

6. 听证不加重处罚

"公安机关不得因违反治安管理行为人要求听证而加重处罚"体现了行政法领域对当事人程序权利的保护原则，与刑事诉讼中的"上诉不加刑"原则具有相似的法理基础。若因当事人要求听证而加重处罚，将直接扭曲程序正义，使听证制度形同虚设。

案例与评析

【案例】某日，丙区公安分局下属的C街派出所巡查发现案外人甲某在本市"青青宾馆"涉嫌冒用他人身份证，故将其传唤至该所接受询问，通过对"青青宾馆"前台领班及工程保安部经理进一步调查询问，发现"青青宾馆"自开业以来未办理特种行业许可证，该所民警即传唤经营该宾馆的负责人乙某，对其进行了调查询问，并制作了询问笔录，乙某自述其为"青青宾馆"的法人代表，"青青宾馆"没有办理特种行业许可证，并在该询问笔录上予以了签字，丙区公安分局故拟对其作出行政处罚，并告知了对乙某作出行政处罚决定的事实、理由、依据及其依法享有的权利。次日，丙区公安分局依法向乙某作出并送达行政处罚决定书，决定对其行政拘留10日并处罚款1000元，对其经营的无证旅店"青青宾馆"予以取缔。乙某不服该处罚决定，提起行政诉讼。乙某的请求中有一项认为丙区分局作出取缔的行政处罚前应当依法经过听证程序，因而主张行政处罚程序违法。案件经过审理后人民法院认为，乙某的主张没有法律依据，驳回了其请求。

【评析】根据《治安管理处罚法》的规定，取缔是针对未取得公安机关许可的情形，而责令停产停业和吊销许可证或执照是针对具有合法经营资格的情形，听证也仅适用于具有合法经营资格的情形，使其合法经营资格人享有充分的救济权，对于未取得合法经营资格的主体不享有听证的权利。对于治安管理处罚听证程序的适用范围应当严格依照法律规定执行，不能随意扩大。因此本案中乙某的请求没有得到人民法院的支持。

> **第一百一十八条　【办案治安案件期限】**公安机关办理治安案件的期限,自立案之日起不得超过三十日;案情重大、复杂的,经上一级公安机关批准,可以延长三十日。期限延长以二次为限。公安派出所办理的案件需要延长期限的,由所属公安机关批准。
>
> 　　为了查明案情进行鉴定的期间,听证的期间,不计入办理治安案件的期限。

解读与适用

本条是关于公安机关办理治安案件期限的规定。

从治安管理目的与行政行为效率出发,公安机关办理案件的期限不可能无限制。根据本条规定,公安机关办理治安案件的期限,一般不得超过 30 日。对案情重大、复杂的治安案件,经上一级公安机关批准,可以再延长 30 日,即公安机关办理治安案件的期限最长不超过 60 日。公安机关在受理治安案件后,对治安案件进行调查直至作出处理决定的最长时间限期,从受理治安案件之日起到依法作出决定之日止。对于需要延长办案期限的,公安机关应当在 30 日期限届满前向上一级公安机关提出申请,上一级公安机关也应当在 30 日期限届满前作出是否同意延长办案期限的决定,上一级公安机关,是指受理治安案件的公安机关的上一级公安机关。本款规定的办案期限,是指在正常情况下的办案期限,如果在办案过程中,违法行为人逃跑了,公安机关找不到人,则不能仍按此时间计算期限。

公安机关在办理治安案件过程中,为了查明案情进行鉴定的时间,听证的期间,不计入办理治安案件的期限。如果是与查明案件无关而进行的鉴定,其鉴定时间依法应计入办案期限。根据本法规定,公安机关在办理治安案件的时候,为了查明案件真实情况,对于某些有争议的专门性问题,可以指派或者聘请有专门知识的人员进行鉴定,提出鉴定意见。鉴定是由专门人员运用专门知识对某些事项进行的判定,这些问题并不能由办案人员决定和左右,因此所花费的时间不计入办案期限。这里的"鉴定期间",是指公安机关提交鉴定之日起至鉴定机构作出鉴定意见并送达公安机关的期间。公安机关应当切实提高办案效率,保证在法定期限内办结治安案件。而听证的期间不计入期限,可以切实的保障听证程序的举行。

案例与评析

【案例】某日下午,王某带小孩前往自己家中,发现家中上锁,遂报警,民警到达时门锁已经打开。民警返回后,王某与妻子、岳母发生争执,后岳母对王某进行殴打,致王某受伤,经鉴定,王某损伤程度为轻微伤。因案涉纠纷系家庭矛盾引发,B区公安分局在综合考虑了纠纷起因、岳母的违法事实及情节后,在法定幅度内作出行政处罚决定书,王某不服诉至法院称,B区公安分局超期办案,程序违法。本案中,B区公安分局5月31日立案受理此案后,于当日、6月1日即委托鉴定机构对双方当事人的伤情进行鉴定,先后经过鉴定、重新鉴定,最终于7月13日鉴定完毕。根据上述法律规定,5月31日至7月13日不计入办案期限。B区公安分局于8月13日依法申请延长办理期限,并于9月13日作出处罚决定,法院认为,B区公安分局的办案期限不违反上述法律规定。

【评析】公安机关在办理治安案件过程中,为了查明案情进行的鉴定,是在规定部分与专业机构联系的鉴定,不计入办理治安案件的期限。如果是与查明案件无关而进行的鉴定,其鉴定时间依法应计入办案期限。本案中5月31日立案受理此案后,于当日、6月1日即委托鉴定机构对双方当事人的伤情进行鉴定,先后经过鉴定、重新鉴定,最终于7月13日鉴定完毕,扣除5月31日至7月13日的鉴定期间后,从B区公安分局受理案件到作出处罚决定的剩余时间,在考虑依法申请延长办理期限的情况下,并未超出法定的办案期限,说明公安机关在办案时合理地将为查明案情的鉴定期间予以排除,符合法律规定。

第一百一十九条 【当场处罚】违反治安管理行为事实清楚,证据确凿,处警告或者五百元以下罚款的,可以当场作出治安管理处罚决定。

解读与适用

本条是关于人民警察可以当场作出治安管理处罚决定适用条件的规定。

根据《行政处罚法》第 51 条的规定,当场处罚程序,一般只适用于对公民处以 200 元以下罚款、对法人或者其他组织处以 3000 元以下罚款或者警告的行政处罚。考虑到治安管理工作的特点,本条规定人民警察当场处罚的适用范围是警告或者 500 元以下罚款,提高了当场处罚的罚款数额。这一规定,属于专门立法,按照特别法的效力优于一般法的原则,对违反治安管理行为人当场处罚的适用范围,应当依照本条的规定,不适用《行政处罚法》第 51 条的规定。

根据本条规定,可以当场作出治安管理处罚决定的适用条件包括:(1)违反治安管理行为事实清楚,证据确凿。(2)依法处警告或者 500 元以下罚款的。只有符合法定的处罚种类和幅度的,才适用当场处罚。(3)执法主体是人民警察,而且必须是人民警察在依法执行职务时查处的违反治安管理行为,才可以当场处罚。(4)当场处罚和当场执行是两个不同的概念。它们之间既有联系又有区别。当场处罚属于处罚权限的分配,是处罚的决定程序;当场执行是对处罚的一种执行方式,是处罚的执行程序。人民警察对于符合上述条件的治安案件,可以当场处罚,但并不排除适用一般程序处罚的可能性。《公安机关办理行政案件程序规定》规定,涉及卖淫、嫖娼、赌博、毒品的案件,不适用当场处罚。

案例与评析

【案例】某日晚上,张某与女朋友在湖边散步,由于其行为过于亲热,被某市公安局值勤警察以卖淫嫖娼为由带回派出所询问。因为张某及其女朋友非常反感警察的行为,和警察发生了激烈的争吵。公安民警认为二人的态度极其恶劣,当场决定对两人处以罚款 200 元。事后,张某以罚款没有事实根据为由,向法院起诉要求撤销罚款决定并且赔偿其损失。

【评析】本案反映的问题主要是公安机关的当场处罚决定是否合法。笔者认为,本案不符合当场处罚的法定条件。根据《公安机关办理行政案件程序规定》的规定,涉及卖淫、嫖娼、赌博、毒品的案件,不适用当场处罚。在本案中,警察只是看到张某与女朋友在湖边有过于亲热的行为,就断定为卖淫嫖娼行为,却没有确凿的证据来证实,因而在认定事实方面是不清楚的,这就缺乏治安管理处罚的前提条件,不符合法律规定,不能适用当场处罚的简易程序。同时,公安机关不能以态度恶劣实施处罚。由于张某与女朋友对警察的行为十分不满,对警察采取了不合作的态度。警察在缺乏证据的情况下,仅以相对人的态度不好就对相对人给予处罚,是不合法的。对此,公安机关的治安管理处罚行为缺乏事实根据,法院判决撤销该行为,并由公安机关对当事人的损失予以赔偿。

> **第一百二十条** 【当场处罚决定程序】当场作出治安管理处罚决定的,人民警察应当向违反治安管理行为人出示人民警察证,并填写处罚决定书。处罚决定书应当当场交付被处罚人;有被侵害人的,并应当将决定书送达被侵害人。
>
> 前款规定的处罚决定书,应当载明被处罚人的姓名、违法行为、处罚依据、罚款数额、时间、地点以及公安机关名称,并由经办的人民警察签名或者盖章。
>
> 适用当场处罚,被处罚人对拟作出治安管理处罚的内容及事实、理由、依据没有异议的,可以由一名人民警察作出治安管理处罚决定,并应当全程同步录音录像。
>
> 当场作出治安管理处罚决定的,经办的人民警察应当在二十四小时内报所属公安机关备案。

解读与适用

本条是关于人民警察当场作出治安管理处罚决定程序的规定。

当场处罚是一种简易处罚程序的规定,具有快速和便捷的特点,当场处罚的的简化程序也要严格遵循法定程序。

人民警察应当向违反治安管理行为人出示人民警察证,以表明身份。当场处罚决定书是人民警察当场处罚的唯一书面证明材料,公安机关在违反治安管理行为发生的现场,按照当场处罚程序,对被处罚人给予治安管理处罚时制作的法律文书。当场处罚决定书是预先制作好的格式文书,应当载明被处罚人的姓名、违法行为、处罚依据、罚款数额、时间、地点以及公安机关名称,并由经办的人民警察签名或者盖章。经办的人民警察应当在 24 小时内将当场处罚决定报所属公安机关备案的规定。"备案",是指将处罚决定书报所属公安机关存档,以备核查,而不是指报所属公安机关批准,以便其所属公安机关能够了解人民警察实施当场处罚情况提供依据,防止随意当场处罚。当场处罚决定书一经作出,就发生法律效力。当场处罚既是人民警察行使职权,履行职责的行政行为,又是代表公安机关对当事人实施的处罚,其行为具有法律约束力和执行强制力。在行政复议和行政诉讼活动中,由公安机关应诉及承担相关法律责任,因此及时备案是非常重要的。这种报备行为应当在作出当场处罚决定的24小时内将当场处罚决定报所属公安机关备案。

案例与评析

【案例】 正值下班高峰期,某市地铁站人流密集。小张因错过了一班地铁,情绪激动,在地铁站内大声喧哗、辱骂工作人员,并且故意推搡其他乘客,导致地铁站内秩序混乱,其他乘客的正常通行受到严重影响,地铁站工作人员多次劝阻无效。地铁站内的执勤民警小王接到地铁站工作人员报警后,迅速赶到现场。民警小王向小张出示了人民警察证,表明身份,并告知其行为已经涉嫌扰乱公共秩序。民警小王当场告知小张拟对其作出治安管理处罚的内容、事实、理由和依据。小张在听完民警的告知后,表示自己确实有错,对民警告知的内容没有异议。由于小张对处罚内容及事实、理由、依据没有异议,民警小王决定当场对小张作出治安管理处罚决定。民警小王填写处罚时间、处罚地点、公安机关名称,并在处罚决定书上签名。民警小王当场将处罚决定书交付给小张,并告知其缴纳罚款的方式和期限。同时,由于该事件中没有明确的被侵害人,民警小王没有将决定书送达被侵害人。处罚结束后,民警小王于当日18时10分回到所属公安机关,将当场作出治安管理处罚决定的情况在24小时内报所属公安机关备案。

【评析】 根据《治安管理处罚法》的相关规定,对于事实清楚、证据确凿,且符合当场处罚条件的治安管理违法行为,人民警察可以当场作出治安管理处罚决定。在本案中,小张扰乱公共秩序的行为事实清楚,证据确凿,且其对处罚内容及事实、理由、依据没有异议,符合当场处罚的条件。民警小王在执法过程中,严格按照法律规定履行了相关程序。首先,向小张出示了人民警察证,表明身份;其次,告知了小张拟作出治安管理处罚的内容、事实、理由和依据,并听取了小张的意见;最后,在小张没有异议的情况下,当场填写了处罚决定书,并当场交付给小张,同时在规定时间内报所属公安机关备案。整个执法过程程序合法,符合《治安管理处罚法》的要求。根据《治安管理处罚法》第26条第1款第2项的规定,小张的行为虽然扰乱了地铁站的公共秩序,但未造成严重后果,民警对其处以罚款,处罚适当,符合法律规定。民警小王在当场作出治安管理处罚决定后,及时将情况报所属公安机关备案。备案制度对于公安机关内部监督、规范执法行为、防止滥用职权等方面具有重要意义。通过备案,公安机关可以对当场处罚的情况进行全面了解和监督,及时发现和纠正执法过程中的问题,确保执法行为的合法性和公正性。本案中,民警小王在处理小张扰乱公共秩序的行为时,严格遵循了《治安管理处罚法》的相关规定,程序合法、处罚适当。通过当场处罚的方式,及时制止了小张的违法行为,维护了地铁站的公共秩序,同时也保障了小张的合法权益。

> **第一百二十一条 【不服处罚提起的复议或诉讼】**被处罚人、被侵害人对公安机关依照本法规定作出的治安管理处罚决定,作出的收缴、追缴决定,或者采取的有关限制性、禁止性措施等不服的,可以依法申请行政复议或者提起行政诉讼。

解读与适用

本条是关于被处罚人、被侵害人的法律救济途径规定,被处罚人对治安管理处罚决定不服,可以依法申请行政复议或者提起行政诉讼进行法律救济。根据本条的规定,被处罚人对公安机关作出的治安管理处罚决定不服的,可以依照本法和《行政复议法》的有关规定,向作出处罚决定的上一级公安机关或者本级人民政府申请行政复议,也可以依照本法和《行政诉讼法》的规定,向人民法院提起行政诉讼。被处罚人有选择申请行政复议、提起行政诉讼的自主权,即对治安管理处罚决定不服时,是依法申请行政复议,还是依法提起行政诉讼,由被处罚人自行选择。在其对处罚决定不服时,可以先复议,仍不满意的,再进行诉讼;也可以不经复议,直接提起行政诉讼。行政复议和行政诉讼都是对行政机关的具体行政行为的一种事后救济制度,目的是使公民、法人或者其他组织对其遭受具体行政行为侵害所受到的损害,通过行政和司法救济的途径,及时地予以恢复和补偿。"或者采取的有关限制性、禁止性措施等不服的",限制性、禁止性措施,禁止性通常指全面、彻底地禁止,即不允许某种行为或活动的发生;限制性是指对某种行为或活动进行一定的限制,但并非全面禁止。这些措施扩大行政复议与诉讼的受案范围,至于行政强制措施等行政行为中限制性、禁止性措施中,包括违法违规使用警械等,更好地保障人权。

案例与评析

【案例】张某与李某因邻里纠纷发生肢体冲突,李某用铁锹殴打张某致其轻微伤。公安机关接警后调查认定李某行为违反《治安管理处罚法》,对李某作出行政拘留5日并罚款500元的处罚决定,同时收缴李某使用的铁锹。但作为被侵害人的张某认为:李某行为恶劣,公安机关处罚过轻(其认为应拘留10日以上)进而提起行政复议与诉讼。

【评析】《行政复议法》第11条第1项规定,公民对行政机关作出的行政处罚决定不服,可申请行政复议。《行政诉讼法》第12条"认为行政机关侵犯其他人身权、财产权等合法权利的"可以提起行政诉讼。《治安管理处罚法》具体列举了治安管理处罚决定、限制性和禁止性措施、收缴追缴决定等可复议的行为,对《行政复议法》第11条中"其他行政行为"进行了补充和细化,让行政复议在治安管理领域更具可操作性,明确了被侵害人在治安管理方面可针对哪些具体行政行为申请复议。《治安管理处罚法》规定的被侵害人对相关决定不服可诉,进一步拓展了行政诉讼对治安管理领域行政行为的审查范围,不仅包括对治安管理处罚决定本身的合法性审查,还包括对采取的限制性、禁止性措施以及收缴、追缴决定等的审查,使行政诉讼能够更全面地监督公安机关在治安管理中的行政行为,保护被侵害人的合法权益。

第三节 执 行

本节是对治安管理处罚执行的规定,从第122条至第130条,共9条。治安管理处罚的执行,是治安管理处罚决定的事后程序,是指公安机关作出治安管理处罚决定后,依法采取一定的手段和方式使处罚决定的内容得以实现的全部活动,包括公安机关接受被处罚人自觉履行和强制执行等所有落实治安管理处罚决定的活动。治安管理处罚决定依法作出后,被处罚人应当在法定期限内履行,否则,公安机关应当依法采取一定手段强制其履行,以实现治安管理处罚决定的内容。2025年修订,条文数没有增加,但除了第124条人民警察当场收缴罚款和第127条担保人的条件没有变之外,其他条文都作了修改,进一步完善了执行程序。

第一百二十二条　【行政拘留送所执行】对被决定给予行政拘留处罚的人,由作出决定的公安机关送拘留所执行;执行期满,拘留所应当按时解除拘留,发给解除拘留证明书。

被决定给予行政拘留处罚的人在异地被抓获或者有其他有必要在异地拘留所执行情形的,经异地拘留所主管公安机关批准,可以在异地执行。

> **解读与适用**

本条是对行政拘留送所执行的规定。

行政拘留,也称治安拘留,是对违反治安管理的人依法剥夺其短期人身自由的治安管理处罚。依照本条规定,行政拘留送所执行有几个要点:

(一)应当由作出行政拘留处罚决定的公安机关将其送达拘留所执行

本条明确规定"对被决定给予行政拘留处罚的人,由作出决定的公安机关送拘留所执行",即对被决定给予行政拘留处罚的人,必须由作出行政拘留处罚决定的公安机关负责送达拘留所交付执行。拘留所应当凭拘留决定机关的拘留决定文书及时收拘被拘留人。实务中,拘留所依法办理入所手续,接收被处罚人,才算送达。

生活中,公民不一定知道拘留所的具体位置,由作出决定的公安机关送拘留所执行可便利被处罚人,也可更好地防止被处罚人逃避行政拘留的执行。

至于作出行政拘留处罚决定的公安机关应在什么时限内将被处罚人送拘留所,本法并未规定。实务中,公安机关在作出行政拘留处罚决定后,应当尽快送拘留所执行。

(二)对被处罚人,要在拘留所执行

拘留所是对被决定行政拘留的人执行拘留的场所。《拘留所条例》第2条规定,"被公安机关、国家安全机关依法给予拘留行政处罚的人"及"被人民法院依法决定拘留的人"在拘留所执行。

(三)行政拘留执行期满,拘留所应当按时解除拘留,发给解除拘留证明书

"执行期满,拘留所应当按时解除拘留,发给解除拘留证明书"是本次修订根据《拘留所条例》新增内容。《拘留所条例》第30条规定:"被拘留人拘留期满,拘留所应当按时解除拘留,发给解除拘留证明书,并返还代为保管的财物。"

(四)行政拘留的异地执行

本条第2款根据实际需要及《拘留所条例》新增规定"被决定给予行政拘留处罚的人在异地被抓获或者有其他有必要在异地拘留所执行情形的,经异地拘留所主管公安机关批准,可以在异地执行"。《拘留所条例》第9条规定:"拘留所应当凭拘留决定机关的拘留决定文书及时收拘被拘留人。需要异地收拘的,拘留决定机关应当出具相关法律文书和需要异地收拘的书面说明,并经异地拘留所主管公安机关批准。"适用异地执行主要把握两点:一是确有必要性,二是经过批准。

需要注意的是,《治安管理处罚法》第23条对不执行行政拘留的情形及其例外的规定,与本条对行政拘留送所执行的规定共同构成《治安管理处罚法》行政拘留决定执行的整体。

第一百二十三条 【罚款缴纳程序及当场收缴罚款的情形】受到罚款处罚的人应当自收到处罚决定书之日起十五日以内,到指定的银行或者通过电子支付系统缴纳罚款。但是,有下列情形之一的,人民警察可以当场收缴罚款:

(一)被处二百元以下罚款,被处罚人对罚款无异议的;

(二)在边远、水上、交通不便地区,旅客列车上或者口岸,公安机关及其人民警察依照本法的规定作出罚款决定后,被处罚人到指定的银行或者通过电子支付系统缴纳罚款确有困难,经被处罚人提出的;

(三)被处罚人在当地没有固定住所,不当场收缴事后难以执行的。

解读与适用

本条是关于罚款缴纳程序及当场收缴罚款的情形的规定,有两个内容:

(一)罚款缴纳程序

根据本条规定,受到罚款处罚的人应当自收到处罚决定书之日起15日以

内,到指定的银行或者通过电子支付系统缴纳罚款。通过电子支付系统缴纳罚款,是根据我国电子支付的发展而新增的罚款缴纳方式。

公安机关作出罚款决定,治安管理处罚决定书应当载明处罚的执行方式和期限,明确指定银行的名称、地址,电子支付系统和当事人应当缴纳罚款的数额、期限等,并明确对被处罚人逾期缴纳罚款是否加处罚款。被处罚人应当按照治安管理处罚决定书确定的方式缴纳罚款。指定的银行收受罚款,应将罚款直接上缴国库,出具凭据,并通知作出罚款决定的公安机关。被处罚人逾期缴纳罚款,处罚决定书明确需要加处罚款的,银行应当加收罚款。

本条规定,被处罚人应当自收到处罚决定书之日起15日以内缴纳罚款,但根据《治安管理处罚法》第4条以及《行政处罚法》第66条第2款的规定,"当事人确有经济困难,需要延期或者分期缴纳罚款的,经当事人申请和行政机关批准,可以暂缓或者分期缴纳。"暂缓或者分期缴纳不受15日之限。

(二)人民警察当场收缴罚款的情形

根据《行政处罚法》的规定,作出罚款决定的行政机关应当与收缴罚款的机构分离,但具有当场收缴罚款法定情形的除外。当场收缴罚款就是公安机关及其人民警察在依法作出罚款决定后,对于符合当场收缴罚款法定情形的,可以当场收缴。根据本条规定,人民警察可以当场收缴罚款的情形有:

1.被处200元以下罚款,被处罚人对罚款无异议的

此种情形必须符合两个条件:其一,必须是被处200元以下罚款。这是指罚款的数额,是较小数额的罚款;被处200元以上的罚款,则不能适用当场收缴。这里的"二百元"数额是本次修订根据实际从原来的"五十元"数额修改而来。其二,必须是被处罚人对罚款无异议。如果被处罚人对罚款有异议,包括对罚款的理由、数额等方面有异议,就不能适用当场收缴。

2.在边远、水上、交通不便地区,旅客列车上或者口岸,公安机关及其人民警察依照本法的规定作出罚款决定后,被处罚人到指定的银行或者通过电子支付系统缴纳罚款确有困难,经被处罚人提出的

此种情形是便民原则的充分体现;同时规定经被处罚人提出,人民警察才可以当场收缴罚款,也是当事人自觉履行原则的体现。此种情形必须同时符合三个条件:其一,在边远、水上、交通不便地区,或者在旅客列车上或者口岸;其二,公安机关及其人民警察依照《治安管理处罚法》当场处罚程序或者一般程序的

规定作出罚款决定后,被处罚人到指定的银行或者通过电子支付系统缴纳罚款确有困难;其三,经被处罚人提出。被处罚人未主动提出的情况不适用当场收缴。

3. 被处罚人在当地无固定住所,不当场收缴事后难以执行的

此种情形需要同时具备两个条件:一是被处罚人在当地无固定住所,即在办案的公安机关所在市、县内没有生活的合法场所;二是不当场收缴事后难以执行。

客观的现实情况是复杂多变的,如果被处罚人是即将登机要出国或是上车要远行的在当地有固定住所的人,如不当场收缴罚款,事后难以执行,这样既不利于维护法律的尊严与权威,也不利于及时处罚与教育违法行为人。因此,对于当场收缴罚款的情形,立法虽然贯彻了要严格规范与限制的总体精神,但是并不利于实践操作。相比较而言,《行政处罚法》第68条规定,"不当场收缴事后难以执行的",使当场收缴罚款的法定情形具有很大的现实意义。

案例与评析

【案例】张某因故意散布谣言扰乱公共秩序被民警当场发现制止,鉴于其情节较轻,张某当时也表示认错认罚,民警当场对其作出200元罚款的决定,并当场收缴罚款。此后,张某觉得自己情节轻微,不服处罚,提出了行政复议。复议机关经复查,认为张某确有散布谣言扰乱公共秩序的违反治安管理行为,情节较轻,但民警当场处罚时未收集必要的证据,证据不足,民警当场对张某作出200元罚款的处罚幅度也适当,但民警当场收缴罚款没有让当事人表达"本人无异议",存在程序违法,决定撤销处罚决定,并责令办案机关在一定期限内重新作出行政行为。

【评析】当场处罚及当场收缴罚款,有必要的条件,实务中一些民警没有充分重视,导致在被处罚人不服处罚决定提出行政复议或行政诉讼时陷入被动。本案办案民警认定事实清楚,但缺乏必要的证据收集,处罚幅度适当,但当场收缴罚款没有让被处罚人表达"本人无异议",应当引以为鉴,建议当场处罚时办案民警要确保执法记录仪正常工作,全程记录,把有关证据及当事人无异议的表达固定下来。一名民警当场处罚一定要全程录音录像,如果没有条件全程录音录像,不要当场处罚。2名以上民警当场处罚虽不要求一定要全程录音录像,但

需要注意做好必要的调查取证工作,当场收缴罚款还要让被处罚人在处罚决定书上签署"本人无异议"。

> 第一百二十四条 【当场收缴罚款上交期限】人民警察当场收缴的罚款,应当自收缴罚款之日起二日以内,交至所属的公安机关;在水上、旅客列车上当场收缴的罚款,应当自抵岸或者到站之日起二日以内,交至所属的公安机关;公安机关应当自收到罚款之日起二日以内将罚款缴付指定的银行。

解读与适用

本条明确规定了人民警察当场收缴罚款后上交罚款的期限。

按照财务制度的规定,会计人员应该将本机关当日所收到的现金当日交付指定的金融机构。但是,对于人民警察当场收缴的罚款,考虑到人民警察的工作任务重,并且由于边远、水上、交通不便地区等因素的影响,要求人民警察当日将罚款上交至所属的公安机关,过于苛求。同时,也为了防止时间的拖延,可能引起非法挪用、占用、截留、私分或者变相私分、丢失等不良后果,严格规定人民警察当场收缴罚款后上交罚款的期限。本条明确了人民警察当场收缴罚款后上交罚款的期限,并规定了上交罚款的两个步骤:

其一,人民警察将当场收缴的罚款上交所属的公安机关。人民警察不能直接将当场收缴的罚款交到指定的银行,必须要先交到所属的公安机关。此上交步骤的期限为 2 日。有两种情况:一是人民警察当场收缴的罚款,应当自收缴罚款之日起 2 日内,交至所属的公安机关。此时 2 日计算的起点为当场收缴罚款之日,包括当场收缴罚款之日。二是在水上、旅客列车上当场收缴的罚款,应当自抵岸或者到站之日起 2 日内,交至所属的公安机关。考虑到在水上、旅客列车上的特殊性,此时 2 日计算的起点应当为抵岸或者到站之日,包括抵岸或者到站之日。

其二,公安机关将罚款缴付指定的银行。此缴付步骤的期限也为 2 日,其起点为公安机关收到罚款之日,包括收到罚款之日。

第一百二十五条 【当场收缴罚款应当出具专用票据】人民警察当场收缴罚款的,应当向被处罚人出具省级以上人民政府财政部门统一制发的专用票据;不出具统一制发的专用票据的,被处罚人有权拒绝缴纳罚款。

解读与适用

本条是对当场收缴罚款应当出具专用票据的规定。

根据本条规定:第一,人民警察当场收缴罚款应当出具专用票据。根据实际,本次修订把原来的"罚款收据"修改为"专用票据";第二,出具的专用票据是省级以上人民政府财政部门统一制发的;第三,不出具统一制发的专用票据的,被处罚人有权拒绝缴纳罚款。

本条规定可以有效监督人民警察当场收缴罚款的行为,防止私分、侵占、挪用罚款等发生。

第一百二十六条 【行政拘留暂缓执行】被处罚人不服行政拘留处罚决定,申请行政复议、提起行政诉讼的,遇有参加升学考试、子女出生或者近亲属病危、死亡等情形的,可以向公安机关提出暂缓执行行政拘留的申请。公安机关认为暂缓执行行政拘留不致发生社会危险的,由被处罚人或者其近亲属提出符合本法第一百二十七条规定条件的担保人,或者按每日行政拘留二百元的标准交纳保证金,行政拘留的处罚决定暂缓执行。

正在被执行行政拘留处罚的人遇有参加升学考试、子女出生或者近亲属病危、死亡等情形,被拘留人或者其近亲属申请出所的,由公安机关依照前款规定执行。被拘留人出所的时间不计入拘留期限。

解读与适用

本条是关于行政拘留暂缓执行的规定。

暂缓执行是指暂时中止执行。我国《行政诉讼法》和《行政复议法》均规定行政诉讼或行政复议期间具体行政行为以不停止执行为原则,同时又作出可以停止执行的例外规定。本条规定属于《行政诉讼法》和《行政复议法》具体行政行为不停止执行原则的例外规定。

减损人身自由的处罚，执行不当或者处罚不当而执行，都会侵犯被处罚人的合法权益。同时，如果在行政复议或行政诉讼期间不停止执行行政拘留的处罚决定，被处罚人在被限制人身自由的情况下，其行政复议权利或行政诉讼权利便难以得到真正的保障。即便经过行政复议或行政诉讼，裁决撤销原行政拘留的处罚决定，而该处罚已经执行，也难以弥补。

当然，行政拘留针对的是较严重的违反治安管理行为，为了防止被处罚人逃避处罚，暂缓执行应按照法律所设定的条件严格执行，不能任意实施。根据本条规定，行政拘留暂缓执行必须同时具备以下三个条件：

（一）被处罚人不服行政拘留处罚决定，申请行政复议或提起行政诉讼，或者被处罚人遇有参加升学考试、子女出生或近亲属病危、死亡等情形

本条第1款规定，被处罚人提出暂缓执行行政拘留的申请，有两种特殊的法定情形：

1. 被处罚人不服行政拘留处罚决定，申请行政复议或提起行政诉讼

行政拘留处罚决定是具体行政行为，行政复议或行政诉讼均是法定机关对具体行政行为的合法性进行审查的法律活动，被处罚人不服该行政拘留处罚决定，可以依法申请行政复议或提起行政诉讼，进行自我救济，保护自己的合法权益。暂缓执行的申请人只能是被决定行政拘留的人，同时还必须已经申请行政复议或提起行政诉讼。如果是被决定其他处罚的人，或者被处罚人未申请行政复议或提起行政诉讼，放弃救济权，也就不存在行政拘留暂缓执行问题。

暂缓执行的期间是行政复议或行政诉讼期间。行政复议期间是指自复议机关受理被处罚人的复议申请起到被处罚人接到行政复议决定书时止。行政诉讼期间是从人民法院受理起诉起到人民法院作出判决之日时止。非行政复议、行政诉讼期间，行政拘留不可以暂缓执行。

2. 被处罚人遇有参加升学考试、子女出生或近亲属病危、死亡等情形

参加升学考试是公民重要发展权益，亲临子女出生或近亲属病危、死亡现场是我国良好社会风尚。但没有人身自由，就无法正常参加升学考试，无法亲临子女出生或近亲属病危、死亡现场。本次修订把这些特殊情形纳入可申请暂缓执行行政拘留的情形是立法上的进步，充分考虑了被处罚人的这些特殊需要。此时，暂缓执行的期间是被处罚人处理升学考试、子女出生或者近亲属病危、死亡

等事宜的必要期间。

(二)被处罚人或者其近亲属提出担保人,或者按每日行政拘留200元的标准交纳保证金

担保人或保证金制度是行政拘留暂缓执行制度的核心,是为了限制被处罚人利用行政拘留暂缓执行制度而规避法律,逃避处罚,同时也有力保障了被处罚人的合法权益。根据该条规定,被处罚人或者其近亲属都可以提出担保人,也可以按照每日行政拘留200元的标准交纳保证金。

(三)被处罚人向公安机关提出暂缓执行行政拘留的申请,且公安机关认为暂缓执行行政拘留不致发生社会危险

行政拘留暂缓执行必须是被处罚人向公安机关提出申请,且公安机关收到申请后综合审查认为暂缓执行行政拘留不致发生社会危险。"不致发生社会危险"是指公安机关认为暂缓执行不会发生社会危险;如果有发生社会危险的可能,则不能暂缓执行。当然,公安机关认为有发生社会危险的可能并不是没有任何理由的主观臆测,应当有合理的理由。行政拘留适用于较严重的违反治安管理行为人,其相对于受到较轻处罚的人来说,人身危险性较大,有可能继续违反治安管理甚至犯罪,因而公安机关根据各种情况综合衡量,认为不致发生社会危险,才能同意暂缓执行。这也是公安机关履行治安管理职责自由裁量权的体现。

本条第2款还规定"正在被执行行政拘留处罚的人遇有参加升学考试、子女出生或者近亲属病危、死亡等情形,被拘留人或者其近亲属申请出所的,由公安机关依照前款规定执行"。正在被执行行政拘留处罚的人遇有参加升学考试、子女出生或者近亲属病危、死亡等情形,除被处罚人本人外,其近亲属也可以申请被处罚人暂缓执行行政拘留而出所。

本条第2款同时规定,"被拘留人出所的时间不计入拘留期限",明确了出所暂缓执行行政拘留情形下拘留期限的计算问题。

案例与评析

【案例】陈某和王某是一对恋人,某日两人在公园游玩时,一社会青年雷某见陈某女朋友王某长得像他的前女友,就调侃王某,陈某大怒,当场把雷某揍了一顿,打得跪地求饶,陈某的行为令女友王某十分感动。此后,雷某不服,向公安机关报案。公安机关立案调查后给予陈某行政拘留5日的处罚。在陈某正在执

行行政拘留期间,其女友王某在家人陪同下主动到陈某家求婚及订婚,得知陈某正在拘留所执行行政拘留,便向公安机关提出陈某暂缓执行行政拘留出所的申请。

【评析】求婚、订婚是高度依赖人身自由的一种社会风俗。陈某遇有女友主动向其求婚及订婚的情形,其本人及近亲属可以申请陈某暂缓执行行政拘留出所参加求婚、订婚活动。但其女友王某不是法定的申请人。公安机关不能同意王某的申请。公安机关经审查认为陈某出所不致发生社会危险,可以告诉陈某或其近亲属提出申请,提供符合条件的担保人,或者按照规定交纳保证金。

第一百二十七条 【担保人的条件】担保人应当符合下列条件:
(一)与本案无牵连;
(二)享有政治权利,人身自由未受到限制;
(三)在当地有常住户口和固定住所;
(四)有能力履行担保义务。

解读与适用

本条规定了担保人应当符合的条件。

行政拘留暂缓执行是行政担保制度在治安管理处罚制度中的具体应用。根据本条规定,担保人应当同时具备下列条件:

(一)与本案无牵连

担保人是负有担保责任的人,担负着保证被担保人不逃避行政拘留处罚的执行的义务。如果担保人与本案有某种法律上的牵连,即具有某种法律上的利害关系,则难以公正地做到监督和保证被决定拘留的人在行政拘留暂缓执行期间履行义务。因此,有必要规定担保人与本案无牵连。

(二)享有政治权利,人身自由未受到限制

剥夺政治权利是指人民法院依法判处剥夺犯罪分子参加管理国家和社会政治生活的权利的刑罚方法。"享有政治权利",便排除了依法被剥夺政治权利的人作为担保人。

人身自由是指公民的人身不受非法限制、搜查、拘留和逮捕。人身自由是公民参加各种社会活动、参加国家政治生活和享受其他权利自由的先决条件。担保人拥有人身自由,是其履行担保义务的必备条件。此规定便排除了被判处管制、缓刑、假释、监外执行的人以及实行保外就医、取保候审、监视居住的人做担保人。

(三)在当地有常住户口和固定住所

如果担保人在当地没有常住户口和固定住所,流动性大,居无定所,不仅公安机关、行政复议机关、人民法院难以与之取得联系;如果担保人疏于履行担保职责,就增加了追究其法律责任的难度。所以,本款规定排除了在决定行政拘留的公安机关所在地无常住户口、固定住所的人做担保人的资格。

(四)有能力履行担保义务

这是对担保人能力的限制,排除了没有能力履行担保义务的人。担保人有无履行担保义务的能力,主要看其行为能力、信用程度、身体状况如何,以及是否实际在当地常住等。担保人应当是年满18周岁,具有完全民事行为能力的成年人,未成年人、精神病人等限制行为能力人或无行为能力人不能作为担保人。此外,缺乏信用、不受人尊敬、多次违法犯罪屡教不改、长期卧病在床或在外工作的人,都难以履行担保义务。

担保人的上述四个条件必须同时具备,缺一不可。为了保障行政拘留暂缓执行制度的贯彻,保证对治安案件准确、及时的处理,公安机关要认真依法审查担保人的条件。

第一百二十八条 【担保人的法律义务及法律责任】担保人应当保证被担保人不逃避行政拘留处罚的执行。

担保人不履行担保义务,致使被担保人逃避行政拘留处罚的执行的,处三千元以下罚款。

解读与适用

本条明确规定了担保人的法律义务及法律责任。

担保人的法律义务是指法律规定的担保人应该这样行为或不这样行为的限制或约束。根据本条规定,担保人的义务是"保证被担保人不逃避行政拘留处罚的执行"。

担保人的法律责任是指担保人不履行法律规定的担保义务而应承受的某种不利的法律后果。法律设定担保人的法律责任，可以督促担保人正确履行担保义务，救济因担保人违反担保义务而损害的担保法律关系，同时，也可以教育担保人和其他社会成员要正确履行法律规定的义务，否则将受到法律的制裁。本条第 2 款对于担保人的法律责任规定："担保人不履行担保义务，致使被担保人逃避行政拘留处罚的执行的，处三千元以下罚款。"该规定突出了对担保人金钱上的惩罚。根据该规定，担保人承担担保的法律责任必须符合两个条件：其一，担保人不履行担保义务，即担保人未实际保证被担保人不逃避行政拘留处罚的执行。其二，致使被担保人逃避行政拘留处罚的执行。这是担保人不履行担保义务导致的法律后果，即致使被担保人逃避行政拘留处罚的执行。

第一百二十九条　【保证金的没收】被决定给予行政拘留处罚的人交纳保证金，暂缓行政拘留或者出所后，逃避行政拘留处罚的执行的，保证金予以没收并上缴国库，已经作出的行政拘留决定仍应执行。

解读与适用

本条是关于没收保证金的规定。

保证金是被处罚人申请行政拘留暂缓执行的一种重要担保方式，其通过让被处罚人交纳一定数额的保证金来保证被处罚人在暂缓行政拘留或者出所后不逃避行政拘留处罚的执行。

被决定给予行政拘留处罚的人依法交纳保证金，行政拘留暂缓执行。但是，被决定给予行政拘留处罚的人应当遵守担保法律义务，即保证不逃避行政拘留处罚的执行。如果被处罚人在暂缓行政拘留或者出所后逃避行政拘留处罚的执行，则所交纳的保证金依法予以没收并上缴国库，而且，已经作出的行政拘留决定仍应执行。没收保证金是对不遵守担保法律义务的一种制裁，行政拘留是对其先前违反治安管理行为的处罚，因此，没收保证金不能替代行政拘留，已经作出的行政拘留决定仍应执行。没收保证金是公安机关代表国家行使的一种权力，是对被处罚人所交纳的保证金财产权的剥夺，即该部分财产所有权由被处罚人转移到国家。所以,任何人对没收的保证金都不能截留或私分,都要依法上缴国库。

> **第一百三十条 【保证金的退还】**行政拘留的处罚决定被撤销,行政拘留处罚开始执行,或者出所后继续执行的,公安机关收取的保证金应当及时退还交纳人。

解读与适用

本条是对保证金退还的规定。

保证金存在的目的是保证被担保人在行政拘留暂缓执行期间或者出所后保证不逃避行政拘留处罚的执行。如果行政拘留的处罚决定被撤销,行政拘留处罚开始执行,或者出所后回所继续执行,保证金便失去了继续发挥担保作用的前提而转化为被处罚人的一般合法财产,因此,公安机关收取的保证金应当及时退还交纳人。根据本条规定,公安机关退还保证金的法定情形有三种:

(一)行政拘留的处罚决定被撤销

行政拘留的处罚决定是一种具体行政行为,被处罚人不服,可以依法申请行政复议或者提起行政诉讼,由行政复议机关或者人民法院依法对行政拘留处罚决定的合法性进行审查。如果,行政复议机关或者人民法院认为被处罚人的主张成立,将依法撤销行政拘留的处罚决定,行政拘留的处罚决定便失去了法律效力,当然不予以执行,保证金也就没有收取的必要,应当及时退还交纳人。

(二)行政拘留处罚开始执行

如果行政复议机关或者人民法院依法对行政拘留处罚决定的合法性进行审查,认为行政拘留处罚决定合法有效,被处罚人的主张不能成立,而依法作出维持的决定。此时,行政拘留暂缓执行程序因此而终止,行政拘留处罚开始执行。保证金的作用也因行政拘留暂缓执行程序的结束而归于消灭,公安机关收取的保证金也应当及时退还交纳人。

(三)出所后继续执行

被处罚人遇有参加升学考试、子女出生或近亲属病危、死亡等情形,本人或者其近亲属申请出所的,当升学考试等事宜处理完毕时,申请出所的情形已经变化，被处罚人应当回所继续执行行政拘留，此时保证金的作用也因回所继续执行而归于消灭，公安机关收取的保证金也应当及时退还交纳人。

出现上述三种情形之一，公安机关都应当将收取的保证金及时退还交纳人，解除对该财产所有权的限制，恢复交纳人对该财产完全的所有权。"及时退还"是对退还时间的规定，要求公安机关采取尽可能快的方法将收取的保证金退还交纳人，以免影响交纳人行使财产权。

第五章 执法监督

本章是对治安案件查处进行执法监督的内容,共10条,具体内容包括《治安管理处罚法》的执法原则、禁止行为、社会监督、公职人员违反治安管理、罚缴分离原则、违反治安管理的违法记录封存、同步录音录像、非法使用办案信息、行政责任和刑事责任、民事责任和国家赔偿责任等内容。本章修订变化主要包括:执法原则增加了不得"玩忽职守、滥用职权";新增公职人员治安违法需政务处分时公安机关应通报监察机关、罚款禁止返还或与经费挂钩、违反治安管理记录封存、同步录音录像设备安全运维、严禁滥用或泄露办案中获取的个人信息等条款,进一步规范执法,并与《监察法》《刑法》《公职人员政务处分法》相衔接,形成更加完整的执法监督体系。

> **第一百三十一条 【执法原则】**公安机关及其人民警察应当依法、公正、严格、高效办理治安案件,文明执法,不得徇私舞弊、玩忽职守、滥用职权。

解读与适用

本条是对办理治安案件执法原则的规定。理解本条,应当注意以下几方面:

(一)依法办理

依法办理强调公安机关及其人民警察在办理治安案件时必须遵循法律法规的规定,这是法治原则的具体体现,要求执法行为有法可依,保障公民的合法权益。其核心是职权法定、程序合法与责任法定的"三位一体",即严格遵循本法授权的范围、程序,通过规范立案审查、调查取证、法律文书制作等全流程,确保执法行为始终处于法律框架内,杜绝超越职权、滥用强制措施或违反法定程序的行为,最终实现"法无授权不可为"的权界恪守与"法律尊严—公民权利"的双向维护。

(二)公正办理

公正办理要求公安机关及其人民警察在办理治安案件时要公平、公正,不偏袒任何一方,确保案件处理结果公正合理,维护社会公平正义。其核心是法律平等适用与裁量权统一规制的制度实践,即严格遵循《治安管理处罚法》"公开、公正"等基本原则条款,通过实体规范、程序控制(如回避制度、听证权利保障)和监督机制(如法制审核、复议诉讼渠道),确保相同违法行为同等处理、不同情节差异化裁量,杜绝身份、关系等法外因素干扰,最终实现"同案同判"的实体正义与"看得见的公正"程序价值的统一。

(三)严格办理

严格办理强调公安机关及其人民警察在办理治安案件时,要严格按照法定程序和法定条件、标准进行,不得擅自降低标准,确保执法行为的严肃性和权威性。其核心是实体认定与程序规制的双重贯彻,通过规范立案标准(排除人情干预)、确保证据链条完整、落实逐级审批,确保违法行为定性准确、量罚适当,最终实现"事实清楚、证据充分、程序合法、裁量公正"的法治要求。

(四)高效办理

高效办理强调公安机关及其人民警察在办理治安案件时要讲究效率,及时查处违法行为,维护社会秩序,保障人民群众的安全感。其核心是在法定程序框架内优化执法资源配置,最终实现法律效果与社会治理时效性的平衡。

(五)文明执法

文明执法要求公安机关及其人民警察在执法过程中,要尊重当事人的人格尊严,礼貌待人,以文明的方式进行执法,体现执法的人性化。通过理性沟通、规范用语等文明方式,保障执法权威性,最终实现执法公信力提升、社会矛盾化解与法治秩序维护的三重目标。

(六)不得徇私舞弊

"徇私"是指为了私情、私利而做不合法的事;"舞弊"是用欺骗的方法做违法违纪的事情,其核心在于"因私废公"。徇私舞弊是指人民警察为贪图钱财、袒护亲友、泄愤报复或其他私情私利,在办理治安案件时,故意违背事实和法律,通过欺骗等手段实施违法违纪行为,利用职权便利为个人或他人谋取私利,影响执法行为的纯洁性。例如:对应当立案的不予立案,或对不应当立案的案件进行立案处理;故意减轻或加重对违法人员的处罚,以达到袒护或报复的目的;故意隐瞒真相、伪造证据、篡改案件事实等,以达到袒护特定人员或谋取私利的目的;等等。

(七)不得玩忽职守

要求公安机关及其人民警察要认真履行职责,不得疏于职守,防止工作失误导致不良后果。玩忽职守表现为不履行或不正确履行职责,如未及时出警、未按规定采取措施制止违法犯罪行为、未对现场进行有效管控等等。公安机关既对执法过错有严格的监督和责任追究机制,又注重保护人民警察依法履职,避免非主观故意导致的责任追究。人民警察的履职行为不仅是个人职责,更是维护社会秩序和法律尊严的重要体现。玩忽职守不仅会损害公民的合法权益,还会削弱社会对法律的信任。

(八)不得滥用职权

强调公安机关及其人民警察在办理治安案件时,要合理行使职权,不得超越法定权限,防止权力滥用。滥用职权是指人民警察超越职权范围,违法决定或处理无权决定的事项,或者违反规定处理公务,致使公共财产、国家和人民利益遭受重大损失。具体表现为超越职权擅自处理案件、玩弄职权随心所欲作出决定、故意不履行职责、以权谋私等。

综上所述,本条规定体现了我国法治原则和对公安机关及其人民警察办理治安案件的基本要求,旨在保障人民群众的合法权益,维护社会公平正义,促进社会和谐稳定。

案例与评析

【案例】 因当地基础设施建设项目推进,甲先生在某市的房屋被纳入征收范围。但在拆迁安置补偿问题上,甲先生与拆迁方始终未能达成一致意见。此后,拆迁方频繁上门,对甲先生进行言语威胁,甚至做出一些过激举动,让甲先生的生活陷入极大困扰。

某一天,甲先生像往常一样出门买菜。当他拎着菜刚走到自家门口时,突然从旁边蹿出几个陌生男子将他团团围住。甲先生还没来得及反应,其中一名男子便恶狠狠地说道:"你就是甲先生吧,今天你必须在拆迁协议上签字,不然有你好受的!"甲先生惊恐又愤怒地回应:"你们凭什么强迫我,这是违法的!"话还没说完,为首的男子抬手就是一拳,重重地打在甲先生的脸上。甲先生一个踉跄,摔倒在地。紧接着,这群人一拥而上,对甲先生拳打脚踢。甲先生只能用手臂护住头部,在地上痛苦地挣扎。即便如此,这群人仍未停手,一边殴打一边不断催促甲先生签字。原来,这些人是拆迁方雇来逼迫甲先生就范的。面对这突如其来的暴力殴打,甲先生又惊又疼,趁着对方稍作停歇的间隙,他艰难地掏出手机,拨打了报警电话,满心期望警方能迅速赶来,制止这场暴行,维护自己的合法权益。

然而,令人失望的是,派出所在接到报警后,并未在规定的 24 小时内对涉事双方展开询问和调查。案件受理后的近 8 个月时间里,尽管甲先生多次催促,派出所却一直未能在法律规定的期限内办结此案,始终没有给出一个合理的处理结果。甲先生起诉到法院,法院判决确认派出所未依法履行法定职责的行为违法,并责令其在法定期限内对甲先生的查处申请作出处理决定。

【评析】从执法程序的角度审视,派出所的行为严重违反了法定流程。根据《治安管理处罚法》的明确规定,当公安机关接到公民人身遭受侵犯的报警时,有责任和义务迅速展开调查处理。办理治安案件的期限一般不得超过 30 日;若案件情况重大、复杂,经上一级公安机关批准,可延长 30 日。期限延长以二次为限。公安派出所办理的案件需要延长期限的,由所属公安机关批准。为了查明案情进行鉴定的期间、听证的期间,不计入办理治安案件的期限。

但在此案中,派出所既未在规定的时间内对案件展开调查,也未能在法定时限内完成案件处理,这无疑是典型的执法慢作为,更是玩忽职守的表现。这种行为不仅直接侵害了甲先生的合法权益,使其在遭受人身损伤后无法及时获得公正的处理结果,还削弱了公安机关在公众心中的公信力,损害了执法部门的形象。若警方的不作为导致甲先生伤情恶化,或殴打者逃脱法律制裁,涉事人民警察可能需承担相应的刑事责任。

最终,法院经过审理,判决确认派出所未依法履行职责的行为违法,并责令其限期对案件作出处理。这一判决结果充分体现了法律对执法规范性的严格要求,也为执法部门敲响了警钟。执法部门必须时刻牢记依法依规办事,确保执法过程公正、高效,切实维护法律的尊严和公民的合法权益,只有这样,才能赢得公众的信任和支持。

> **第一百三十二条 【禁止行为】**公安机关及其人民警察办理治安案件，禁止对违反治安管理行为人打骂、虐待或者侮辱。

解读与适用

本条是对公安机关及其人民警察办理治安案件禁止出现的行为的规定。理解本条，应当注意以下几方面：

这一规定，是对公安机关执法行为的严格约束。从学理角度看，其核心在于保障违反治安管理行为人的基本权利。打骂行为，涵盖了对行为人身体上的暴力侵害，无论是拳打脚踢还是使用器械殴打，都严重违背了执法的正当性与合法性原则。虐待行为则更为宽泛，指殴打以外的，能够对被监管人肉体或精神进行摧残或折磨的一切方法，如罚趴、罚跑、罚晒、罚冻、罚饿，不让睡觉，不给水喝等手段，这些行为侵犯了行为人的人格尊严与身体完整性。侮辱行为主要针对行为人的名誉与尊严，通过言语辱骂、当众羞辱等方式，损害行为人在社会公众中的形象与声誉。该条款旨在确保公安机关在执法过程中严格遵循法治原则，以合法、公正、文明的方式办理治安案件，不能凭借公权力对相对人实施任何形式的暴力或不人道行为。

法律之所以如此规定，是因为此类行为有以下危害：首先，此类行为损害执法公信力。若公安机关及其人民警察违反此规定，对违反治安管理行为人实施打骂、虐待或者侮辱行为，会使公众对执法机关产生不信任感。公众眼中的执法者本应是公平正义的守护者，一旦出现此类行为，会严重破坏执法机关在公众心中的形象，降低执法公信力，导致公众对法律权威的质疑，进而影响整个法治社会的建设进程。其次，此类行为激化社会矛盾。这种行为会使违反治安管理行为人及其家属对执法机关产生强烈的不满与怨恨情绪，原本可能只是简单的治安纠纷，因执法人员的不当行为，可能引发更大规模的社会矛盾。行为人可能会采取极端方式进行反抗，或者在社会上传播负面信息，误导公众舆论，造成社会不稳定因素的增加。最后，此类行为破坏法治秩序。执法人员的此类行为是对法治原则的公然践踏，破坏了法律面前人人平等的基本准则。法治社会要求所有行为都应在法律框架内进行，包括执法行为。若执法者不遵守法律规定，肆意侵犯他人权利，会给社会传递错误信号，削弱整个社会对法律的敬畏之心，扰乱正常的法治秩序。

公安机关及其人民警察在办理治安案件中出现法律禁止行为,应当承担以下法律后果:

1. 行政处分

依据《公安机关人民警察纪律条令》第11条规定,对于实施虐待违反治安管理行为人行为的人民警察,公安机关将视情节轻重给予相应的行政处分。一般情况下,给予记过或者记大过处分;情节较重的,给予降级或者撤职处分;情节严重的,给予开除处分。通过行政处分,对违法违纪的人民警察进行惩戒,以维护公安队伍的纪律性与纯洁性。

2. 国家赔偿责任

若人民警察的打骂、虐待或侮辱行为给违反治安管理行为人造成身体伤害或精神损害,行为人有权依据《国家赔偿法》第34条第1项、第35条规定,向民警所在的公安机关申请国家赔偿。公安机关作为赔偿义务机关,需对行为人因身体伤害产生的医疗费用、护理费、误工损失等进行赔偿,若造成精神损害,应当在侵权行为影响的范围内,为受害人消除影响,恢复名誉,赔礼道歉;造成严重后果的,应当支付相应的精神损害抚慰金。

3. 刑事责任

若人民警察的行为情节恶劣,造成严重后果,如导致违反治安管理行为人重伤、死亡等,根据《刑法》相关规定,可能构成故意伤害罪、故意杀人、虐待被监管人罪等。一旦罪名成立,涉事人民警察将面临刑事处罚,可能被判处有期徒刑、拘役等刑罚,以彰显法律对严重违法行为的严厉制裁,维护法律的权威性与公正性。

案例与评析

【案例】在某地,派出所民警接到一起治安纠纷报警后赶到现场,发现两名当事人因摊位占地问题发生争执。民警在询问情况过程中,一方当事人情绪激动,对询问表现出不耐烦并稍有抗拒。其中一名民警随即失去耐心,对该当事人进行了推搡,甚至挥拳打了对方肩部一下,所幸没有致伤。后续调查还发现,该民警在执法过程中,使用了"你这种刁民就该好好教训"等侮辱性语言,侵害了当事人的人格尊严。

【评析】该民警违反《治安管理处罚法》规定,因为该民警的打骂、侮辱行为,直接违反了《治安管理处罚法》中"公安机关及其人民警察办理治安案件,禁止对违反治安管理行为人打骂、虐待或者侮辱"的规定。从行为性质看,推搡和挥拳属于打骂行为,侵犯了当事人的身体权;使用侮辱性语言则构成对当事人的侮辱,损害了其名誉与尊严。

该民警行为的社会危害性主要表现在以下几点:一是损害执法公信力。这一事件经当事人及周边群众传播后,在当地引起轩然大波,公众对该派出所的执法公正性产生怀疑,破坏了公安机关在公众心中的形象,降低了执法公信力,使公众对法律权威的信任度打了折扣。二是激化社会矛盾。当事人及其家属对民警的行为较为愤怒,民警的不当执法,导致当事人一方对执法机关产生怨恨,使得矛盾有激化升级的风险。

该案件的法律后果为该民警受到行政处分。依据《公安机关人民警察纪律条令》的规定,该民警的行为属于严重违纪。根据其行为情节,最终被给予记大过处分,以此维护公安队伍的纪律和形象。

> **第一百三十三条 【社会监督】**公安机关及其人民警察办理治安案件,应当自觉接受社会和公民的监督。
>
> 公安机关及其人民警察办理治安案件,不严格执法或者有违法违纪行为的,任何单位和个人都有权向公安机关或者人民检察院、监察机关检举、控告;收到检举、控告的机关,应当依据职责及时处理。

解读与适用

本条是对公安机关及其人民警察办理治安案件接受监督的规定。理解本条,应当注意以下几方面:

(一)监督义务

监督义务的明确规定,强调公安机关及其人民警察在办理治安案件时,应当依法主动接受社会和公民监督。这体现了执法过程的公开性和透明性要求,将执法活动置于社会公众的监督之下,督促公安机关及其人民警察规范执法行为,确保权力在阳光下运行。

(二)检举控告权利

检举控告权利,赋予任何单位和个人对公安机关及其人民警察在办理治安案件中不严格执法或违法违纪行为的检举、控告权。这是对公民监督权的具体落实,既拓宽了监督渠道,使社会监督有了明确的法律依据和保障,又强化了对执法行为的外部约束。

(三)处理职责

处理职责规定收到检举、控告的公安机关、人民检察院、监察机关应当依据职责及时处理。该规定厘清了各机关在监督体系中的角色和责任,要求其各司其职,依法对检举、控告进行及时有效的审查和处置,从而确保监督机制的有效运转,避免出现监督真空或互相推诿的情况。

(四)适用范围

1. 主体范围

适用于所有办理治安案件的公安机关及其人民警察,包括各级公安机关及其派出机构,以及在其中履行治安案件办理职责的人民警察。

2. 行为范围

涵盖了公安机关及其人民警察办理治安案件的全过程,从案件的受理、调查、取证、作出决定到执行等各个环节,只要在这些过程中存在不严格执法或者违法违纪行为,都属于本条文的适用范畴。不严格执法包括对事实认定不清、证据收集不规范、适用法律错误、程序违法等;违法违纪行为则包括贪污受贿、徇私舞弊、滥用职权、玩忽职守等。

(五)具体应用

1. 监督的实施

社会和公民可以通过多种方式对公安机关及其人民警察办理治安案件进行监督,如现场监督执法过程、对执法行为提出质疑、要求出示执法证件和相关法律依据等。同时,也可以通过写信、打电话、电子邮件等方式向有关机关反映问题。

2. 检举控告的实施

当单位或个人发现公安机关及其人民警察存在问题时,可根据具体情况选择向公安机关的督察部门、上级机关,或者人民检察院、监察机关进行检举、控告。检举、控告时应尽量提供详细的信息,包括案件情况、违法违纪行为的具体表现、涉及的人员和时间地点等,以便有关机关进行调查核实。

3. 职能机关的处理

收到检举、控告的机关要按照各自的职责范围和法定程序及时处理。公安机关内部的督察等部门要对涉及本机关及其人民警察的履职、纪律问题进行调查,根据情节轻重作出相应的处理,如停止执行职务、禁闭等;人民检察院对于涉嫌职务犯罪等问题要依法进行立案侦查;监察机关对公职人员的职务违法、犯罪行为进行调查处置,根据调查结果作出谈话提醒、诫勉、政务处分、问责等决定或移交检察院、对监察对象所在单位提出监察建议等处置。处理结果要及时反馈给检举、控告人,保障其知情权。

在实际应用中,要加强对这一条文的宣传和教育,提高社会公众对自身监督权利的认识和运用能力,同时也要加强对公安机关及其人民警察的培训,使其明确接受监督的义务和要求,确保执法活动的公正、规范、廉洁。

案例与评析

【案例】 某日,外省来某县经营饭馆的甲某遭醉酒食客乙某寻衅。乙某用桌子开啤酒瓶,甲某拿启瓶器劝阻,乙某却摔瓶、辱骂并殴打甲某,甲某先隐忍,后在连续被攻击的前提下反击,随后甲某报警。民警调查认定,甲某用啤酒瓶打伤乙某头部致轻微伤,其殴打他人违法行为成立。县公安局依相关法规对甲某行政拘留5日、罚款200元,对乙某行政拘留6日。

甲某不服,提起行政诉讼,一审、二审及向省高级人民法院申请再审均被驳回。再审裁定后,甲某向检察机关申请监督。省、市、县三级检察院办案组经调查,发现乙某先动手,甲某有隐忍,其反击是在连续被攻击的前提下所为,且乙某伤口与暖气片形态更吻合,甲某全程处于弱势。公安机关认为甲某主动攻击,不构成正当防卫,而检察机关咨询专家后认为,此前未充分考量甲某是否构成正当防卫,属认定事实不清。省检察院遂向省高级人民法院抗诉。最终,省高级人民法院再审认定甲某反击属制止违法侵害,采纳抗诉意见,撤销原判决与行政处罚决定,彰显司法公正。

【评析】 在这起案件中,公安机关及其人民警察办理治安案件接受社会监督的规定得到了充分体现。

从案件经过来看,公安机关最初对案件的处理存在争议。民警出警调查后,认定甲某殴打他人的违法行为成立,并对其作出行政拘留5日、罚款200元的处罚,这一处理结果引发甲某强烈不满。甲某随后通过行政诉讼等法律途径进行维权,这是公民对公安机关执法行为进行监督的具体表现。甲某认为公安机关办理治安案件时未准确认定事实,处罚决定有误,这反映出公民对执法公正性的关注与监督意识。

当甲某历经一审、二审及再审均未得到满意结果后,向检察机关申请监督。这一过程完全符合"任何单位和个人都有权向公安机关或者人民检察院、监察机关检举、控告"的规定。省、市、县三级检察院组成办案组,深入调查案件,调取案卷材料、听取各方意见、查看现场监控录像等,体现了检察机关依据职责对公民检举控告的及时处理。

检察机关在调查中发现,公安机关未对甲某是否构成正当防卫进行调查,且一审、二审、再审法院亦未认真考量甲某是否构成正当防卫,属认定事实不清。甲某的行为符合正当防卫的起因、时间、意图、对象、限度等条件,应当认定为正当防卫。

综合案件事实、调查情况,检察机关认为本案的事情经过相对清晰,冲突的直接原因是乙某酒后寻衅滋事,率先发动攻击行为,甲某为了免受乙某正在进行的不法侵害而随手拿起身边物品进行反击。从公安机关到三级法院都没有支持甲某的诉求,根本原因在于陈旧的办案理念及办案的惯性思维,即在双方发生冲突时,只要对方还手就认定为"互殴"。

最终,省人民检察院向省高级人民法院提出抗诉,省高级人民法院再审改判,撤销原判决与原行政处罚决定。这一结果彰显了社会监督机制的有效性,公民通过合法途径表达诉求,检察机关依法履行监督职责,促使司法机关纠正错误,保障了公民的合法权益,也让正当防卫制度在治安管理处罚领域得以正确适用,维护了司法公正。整个过程充分体现了社会监督对规范公安机关执法行为、保障公民权利的重要作用。

第一百三十四条 【公职人员违反治安管理】公安机关作出治安管理处罚决定,发现被处罚人是公职人员,依照《中华人民共和国公职人员政务处分法》的规定需要给予政务处分的,应当依照有关规定及时通报监察机关等有关单位。

解读与适用

本条确立了公安机关与监察机关对公职人员违法行为处理的衔接机制,明确要求公安机关在治安管理处罚过程中,如发现被处罚公职人员的行为同时构成政务处分事由时,必须将案件情况通报监察机关等相关部门,确保违法公职人员受到应有的纪律处分。具体从以下几个方面解读:

(一)适用对象

本规定适用对象为公职人员,依照《公职人员政务处分法》第2条第3款规定,公职人员是指《监察法》第15条规定的人员:(1)中国共产党机关、人民代表大会及其常务委员会机关、人民政府、监察委员会、人民法院、人民检察院、中国人民政治协商会议各级委员会机关、民主党派机关和工商业联合会机关的公务员,以及参照《公务员法》管理的人员;(2)法律、法规授权或者受国家机关依法委托管理公共事务的组织中从事公务的人员;(3)国有企业管理人员;(4)公办的教育、科研、文化、医疗卫生、体育等单位中从事管理的人员;(5)基层群众性自治组织中从事管理的人员;(6)其他依法履行公职的人员。

(二)适用条件

本条规定了公安机关通报监察机关等单位的适用条件,是依照《公职人员政务处分法》的规定需要给予政务处分。这意味着公职人员的违反治安管理行为必须同时满足《公职人员政务处分法》第三章"违法行为及其适用的政务处分"中列举的处分情形才会被通报。该章节从第28条至第41条详细列出了各类应受政务处分的行为,包括散布有损国家声誉的言论(第28条)、违反民主集中制原则(第30条)、违反规定出境(第31条)、参与赌博、拒不承担赡养、抚养、扶养义务,以及实施家庭暴力、虐待、遗弃家庭成员(第40条)等。若公职人员的治安违法行为(如《公职人员政务处分法》第32条第4项、第40条所述)同时构成上述需政务处分的行为,则触发通报机制。需要注意的是,并非所有治安违法行为都会导致政务处分,需评估行为性质是否属于《公职人员政务处分法》第28条至第41条规定的公职人员违法行为范畴。例如,一般治安违法行为(如饲养动物干扰他人正常生活)可能仅需治安处罚,而不属于政务处分范畴。

(三)通报机制

本条规定公安机关应当依照有关规定及时通报监察机关等有关单位。这需要从以下几方面解读:一是通报义务为公安机关的法定义务,是强制性规定,公安机关无自由裁量空间。二是通报对象主要为"监察机关等有关单位"。根据《公职人员政务处分法》第3条规定,监察机关对公职人员有政务处分权,任免机关、单位对公职人员有处分权。除监察机关以外，法条中的"等有关单位"还包括被处罚人的任免机关、单位。三是结合《监察法》的时效要求，通常在治安处罚决定作出后合理期限内通报，以防止证据灭失或时效届满。四是通报内容可以包括处罚决定书、违法事实证据材料等，使监察机关能全面评估是否需要政务处分。

综上所述，这一规定体现了公职人员作为行使公权力的特殊群体，除遵守一般法律外，还需履行更高标准的廉洁、勤勉义务。《监察法》确立了对所有行使公权力的公职人员监督全覆盖原则。本条是实现监察无死角的重要程序保障，防止公职人员逃避纪律责任。通报机制确保纪律处分与行政处罚协同发力，实现综合整治效果。通过通报机制，加强公职人员行为监督，构建多部门协同监管体系，提升治理效能。严格处理公职人员违法行为，增强法律意识与廉洁意识，维护队伍廉洁性。本条规定体现依法治国原则，保障公职人员依法行使权力，维护法制严肃性与权威性。

案例与评析

【案例】某甲，某市环境保护局副处级干部，在工作出差期间参与了嫖娼活动。当地公安机关在一次突击检查中将其抓获，并确认了其公职人员身份。公安机关依据相关法律规定，对某甲进行了治安管理处罚，并在处罚决定作出后，立即向监察机关通报了情况。

【评析】

首先，某甲作为某市环境保护局的副处级干部，属于公职人员的范畴。其嫖娼行为违反了《治安管理处罚法》，因此，本案例中的处理机制适用于某甲的情况。

其次，公安机关在处理某甲的嫖娼案件时，发现其公职人员身份后，及时启动了通报机制。这一做法符合关于对公职人员违法行为进行通报的要求，确保了监察机关迅速掌握情况，采取相应措施。虽然某甲的嫖娼行为本身不直接涉及职务违法或犯罪，但如果有证据显示某甲利用职务之便进行嫖娼，如使用公款支付嫖娼费用，则公安机关应将相关线索移送给监察机关，以便进一步调查其是否涉嫌职务犯罪。

最后，公安机关的通报行为，使监察机关能够对某甲的违法行为进行有效监督,体现了对公职人员违法行为的严格监管。某甲的嫖娼行为被查处并通报,对其他公职人员起到了警示作用,有助于提升公职人员队伍的廉洁自律意识。本案例的处理过程遵循了法律规定,展现了我国法治的严肃性和权威性,对维护社会道德风尚和法治环境具有重要作用。某甲的行为不仅违反了法律,也损害了公职人员的形象,对社会风气产生了负面影响。对某甲的依法处理,向社会传递了法治和廉洁的正能量,有助于恢复公众对公职人员的信任。

综上所述,某甲嫖娼案例的处理,不仅体现了对公职人员违法行为的严格监管,也展现了我国法律体系的执行力和对公职人员队伍管理的决心。

> **第一百三十五条 【罚缴分离原则】**公安机关依法实施罚款处罚,应当依照有关法律、行政法规的规定,实行罚款决定与罚款收缴分离;收缴的罚款应当全部上缴国库,不得返还、变相返还,不得与经费保障挂钩。

解读与适用

本条涉及公安机关在实施罚款处罚时的法律原则,即罚缴分离原则。理解本条,应当注意以下几方面:

(一)目的

罚缴分离旨在防止公安机关在罚款过程中出现利益关联和不规范行为,确保罚款处罚的公正性和严肃性,避免将罚款作为部门创收手段,维护执法的廉洁性和公信力。通过将罚款的决定权与罚款的收缴权分开,减少了公安机关工作人员接触罚款的机会,从而降低了腐败和滥权的风险。

(二)罚款决定与罚款收缴分离

罚款决定与罚款收缴分离,是指作出罚款(除当场收缴小额罚款以外)决定的行政机关(公安机关)与收缴罚款的机构(银行)应当分离。

(三)上缴要求

强调公安机关收缴的罚款必须全部上缴国库,体现了罚款的国家属性,即罚款是对违法者的一种国家制裁,收缴的款项属于国家财政收入,任何单位和个人都不得截留、私分或者变相私分。

(四)禁止返还与挂钩

明确规定罚款不得返还、变相返还给公安机关,也不得与公安机关的经费保障挂钩,以杜绝公安机关因经济利益驱动而可能出现的乱罚款等不当执法行为,保证公安机关执法的公正性和客观性。

(五)法律意义

通过罚缴分离,防止行政机关直接接触罚款,减少权力滥用的风险,保护当事人的合法权益。明确罚款的处理原则,确保执法行为的合法性和公正性。罚款作为国家财政收入的一部分,全额上缴国库,用于公共事业,体现了公共利益的优先性。综上所述,这句话体现了我国治安处罚中对罚款管理的严格规范,旨在保障执法的公正性、透明性和公共利益的实现。

> **第一百三十六条 【违反治安管理的违法记录封存】**违反治安管理的记录应当予以封存,不得向任何单位和个人提供或者公开,但有关国家机关为办案需要或者有关单位根据国家规定进行查询的除外。依法进行查询的单位,应当对被封存的违法记录的情况予以保密。

解读与适用

本条是关于违反治安管理的违法记录封存制度。

这一规定标志着我国在个人权利保护与社会治理现代化方面迈出了重要一步。治安违法记录封存制度的建立并非偶然,而是有着深刻的社会背景和法治需求。近年来,我国每年查处治安案件数量巨大。国家统计局数据显示,2019年至2023年,全国公安机关查处治安案件共计4035万件,平均每年807万件。[①]这些违法记录对当事人的生活、工作产生了深远影响,许多轻微违法者因一次过失而长期背负"违法标签",在就业、就学、社会评价等方面遭受不合理的限制和歧视。

(一)制度背景

从法律沿革的角度来看,我国违法犯罪记录封存制度已经历多次迭代更新。2012年《刑事诉讼法》首次确立未成年人犯罪记录封存制度,明确规定了犯罪时不满18周岁且被判处5年有期徒刑以下刑罚的,相关记录应予以封存。2022

---

① 参见赵宏:《单位招聘,查不了"违法前科"了?》,载网易号"中国新闻周刊"2025年6月27日,https://m.163.com/dy/article/K33GSDH50514BE2Q.html。

年,最高人民法院、最高人民检察院、公安部、司法部联合发布《关于未成年人犯罪记录封存的实施办法》,进一步细化了封存程序、查询条件及法律责任,构建了较为完善的未成年人犯罪记录封存体系。2024年7月18日,党的二十届三中全会通过《中共中央关于进一步全面深化改革　推进中国式现代化的决定》,明确提出"建立轻微犯罪记录封存制度",将这一制度的适用范围扩展至成年人,这标志着我国司法改革在人权保障领域迈出了关键一步。同年12月,最高人民法院发布的《人民法院第六个五年改革纲要(2024—2028年)》将推动建立轻微犯罪记录封存制度列为重要改革任务,凸显了国家层面对该制度完善的持续推动力度,也凸显出其在促进社会包容和推动犯罪人回归社会方面的重要意义。

《治安管理处罚法》中规定的违反治安管理记录封存,正是基于此背景,为完善我国违法犯罪记录封存体系所进行的进一步优化与努力。从对未成年人的保护到轻微刑事犯罪记录的封存试点运行,再到治安违法记录的封存制度的全面落地,这一系列措施充分彰显了我国构建全面违法犯罪记录封存体系的坚定决心。

(二)基本原则及做法

本条确立了治安违法记录"整体封存、有限查询"的基本原则。

1. 整体封存

违反治安管理的整体记录应当予以封存,不得向任何单位和个人提供或者公开。封存对象包括但不限于行政处罚决定书、调查询问笔录、证据材料、执行情况记录、其他与案件相关的文书和电子数据等。根据法律规定,公安机关作为治安管理处罚的主要执行机关,承担着对违法记录进行封存的首要责任。封存制度适用于各级公安机关及其派出机构在办理治安案件过程中形成的各类材料。封存制度的核心效力体现为三个"不":"不提供",是指公安机关不得主动向任何单位或个人提供被封存的违法记录;"不公开",是指不得通过任何形式公开或披露被封存的内容;"不影响",是指在非例外情况下,不得因被封存的记录对当事人施加不利影响。

2. 有限查询

以下两种情况可以查询封存的治安违法记录:一是有关国家机关为办案需要进行查询。这体现了执法的必要性和严肃性,确保在打击犯罪和维护社会秩序时能够获取必要的信息。二是有关单位根据国家规定进行查询,主要是针对一些特殊行业或岗位，这些行业可能因安全或管理需要，对从业人员的治安记录有特定要求，如根据北京市地方标准《保安服务规范 医院》(DB11/T 2110—2023)的明确规定，从事医院保安工作的人员必须无违法犯罪记录。这是因为保安的保护对象多为病弱之躯，且其职责在于维护公共安全，因此不应由有违法犯罪记录的人员担任保安职务。目前这一规定还尚未对"有关单位"与"国家规定"作进一步解释。从字面上理解，"国家规定"的这一效力层级的文件应是法律、行政法规等国家层面的规范性文件。在一般情况下，查询的人员可以理解为从事公共安全工作的人员。

3. 保密义务

依法进行查询的单位，应当对被封存的违法记录的情况予以保密。这一规定是防止信息被滥用或泄露，从而保护被处罚人的合法权益。

(三)理论依据

1. 保障当事人权益

治安违法记录若不封存，可能会对当事人的升学、就业、生活等产生长期负面影响，使其难以融入社会。封存记录有助于保护当事人的隐私权、人格权，给予其重新开始的机会，符合现代法治保障人权的理念。

2. 过罚相当原则

治安违法行为的社会危害性相对较低，不应让当事人因较轻的治安违法而承受终身的不利后果。将治安违法记录封存，避免其被过度使用和不当关联，体现了过罚相当，防止对当事人的惩罚超出其应承担的责任范围。

3. 促进社会复归

消除治安违法记录对当事人的长期负面影响，有助于其更好地回归社会，减少社会排斥和歧视，降低再犯可能性，有利于维护社会稳定，促进社会和谐发展。

治安违法记录封存制度是此次修法的一大亮点，对于完善我国违法记录管理体系、保障公民权益等具有重要意义。

案例与评析

【案例】甲某 20 岁时因与他人在酒吧发生冲突，造成对方轻微伤。甲某被公安机关以违反《治安管理处罚法》为由，处以行政拘留 5 日的处罚。这件事之后，甲某深刻认识到自己的错误，积极改正，努力工作和生活。几年后，甲某应聘一家公司的工作岗位,该公司在招聘流程中要求应聘者提供无违法犯罪记录证明。甲某前往当地派出所开具证明时,发现自己曾经的治安违法记录赫然在列。公司收到这份证明后,以甲某有违法记录为由,拒绝录用他。甲某感到十分委屈,认为自己已经改过自新,多年前的一次治安违法不应成为他开启新生活的阻碍。

【评析】甲某的遭遇在现实生活中并不少见。以往,治安违法记录可能会跟随当事人很长时间,对其求职、生活等方面产生诸多负面影响。新修订的《治安管理处罚法》规定了治安违法记录封存制度,为甲某这样的人带来了希望。

案例中,派出所直接将甲某的治安违法记录体现在无违法犯罪记录证明中提供给公司的行为,不符合治安违法记录封存制度的规定。除非该公司属于"有关单位根据国家规定"有权查询的范畴,否则派出所不应公开甲某的治安违法记录。而该公司在获得甲某的违法记录后,也应当按照规定对其予以保密,不能仅仅因为这一记录就拒绝录用甲某,除非公司所在行业或岗位有明确的国家规定,禁止有治安违法记录的人员入职。

> 第一百三十七条 【同步录音录像】公安机关应当履行同步录音录像运行安全管理职责,完善技术措施,定期维护设施设备,保障录音录像设备运行连续、稳定、安全。

解读与适用

本条是对公安机关执法过程中的技术措施、设备完善与维护的法律要求的规定。理解本条,应当注意以下几方面:

(一)执法技术角度

同步录音录像作为现代执法过程中重要的技术手段,能够客观、真实地记录执法活动的全过程。公安机关履行同步录音录像运行安全管理职责,是确保这一技术手段发挥应有作用的基础。完善技术措施可以提升录音录像的质量和效果。比如:采用更先进的编码技术、存储技术等,确保录制的音视频清晰、完整、可长期保存;定期维护设施设备则是保证设备处于良好运行状态的必要举措,防止因设备老化、故障等影响录音录像的正常进行。

(二)证据学角度

同步录音录像资料是重要的证据来源。录音录像设备运行连续、稳定、安全,有助于保证获取证据的合法性、真实性和完整性。连续的录制能避免出现记录中断,防止被质疑存在选择性记录或故意遗漏关键内容的情况;稳定的运行可确保录制的音视频质量可靠,不会出现声音模糊、图像闪烁等问题,增强证据的证明力;安全的环境则能防止数据丢失、被篡改等风险,维护证据的原始性和可信度。

(三)权力监督与权利保障角度

本条规定体现了对公安机关执法权力的规范和监督。要求公安机关对同步录音录像运行进行安全管理,就是为了防止权力滥用,确保执法活动在公开、透明的环境下进行。同时,也是对当事人合法权益的有力保障。通过完善技术措施和定期维护设备,保证录音录像的质量和效果,使当事人在执法过程中的陈述、辩解等能够得到准确记录,在后续的诉讼等程序中能够以此为依据维护自己的权益。

(四)合法性要求角度

公安机关的执法活动必须严格遵循法定程序,同步录音录像作为执法活动的重要组成部分也不例外。履行运行安全管理职责,完善技术措施和定期维护设施设备,是保证录音录像行为合法的前提条件。只有设备运行连续、稳定、安全,所获取的录音录像资料才能作为合法证据在治安处罚的法律程序中使用。如果设备运行存在问题,导致录音录像不完整、不准确或数据丢失、被篡改等,可能会影响证据的合法性,进而影响案件的处理结果。一旦发生此类问题,人民警察将依法受到相应处分;若情节严重构成犯罪,将依法追究其刑事责任。

第一百三十八条 【非法使用办案信息】公安机关及其人民警察不得将在办理治安案件过程中获得的个人信息,依法提取、采集的相关信息、样本用于与治安管理、查处犯罪无关的用途,不得出售、提供给其他单位或者个人。

解读与适用

本条是对公安机关及其人民警察不得非法使用办案信息的规定。理解本

条,应注意以下几点:

(一)办案信息

办案信息包括以下两部分:

1. 个人信息

个人信息具有人格利益和财产利益双重属性。公民的个人信息属于隐私范畴(如身份信息、生物特征信息、行踪轨迹信息、通讯信息、其电脑手机等电子设备中的信息),关乎公民的人格尊严和生活安宁。公安机关在办理治安案件时获取的个人信息,其所有权和控制权本质上仍属于公民个人。公安机关只是基于执法目的在法定范围内暂时取得对这些信息的处理权,若将其用于非治安管理和打击犯罪目的,就是对公民个人信息自决权的侵犯,违背了个人信息保护的基本理念。

2. 依法提取、采集的相关信息、样本

依法提取、采集的相关信息、样本,是指除个人信息以外的其他信息、样本,其范围广泛,旨在辅助案件调查与处理,如案件现场环境信息、物品相关信息、事件发生时间线信息、在场证人的证言信息、过往类似案件信息等等。

(二)用途限制

本条清晰地界定了公安机关在处理办案中获取的办案信息时的行为边界,即仅能用于与治安管理、打击犯罪有关的用途,如调查案件、维护公共安全等法定职责范围内。禁止将信息用于商业活动、个人牟利或其他非警务目的。无论是否获利,均不得向其他单位或个人提供办案中获取的个人信息,不得用于与治安管理、办理案件无关的用途。这一规定体现了对个人信息的严格保护:国家机关处理个人信息应当依照法律、行政法规规定的权限、程序进行,不得超出履行法定职责所必需的范围和限度。《个人信息保护法》第6条第2款明确规定:"收集个人信息,应当限于实现处理目的的最小范围,不得过度收集个人信息。"这要求公安机关在采集、使用个人信息时遵循"最小必要原则",确保信息处理的合法性与合理性,这是法治社会的基本要求。如果公安机关可以随意使用在办案过程中获取的信息或过度收集个人信息,就可能导致权力滥用,破坏权力运行的合法性和正当性。将信息收集与使用限定在治安管理和打击犯罪范围内,是对公安机关权力的一种限制,确保其权力行使不超出维护社会秩序和保障公共安全的必要限度,维护社会的公平正义和法治秩序。社会秩序的构建依赖于公民对国家机关的信任。公安机关作为维护社会秩序的重要力量,只有严格保护公民在办案过程中提供的个人信息,才能赢得公民的信任和支持。反之,若公民个人信息随意被泄露或滥用,会引发社会公众对公安机关的不信任,破坏社会的和谐与稳定,影响整个社会秩序的构建和维护。

(三)法律责任

人民警察将办案中获得的个人信息用于非法用途或出售、提供给他人的,依法给予行政处分;构成犯罪的,依法追究刑事责任。这明确了违反本条规定的法律后果。通过法律责任的设定对公安机关及其人民警察形成威慑,促使其严格遵守规定,保护公民个人信息安全。本条规定通过法律约束和责任追究机制,确保公安机关在履行职责过程中合法、审慎地处理个人信息,平衡公共安全与公民隐私保护的双重需求。

案例与评析

【案例】某市一辅警甲某非法查询并向他人提供报警人手机号码信息,导致报警人与被报警人双方发生激烈冲突,一人重伤。某市A区人民法院对此案依法作出判决,被告人甲某犯侵犯公民个人信息罪,判处有期徒刑1年,并处罚金3000元。

【评析】本案中,甲某的行为严重违反了相关规定,造成了极其恶劣的后果。

从法律规定来看,甲某作为辅警,在参与治安案件处理过程中获取了报警人的手机号码信息,这本应仅用于案件的正常办理,服务于治安管理和打击犯罪的目的。但他却将该信息非法提供给他人,其行为明显背离了本条规定的要求。

从违法后果来看,甲某的行为带来了严重的现实危害。报警人出于维护自身权益或协助警方维护治安的目的拨打报警电话,其个人信息应受到严格保护。而甲某非法提供报警人手机号码信息,致使报警人与被报警人双方发生激烈冲突,甚至造成一人重伤的严重后果。这不仅对报警人的人身安全造成了直接威胁,也破坏了公众对公安机关信息保护机制的信任。

从司法判决结果来看,某市A区人民法院判处甲某有期徒刑1年,并处罚金3000元,体现了法律对这种违法行为的严肃惩处。该判决不仅是对甲某个人的惩戒,更是对整个公安队伍及相关人员的警示,强调了严格遵守个人信息保护规定的重要性。只有严格落实相关规定,才能保障公民的合法权益,维护社会治安秩序的稳定,确保公安机关在公众心中的公信力,让公众放心地配合公安机关的各项工作,共同营造安全有序的社会环境。

> **第一百三十九条　【行政责任和刑事责任】**人民警察办理治安案件,有下列行为之一的,依法给予处分;构成犯罪的,依法追究刑事责任:
> (一)刑讯逼供、体罚、打骂、虐待、侮辱他人的;
> (二)超过询问查证的时间限制人身自由的;
> (三)不执行罚款决定与罚款收缴分离制度或者不按规定将罚没的财物上缴国库或者依法处理的;
> (四)私分、侵占、挪用、故意损毁所收缴、追缴、扣押的财物的;
> (五)违反规定使用或者不及时返还被侵害人财物的;
> (六)违反规定不及时退还保证金的;
> (七)利用职务上的便利收受他人财物或者谋取其他利益的;
> (八)当场收缴罚款不出具专用票据或者不如实填写罚款数额的;
> (九)接到要求制止违反治安管理行为的报警后,不及时出警的;
> (十)在查处违反治安管理活动时,为违法犯罪行为人通风报信的;
> (十一)泄露办理治安案件过程中的工作秘密或者其他依法应当保密的信息的;
> (十二)将在办理治安案件过程中获得的个人信息,依法提取、采集的相关信息、样本用于与治安管理、查处犯罪无关的用途,或者出售、提供给其他单位或者个人的;
> (十三)剪接、删改、损毁、丢失办理治安案件的同步录音录像资料的;
> (十四)有徇私舞弊、玩忽职守、滥用职权,不依法履行法定职责的其他情形的。
> 办理治安案件的公安机关有前款所列行为的,对负有责任的领导人员和直接责任人员,依法给予处分。

解读与适用

本条是对人民警察个人违反规定应当承担的行政责任和刑事责任,以及公

安机关违反规定应当承担的行政责任的规定。理解本条,应当注意以下几方面:

(一)目的

本条全方位规范了公安机关及其人民警察办理治安案件的行为,明确了违法及犯罪情形下的责任追究,对维护治安管理秩序与保障公民权益意义重大。这是贯彻"权力与责任对等(平衡)"原则的体现:既要赋予公安机关及其人民警察履行治安管理处罚职责所必须的权力,又要对其行使权力进行严格的规范与监督。

(二)行政处分与刑事责任

依照本条规定,人民警察在办理治安案件时,有本条列举的14种违法行为之一的,依法给予处分;构成犯罪的,依法追究刑事责任。行政处分,是指国家行政机关基于行政隶属关系,依照人事管理法律法规、组织管理规章制度,对本机关有违法失职行为的国家机关公务人员给予的处罚决定,包括警告、记过、记大过、降级、撤职、开除等,旨在严肃纪律,保障行政机关正常履职与公信力。依据《人民警察法》第48条第2款规定,对人民警察的行政处分为:警告、记过、记大过、降级、撤职、开除。对受行政处分的人民警察,按照国家有关规定,可以降低警衔、取消警衔。刑事责任,是指行为人受刑事处罚,即被人民法院判处刑罚。根据《刑法》第32条规定,刑罚分为主刑和附加刑。该法第33条规定:"主刑的种类如下:(一)管制;(二)拘役;(三)有期徒刑;(四)无期徒刑;(五)死刑。"

(三)分项解读

1. 刑讯逼供、体罚、打骂、虐待、侮辱他人的

由于本法前文已经解释了虐待、体罚的概念,本处不再赘述。刑讯逼供,是指办案人员亲自或指使他人使用肉刑或变相肉刑,逼取违反治安管理行为人陈述的行为。体罚,是指通过击打、捆绑、冻饿等方式,对他人身体施加痛苦,以实现惩罚、逼供等目的,且损害他人身心健康的行为。《人民警察法》第22条、第48条规定人民警察不得有刑讯逼供或者体罚、虐待人犯、殴打他人或者唆使他人打人等行为,违者给予行政处分;构成犯罪的,依法追究刑事责任。根据《刑法》第247条规定,司法工作人员犯刑讯逼供罪的,处3年以下有期徒刑或者拘役。致人伤残、死亡的,依照《刑法》第234条、第232条规定的故意伤害罪、故意杀人罪的规定定罪从重处罚。根据《刑法》第248条规定,拘留所等监管机构的监管人员对被监管人进行殴打或者体罚虐待,情节严重的,处3年以下有期徒刑

或者拘役;情节特别严重的,处3年以上10年以下有期徒刑。致人伤残、死亡的,依照《刑法》第234条、第232条的规定按故意伤害罪、故意杀人罪定罪从重处罚。监管人员指使被监管人殴打或者体罚虐待其他被监管人的,依照前款的规定处罚。"打骂"是指以殴打、辱骂等暴力或言语侮辱手段,对他人身体或精神造成痛苦或羞辱的行为。打骂与"体罚"的区别在于体罚更强调以惩罚为目的的暴力(如长时间罚站),而"打骂"直接针对身体或人格尊严。打骂与"侮辱"的区别在于侮辱侧重精神损害(如公开羞辱),而"打骂"通常兼具身体伤害与言语侮辱。

2.超过询问查证的时间限制人身自由的

根据本法第97条第1款规定,对违反治安管理行为人,公安机关传唤后应当及时询问查证,询问查证的时间不得超过8小时;涉案人数众多、违反治安管理行为人身份不明的,询问查证的时间不得超过12小时;情况复杂,依照本法规定可能适用行政拘留处罚的,询问查证的时间不得超过24小时。因此,公安机关应当及时进行询问查证,对法定时间届满且未采取强制措施的,应当允许违反治安管理行为人自由离开公安机关。《人民警察法》第22条、第48条规定:人民警察不得非法剥夺、限制他人人身自由,非法搜查他人的身体、物品、住所或者场所,违者给予行政处分;构成犯罪的,依法追究刑事责任。根据《刑法》第238条规定,非法拘禁他人或者以其他方法非法剥夺他人人身自由的,处3年以下有期徒刑、拘役、管制或者剥夺政治权利。具有殴打、侮辱情节的,从重处罚。犯前款罪,致人重伤的,处3年以上10年以下有期徒刑;致人死亡的,处10年以上有期徒刑。使用暴力致人伤残、死亡的,依照《刑法》第234条、第232条的规定定罪处罚。为索取债务非法扣押、拘禁他人的,依照前两款的规定处罚。国家机关工作人员利用职权犯前三款罪的,依照前三款的规定从重处罚。

3.不执行罚款决定与罚款收缴分离制度或者不按规定将罚没的财物上缴国库或者依法处理的

这主要包括以下几种情况:一是不执行罚款决定;二是不执行罚款收缴分离制度;三是不按规定将罚没的财物上缴国库或者依法处理。根据本法第11条第2款规定,违反治安管理所得的财物,追缴退还被侵害人;没有被侵害人的,登记造册,公开拍卖或者按照国家有关规定处理,所得款项上缴国库。需要注意的是,在实际执法中,对于不执行罚款决定与罚款收缴分离制度,或者不按规定处理罚没财物的行为,首先可能依据《治安管理处罚法》《行政处罚法》等相关法律法规给予行政处分;只有当行为达到《刑法》规定的犯罪构成要件时,才会被追究刑事责任。若相关人员违反规定,擅自挪用、自行处理应上缴国库的罚没财物,情节严重的,可能会以其他相关罪名论处,比如挪用公款罪、私分罚没财产罪。

4. 私分、侵占、挪用、故意损毁所收缴、追缴、扣押的财物的

根据《公务员法》第59条规定,公务员应当遵纪守法,不得滥用职权,侵害公民、法人或者其他组织的合法权益。违者给予行政处分;构成犯罪的,依法追究刑事责任。私分、侵占、挪用、故意损毁所收缴、追缴、扣押的财物,就是滥用职权,侵害公民、法人或者其他组织的合法权益。根据《刑法》第382条、第383条、第384条规定,国家工作人员利用职务上的便利,侵吞、窃取、骗取或者以其他手段非法占有公共财物的,是贪污罪。对犯贪污罪的,根据情节轻重,分别依照下列规定处罚:(1)贪污数额较大或者有其他较重情节的,处3年以下有期徒刑或者拘役,并处罚金。(2)贪污数额巨大或者有其他严重情节的,处3年以上10年以下有期徒刑,并处罚金或者没收财产。(3)贪污数额特别巨大或者有其他特别严重情节的,处10年以上有期徒刑或者无期徒刑,并处罚金或者没收财产;数额特别巨大,并使国家和人民利益遭受特别重大损失的,处无期徒刑或者死刑,并处没收财产。对多次贪污未经处理的,按照累计贪污数额处罚。犯第1款罪,在提起公诉前如实供述自己罪行、真诚悔罪、积极退赃,避免、减少损害结果的发生,有第1项规定情形的,可以从轻、减轻或者免除处罚;有第2项、第3项规定情形的,可以从轻处罚。犯第1款罪,有第3项规定情形被判处死刑缓期执行的,人民法院根据犯罪情节等情况可以同时决定在其死刑缓期执行2年期满依法减为无期徒刑后,终身监禁,不得减刑、假释。国家工作人员利用职务上的便利,挪用公款归个人使用,进行非法活动的,或者挪用公款数额较大、进行营利活动的,或者挪用公款数额较大、超过3个月未还的,是挪用公款罪,处5年以下有期徒刑或者拘役;情节严重的,处5年以上有期徒刑。挪用公款数额巨大不退还的,处10年以上有期徒刑或者无期徒刑。挪用用于救灾、抢险、防汛、优抚、扶贫、移民、救济款物归个人使用的,从重处罚。根据《刑法》第396条规定,国家机关、国有公司、企业、事业单位、人民团体,违反国家规定,以单位名义将国有资产集体私分给个人,数额较大的,对其直接负责的主管人员和其他直接责任人员,处3年以下有期徒刑或者拘役,并处或者单处罚金;数额巨大的,处3年以上7年以下有期徒刑,并处罚金。司法机关、行政执法机关违反国家规定,将应当

上缴国家的罚没财物,以单位名义集体私分给个人的,依照前款的规定处罚。

5. 违反规定使用或者不及时返还被侵害人财物的

本法第 11 条第 2 款规定,违反治安管理所得的财物,追缴退还被侵害人。因此,对被侵害人财物不得违反规定使用,且应当及时退还被侵害人。违反规定的情况主要包括不返还和不及时返还两种,都属于滥用职权或玩忽职守行为,应当给予行政处分;构成犯罪的,依法追究刑事责任。根据《刑法》第 384 条第 1 款的规定,国家工作人员利用职务上的便利,挪用公款归个人使用,进行非法活动的,或者挪用公款数额较大、进行营利活动的,或者挪用公款数额较大、超过 3 个月未还的,是挪用公款罪,处 5 年以下有期徒刑或者拘役;情节严重的,处 5 年以上有期徒刑。挪用公款数额巨大不退还的,处 10 年以上有期徒刑或者无期徒刑。

6. 违反规定不及时退还保证金的

根据本法第 130 条规定,行政拘留的处罚决定被撤销,行政拘留处罚开始执行,或者出所后继续执行的,公安机关收取的保证金应当及时退还交纳人。此类行为包括不退还保证金和退还保证金不及时两种情况,都属于滥用职权或玩忽职守行为,应当给予行政处分;构成犯罪的,依法按照《刑法》关于贪污罪或挪用公款罪追究刑事责任。

7. 利用职务上的便利收受他人财物或者谋取其他利益的

《人民警察法》第 22 条第 6 项规定,人民警察不得索取、收受贿赂;《公务员法》第 59 条规定,公务员不得贪污贿赂,利用职务之便为自己或者他人谋取私利。违者应当给予行政处分;构成犯罪的,依法按照《刑法》第 383 条、第 385 条、第 386 条贪污罪、受贿罪追究刑事责任。国家工作人员利用职务上的便利,索取他人财物的,或者非法收受他人财物,为他人谋取利益的,是受贿罪。对犯受贿罪的,根据受贿所得数额及情节,依照《刑法》第 383 条的规定贪污罪处罚。索贿的从重处罚。这里的其他利益,是指除了财物之外的其他利益,如让人提供免费旅游、解决子女上学等。

8. 当场收缴罚款不出具专用票据或者不如实填写罚款数额的

根据本法第 120 条第 2 款规定,对于当场处罚决定书"应当载明被处罚人的姓名、违法行为、处罚依据、罚款数额、时间、地点以及公安机关名称,并由经办的人民警察签名或者盖章"。第 125 条规定:"人民警察当场收缴罚款的,应当向被处罚人出具省级以上人民政府财政部门统一制发的专用票据;不出具统一制发的专用票据的,被处罚人有权拒绝缴纳罚款。"这就意味着人民警察应当出具统一制发的罚款收据,并在当场处罚决定书中如实填写罚款数额,否则有贪污嫌疑。构成犯罪的,按照贪污罪追究刑事责任。

9. 接到要求制止违反治安管理行为的报警后,不及时出警的

这里的不及时出警包括不出警和不及时出警两种情况。不出警是典型的执法不作为,不及时出警属于执法慢作为。《人民警察法》第21条第1款明确规定:"人民警察遇到公民人身、财产安全受到侵犯或者处于其他危难情形,应当立即救助;对公民提出解决纠纷的要求,应当给予帮助;对公民的报警案件,应当及时查处。"这意味着,当公民面临危险或报警求助时,警察迅速出警并妥善处理是法定职责。若警察不出警或不及时出警,明显违反这一规定,构成行政不作为,公安机关要承担行政违法责任。公安部《110接处警工作规则》也有相关规定。根据《刑法》第397条第1款的规定,国家机关工作人员玩忽职守,致使公共财产、国家和人民利益遭受重大损失的,处3年以下有期徒刑或者拘役;情节特别严重的,处3年以上7年以下有期徒刑。《刑法》另有规定的,依照规定。比如,在一些严重情况下,警察不出警或不及时出警的行为导致公民生命、重大财产遭受严重损失,或者造成恶劣社会影响等严重后果,就可能构成此罪。

10. 在查处违反治安管理活动时,为违法犯罪行为人通风报信的

《人民警察法》第22条、第48条规定,人民警察不得包庇、纵容违法犯罪活动,违者应当给予行政处分;构成犯罪的,依法按照帮助犯罪分子逃避处罚罪追究其刑事责任。根据《刑法》第417条规定,有查禁犯罪活动职责的国家机关工作人员,向犯罪分子通风报信、提供便利,帮助犯罪分子逃避处罚的,处3年以下有期徒刑或者拘役;情节严重的,处3年以上10年以下有期徒刑。

11. 泄露办理治安案件过程中的工作秘密或者其他依法应当保密的信息的

泄密行为可能通过多种方式发生。例如:办案民警在公共场所随意谈论案件细节,致使信息被他人获取;利用工作之便,将案件相关信息透露给亲友、媒体或其他无关人员;在网络社交平台、工作群等不当分享案件涉密内容;因保管不善,导致载有案件秘密信息的文件、资料、电子存储设备等丢失、被盗,进而造成信息泄露。《人民警察法》第22条、第48条明确规定,人民警察不得泄露国家秘密、警务工作秘密。若警察泄露办理治安案件过程中的工作秘密或其他依法应保密信息,将面临相应的行政处分,包括警告、记过、记大过、降级、撤职、开除等。

情节严重构成犯罪的,会依据《刑法》中相关规定,如可能构成故意泄露国家秘密罪、侵犯公民个人信息罪等被追究刑事责任。

12. 将在办理治安案件过程中获得的个人信息,依法提取、采集的相关信息、样本用于与治安管理、查处犯罪无关的用途,或者出售、提供给其他单位或者个人的

《人民警察法》第22条、第48条规定,人民警察不得泄露国家秘密、警务工作秘密。办理治安案件过程中获取的个人信息属于警务工作秘密范畴,将其用于非警务用途或出售给他人,应当给予行政处分;构成犯罪的,依法追究刑事责任。根据《刑法》第253条之一规定的侵犯公民个人信息罪的规定:"违反国家有关规定,向他人出售或者提供公民个人信息,情节严重的,处三年以下有期徒刑或者拘役,并处或者单处罚金;情节特别严重的,处三年以上七年以下有期徒刑,并处罚金。违反国家有关规定,将在履行职责或者提供服务过程中获得的公民个人信息,出售或者提供给他人的,依照前款的规定从重处罚。窃取或者以其他方法获取公民个人信息的,依照第一款的规定处罚。单位犯前三款罪的,对单位判处罚金,并对其直接负责的主管人员和其他直接责任人员,依照各该款的规定处罚。"

13. 剪接、删改、损毁、丢失办理治安案件的同步录音录像资料的

剪接、删改、损毁、丢失办理治安案件的同步录音录像资料,严重破坏了执法记录的完整性与真实性,对治安案件办理的公正性、合法性以及后续司法程序的推进都有着极大的负面影响。从具体行为来看,剪接是指通过技术手段对同步录音录像资料进行拼接、剪辑,改变其原本的时间顺序、内容呈现,可能会删减关键情节或者添加虚假内容;删改则是直接删除对某些人不利的部分内容,或者对画面、声音进行篡改,使其不能真实反映案件办理过程;损毁是采用物理或电子手段破坏录音录像资料,如刮花存储介质、删除电子数据等,导致资料无法正常读取;丢失则是因保管不善等使原本应当妥善保存的同步录音录像资料不知去向。这些行为无论是故意为之还是因重大过失造成,都违反了执法工作的规范要求。根据《人民警察法》第22条、第48条的规定,人民警察不得有下列行为:(1)弄虚作假,隐瞒案情,包庇、纵容违法犯罪活动;(2)泄露国家秘密、警务工作秘密。剪接、删改同步录音录像资料属于弄虚作假、隐瞒案情的范畴,若这些资料涉及警务工作秘密,损毁、丢失也可能导致秘密泄露风险,违反该规定,给予行政处分;情节严重构成犯罪的,可依据《刑法》中第397条规定的滥用职权罪或

玩忽职守罪等罪名被追究其刑事责任。

14.有徇私舞弊、玩忽职守、滥用职权,不依法履行法定职责的其他情形的

这是前面13项的兜底条款,这意味着除了上述13项情况外,其他徇私舞弊、玩忽职守、滥用职权的行为可以适用本项规定。由于法律不可能对此类行为进行全面列举,只能将常见的13种行为列举在前面,对其他此类行为用此兜底条款予以界定。《刑法》第397条规定,国家机关工作人员滥用职权或者玩忽职守,致使公共财产、国家和人民利益遭受重大损失的,处3年以下有期徒刑或者拘役;情节特别严重的,处3年以上7年以下有期徒刑。《刑法》另有规定的,依照规定。国家机关工作人员徇私舞弊,犯前款罪的,处5年以下有期徒刑或者拘役;情节特别严重的,处5年以上10年以下有期徒刑。本法另有规定的,依照规定。

> 第一百四十条 【民事责任和国家赔偿责任】公安机关及其人民警察违法行使职权,侵犯公民、法人和其他组织合法权益的,应当赔礼道歉;造成损害的,应当依法承担赔偿责任。

解读与适用

本条是对公安机关及其人民警察民事责任和国家赔偿责任的规定。理解本条,应当注意以下几方面:

(一)民事责任

公安机关及其人民警察违法行使职权,造成公民、法人和其他组织损害的,应当赔礼道歉。赔礼道歉是民事责任的一种,即通过赔礼道歉承认错误,表示歉意。这是一种精神层面的补救方式,旨在修复因违法行使职权而受损的社会关系和当事人心理。它体现了对被侵权方人格尊严、名誉等精神性权益的尊重与维护。通过正式的官方道歉,承认执法过错,抚慰被侵权方情绪,一定程度上有助于恢复公众对公安机关执法公正性的信任。这不仅是一种道德层面的要求,更是具有法律强制力的责任承担方式。赔礼道歉可以采取口头或书面形式。口头道歉,是指涉事民警或公安机关负责人当面向被侵权方真诚表达歉意,解释事件经过并承认错误;书面道歉,是指出具道歉信,详细阐述事件缘由、承认执法过错,并表明改进措施。在一些影响较大的案件中,还可能通过官方媒体发布道歉

声明,以彰显诚意,消除不良影响。赔礼道歉通常与损害赔偿等其他责任形式一并适用。

(二)国家赔偿责任

根据《国家赔偿法》第3条、第4条规定,公安机关及其人民警察在办理治安案件中可能承担的国家赔偿责任主要分为侵犯人身权赔偿和侵犯财产权赔偿两类:

(1)在办理治安案件时,公安机关及其人民警察有下列侵犯人身权情形之一的,受害人有权取得国家赔偿:①违法拘留或者违法采取限制公民人身自由的行政强制措施的;②非法拘禁或者以其他方法非法剥夺公民人身自由的;③以殴打、虐待等行为或者唆使、放纵他人以殴打、虐待等行为造成公民身体伤害或者死亡的;④违法使用武器、警械造成公民身体伤害或者死亡的;⑤造成公民身体伤害或者死亡的其他违法行为。

(2)在办理治安案件时,公安机关及其人民警察有下列侵犯财产权情形之一的,受害人有权取得国家赔偿:①违法实施罚款、吊销许可证和执照、责令停产停业、没收财物等行政处罚的;②违法对财产采取扣押等行政强制措施的;③造成财产损害的其他违法行为。

(三)国家不承担赔偿责任的情况

根据《国家赔偿法》第5条规定,公安机关及其人民警察在办理治安案件中无须承担国家赔偿责任的情况主要有以下三类:

1. 行政机关工作人员与行使职权无关的个人行为

当行政机关工作人员实施的行为并非履行职务行为,而是基于其个人的意愿、目的,与行使行政职权毫无关联时,国家无须承担赔偿责任。例如,某民警在下班后,因个人恩怨与他人发生冲突并将其打伤,此行为完全属于个人行为范畴,国家不承担赔偿责任,应由该民警个人对受害者承担民事赔偿等责任。

2. 因公民、法人和其他组织自己的行为致使损害发生的

若损害结果是公民、法人或其他组织自身的行为所致,国家不承担赔偿责任。比如,在治安案件处理过程中,当事人不配合执法,故意抗拒执法而导致自己受伤,这种情况下国家无须承担赔偿责任。

3. 法律规定的其他情形

这是兜底条款,为应对复杂多变的现实情况预留空间,适用于法律明确排除国家承担赔偿责任的其他情形。

第六章 附 则

> 第一百四十一条 【与其他相关法律、行政法规的适用衔接】其他法律中规定由公安机关给予行政拘留处罚的,其处罚程序适用本法规定。
>
> 公安机关依照《中华人民共和国枪支管理法》、《民用爆炸物品安全管理条例》等直接关系公共安全和社会治安秩序的法律、行政法规实施处罚的,其处罚程序适用本法规定。
>
> 本法第三十二条、第三十四条、第四十六条、第五十六条规定给予行政拘留处罚,其他法律、行政法规同时规定给予罚款、没收违法所得、没收非法财物等其他行政处罚的行为,由相关主管部门依照相应规定处罚;需要给予行政拘留处罚的,由公安机关依照本法规定处理。

解读与适用

本条是 2025 年修订新增的规定,对《治安管理处罚法》与其他相关法律、行政法规的适用衔接作出明确规定,共三款规定。

目前我国行使行政拘留处罚权的主要机关是公安机关,国家安全机关及海警机构在其职责范围的特定情况下也可依法行使行政拘留处罚权。第 1 款明确规定其他法律规定由公安机关给予行政拘留处罚的,其处罚程序适用《治安管理处罚法》的规定。也就是公安机关行使行政拘留处罚权,都统一适用《治安管理处罚法》的处罚程序。

第 2 款明确规定公安机关依照直接关系公共安全和社会治安秩序的法律、行政法规实施处罚都统一适用《治安管理处罚法》的处罚程序。理解适用本款规定的关键是对"直接关系公共安全和社会治安秩序的法律、行政法规"范围的掌握。主要有两个要点:其一,是法律和行政法规;其二,是直接关系公共安全和社会治安秩序。也就是法律和行政法规"直接"规定关于"公共安全"和"社会治安秩序"的内容。因此,本款规定应当理解为公安机关直接引用法律和行政法规关于公共安全和社会治安秩序的规定履行治安管理职责,实施处罚,其处罚程序统一适用《治安管理处罚法》的处罚程序。

第3款规定主要是解决《治安管理处罚法》和其他法律、行政法规对《治安管理处罚法》第32条、第34条、第46条、第56条规定的违反治安管理的行为都有处罚规定时,如何衔接的问题。《全国人民代表大会宪法和法律委员会关于〈中华人民共和国治安管理处罚法(修订草案)〉审议结果的报告》对此有清晰的说明"有的常委委员、部门、地方和专家学者提出,修订草案二次审议稿第三十二条、第三十四条、第四十七条、第五十六条对相应违法行为规定了罚款、拘留等处罚,其他有关法律、行政法规对同样行为也规定了罚款等处罚,为做好衔接,建议罚款等处罚由有关主管部门依照相关规定进行,对其中情节严重,应当给予拘留处罚的,由公安机关依照本法处罚。宪法和法律委员会经研究,建议采纳上述意见,本法有关条文中不再设置罚款处罚,同时在附则有关法律适用衔接的规定中增加一款,明确这种情况下的法律适用"。因此,对于《治安管理处罚法》第32条、第34条、第46条、第56条规定的违反治安管理的行为,其他法律、行政法规同时规定给予罚款、没收违法所得、没收非法财物等非行政拘留的其他行政处罚的,由相关主管部门依照相应规定处罚行政拘留之外的其他行政处罚。公安机关则依照《治安管理处罚法》第32条、第34条、第46条、第56条的规定对行为人作出行政拘留处罚。

本条规定提醒我们,治安管理及治安案件的范围不限于本法的规定,同时进一步突显本法既是实体法又是程序法的特征。

第一百四十二条 【海警机构履行海上治安管理职责】海警机构履行海上治安管理职责,行使本法规定的公安机关的职权,但是法律另有规定的除外。

解读与适用

本条是2025年修订新增的规定,与《海警法》第2条衔接,明确规定海警机构履行海上治安管理职责,行使《治安管理处罚法》规定的公安机关的职权,即海警机构办理海上治安案件。《海警法》第2条规定:"人民武装警察部队海警部队即海警机构,统一履行海上维权执法职责。海警机构包括中国海警局及其海区分局和直属局、省级海警局、市级海警局、海警工作站。"

第一百四十三条 【以上、以下和以内的含义】本法所称以上、以下、以内,包括本数。

解读与适用

本条是对《治安管理处罚法》条文中的以上、以下和以内的含义的规定。为了避免分歧,法律有必要对条文所使用的介词的含义加以明确规定,本条就是对"以上"、"以下"和"以内"在本法中含义的明确规定。根据本条规定,"以上、以下、以内,包括本数。"这与我国其他法律的规定是一致的。

第一百四十四条 【时间效力】本法自2026年1月1日起施行。

解读与适用

本条是关于《治安管理处罚法》时间效力的规定。法律文件的时间效力是指法律文件在什么时间开始生效,什么时间终止效力以及对其颁布前的法律行为是否有溯及力。

生效时间是法律文件产生法律效力的具体时间,是法律文件的重要组成部分,标志着法律文件开始规范社会生活,对法律的具体适用具有重要影响,因此在法律文件中明确规定具体生效时间是十分必要的。由于法律文件的正式实施需要一定的思想、组织、物质等准备,法律文件公布后马上生效实施存在一定的困难,因此,除非法律文件有马上生效实施的实际需要,一般都规定在公布后一段时间才正式生效。

本条规定本次修订的《治安管理处罚法》的生效时间是2026年1月1日,与公布时间相距6个多月的时间,这段时间是《治安管理处罚法》生效实施的准备时间。

新修订的《治安管理处罚法》生效施行后,修订前的《治安管理处罚法》自然终止效力。

对新修订的《治安管理处罚法》生效实施后才发现的 2026 年 1 月 1 日前发生的违反治安管理行为,新修订的《治安管理处罚法》是否有溯及力的问题,本条没有明确规定,根据《立法法》第 104 条、《行政处罚法》第 37 条的规定,实体上应当采用"从旧兼从轻"的原则,程序上则采用"从新兼从轻"的原则。即适用治安管理处罚一般使用旧法的规定,但新法不认为是违反治安管理行为或规定的处罚较轻的适用新法。治安管理处罚的程序一般适用新法的规定,但旧法对当事人更有利的除外。

附录

《中华人民共和国治安管理处罚法》
新旧条文对照表

(条文中**黑体字**部分为修改或新增内容;"删除线"为删除内容)

2012年《中华人民共和国治安管理处罚法》	2025年《中华人民共和国治安管理处罚法》
目　录 第一章　总　则 第二章　处罚的种类和适用 第三章　违反治安管理的行为和处罚 　　第一节　扰乱公共秩序的行为和处罚 　　第二节　妨害公共安全的行为和处罚 　　第三节　侵犯人身权利、财产权利的行为和处罚 　　第四节　妨害社会管理的行为和处罚 第四章　处罚程序 　　第一节　调　查 　　第二节　决　定 　　第三节　执　行 第五章　执法监督 第六章　附　则	目　录 第一章　总　则 第二章　处罚的种类和适用 第三章　违反治安管理的行为和处罚 　　第一节　扰乱公共秩序的行为和处罚 　　第二节　妨害公共安全的行为和处罚 　　第三节　侵犯人身权利、财产权利的行为和处罚 　　第四节　妨害社会管理的行为和处罚 第四章　处罚程序 　　第一节　调　查 　　第二节　决　定 　　第三节　执　行 第五章　执法监督 第六章　附　则
第一章　总　则	**第一章　总　则**
第一条　为维护社会治安秩序,保障公共安全,保护公民、法人和其他组织的合法权益,规范和保障公安机关及其人民警察依法履行治安管理职责,制定本法。	第一条　为**了**维护社会治安秩序,保障公共安全,保护公民、法人和其他组织的合法权益,规范和保障公安机关及其人民警察依法履行治安管理职责,**根据宪法,**制定本法。
第六条　各级人民政府应当加强社会治安综合治理,采取有效措施,化解社会矛盾,增进社会和谐,维护社会稳定。	**第二条　治安管理工作坚持中国共产党的领导,坚持综合治理。** 　　各级人民政府应当加强社会治安综合治理,采取有效措施,**预防和**化解社会矛盾**纠纷**,增进社会和谐,维护社会稳定。

续表

2012年《中华人民共和国治安管理处罚法》	2025年《中华人民共和国治安管理处罚法》
第二条　扰乱公共秩序，妨害公共安全，侵犯人身权利、财产权利，妨害社会管理，具有社会危害性，依照《中华人民共和国刑法》的规定构成犯罪的，依法追究刑事责任；尚不够刑事处罚的，由公安机关依照本法给予治安管理处罚。	第三条　扰乱公共秩序，妨害公共安全，侵犯人身权利、财产权利，妨害社会管理，具有社会危害性，依照《中华人民共和国刑法》的规定构成犯罪的，依法追究刑事责任；尚不够刑事处罚的，由公安机关依照本法给予治安管理处罚。
第三条　治安管理处罚的程序，适用本法的规定；本法没有规定的，适用《中华人民共和国行政处罚法》的有关规定。	第四条　治安管理处罚的程序，适用本法的规定；本法没有规定的，适用《中华人民共和国行政处罚法》、**《中华人民共和国行政强制法》**的有关规定。
第四条　在中华人民共和国领域内发生的违反治安管理行为，除法律有特别规定的外，适用本法。 在中华人民共和国船舶和航空器内发生的违反治安管理行为，除法律有特别规定的外，适用本法。	第五条　在中华人民共和国领域内发生的违反治安管理行为，除法律有特别规定的外，适用本法。 在中华人民共和国船舶和航空器内发生的违反治安管理行为，除法律有特别规定的外，适用本法。 **在外国船舶和航空器内发生的违反治安管理行为，依照中华人民共和国缔结或者参加的国际条约，中华人民共和国行使管辖权的，适用本法。**
第五条　治安管理处罚必须以事实为依据，与违反治安管理行为的性质、情节以及社会危害程度相当。 实施治安管理处罚，应当公开、公正，尊重和保障人权，保护公民的人格尊严。 办理治安案件应当坚持教育与处罚相结合的原则。	第六条　治安管理处罚必须以事实为依据，与违反治安管理的**事实**、性质、情节以及社会危害程度相当。 实施治安管理处罚，应当公开、公正，尊重和保障人权，保护公民的人格尊严。 办理治安案件应当坚持教育与处罚相结合的原则，**充分释法说理，教育公民、法人或者其他组织自觉守法**。
第七条　国务院公安部门负责全国的治安管理工作。县级以上地方各级人民政府公安机关负责本行政区域内的治安管理工作。 治安案件的管辖由国务院公安部门规定。	第七条　国务院公安部门负责全国的治安管理工作。县级以上地方各级人民政府公安机关负责本行政区域内的治安管理工作。 治安案件的管辖由国务院公安部门规定。

续表

2012年《中华人民共和国治安管理处罚法》	2025年《中华人民共和国治安管理处罚法》
第八条　违反治安管理的行为对他人造成损害的,行为人或者其监护人应当依法承担民事责任。	第八条　违反治安管理行为对他人造成损害的,**除依照本法给予治安管理处罚外**,行为人或者其监护人**还**应当依法承担民事责任。 **违反治安管理行为构成犯罪,应当依法追究刑事责任的,不得以治安管理处罚代替刑事处罚。**
第九条　对于因民间纠纷引起的打架斗殴或者损毁他人财物等违反治安管理行为,情节较轻的,公安机关可以调解处理。经公安机关调解,当事人达成协议的,不予处罚。经调解未达成协议或者达成协议后不履行的,公安机关应当依照本法的规定对违反治安管理行为人**给予处罚**,并告知当事人可以就民事争议依法向人民法院提起民事诉讼。	第九条　对于因民间纠纷引起的打架斗殴或者损毁他人财物等违反治安管理行为,情节较轻的,公安机关可以调解处理。**调解处理治安案件,应当查明事实,并遵循合法、公正、自愿、及时的原则,注重教育和疏导,促进化解矛盾纠纷。** 经公安机关调解,当事人达成协议的,不予处罚。经调解未达成协议或者达成协议后不履行的,公安机关应当依照本法的规定对违反治安管理行为**作出处理**,并告知当事人可以就民事争议依法向人民法院提起民事诉讼。 **对属于第一款规定的调解范围的治安案件,公安机关作出处理决定前,当事人自行和解或者经人民调解委员会调解达成协议并履行,书面申请经公安机关认可的,不予处罚。**
第二章　处罚的种类和适用	第二章　处罚的种类和适用
第十条　治安管理处罚的种类分为: (一)警告; (二)罚款; (三)行政拘留; (四)吊销公安机关发放的许可证。 对违反治安管理的外国人,可以附加适用限期出境或者驱逐出境。	第十条　治安管理处罚的种类分为: (一)警告; (二)罚款; (三)行政拘留; (四)吊销公安机关发放的许可证**件**。 对违反治安管理的外国人,可以附加适用限期出境或者驱逐出境。
第十一条　办理治安案件所查获的毒品、淫秽物品等违禁品,赌具、赌资,吸食、注射毒品的用具以及直接用于实施违反治安管	第十一条　办理治安案件所查获的毒品、淫秽物品等违禁品,赌具、赌资,吸食、注射毒品的用具以及直接用于实施违反治安管

续表

2012年《中华人民共和国治安管理处罚法》	2025年《中华人民共和国治安管理处罚法》
理行为的本人所有的工具,应当收缴,按照规定处理。 　　违反治安管理所得的财物,追缴退还被侵害人;没有被侵害人的,登记造册,公开拍卖或者按照国家有关规定处理,所得款项上缴国库。	理行为的本人所有的工具,应当收缴,按照规定处理。 　　违反治安管理所得的财物,追缴退还被侵害人;没有被侵害人的,登记造册,公开拍卖或者按照国家有关规定处理,所得款项上缴国库。
第十二条　已满十四周岁不满十八周岁的人违反治安管理的,从轻或者减轻处罚;不满十四周岁的人违反治安管理的,不予处罚,但是应当责令其监护人严加管教。	第十二条　已满十四周岁不满十八周岁的人违反治安管理的,从轻或者减轻处罚;不满十四周岁的人违反治安管理的,不予处罚,但是应当责令其监护人严加管教。
第十三条　精神病人在不能辨认或者不能控制自己行为的时候违反治安管理的,不予处罚,但是应当责令其监护人**严加看管**和治疗。间歇性的精神病人在精神正常的时候违反治安管理的,应当给予处罚。	第十三条　精神病人、**智力残疾人**在不能辨认或者不能控制自己行为的时候违反治安管理的,不予处罚,但是应当责令其监护人**加强看护管理**和治疗。间歇性的精神病人在精神正常的时候违反治安管理的,应当给予处罚。**尚未完全丧失辨认或者控制自己行为能力的精神病人、智力残疾人违反治安管理的,应当给予处罚,但是可以从轻或者减轻处罚。**
第十四条　盲人或者又聋又哑的人违反治安管理的,可以从轻、减轻或者不予处罚。	第十四条　盲人或者又聋又哑的人违反治安管理的,可以从轻、减轻或者不予处罚。
第十五条　醉酒的人违反治安管理的,应当给予处罚。 　　醉酒的人在醉酒状态中,对本人有危险或者对他人的人身、财产或者公共安全有威胁的,应当对其采取保护性措施约束至酒醒。	第十五条　醉酒的人违反治安管理的,应当给予处罚。 　　醉酒的人在醉酒状态中,对本人有危险或者对他人的人身、财产或者公共安全有威胁的,应当对其采取保护性措施约束至酒醒。
第十六条　有两种以上违反治安管理行为的,分别决定,合并执行。行政拘留处罚合并执行的,最长不超过二十日。	第十六条　有两种以上违反治安管理行为的,分别决定,合并执行**处罚**。行政拘留处罚合并执行的,最长不超过二十日。
第十七条　共同违反治安管理的,根据违反治安管理行为人在违反治安管理行为中所起的作用,分别处罚。 　　教唆、胁迫、诱骗他人违反治安管理的,按照其教唆、胁迫、诱骗的行为处罚。	第十七条　共同违反治安管理的,根据行为人在违反治安管理行为中所起的作用,分别处罚。 　　教唆、胁迫、诱骗他人违反治安管理的,按照其教唆、胁迫、诱骗的行为处罚。

续表

2012年《中华人民共和国治安管理处罚法》	2025年《中华人民共和国治安管理处罚法》
第十八条　单位违反治安管理的,对其直接负责的主管人员和其他直接责任人员依照本法的规定处罚。其他法律、行政法规对同一行为规定给予单位处罚的,依照其规定处罚。	第十八条　单位违反治安管理的,对其直接负责的主管人员和其他直接责任人员依照本法的规定处罚。其他法律、行政法规对同一行为规定给予单位处罚的,依照其规定处罚。
无	第十九条　为了免受正在进行的不法侵害而采取的制止行为,造成损害的,不属于违反治安管理行为,不受处罚;制止行为明显超过必要限度,造成较大损害的,依法给予处罚,但是应当减轻处罚;情节较轻的,不予处罚。
第十九条　违反治安管理有下列情形之一的,减轻处罚或者不予处罚: (一)情节特别轻微的; (二)主动消除或者减轻违法后果,并取得被侵害人谅解的; (三)出于他人胁迫或者诱骗的; (四)主动投案,向公安机关如实陈述自己的违法行为的; (五)有立功表现的。	第二十条　违反治安管理有下列情形之一的,从轻、减轻或者不予处罚: (一)情节轻微的; (二)主动消除或者减轻违法后果的; (三)取得被侵害人谅解的; (四)出于他人胁迫或者诱骗的; (五)主动投案,向公安机关如实陈述自己的违法行为的; (六)有立功表现的。
无	第二十一条　违反治安管理行为人自愿向公安机关如实陈述自己的违法行为,承认违法事实,愿意接受处罚的,可以依法从宽处理。
第二十条　违反治安管理有下列情形之一的,从重处罚: (一)有较严重后果的; (二)教唆、胁迫、诱骗他人违反治安管理的; (三)对报案人、控告人、举报人、证人打击报复的; (四)六个月内曾受过治安管理处罚的。	第二十二条　违反治安管理有下列情形之一的,从重处罚: (一)有较严重后果的; (二)教唆、胁迫、诱骗他人违反治安管理的; (三)对报案人、控告人、举报人、证人打击报复的; (四)一年以内曾受过治安管理处罚的。

续表

2012年《中华人民共和国治安管理处罚法》	2025年《中华人民共和国治安管理处罚法》
第二十一条 违反治安管理行为人有下列情形之一，依照本法应当给予行政拘留处罚的，不执行行政拘留处罚： （一）已满十四周岁不满十六周岁的； （二）已满十六周岁不满十八周岁，初次违反治安管理的； （三）七十周岁以上的； （四）怀孕或者哺乳自己不满一周岁婴儿的。	第二十三条 违反治安管理行为人有下列情形之一，依照本法应当给予行政拘留处罚的，不执行行政拘留处罚： （一）已满十四周岁不满十六周岁的； （二）已满十六周岁不满十八周岁，初次违反治安管理的； （三）七十周岁以上的； （四）怀孕或者哺乳自己不满一周岁婴儿的。 前款第一项、第二项、第三项规定的行为人违反治安管理情节严重、影响恶劣的，或者第一项、第三项规定的行为人在一年以内二次以上违反治安管理的，不受前款规定的限制。
无	第二十四条 对依照本法第十二条规定不予处罚或者依照本法第二十三条规定不执行行政拘留处罚的未成年人，公安机关依照《中华人民共和国预防未成年人犯罪法》的规定采取相应矫治教育等措施。
第二十二条 违反治安管理行为在六个月内没有被公安机关发现的，不再处罚。 前款规定的期限，从违反治安管理行为发生之日起计算；违反治安管理行为有连续或者继续状态的，从行为终了之日起计算。	第二十五条 违反治安管理行为在六个月以内没有被公安机关发现的，不再处罚。 前款规定的期限，从违反治安管理行为发生之日起计算；违反治安管理行为有连续或者继续状态的，从行为终了之日起计算。
第三章 违反治安管理的行为和处罚	第三章 违反治安管理的行为和处罚
第一节 扰乱公共秩序的行为和处罚	第一节 扰乱公共秩序的行为和处罚
第二十三条 有下列行为之一的，处警告或者**二百元**以下罚款；情节较重的，处五日以上十日以下拘留，可以并处**五百元**以下罚款： （一）扰乱机关、团体、企业、事业单位秩序，致使工作、生产、营业、医疗、教学、科研不能正常进行，尚未造成严重损失的； （二）扰乱车站、港口、码头、机场、商场、公园、展览馆或者其他公共场所秩序的；	第二十六条 有下列行为之一的，处警告或者**五百元**以下罚款；情节较重的，处五日以上十日以下拘留，可以并处**一千元**以下罚款： （一）扰乱机关、团体、企业、事业单位秩序，致使工作、生产、营业、医疗、教学、科研不能正常进行，尚未造成严重损失的； （二）扰乱车站、港口、码头、机场、商场、公园、展览馆或者其他公共场所秩序的；

续表

2012年《中华人民共和国治安管理处罚法》	2025年《中华人民共和国治安管理处罚法》
（三）扰乱公共汽车、电车、火车、船舶、航空器或者其他公共交通工具上的秩序的； （四）非法拦截或者强登、扒乘机动车、船舶、航空器以及其他交通工具，影响交通工具正常行驶的； （五）破坏依法进行的选举秩序的。 聚众实施前款行为的，对首要分子处十日以上十五日以下拘留，可以并处**一千元**以下罚款。	（三）扰乱公共汽车、电车、**城市轨道交通车辆**、火车、船舶、航空器或者其他公共交通工具上的秩序的； （四）非法拦截或者强登、扒乘机动车、船舶、航空器以及其他交通工具，影响交通工具正常行驶的； （五）破坏依法进行的选举秩序的。 聚众实施前款行为的，对首要分子处十日以上十五日以下拘留，可以并处**二千元**以下罚款。
无	第二十七条　在法律、行政法规规定的国家考试中，有下列行为之一，扰乱考试秩序的，处违法所得一倍以上五倍以下罚款，没有违法所得或者违法所得不足一千元的，处一千元以上三千元以下罚款；情节较重的，处五日以上十五日以下拘留： （一）组织作弊的； （二）为他人组织作弊提供作弊器材或者其他帮助的； （三）为实施考试作弊行为，向他人非法出售、提供考试试题、答案的； （四）代替他人或者让他人代替自己参加考试的。
第二十四条　有下列行为之一，扰乱**文化**、**体育**等大型群众性活动秩序的，处警告或者**二百元**以下罚款；情节严重的，处五日以上十日以下拘留，可以并处**五百元**以下罚款： （一）强行进入场内的； （二）违反规定，在场内燃放烟花爆竹或者其他物品的； （三）展示侮辱性标语、条幅等物品的； （四）围攻裁判员、运动员或者其他工作人员的； （五）向场内投掷杂物，不听制止的；	第二十八条　有下列行为之一，扰乱**体育**、**文化**等大型群众性活动秩序的，处警告或者**五百元**以下罚款；情节严重的，处五日以上十日以下拘留，可以并处**一千元**以下罚款： （一）强行进入场内的； （二）违反规定，在场内燃放烟花爆竹或者其他物品的； （三）展示侮辱性标语、条幅等物品的； （四）围攻裁判员、运动员或者其他工作人员的； （五）向场内投掷杂物，不听制止的；

续表

2012年《中华人民共和国治安管理处罚法》	2025年《中华人民共和国治安管理处罚法》
（六）扰乱大型群众性活动秩序的其他行为。 因扰乱体育比赛秩序被处以拘留处罚的，可以同时责令其**十二个月内**不得进入体育场馆观看同类比赛；违反规定进入体育场馆的，强行带离现场。	（六）扰乱大型群众性活动秩序的其他行为。 因扰乱体育比赛、**文艺演出活动**秩序被处以拘留处罚的，可以同时责令其**六个月至一年以内**不得进入体育场馆、**演出场馆**观看同类比赛、**演出**；违反规定进入体育场馆、**演出场馆**的，强行带离现场，**可以处五日以下拘留或者一千元以下罚款**。
第二十五条　有下列行为之一的，处五日以上十日以下拘留，可以并处**五百元以下**罚款；情节较轻的，处五日以下拘留或者**五百元**以下罚款： （一）散布谣言，谎报险情、疫情、警情或者以其他方法故意扰乱公共秩序的； （二）投放虚假的爆炸性、毒害性、放射性、腐蚀性物质或者传染病病原体等危险物质扰乱公共秩序的； （三）扬言实施放火、爆炸、投放危险物质扰乱公共秩序的。	第二十九条　有下列行为之一的，处五日以上十日以下拘留，可以并处**一千元以下**罚款；情节较轻的，处五日以下拘留或者**一千元**以下罚款： （一）**故意**散布谣言，谎报险情、疫情、**灾情**、警情或者以其他方法故意扰乱公共秩序的； （二）投放虚假的爆炸性、毒害性、放射性、腐蚀性物质或者传染病病原体等危险物质扰乱公共秩序的； （三）扬言实施放火、爆炸、投放危险物质**等危害公共安全犯罪行为**扰乱公共秩序的。
第二十六条　有下列行为之一的，处五日以上十日以下拘留，**可以并处五百元以下**罚款；情节较重的，处十日以上十五日以下拘留，可以并处**一千元以下**罚款： （一）结伙斗殴的； （二）追逐、拦截他人的； （三）强拿硬要或者任意损毁、占用公私财物的； （四）其他寻衅滋事行为。	第三十条　有下列行为之一的，处五日以上十日以下拘留**或者一千元**以下罚款；情节较重的，处十日以上十五日以下拘留，可以并处**二千元以下**罚款： （一）结伙斗殴**或者随意殴打他人的**； （二）追逐、拦截他人的； （三）强拿硬要或者任意损毁、占用公私财物的； （四）其他**无故侵扰他人、扰乱社会秩序**的寻衅滋事行为。
第二十七条　有下列行为之一的，处十日以上十五日以下拘留，可以并处**一千元**以下罚款；情节较轻的，处五日以上十日以下拘留，可以并处**五百元**以下罚款：	第三十一条　有下列行为之一的，处十日以上十五日以下拘留，可以并处**二千元**以下罚款；情节较轻的，处五日以上十日以下拘留，可以并处**一千元**以下罚款：

续表

2012年《中华人民共和国治安管理处罚法》	2025年《中华人民共和国治安管理处罚法》
（一）组织、教唆、胁迫、诱骗、煽动他人从事邪教、会道门活动或者利用邪教、会道门、迷信活动，扰乱社会秩序、损害他人身体健康的； （二）冒用宗教、气功名义进行扰乱社会秩序、损害他人身体健康活动的。	（一）组织、教唆、胁迫、诱骗、煽动他人从事邪教**活动**、会道门活动、**非法的宗教活动**或者利用邪教**组织**、会道门、迷信活动，扰乱社会秩序、损害他人身体健康的； （二）冒用宗教、气功名义进行扰乱社会秩序、损害他人身体健康活动的； （三）制作、传播宣扬邪教、会道门内容的物品、信息、资料的。
第二十八条　违反国家规定，故意干扰无线电业务正常进行的，**或者**对正常运行的无线电台（站）产生有害干扰，经有关主管部门指出后，拒不采取有效措施消除的，处五日以上十日以下拘留；情节严重的，处十日以上十五日以下拘留。	第三十二条　违反国家规定，**有下列行为之一的**，处五日以上十日以下拘留；情节严重的，处十日以上十五日以下拘留： （一）故意干扰无线电业务正常进行的； （二）对正常运行的无线电台（站）产生有害干扰，经有关主管部门指出后，拒不采取有效措施消除的； （三）未经批准设置无线电广播电台、通信基站等无线电台（站）的，或者非法使用、占用无线电频率，从事违法活动的。
第二十九条　有下列行为之一的，处五日以下拘留；情节较重的，处五日以上十日以下拘留： （一）违反国家规定，侵入计算机信息系统，造成危害的； （二）违反国家规定，对计算机信息系统功能进行删除、修改、增加、干扰，造成计算机信息系统不能正常运行的； （三）违反国家规定，对计算机信息系统中存储、处理、传输的数据和应用程序进行删除、修改、增加的； （四）故意制作、传播计算机病毒等破坏性程序，影响计算机信息系统正常运行的。	第三十三条　有下列行为之一，**造成危害的**，处五日以下拘留；情节较重的，处五日以上十五日以下拘留： （一）违反国家规定，侵入计算机信息系统**或者采用其他技术手段，获取计算机信息系统中存储、处理或者传输的数据，或者对计算机信息系统实施非法控制的**； （二）违反国家规定，对计算机信息系统功能进行删除、修改、增加、干扰的； （三）违反国家规定，对计算机信息系统中存储、处理、传输的数据和应用程序进行删除、修改、增加的； （四）故意制作、传播计算机病毒等破坏性程序的； （五）提供专门用于侵入、非法控制计算机信息系统的程序、工具，或者明知他人实施侵入、非法控制计算机信息系统的违法犯罪行为而为其提供程序、工具的。

续表

2012年《中华人民共和国治安管理处罚法》	2025年《中华人民共和国治安管理处罚法》
无	第三十四条　组织、领导传销活动的，处十日以上十五日以下拘留；情节较轻的，处五日以上十日以下拘留。 胁迫、诱骗他人参加传销活动的，处五日以上十日以下拘留；情节较重的，处十日以上十五日以下拘留。
无	第三十五条　有下列行为之一的，处五日以上十日以下拘留或者一千元以上三千元以下罚款；情节较重的，处十日以上十五日以下拘留，可以并处五千元以下罚款： （一）在国家举行庆祝、纪念、缅怀、公祭等重要活动的场所及周边管控区域，故意从事与活动主题和氛围相违背的行为，不听劝阻，造成不良社会影响的； （二）在英雄烈士纪念设施保护范围内从事有损纪念英雄烈士环境和氛围的活动，不听劝阻的，或者侵占、破坏、污损英雄烈士纪念设施的； （三）以侮辱、诽谤或者其他方式侵害英雄烈士的姓名、肖像、名誉、荣誉，损害社会公共利益的； （四）亵渎、否定英雄烈士事迹和精神，或者制作、传播、散布宣扬、美化侵略战争、侵略行为的言论或者图片、音视频等物品，扰乱公共秩序的； （五）在公共场所或者强制他人在公共场所穿着、佩戴宣扬、美化侵略战争、侵略行为的服饰、标志，不听劝阻，造成不良社会影响的。
第二节　妨害公共安全的行为和处罚	第二节　妨害公共安全的行为和处罚
第三十条　违反国家规定，制造、买卖、储存、运输、邮寄、携带、使用、提供、处置爆炸性、毒害性、放射性、腐蚀性物质或者传染病病原体等危险物质的，处十日以上十五日以下拘留；情节较轻的，处五日以上十日以下拘留。	第三十六条　违反国家规定，制造、买卖、储存、运输、邮寄、携带、使用、提供、处置爆炸性、毒害性、放射性、腐蚀性物质或者传染病病原体等危险物质的，处十日以上十五日以下拘留；情节较轻的，处五日以上十日以下拘留。

续表

2012年《中华人民共和国治安管理处罚法》	2025年《中华人民共和国治安管理处罚法》
第三十一条 爆炸性、毒害性、放射性、腐蚀性物质或者传染病病原体等危险物质被盗、被抢或者丢失，未按规定报告的，处五日以下拘留；故意隐瞒不报的，处五日以上十日以下拘留。	第三十七条 爆炸性、毒害性、放射性、腐蚀性物质或者传染病病原体等危险物质被盗、被抢或者丢失，未按规定报告的，处五日以下拘留；故意隐瞒不报的，处五日以上十日以下拘留。
第三十二条 非法携带枪支、弹药或者弩、匕首等国家规定的管制器具的，处五日以下拘留，可以并处**五百元**以下罚款；情节较轻的，处警告或者**二百元**以下罚款。 非法携带枪支、弹药或者弩、匕首等国家规定的管制器具进入公共场所或者公共交通工具的，处五日以上十日以下拘留，可以并处**五百元**以下罚款。	第三十八条 非法携带枪支、弹药或者弩、匕首等国家规定的管制器具的，处五日以下拘留，可以并处**一千元**以下罚款；情节较轻的，处警告或者**五百元**以下罚款。 非法携带枪支、弹药或者弩、匕首等国家规定的管制器具进入公共场所或者公共交通工具的，处五日以上十日以下拘留，可以并处**一千元**以下罚款。
第三十三条 有下列行为之一的，处十日以上十五日以下拘留： （一）盗窃、损毁油气管道设施、电力电信设施、广播电视设施、水利防汛工程设施或者水文监测、测量、气象测报、环境监测、地质监测、地震监测等公共设施的； （二）移动、损毁国家边境的界碑、界桩以及其他边境标志、边境设施或者领土、领海标志设施的； （三）非法进行影响国（边）界线走向的活动或者修建有碍国（边）境管理的设施的。	第三十九条 有下列行为之一的，处十日以上十五日以下拘留；**情节较轻的，处五日以下拘留**： （一）盗窃、损毁油气管道设施、电力电信设施、广播电视设施、水利工程设施、**公共供水设施、公路及附属设施**或者水文监测、测量、气象测报、**生态**环境监测、地质监测、地震监测等公共设施，**危及公共安全**的； （二）移动、损毁国家边境的界碑、界桩以及其他边境标志、边境设施或者领土、领海**基点**标志设施的； （三）非法进行影响国（边）界线走向的活动或者修建有碍国（边）境管理的设施的。
第三十四条 盗窃、损坏、擅自移动使用中的航空设施，或者强行进入航空器驾驶舱的，处十日以上十五日以下拘留。 在使用中的航空器上使用可能影响导航系统正常功能的器具、工具，不听劝阻的，处五日以下拘留或者**五百元**以下罚款。	第四十条 盗窃、损坏、擅自移动使用中的航空设施，或者强行进入航空器驾驶舱的，处十日以上十五日以下拘留。 在使用中的航空器上使用可能影响导航系统正常功能的器具、工具，不听劝阻的，处五日以下拘留或者**一千元**以下罚款。 盗窃、损坏、擅自移动使用中的其他公共交通工具设施、设备，或者以抢控驾驶操纵装

续表

2012年《中华人民共和国治安管理处罚法》	2025年《中华人民共和国治安管理处罚法》
	置、拉扯、殴打驾驶人员等方式,干扰公共交通工具正常行驶的,处五日以下拘留或者一千元以下罚款;情节较重的,处五日以上十日以下拘留。
第三十五条 有下列行为之一的,处五日以上十日以下拘留,可以并处**五百元**以下罚款;情节较轻的,处五日以下拘留或者**五百元**以下罚款: (一)盗窃、损毁或者擅自移动铁路设施、设备、机车车辆配件或者安全标志的; (二)在铁路线路上放置障碍物,或者故意向列车投掷物品的; (三)在铁路线路、桥梁、涵洞处挖掘坑穴、采石取沙的; (四)在铁路线路上私设道口或者平交过道的。	第四十一条 有下列行为之一的,处五日以上十日以下拘留,可以并处**一千元**以下罚款;情节较轻的,处五日以下拘留或者**一千元**以下罚款: (一)盗窃、损毁、擅自移动铁路、**城市轨道交通**设施、设备、机车车辆配件或者安全标志的; (二)在铁路、**城市轨道交通**线路上放置障碍物,或者故意向列车投掷物品的; (三)在铁路、**城市轨道交通**线路、桥梁、**隧道**、涵洞处挖掘坑穴、采石取沙的; (四)在铁路、**城市轨道交通**线路上私设道口或者平交过道的。
第三十六条 擅自进入铁路防护网或者火车来临时在铁路线路上行走坐卧、抢越铁路,影响行车安全的,处警告或者二百元以下罚款。	第四十二条 擅自进入铁路、**城市轨道交通**防护网或者火车、**城市轨道交通列车**来临时在铁路、**城市轨道交通**线路上行走坐卧、抢越铁路、**城市轨道**,影响行车安全的,处警告或者五百元以下罚款。
第三十七条 有下列行为之一的,处五日以下拘留或者**五百元**以下罚款;情节严重的,处五日以上十日以下拘留,可以并处**五百元**以下罚款: (一)未经批准,安装、使用电网的,或者安装、使用电网不符合安全规定的; (二)在车辆、行人通行的地方施工,对沟井坎穴不设覆盖物、防围和警示标志的,或者故意损毁、移动覆盖物、防围和警示标志的; (三)盗窃、损毁路面井盖、照明等公共设施的。	第四十三条 有下列行为之一的,处五日以下拘留或者**一千元**以下罚款;情节严重的,处十日以上十五日以下拘留,可以并处**一千元**以下罚款: (一)未经批准,安装、使用电网的,或者安装、使用电网不符合安全规定的; (二)在车辆、行人通行的地方施工,对沟井坎穴不设覆盖物、防围和警示标志的,或者故意损毁、移动覆盖物、防围和警示标志的; (三)盗窃、损毁路面井盖、照明等公共设施的;

续表

2012年《中华人民共和国治安管理处罚法》	2025年《中华人民共和国治安管理处罚法》
	(四)违反有关法律法规规定,升放携带明火的升空物体,有发生火灾事故危险,不听劝阻的; (五)从建筑物或者其他高空抛掷物品,有危害他人人身安全、公私财产安全或者公共安全危险的。
第三十八条 举办**文化**、**体育**等大型群众性活动,违反有关规定,有发生安全事故危险的,责令停止活动,立即疏散;对**组织者**处五日以上十日以下拘留,并处**二百元以上五百元以下罚款**;情节较轻的,处五日以下拘留或者五百元以下罚款。	第四十四条 举办**体育**、**文化**等大型群众性活动,违反有关规定,有发生安全事故危险的,经公安机关责令改正而拒不改正或者无法改正的,责令停止活动,立即疏散;对**其直接负责的主管人员和其他直接责任人员**处五日以上十日以下拘留,并处一千元以上三千元以下罚款;情节较重的,处十日以上十五日以下拘留,并处三千元以上五千元以下罚款,可以同时责令六个月至一年以内不得举办大型群众性活动。
第三十九条 旅馆、饭店、影剧院、娱乐场、**运动场**、展览馆或者其他供社会公众活动的场所的**经营管理人员**,违反安全规定,致使该场所有发生安全事故危险,经公安机关责令改正,拒不改正的,处五日以下拘留。	第四十五条 旅馆、饭店、影剧院、娱乐场、**体育场馆**、展览馆或者其他供社会公众活动的场所违反安全规定,致使该场所有发生安全事故危险,经公安机关责令改正而拒不改正的,对其直接负责的主管人员和其他直接责任人员处五日以下拘留;情节较重的,处五日以上十日以下拘留。
无	第四十六条 违反有关法律法规关于飞行空域管理规定,飞行民用无人驾驶航空器、航空运动器材,或者升放无人驾驶自由气球、系留气球等升空物体,情节较重的,处五日以上十日以下拘留。 飞行、升放前款规定的物体非法穿越国(边)境的,处十日以上十五日以下拘留。
第三节 侵犯人身权利、财产权利的行为和处罚	第三节 侵犯人身权利、财产权利的行为和处罚
第四十条 有下列行为之一的,处十日以上十五日以下拘留,并处**五百元以上一千元以下罚款**;情节较轻的,处五日以上十日以	第四十七条 有下列行为之一的,处十日以上十五日以下拘留,并处**一千元以上二千元以下罚款**;情节较轻的,处五日以上十日

续表

2012 年《中华人民共和国治安管理处罚法》	2025 年《中华人民共和国治安管理处罚法》
下拘留，并处三百元以上**五百元**以下罚款： （一）组织、胁迫、诱骗不满十六周岁的人或者残疾人进行恐怖、残忍表演的； （二）以暴力、威胁或者其他手段强迫他人劳动的； （三）非法限制他人人身自由、非法侵入他人住宅或者非法搜查他人身体的。	以下拘留，并处**一千元**以下罚款： （一）组织、胁迫、诱骗不满十六周岁的人或者残疾人进行恐怖、残忍表演的； （二）以暴力、威胁或者其他手段强迫他人劳动的； （三）非法限制他人人身自由、非法侵入他人住宅或者非法搜查他人身体的。
无	第四十八条　组织、胁迫未成年人在不适宜未成年人活动的经营场所从事陪酒、陪唱等有偿陪侍活动的，处十日以上十五日以下拘留，并处五千元以下罚款；情节较轻的，处五日以下拘留或者五千元以下罚款。
第四十一条　胁迫、诱骗或者利用他人乞讨的，处十日以上十五日以下拘留，可以并处**一千元**以下罚款。 反复纠缠、强行讨要或者以其他滋扰他人的方式乞讨的，处五日以下拘留或者警告。	第四十九条　胁迫、诱骗或者利用他人乞讨的，处十日以上十五日以下拘留，可以并处**二千元**以下罚款。 反复纠缠、强行讨要或者以其他滋扰他人的方式乞讨的，处五日以下拘留或者警告。
第四十二条　有下列行为之一的，处五日以下拘留或者**五百元**以下罚款；情节较重的，处五日以上十日以下拘留，可以并处**五百元**以下罚款： （一）写恐吓信或者以其他方法威胁他人人身安全的； （二）公然侮辱他人或者捏造事实诽谤他人的； （三）捏造事实诬告陷害他人，企图使他人受到刑事追究或者受到治安管理处罚的； （四）对证人及其近亲属进行威胁、侮辱、殴打或者打击报复的； （五）多次发送淫秽、侮辱、恐吓**或者其他**信息，干扰他人正常生活的； （六）偷窥、偷拍、窃听、散布他人隐私的。	第五十条　有下列行为之一的，处五日以下拘留或者**一千元**以下罚款；情节较重的，处五日以上十日以下拘留，可以并处**一千元**以下罚款： （一）写恐吓信或者以其他方法威胁他人人身安全的； （二）公然侮辱他人或者捏造事实诽谤他人的； （三）捏造事实诬告陷害他人，企图使他人受到刑事追究或者受到治安管理处罚的； （四）对证人及其近亲属进行威胁、侮辱、殴打或者打击报复的； （五）多次发送淫秽、侮辱、恐吓**等信息或者采取滋扰、纠缠、跟踪等方法**，干扰他人正常生活的； （六）偷窥、偷拍、窃听、散布他人隐私的。

续表

2012年《中华人民共和国治安管理处罚法》	2025年《中华人民共和国治安管理处罚法》
	有前款第五项规定的滋扰、纠缠、跟踪行为的,除依照前款规定给予处罚外,经公安机关负责人批准,可以责令其一定期限内禁止接触被侵害人。对违反禁止接触规定的,处五日以上十日以下拘留,可以并处一千元以下罚款。
第四十三条 殴打他人的,或者故意伤害他人身体的,处五日以上十日以下拘留,并处二百元以上五百元以下罚款;情节较轻的,处五日以下拘留或者五百元以下罚款。 有下列情形之一的,处十日以上十五日以下拘留,并处五百元以上一千元以下罚款: (一)结伙殴打、伤害他人的; (二)殴打、伤害残疾人、孕妇、不满十四周岁的人或者六十周岁以上的人的; (三)多次殴打、伤害他人或者一次殴打、伤害多人的。	第五十一条 殴打他人的,或者故意伤害他人身体的,处五日以上十日以下拘留,并处五百元以上一千元以下罚款;情节较轻的,处五日以下拘留或者一千元以下罚款。 有下列情形之一的,处十日以上十五日以下拘留,并处一千元以上二千元以下罚款: (一)结伙殴打、伤害他人的; (二)殴打、伤害残疾人、孕妇、不满十四周岁的人或者七十周岁以上的人的; (三)多次殴打、伤害他人或者一次殴打、伤害多人的。
第四十四条 猥亵他人的,或者在公共场所故意裸露身体,情节恶劣的,处五日以上十日以下拘留;猥亵智力残疾人、精神病人、不满十四周岁的人或者有其他严重情节的,处十日以上十五日以下拘留。	第五十二条 猥亵他人的,处五日以上十日以下拘留;猥亵精神病人、智力残疾人、不满十四周岁的人或者有其他严重情节的,处十日以上十五日以下拘留。 在公共场所故意裸露身体隐私部位的,处警告或者五百元以下罚款;情节恶劣的,处五日以上十日以下拘留。
第四十五条 有下列行为之一的,处五日以下拘留或者警告: (一)虐待家庭成员,被虐待人要求处理的; (二)遗弃没有独立生活能力的被扶养人的。	第五十三条 有下列行为之一的,处五日以下拘留或者警告;情节较重的,处五日以上十日以下拘留,可以并处一千元以下罚款: (一)虐待家庭成员,被虐待人或者其监护人要求处理的; (二)对未成年人、老年人、患病的人、残疾人等负有监护、看护职责的人虐待被监护、看护的人的; (三)遗弃没有独立生活能力的被扶养人的。

续表

2012年《中华人民共和国治安管理处罚法》	2025年《中华人民共和国治安管理处罚法》
第四十六条 强买强卖商品,强迫他人提供服务或者强迫他人接受服务的,处五日以上十日以下拘留,并处**二百元以上五百元以下罚款**;情节较轻的,处五日以下拘留或者**五百元以下罚款**。	第五十四条 强买强卖商品,强迫他人提供服务或者强迫他人接受服务的,处五日以上十日以下拘留,并处**三千元以上五千元以下罚款**;情节较轻的,处五日以下拘留或者**一千元以下罚款**。
第四十七条 煽动民族仇恨、民族歧视,或者在出版物、计算机信息网络中刊载民族歧视、侮辱内容的,处十日以上十五日以下拘留,可以并处一千元以下罚款。	第五十五条 煽动民族仇恨、民族歧视,或者在出版物、信息网络中刊载民族歧视、侮辱内容的,处十日以上十五日以下拘留,可以并处三千元以下罚款;情节较轻的,处五日以下拘留或者三千元以下罚款。
无	第五十六条 违反国家有关规定,向他人出售或者提供个人信息的,处十日以上十五日以下拘留;情节较轻的,处五日以下拘留。 窃取或者以其他方法非法获取个人信息的,依照前款的规定处罚。
第四十八条 冒领、隐匿、毁弃、私自开拆或者非法检查他人邮件的,处五日以下拘留或者五百元以下罚款。	第五十七条 冒领、隐匿、毁弃、**倒卖**、私自开拆或者非法检查他人邮件、**快件**的,处警告或者一千元以下罚款;情节较重的,处五日以上十日以下拘留。
第四十九条 盗窃、诈骗、哄抢、抢夺、敲诈勒索或者故意损毁公私财物的,处五日以上十日以下拘留,可以并处五百元以下罚款;情节较重的,处十日以上十五日以下拘留,可以并处一千元以下罚款。	第五十八条 盗窃、诈骗、哄抢、抢夺或者敲诈勒索的,处五日以上十日以下拘留**或者二千元以下罚款**;情节较重的,处十日以上十五日以下拘留,可以并处三千元以下罚款。 第五十九条 故意损毁公私财物的,**处五日以下拘留或者一千元以下罚款**;情节较重的,处五日以上十日以下拘留,可以并处三千元以下罚款。
无	第六十条 以殴打、侮辱、恐吓等方式实施学生欺凌,违反治安管理的,公安机关应当依照本法、《中华人民共和国预防未成年人犯罪法》的规定,给予治安管理处罚、采取相应矫治教育等措施。 学校违反有关法律法规规定,明知发生

续表

2012年《中华人民共和国治安管理处罚法》	2025年《中华人民共和国治安管理处罚法》
	严重的学生欺凌或者明知发生其他侵害未成年学生的犯罪,不按规定报告或者处置的,责令改正,对其直接负责的主管人员和其他直接责任人员,建议有关部门依法予以处分。
第四节　妨害社会管理的行为和处罚	第四节　妨害社会管理的行为和处罚
第五十条　有下列行为之一的,处警告或者**二百元**以下罚款;情节严重的,处五日以上十日以下拘留,可以并处**五百元**以下罚款: （一）拒不执行人民政府在紧急状态情况下依法发布的决定、命令的; （二）阻碍国家机关工作人员依法执行职务的; （三）阻碍执行紧急任务的消防车、救护车、工程抢险车、警车**等车辆**通行的; （四）强行冲闯公安机关设置的警戒带、警戒区的。 阻碍人民警察依法执行职务的,从重处罚。	第六十一条　有下列行为之一的,处警告或者**五百元**以下罚款;情节严重的,处五日以上十日以下拘留,可以并处**一千元**以下罚款: （一）拒不执行人民政府在紧急状态情况下依法发布的决定、命令的; （二）阻碍国家机关工作人员依法执行职务的; （三）阻碍执行紧急任务的消防车、救护车、工程抢险车、警车**或者执行上述紧急任务的专用船舶**通行的; （四）强行冲闯公安机关设置的警戒带、警戒区**或者检查点**的。 阻碍人民警察依法执行职务的,从重处罚。
第五十一条　冒充国家机关工作人员或者以其他虚假身份招摇撞骗的,处**五日以上十日以下拘留,可以并处五百元以下罚款**;情节较轻的,处五日**以下拘留或者五百元以下罚款**。 冒充军警人员招摇撞骗的,从重处罚。	第六十二条　冒充国家机关工作人员招摇撞骗的,处**十日以上十五日以下拘留,可以并处一千元以下罚款**;情节较轻的,处五日以上十日以下拘留。 冒充军警人员招摇撞骗的,从重处罚。 **盗用、冒用个人、组织的身份、名义或者以其他虚假身份招摇撞骗的,处五日以下拘留或者一千元以下罚款**;情节较重的,处五日以上十日以下拘留,可以并处一千元以下罚款。
第五十二条　有下列行为之一的,处十日以上十五日以下拘留,可以并处**一千元**以下罚款;情节较轻的,处五日以上十日以下拘留,可以并处**五百元**以下罚款:	第六十三条　有下列行为之一的,处十日以上十五日以下拘留,可以并处**五千元**以下罚款;情节较轻的,处五日以上十日以下拘留,可以并处三千元以下罚款:

2012年《中华人民共和国治安管理处罚法》	2025年《中华人民共和国治安管理处罚法》
（一）伪造、变造或者买卖国家机关、人民团体、企业、事业单位或者其他组织的公文、证件、证明文件、印章的； （二）买卖或者使用伪造、变造的国家机关、人民团体、企业、事业单位或者其他组织的公文、证件、证明文件的； （三）伪造、变造、倒卖车票、船票、航空客票、文艺演出票、体育比赛入场券或者其他有价票证、凭证的； （四）伪造、变造船舶户牌，买卖或者使用伪造、变造的船舶户牌，或者涂改船舶发动机号码的。	（一）伪造、变造或者买卖国家机关、人民团体、企业、事业单位或者其他组织的公文、证件、证明文件、印章的； （二）**出租、出借**国家机关、人民团体、企业、事业单位或者其他组织的公文、证件、证明文件、印章**供他人非法使用的**； （三）买卖或者使用伪造、变造的国家机关、人民团体、企业、事业单位或者其他组织的公文、证件、证明文件、**印章**的； （四）伪造、变造**或者**倒卖车票、船票、航空客票、文艺演出票、体育比赛入场券或者其他有价票证、凭证的； （五）伪造、变造船舶户牌，买卖或者使用伪造、变造的船舶户牌，或者涂改船舶发动机号码的。
第五十三条 船舶擅自进入、停靠国家禁止、限制进入的水域或者岛屿的，对船舶负责人及有关责任人员处**五百元以上一千元以下**罚款；情节严重的，处五日以下拘留，并处**五百元以上一千元**以下罚款。	**第六十四条** 船舶擅自进入、停靠国家禁止、限制进入的水域或者岛屿的，对船舶负责人及有关责任人员处**一千元以上二千元以下**罚款；情节严重的，处五日以下拘留，**可以**并处**二千元以下**罚款。
第五十四条 有下列行为之一的，处十日以上十五日以下拘留，并处**五百元以上一千元**以下罚款；情节较轻的，处五日以下拘留或者**五百元**以下罚款： （一）违反国家规定，未经注册登记，以社会团体名义进行活动，被取缔后，仍进行活动的； （二）被依法撤销登记的社会团体，仍以**社会团体**名义进行活动的； （三）未经许可，擅自经营按照国家规定需要由公安机关许可的行业的。 有前款第三项行为的，予以取缔。 取得公安机关许可的经营者，违反国家有关管理规定，情节严重的，公安机关可以吊销许可证。	**第六十五条** 有下列行为之一的，处十日以上十五日以下拘留，**可以并处五千元**以下罚款；情节较轻的，处五日**以上十日以下**拘留或者**一千元以上三千元**以下罚款： （一）违反国家规定，未经注册登记，以社会团体、**基金会、社会服务机构等社会组织**名义进行活动，被取缔后，仍进行活动的； （二）被依法撤销登记**或者吊销登记证书**的社会团体、**基金会、社会服务机构等社会组织**，仍以**原社会组织**名义进行活动的； （三）未经许可，擅自经营按照国家规定需要由公安机关许可的行业的。 有前款第三项行为的，予以取缔。**被取缔一年以内又实施的，处十日以上十五日以下拘留，并处三千元以上五千元以下罚款。**

续表

2012年《中华人民共和国治安管理处罚法》	2025年《中华人民共和国治安管理处罚法》
	取得公安机关许可的经营者，违反国家有关管理规定，情节严重的，公安机关可以吊销许可证件。
第五十五条　煽动、策划非法集会、游行、示威，不听劝阻的，处十日以上十五日以下拘留。	第六十六条　煽动、策划非法集会、游行、示威，不听劝阻的，处十日以上十五日以下拘留。
第五十六条　旅馆业的工作人员对住宿的旅客不按规定登记姓名、身份证件种类和号码，或者明知住宿的旅客将危险物质带入旅馆，不予制止的，处二百元以上五百元以下罚款。 旅馆业的工作人员明知住宿的旅客是犯罪嫌疑人员或者被公安机关通缉的人员，不向公安机关报告的，处二百元以上五百元以下罚款；情节严重的，处五日以下拘留，可以并处五百元以下罚款。	第六十七条　从事旅馆业经营活动不按规定登记住宿人员姓名、有效身份证件种类和号码等信息的，或者为身份不明、拒绝登记身份信息的人提供住宿服务的，对其直接负责的主管人员和其他直接责任人员处五百元以上一千元以下罚款；情节较轻的，处警告或者五百元以下罚款。 实施前款行为，妨害反恐怖主义工作进行，违反《中华人民共和国反恐怖主义法》规定的，依照其规定处罚。 从事旅馆业经营活动有下列行为之一的，对其直接负责的主管人员和其他直接责任人员处一千元以上三千元以下罚款；情节严重的，处五日以下拘留，可以并处三千元以上五千元以下罚款： （一）明知住宿人员违反规定将危险物质带入住宿区域，不予制止的； （二）明知住宿人员是犯罪嫌疑人员或者被公安机关通缉的人员，不向公安机关报告的； （三）明知住宿人员利用旅馆实施犯罪活动，不向公安机关报告的。
第五十七条　房屋出租人将房屋出租给无身份证件的人居住的，或者不按规定登记承租人姓名、身份证件种类和号码的，处二百元以上五百元以下罚款。 房屋出租人明知承租人利用出租房屋进行犯罪活动，不向公安机关报告的，处二百	第六十八条　房屋出租人将房屋出租给身份不明、拒绝登记身份信息的人的，或者不按规定登记承租人姓名、有效身份证件种类和号码等信息的，处五百元以上一千元以下罚款；情节较轻的，处警告或者五百元以下罚款。

续表

2012年《中华人民共和国治安管理处罚法》	2025年《中华人民共和国治安管理处罚法》
以上**五百元**以下罚款;情节严重的,处五日以下拘留,可以并处**五百元**以下罚款。	房屋出租人明知承租人利用出租房屋**实施犯罪活动**,不向公安机关报告的,处一千元以上三千元以下罚款;情节严重的,处五日以下拘留,可以并处**三千元以上五千元**以下罚款。
无	**第六十九条** 娱乐场所和公章刻制、机动车修理、报废机动车回收行业经营者违反法律法规关于要求登记信息的规定,不登记信息的,处警告;拒不改正或者造成后果的,对其直接负责的主管人员和其他直接责任人员处五日以下拘留或者三千元以下罚款。
无	**第七十条** 非法安装、使用、提供窃听、窃照专用器材的,处五日以下拘留或者一千元以上三千元以下罚款;情节较重的,处五日以上十日以下拘留,并处三千元以上五千元以下罚款。
第五十九条 有下列行为之一的,处五百元以上一千元以下罚款;情节严重的,处五日以上十日以下拘留,并处**五百元以上一千元**以下罚款: (一)典当业工作人员承接典当的物品,不查验有关证明、不履行登记手续,或者明知是违法犯罪嫌疑人、赃物,不向公安机关报告的; (二)违反国家规定,收购铁路、油田、供电、电信、矿山、水利、测量和城市公用设施等废旧专用器材的; (三)收购公安机关通报寻查的赃物或者有赃物嫌疑的物品的; (四)收购国家禁止收购的其他物品的。	**第七十一条** 有下列行为之一的,处一**千元以上三千元**以下罚款;情节严重的,处五日以上十日以下拘留,并处**一千元以上三千元**以下罚款: (一)典当业工作人员承接典当的物品,不查验有关证明、不履行登记手续**的**,或者**违反国家规定**对明知是违法犯罪嫌疑人、赃物**而**不向公安机关报告的; (二)违反国家规定,收购铁路、油田、供电、电信、矿山、水利、测量和城市公用设施等废旧专用器材的; (三)收购公安机关通报寻查的赃物或者有赃物嫌疑的物品的; (四)收购国家禁止收购的其他物品**的**。
第六十条 有下列行为之一的,处五日以上十日以下拘留,并处三百元以上**五百元**以下罚款: (一)隐藏、转移、变卖或者损毁行政执法	**第七十二条** 有下列行为之一的,处五日以上十日以下拘留,**可以并处一千元以下罚款**;情节较轻的,**处警告或者一千元以下罚款**:

续表

2012 年《中华人民共和国治安管理处罚法》	2025 年《中华人民共和国治安管理处罚法》
机关依法扣押、查封、冻结的财物的； （二）伪造、隐匿、毁灭证据或者提供虚假证言、谎报案情，影响行政执法机关依法办案的； （三）明知是赃物而窝藏、转移或者代为销售的； （四）被依法执行管制、剥夺政治权利或者在缓刑、暂予监外执行中的罪犯或者被依法采取刑事强制措施的人，有违反法律、行政法规或者国务院有关部门的监督管理规定的行为。	（一）隐藏、转移、变卖、**擅自使用**或者损毁行政执法机关依法扣押、查封、冻结、**扣留、先行登记保存**的财物的； （二）伪造、隐匿、毁灭证据或者提供虚假证言、谎报案情，影响行政执法机关依法办案的； （三）明知是赃物而窝藏、转移或者代为销售的； （四）被依法执行管制、剥夺政治权利或者在缓刑、暂予监外执行中的罪犯或者被依法采取刑事强制措施的人，有违反法律、行政法规或者国务院有关部门的监督管理规定的行为**的**。
第六十一条　协助组织或者运送他人偷越国（边）境的，处十日以上十五日以下拘留，并处一千元以上五千元以下罚款。	
第六十二条　为偷越国（边）境人员提供条件的，处五日以上十日以下拘留，并处五百元以上二千元以下罚款。偷越国（边）境的，处五日以下拘留或者五百元以下罚款。	
无	第七十三条　有下列行为之一的，处警告或者一千元以下罚款；情节较重的，处五日以上十日以下拘留，可以并处一千元以下罚款： （一）违反人民法院刑事判决中的禁止令或者职业禁止决定的； （二）拒不执行公安机关依照《中华人民共和国反家庭暴力法》、《中华人民共和国妇女权益保障法》出具的禁止家庭暴力告诫书、禁止性骚扰告诫书的； （三）违反监察机关在监察工作中、司法机关在刑事诉讼中依法采取的禁止接触证人、鉴定人、被害人及其近亲属保护措施的。

续表

2012年《中华人民共和国治安管理处罚法》	2025年《中华人民共和国治安管理处罚法》
无	第七十四条　依法被关押的违法行为人脱逃的,处十日以上十五日以下拘留;情节较轻的,处五日以上十日以下拘留。
第六十三条　有下列行为之一的,处警告或者**二百元**以下罚款;情节较重的,处五日以上十日以下拘留,并处**二百元**以上**五百元**以下罚款: （一）刻划、涂污或者以其他方式故意损坏国家保护的文物、名胜古迹的; （二）违反国家规定,在文物保护单位附近进行爆破、挖掘等活动,危及文物安全的。	第七十五条　有下列行为之一的,处警告或者**五百元**以下罚款;情节较重的,处五日以上十日以下拘留,并处**五百元**以上**一千元**以下罚款: （一）刻划、涂污或者以其他方式故意损坏国家保护的文物、名胜古迹的; （二）违反国家规定,在文物保护单位附近进行爆破、**钻探**、挖掘等活动,危及文物安全的。
第六十四条　有下列行为之一的,处**五百元**以上**一千元**以下罚款;情节严重的,处十日以上十五日以下拘留,并处**五百元**以上**一千元**以下罚款: （一）偷开他人机动车的; （二）未取得驾驶证驾驶或者偷开他人航空器、机动船舶的。	第七十六条　有下列行为之一的,处**一千元**以上**二千元**以下罚款;情节严重的,处十日以上十五日以下拘留,**可以**并处**二千元**以下罚款: （一）偷开他人机动车的; （二）未取得驾驶证驾驶或者偷开他人航空器、机动船舶的。
第六十五条　有下列行为之一的,处五日以上十日以下拘留;情节严重的,处十日以上十五日以下拘留,可以并处**一千元**以下罚款: （一）故意破坏、污损他人坟墓或者毁坏、丢弃他人尸骨、骨灰的; （二）在公共场所停放尸体或者因停放尸体影响他人正常生活、工作秩序,不听劝阻的。	第七十七条　有下列行为之一的,处五日以上十日以下拘留;情节严重的,处十日以上十五日以下拘留,可以并处**二千元**以下罚款: （一）故意破坏、污损他人坟墓或者毁坏、丢弃他人尸骨、骨灰的; （二）在公共场所停放尸体或者因停放尸体影响他人正常生活、工作秩序,不听劝阻的。
第六十六条　卖淫、嫖娼的,处十日以上十五日以下拘留,可以并处五千元以下罚款;情节较轻的,处五日以下拘留或者**五百元**以下罚款。 在公共场所拉客招嫖的,处五日以下拘留或者**五百元**以下罚款。	第七十八条　卖淫、嫖娼的,处十日以上十五日以下拘留,可以并处五千元以下罚款;情节较轻的,处五日以下拘留或者**一千元**以下罚款。 在公共场所拉客招嫖的,处五日以下拘留或者**一千元**以下罚款。

续表

2012年《中华人民共和国治安管理处罚法》	2025年《中华人民共和国治安管理处罚法》
第六十七条 引诱、容留、介绍他人卖淫的，处十日以上十五日以下拘留，可以并处五千元以下罚款；情节较轻的，处五日以下拘留或者**五百元**以下罚款。	第七十九条 引诱、容留、介绍他人卖淫的，处十日以上十五日以下拘留，可以并处五千元以下罚款；情节较轻的，处五日以下拘留或者**一千元以上二千元**以下罚款。
第六十八条 制作、运输、复制、出售、出租淫秽的书刊、图片、影片、音像制品等淫秽物品或者利用计算机信息网络、电话以及其他通讯工具传播淫秽信息的，处十日以上十五日以下拘留，可以并处**三千元**以下罚款；情节较轻的，处五日以下拘留或者**五百元**以下罚款。	第八十条 制作、运输、复制、出售、出租淫秽的书刊、图片、影片、音像制品等淫秽物品或者利用信息网络、电话以及其他通讯工具传播淫秽信息的，处十日以上十五日以下拘留，可以并处**五千元**以下罚款；情节较轻的，处五日以下拘留或者**一千元以上三千元**以下罚款。 前款规定的淫秽物品或者淫秽信息中涉及未成年人的，从重处罚。
第六十九条 有下列行为之一的，处十日以上十五日以下拘留，并处**五百元以上一千元**以下罚款： （一）组织播放淫秽音像的； （二）组织或者进行淫秽表演的； （三）参与聚众淫乱活动的。 明知他人从事前款活动，为其提供条件的，依照前款的规定处罚。	第八十一条 有下列行为之一的，处十日以上十五日以下拘留，并处**一千元以上二千元**以下罚款： （一）组织播放淫秽音像的； （二）组织或者进行淫秽表演的； （三）参与聚众淫乱活动的。 明知他人从事前款活动，为其提供条件的，依照前款的规定处罚。 组织未成年人从事第一款活动的，从重处罚。
第七十条 以营利为目的，为赌博提供条件的，或者参与赌博赌资较大的，处五日以下拘留或者**五百元**以下罚款；情节严重的，处十日以上十五日以下拘留，并处**五百元以上三千元**以下罚款。	第八十二条 以营利为目的，为赌博提供条件的，或者参与赌博赌资较大的，处五日以下拘留或者**一千元**以下罚款；情节严重的，处十日以上十五日以下拘留，并处**一千元以上五千元**以下罚款。
第七十一条 有下列行为之一的，处十日以上十五日以下拘留，可以并处**三千元**以下罚款；情节较轻的，处五日以下拘留或者**五百元**以下罚款： （一）非法种植罂粟不满五百株或者其他少量毒品原植物的；	第八十三条 有下列行为之一的，处十日以上十五日以下拘留，可以并处**五千元**以下罚款；情节较轻的，处五日以下拘留或者**一千元**以下罚款： （一）非法种植罂粟不满五百株或者其他少量毒品原植物的；

续表

2012年《中华人民共和国治安管理处罚法》	2025年《中华人民共和国治安管理处罚法》
（二）非法买卖、运输、携带、持有少量未经灭活的罂粟等毒品原植物种子或者幼苗的； （三）非法运输、买卖、储存、使用少量罂粟壳的。 有前款第一项行为，在成熟前自行铲除的，不予处罚。	（二）非法买卖、运输、携带、持有少量未经灭活的罂粟等毒品原植物种子或者幼苗的； （三）非法运输、买卖、储存、使用少量罂粟壳的。 有前款第一项行为，在成熟前自行铲除的，不予处罚。
第七十二条　有下列行为之一的，处十日以上十五日以下拘留，可以并处**二千元**以下罚款；情节较轻的，处五日以下拘留或者**五百元**以下罚款： （一）非法持有鸦片不满二百克、海洛因或者甲基苯丙胺不满十克或者其他少量毒品的； （二）向他人提供毒品的； （三）吸食、注射毒品的； （四）胁迫、欺骗医务人员开具麻醉药品、精神药品的。	第八十四条　有下列行为之一的，处十日以上十五日以下拘留，可以并处**三千元**以下罚款；情节较轻的，处五日以下拘留或者**一千元**以下罚款： （一）非法持有鸦片不满二百克、海洛因或者甲基苯丙胺不满十克或者其他少量毒品的； （二）向他人提供毒品的； （三）吸食、注射毒品的； （四）胁迫、欺骗医务人员开具麻醉药品、精神药品的。 聚众、组织吸食、注射毒品的，对首要分子、组织者依照前款的规定从重处罚。 吸食、注射毒品的，可以同时责令其六个月至一年以内不得进入娱乐场所、不得擅自接触涉及毒品违法犯罪人员。违反规定的，处五日以下拘留或者一千元以下罚款。
第七十三条　教唆、引诱、欺骗他人吸食、注射毒品的，处十日以上十五日以下拘留，并处**五百元**以上**二千元**以下罚款。	第八十五条　引诱、教唆、欺骗或者强迫他人吸食、注射毒品的，处十日以上十五日以下拘留，并处**一千元**以上**五千元**以下罚款。 容留他人吸食、注射毒品或者介绍买卖毒品的，处十日以上十五日以下拘留，可以并处三千元以下罚款；情节较轻的，处五日以下拘留或者一千元以下罚款。
无	第八十六条　违反国家规定，非法生产、经营、购买、运输用于制造毒品的原料、配剂的，处十日以上十五日以下拘留；情节较轻的，处五日以上十日以下拘留。

续表

2012年《中华人民共和国治安管理处罚法》	2025年《中华人民共和国治安管理处罚法》
第七十四条 旅馆业、饮食服务业、文化娱乐业、出租汽车业等单位的人员，在公安机关查处吸毒、赌博、卖淫、嫖娼活动时，为违法犯罪行为人通风报信的，处十日以上十五日以下拘留。	第八十七条 旅馆业、饮食服务业、文化娱乐业、出租汽车业等单位的人员，在公安机关查处吸毒、赌博、卖淫、嫖娼活动时，为违法犯罪行为人通风报信的，**或者以其他方式为上述活动提供条件的**，处十日以上十五日以下拘留；情节较轻的，处五日以下拘留或者一千元以上二千元以下罚款。
第五十八条 违反关于社会生活噪声污染防治的法律规定，制造噪声干扰他人正常生活的，处警告；警告后不改正的，处二百元以上五百元以下罚款。	第八十八条 违反关于社会生活噪声污染防治的法律**法规**规定，**产生社会生活噪声，经基层群众性自治组织、业主委员会、物业服务人、有关部门依法劝阻、调解和处理未能制止**，继续干扰他人正常生活、工作和学习的，处五日以下拘留或者一千元以下罚款；情节严重的，处五日以上十日以下拘留，可以并处一千元以下罚款。
第七十五条 饲养动物，干扰他人正常生活的，处警告；警告后不改正的，或者放任动物恐吓他人的，处二百元以上五百元以下罚款。 驱使动物伤害他人的，依照本法第四十三条第一款的规定处罚。 第七十六条 有本法第六十七条、第六十八条、第七十条的行为，屡教不改的，可以按照国家规定采取强制性教育措施。	第八十九条 饲养动物，干扰他人正常生活的，处警告；警告后不改正的，或者放任动物恐吓他人的，处一千元以下罚款。 **违反有关法律、法规、规章规定，出售、饲养烈性犬等危险动物的，处警告；警告后不改正的，或者致使动物伤害他人的，处五日以下拘留或者一千元以下罚款；情节较重的，处五日以上十日以下拘留。** **未对动物采取安全措施，致使动物伤害他人的，处一千元以下罚款；情节较重的，处五日以上十日以下拘留。** 驱使动物伤害他人的，依照本法**第五十一条**的规定处罚。
第四章　处罚程序	第四章　处罚程序
第一节　调　查	第一节　调　查
第七十七条 公安机关对报案、控告、举报或者违反治安管理行为人主动投案，以及其他**行政主管部门、司法机关**移送的违反治安管理案件，应当**及时受理，并进行登记**。	第九十条 公安机关对报案、控告、举报或者违反治安管理行为人主动投案，以及其他**国家机关**移送的违反治安管理案件，应当**立即立案并进行调查**；认为不属于违反治安

续表

2012年《中华人民共和国治安管理处罚法》	2025年《中华人民共和国治安管理处罚法》
第七十八条　公安机关受理报案、控告、举报、投案后,认为属于违反治安管理行为的,应当立即进行调查;认为不属于违反治安管理行为的,应当告知报案人、控告人、举报人、投案人,并说明理由。	管理行为的,应当告知报案人、控告人、举报人、投案人,并说明理由。
第七十九条　公安机关及其人民警察对治安案件的调查,应当依法进行。严禁刑讯逼供或者采用威胁、引诱、欺骗等非法手段收集证据。 以非法手段收集的证据不得作为处罚的根据。	第九十一条　公安机关及其人民警察对治安案件的调查,应当依法进行。严禁刑讯逼供或者采用威胁、引诱、欺骗等非法手段收集证据。 以非法手段收集的证据不得作为处罚的根据。
无	第九十二条　公安机关办理治安案件,有权向有关单位和个人收集、调取证据。有关单位和个人应当如实提供证据。 公安机关向有关单位和个人收集、调取证据时,应当告知其必须如实提供证据,以及伪造、隐匿、毁灭证据或者提供虚假证言应当承担的法律责任。
无	第九十三条　在办理刑事案件过程中以及其他执法办案机关在移送案件前依法收集的物证、书证、视听资料、电子数据等证据材料,可以作为治安案件的证据使用。
第八十条　公安机关及其人民警察在办理治安案件时,对涉及的国家秘密、商业秘密或者个人隐私,应当予以保密。	第九十四条　公安机关及其人民警察在办理治安案件时,对涉及的国家秘密、商业秘密、个人隐私或者个人信息,应当予以保密。
第八十一条　人民警察在办理治安案件过程中,遇有下列情形之一的,应当回避;违反治安管理行为人、被侵害人或者其法定代理人也有权要求他们回避: (一)是本案当事人或者当事人的近亲属的; (二)本人或者其近亲属与本案有利害关系的;	第九十五条　人民警察在办理治安案件过程中,遇有下列情形之一的,应当回避;违反治安管理行为人、被侵害人或者其法定代理人也有权要求他们回避: (一)是本案当事人或者当事人的近亲属的; (二)本人或者其近亲属与本案有利害关系的;

续表

2012 年《中华人民共和国治安管理处罚法》	2025 年《中华人民共和国治安管理处罚法》
（三）与本案当事人有其他关系，可能影响案件公正处理的。 人民警察的回避，由其所属的公安机关决定；公安机关负责人的回避，由上一级公安机关决定。	（三）与本案当事人有其他关系，可能影响案件公正处理的。 人民警察的回避，由其所属的公安机关决定；公安机关负责人的回避，由上一级公安机关决定。
第八十二条　需要传唤违反治安管理行为人接受调查的，经公安机关办案部门负责人批准，使用传唤证传唤。对现场发现的违反治安管理行为人，人民警察经出示**工作证件**，可以口头传唤，但应当在询问笔录中注明。 公安机关应当将传唤的原因和依据告知被传唤人。对无正当理由不接受传唤或者逃避传唤的人，可以强制传唤。	第九十六条　需要传唤违反治安管理行为人接受调查的，经公安机关办案部门负责人批准，使用传唤证传唤。对现场发现的违反治安管理行为人，人民警察经出示**人民警察证**，可以口头传唤，但应当在询问笔录中注明。 公安机关应当将传唤的原因和依据告知被传唤人。对无正当理由不接受传唤或者逃避传唤的人，**经公安机关办案部门负责人批准**，可以强制传唤。
第八十三条　对违反治安管理行为人，公安机关传唤后应当及时询问查证，询问查证的时间不得超过八小时；情况复杂，依照本法规定可能适用行政拘留处罚的，询问查证的时间不得超过二十四小时。 公安机关应当及时将传唤的原因和处所通知被传唤人家属。	第九十七条　对违反治安管理行为人，公安机关传唤后应当及时询问查证，询问查证的时间不得超过八小时；**涉案人数众多、违反治安管理行为人身份不明的，询问查证的时间不得超过十二小时**；情况复杂，依照本法规定可能适用行政拘留处罚的，询问查证的时间不得超过二十四小时。**在执法办案场所询问违反治安管理行为人，应当全程同步录音录像。** 公安机关应当及时将传唤的原因和处所通知被传唤人家属。 **询问查证期间，公安机关应当保证违反治安管理行为人的饮食、必要的休息时间等正当需求。**
第八十四条　询问笔录应当交被询问人核对；对没有阅读能力的，应当向其宣读。记载有遗漏或者差错的，被询问人可以提出补充或者更正。被询问人确认笔录无误后，应当签名或者盖章，询问的人民警察也应当在笔录上签名。	第九十八条　询问笔录应当交被询问人核对；对没有阅读能力的，应当向其宣读。记载有遗漏或者差错的，被询问人可以提出补充或者更正。被询问人确认笔录无误后，应当签名**、**盖章**或者按指印**，询问的人民警察也应当在笔录上签名。

续表

2012年《中华人民共和国治安管理处罚法》	2025年《中华人民共和国治安管理处罚法》
被询问人要求就被询问事项自行提供书面材料的,应当准许;必要时,人民警察也可以要求被询问人自行书写。 询问不满十六周岁的违反治安管理行为人,应当通知其父母或者其他监护人到场。	被询问人要求就被询问事项自行提供书面材料的,应当准许;必要时,人民警察也可以要求被询问人自行书写。 询问不满十八周岁的违反治安管理行为人,应当通知其父母或者其他监护人到场;其父母或者其他监护人不能到场的,也可以通知其他成年亲属,所在学校、单位、居住地基层组织或者未成年人保护组织的代表等合适成年人到场,并将有关情况记录在案。确实无法通知或者通知后未到场的,应当在笔录中注明。
第八十五条　人民警察询问被侵害人或者其他证人,可以到其所在单位或者住处进行;必要时,也可以通知其到公安机关提供证言。 人民警察在公安机关以外询问被侵害人或者其他证人,应当出示**工作证件**。 询问被侵害人或者其他证人,同时适用本法**第八十四条**的规定。	第九十九条　人民警察询问被侵害人或者其他证人,**可以在现场进行,**也可以到其所在单位、住处**或者其提出的地点**进行;必要时,也可以通知其到公安机关提供证言。 人民警察在公安机关以外询问被侵害人或者其他证人,应当出示**人民警察证**。 询问被侵害人或者其他证人,同时适用本法**第九十八条**的规定。
无	第一百条　违反治安管理行为人、被侵害人或者其他证人在异地的,公安机关可以委托异地公安机关代为询问,也可以通过公安机关的视频系统远程询问。 通过远程视频方式询问的,应当向被询问人宣读询问笔录,被询问人确认笔录无误后,询问的人民警察应当在笔录上注明。询问和宣读过程应当全程同步录音录像。
第八十六条　询问聋哑的违反治安管理行为人、被侵害人或者其他证人,应当有通晓手语的人提供帮助,并在笔录上注明。 询问不通晓当地通用的语言文字的违反治安管理行为人、被侵害人或者其他证人,应当配备翻译人员,并在笔录上注明。	第一百零一条　询问聋哑的违反治安管理行为人、被侵害人或者其他证人,应当有通晓手语**等交流方式**的人提供帮助,并在笔录上注明。 询问不通晓当地通用的语言文字的违反治安管理行为人、被侵害人或者其他证人,应当配备翻译人员,并在笔录上注明。

续表

2012年《中华人民共和国治安管理处罚法》	2025年《中华人民共和国治安管理处罚法》
无	第一百零二条　为了查明案件事实，确定违反治安管理行为人、被侵害人的某些特征、伤害情况或者生理状态，需要对其人身进行检查，提取或者采集肖像、指纹信息和血液、尿液等生物样本的，经公安机关办案部门负责人批准后进行。对已经提取、采集的信息或者样本，不得重复提取、采集。提取或者采集被侵害人的信息或者样本，应当征得被侵害人或者其监护人同意。
第八十七条　公安机关对与违反治安管理行为有关的场所、物品、人身可以进行检查。检查时，人民警察不得少于二人，并应当出示**工作证件**和县级以上人民政府公安机关开具的检查证明文件。对确有必要立即进行检查的，人民警察经出示**工作证件**，可以当场检查，但检查公民住所应当出示县级以上人民政府公安机关开具的检查证明文件。 　　检查妇女的身体，应当由女性工作人员进行。	第一百零三条　公安机关对与违反治安管理行为有关的场所**或者违反治安管理行为人的人身**、物品可以进行检查。检查时，人民警察不得少于二人，并应当出示**人民警察证**。 　　**对场所进行检查的，经县级以上人民政府公安机关负责人批准，使用检查证检查**；对确有必要立即进行检查的，人民警察经出示**人民警察证**，可以当场检查，**并应当全程同步录音录像**。检查公民住所应当出示县级以上人民政府公安机关开具的检查证。 　　检查妇女的身体，应当由女性工作人员**或者医师**进行。
第八十八条　检查的情况应当制作检查笔录，由检查人、被检查人和见证人签名或者盖章；被检查人拒绝签名的，人民警察应当在笔录上注明。	第一百零四条　检查的情况应当制作检查笔录，由检查人、被检查人和见证人签名、盖章或者**按指印**；被检查人**不在场或者被检查人**、见证人拒绝签名的，人民警察应当在笔录上注明。
第八十九条　公安机关办理治安案件，对与案件有关的需要作为证据的物品，可以扣押；对被侵害人或者善意第三人合法占有的财产，不得扣押，应当予以登记。对与案件无关的物品，不得扣押。 　　对扣押的物品，应当会同在场见证人和被扣押物品持有人查点清楚，当场开列清单一式二份，由调查人员、见证人和持有人签名	第一百零五条　公安机关办理治安案件，对与案件有关的需要作为证据的物品，可以扣押；对被侵害人或者善意第三人合法占有的财产，不得扣押，应当予以登记，**但是对其中与案件有关的必须鉴定的物品，可以扣押，鉴定后应当立即解除**。对与案件无关的物品，不得扣押。 　　对扣押的物品，应当会同在场见证人和

续表

2012年《中华人民共和国治安管理处罚法》	2025年《中华人民共和国治安管理处罚法》
或者盖章，一份交给持有人，另一份附卷备查。 　　对扣押的物品，应当妥善保管，不得挪作他用；对不宜长期保存的物品，按照有关规定处理。经查明与案件无关的，应当及时退还；经核实属于他人合法财产的，应当登记后立即退还；满六个月无人对该财产主张权利或者无法查清权利人的，应当公开拍卖或者按照国家有关规定处理，所得款项上缴国库。	被扣押物品持有人查点清楚，当场开列清单一式二份，由调查人员、见证人和持有人签名或者盖章，一份交给持有人，另一份附卷备查。 　　**实施扣押前应当报经公安机关负责人批准；因情况紧急或者物品价值不大，当场实施扣押的，人民警察应当及时向其所属公安机关负责人报告，并补办批准手续。公安机关负责人认为不应当扣押的，应当立即解除。当场实施扣押的，应当全程同步录音录像。** 　　对扣押的物品，应当妥善保管，不得挪作他用；对不宜长期保存的物品，按照有关规定处理。经查明与案件无关**或者**经核实属于**被侵害人或者**他人合法财产的，应当登记后立即退还；满六个月无人对该财产主张权利或者无法查清权利人的，应当公开拍卖或者按照国家有关规定处理，所得款项上缴国库。
第九十条　为了查明案情，需要解决案件中有争议的专门性问题的，应当指派或者聘请具有专门知识的人员进行鉴定；鉴定人鉴定后，应当写出鉴定意见，并且签名。	第一百零六条　为了查明案情，需要解决案件中有争议的专门性问题的，应当指派或者聘请具有专门知识的人员进行鉴定；鉴定人鉴定后，应当写出鉴定意见，并且签名。
无	第一百零七条　为了查明案情，人民警察可以让违反治安管理行为人、被侵害人和其他证人对与违反治安管理行为有关的场所、物品进行辨认，也可以让被侵害人、其他证人对违反治安管理行为人进行辨认，或者让违反治安管理行为人对其他违反治安管理行为人进行辨认。 　　辨认应当制作辨认笔录，由人民警察和辨认人签名、盖章或者按指印。
无	第一百零八条　公安机关进行询问、辨认、勘验，实施行政强制措施等调查取证工作时，人民警察不得少于二人。 　　公安机关在规范设置、严格管理的执法办案场所进行询问、扣押、辨认的，或者进行调解的，可以由一名人民警察进行。

续表

2012年《中华人民共和国治安管理处罚法》	2025年《中华人民共和国治安管理处罚法》
	依照前款规定由一名人民警察进行询问、扣押、辨认、调解的，应当全程同步录音录像。未按规定全程同步录音录像或者录音录像资料损毁、丢失的，相关证据不能作为处罚的根据。
第二节 决 定	第二节 决 定
第九十一条　治安管理处罚由县级以上人民政府公安机关决定；其中警告、**五百元以下**的罚款可以由公安派出所决定。	第一百零九条　治安管理处罚由县级以上**地方**人民政府公安机关决定；其中警告、**一千元**以下的罚款，可以由公安派出所决定。
第九十二条　对决定给予行政拘留处罚的人，在处罚前已经采取强制措施限制人身自由的时间，应当折抵。限制人身自由一日，折抵行政拘留一日。	第一百一十条　对决定给予行政拘留处罚的人，在处罚前已经采取强制措施限制人身自由的时间，应当折抵。限制人身自由一日，折抵行政拘留一日。
第九十三条　公安机关查处治安案件，对没有本人陈述，但其他证据能够证明案件事实的，可以作出治安管理处罚决定。但是，只有本人陈述，没有其他证据证明的，不能作出治安管理处罚决定。	第一百一十一条　公安机关查处治安案件，对没有本人陈述，但其他证据能够证明案件事实的，可以作出治安管理处罚决定。但是，只有本人陈述，没有其他证据证明的，不能作出治安管理处罚决定。
第九十四条　公安机关作出治安管理处罚决定前，应当告知违反治安管理行为人作出治安管理处罚的事实、理由及依据，并告知违反治安管理行为人依法享有的权利。 违反治安管理行为人有权陈述和申辩。公安机关必须充分听取违反治安管理行为人的意见，对违反治安管理行为人提出的事实、理由和证据，应当进行复核；违反治安管理行为人提出的事实、理由或者证据成立的，公安机关应当采纳。 公安机关不得因违反治安管理行为人的陈述、申辩而加重处罚。	第一百一十二条　公安机关作出治安管理处罚决定前，应当告知违反治安管理行为人拟作出治安管理处罚的**内容及**事实、理由、依据，并告知违反治安管理行为人依法享有的权利。 违反治安管理行为人有权陈述和申辩。公安机关必须充分听取违反治安管理行为人的意见，对违反治安管理行为人提出的事实、理由和证据，应当进行复核；违反治安管理行为人提出的事实、理由或者证据成立的，公安机关应当采纳。 **违反治安管理行为人不满十八周岁的，还应当依照前两款的规定告知未成年人的父母或者其他监护人，充分听取其意见。** 公安机关不得因违反治安管理行为人的陈述、申辩而加重**其**处罚。

续表

2012年《中华人民共和国治安管理处罚法》	2025年《中华人民共和国治安管理处罚法》
第九十五条 治安案件调查结束后，公安机关应当根据不同情况，分别作出以下处理： （一）确有依法应当给予治安管理处罚的违法行为的，根据情节轻重及具体情况，作出处罚决定； （二）依法不予处罚的，或者违法事实不能成立的，作出不予处罚决定； （三）违法行为已涉嫌犯罪的，移送主管机关依法追究刑事责任； （四）发现违反治安管理行为人有其他违法行为的，在对违反治安管理行为作出处罚决定的同时，通知有关行政主管部门处理。	第一百一十三条 治安案件调查结束后，公安机关应当根据不同情况，分别作出以下处理： （一）确有依法应当给予治安管理处罚的违法行为的，根据情节轻重及具体情况，作出处罚决定； （二）依法不予处罚的，或者违法事实不能成立的，作出不予处罚决定； （三）违法行为已涉嫌犯罪的，移送**有关**主管机关依法追究刑事责任； （四）发现违反治安管理行为人有其他违法行为的，在对违反治安管理行为作出处罚决定的同时，通知**或者移送**有关主管机关处理。 **对情节复杂或者重大违法行为给予治安管理处罚，公安机关负责人应当集体讨论决定。**
无	第一百一十四条 有下列情形之一的，在公安机关作出治安管理处罚决定之前，应当由从事治安管理处罚决定法制审核的人员进行法制审核；未经法制审核或者审核未通过的，不得作出决定： （一）涉及重大公共利益的； （二）直接关系当事人或者第三人重大权益，经过听证程序的； （三）案件情况疑难复杂、涉及多个法律关系的。 公安机关中初次从事治安管理处罚决定法制审核的人员，应当通过国家统一法律职业资格考试取得法律职业资格。
第九十六条 公安机关作出治安管理处罚决定的，应当制作治安管理处罚决定书。决定书应当载明下列内容： （一）被处罚人的姓名、性别、年龄、身份证件的名称和号码、住址；	第一百一十五条 公安机关作出治安管理处罚决定的，应当制作治安管理处罚决定书。决定书应当载明下列内容： （一）被处罚人的姓名、性别、年龄、身份证件的名称和号码、住址；

续表

2012年《中华人民共和国治安管理处罚法》	2025年《中华人民共和国治安管理处罚法》
（二）违法事实和证据； （三）处罚的种类和依据； （四）处罚的执行方式和期限； （五）对处罚决定不服，申请行政复议、提起行政诉讼的途径和期限； （六）作出处罚决定的公安机关的名称和作出决定的日期。 决定书应当由作出处罚决定的公安机关加盖印章。	（二）违法事实和证据； （三）处罚的种类和依据； （四）处罚的执行方式和期限； （五）对处罚决定不服，申请行政复议、提起行政诉讼的途径和期限； （六）作出处罚决定的公安机关的名称和作出决定的日期。 决定书应当由作出处罚决定的公安机关加盖印章。
第九十七条　公安机关应当向被处罚人宣告治安管理处罚决定书，并当场交付被处罚人；无法当场向被处罚人宣告的，应当在二日内送达被处罚人。决定给予行政拘留处罚的，应当及时通知被处罚人的家属。 有被侵害人的，公安机关应当将决定书副本抄送被侵害人。	第一百一十六条　公安机关应当向被处罚人宣告治安管理处罚决定书，并当场交付被处罚人；无法当场向被处罚人宣告的，应当在二日**以内**送达被处罚人。决定给予行政拘留处罚的，应当及时通知被处罚人的家属。 有被侵害人的，公安机关应当将决定书**送达**被侵害人。
第九十八条　公安机关作出吊销许可证以及处二千元以上罚款的治安管理处罚决定前，应当告知违反治安管理行为人有权要求举行听证；违反治安管理行为人要求听证的，公安机关应当及时依法举行听证。	第一百一十七条　公安机关作出吊销许可证**件**、处**四千元**以上罚款的治安管理处罚决定**或者采取责令停业整顿措施**前，应当告知违反治安管理行为人有权要求举行听证；违反治安管理行为人要求听证的，公安机关应当及时依法举行听证。 　　对依照本法第二十三条第二款规定可能执行行政拘留的未成年人，公安机关应当告知未成年人和其监护人有权要求举行听证；未成年人和其监护人要求听证的，公安机关应当及时依法举行听证。对未成年人案件的听证不公开举行。 　　前两款规定以外的案情复杂或者具有重大社会影响的案件，违反治安管理行为人要求听证，公安机关认为必要的，应当及时依法举行听证。 　　公安机关不得因违反治安管理行为人要求听证而加重其处罚。

续表

2012年《中华人民共和国治安管理处罚法》	2025年《中华人民共和国治安管理处罚法》
第九十九条　公安机关办理治安案件的期限,自**受理**之日起不得超过三十日;案情重大、复杂的,经上一级公安机关批准,可以延长三十日。 　　为了查明案情进行鉴定的期间,不计入办理治安案件的期限。	第一百一十八条　公安机关办理治安案件的期限,自**立案**之日起不得超过三十日;案情重大、复杂的,经上一级公安机关批准,可以延长三十日。**期限延长以二次为限。公安派出所办理的案件需要延长期限的,由所属公安机关批准**。 　　为了查明案情进行鉴定的期间、**听证的期间**,不计入办理治安案件的期限。
第一百条　违反治安管理行为事实清楚,证据确凿,处警告或者**二百元**以下罚款的,可以当场作出治安管理处罚决定。	第一百一十九条　违反治安管理行为事实清楚,证据确凿,处警告或者**五百元**以下罚款的,可以当场作出治安管理处罚决定。
第一百零一条　当场作出治安管理处罚决定的,人民警察应当向违反治安管理行为人出示**工作证件**,并填写处罚决定书。处罚决定书应当当场交付被处罚人;有被侵害人的,并将决定书**副本抄送**被侵害人。 　　前款规定的处罚决定书,应当载明被处罚人的姓名、违法行为、处罚依据、罚款数额、时间、地点以及公安机关名称,并由经办的人民警察签名或者盖章。 　　当场作出治安管理处罚决定的,经办的人民警察应当在二十四小时内报所属公安机关备案。	第一百二十条　当场作出治安管理处罚决定的,人民警察应当向违反治安管理行为人出示**人民警察证**,并填写处罚决定书。处罚决定书应当当场交付被处罚人;有被侵害人的,并**应当**将决定书**送达**被侵害人。 　　前款规定的处罚决定书,应当载明被处罚人的姓名、违法行为、处罚依据、罚款数额、时间、地点以及公安机关名称,并由经办的人民警察签名或者盖章。 　　**适用当场处罚,被处罚人对拟作出治安管理处罚的内容及事实、理由、依据没有异议的,可以由一名人民警察作出治安管理处罚决定,并应当全程同步录音录像**。 　　当场作出治安管理处罚决定的,经办的人民警察应当在二十四小时以内报所属公安机关备案。
第一百零二条　被处罚人对治安管理处罚决定不服的,可以依法申请行政复议或者提起行政诉讼。	第一百二十一条　被处罚人、**被侵害人**对**公安机关依照本法规定作出的**治安管理处罚决定,**作出的收缴、追缴决定**,或者采取的**有关限制性、禁止性措施等**不服的,可以依法申请行政复议或者提起行政诉讼。

续表

2012年《中华人民共和国治安管理处罚法》	2025年《中华人民共和国治安管理处罚法》
第三节 执 行	第三节 执 行
第一百零三条 对被决定给予行政拘留处罚的人，由作出决定的公安机关**送达**拘留所执行。	第一百二十二条 对被决定给予行政拘留处罚的人，由作出决定的公安机关**送**拘留所执行；**执行期满，拘留所应当按时解除拘留，发给解除拘留证明书。** **被决定给予行政拘留处罚的人在异地被抓获或者有其他有必要在异地拘留所执行情形的，经异地拘留所主管公安机关批准，可以在异地执行。**
第一百零四条 受到罚款处罚的人应当自收到处罚决定书之日起十五日内，到指定的银行缴纳罚款。但是，有下列情形之一的，人民警察可以当场收缴罚款： （一）被处**五十元**以下罚款，被处罚人对罚款无异议的； （二）在边远、水上、交通不便地区，公安机关及其人民警察依照本法的规定作出罚款决定后，被处罚人向指定的银行缴纳罚款确有困难，经被处罚人提出的； （三）被处罚人在当地没有固定住所，不当场收缴事后难以执行的。	第一百二十三条 受到罚款处罚的人应当自收到处罚决定书之日起十五日**以内**，到指定的银行**或者通过电子支付系统**缴纳罚款。但是，有下列情形之一的，人民警察可以当场收缴罚款： （一）被处**二百元**以下罚款，被处罚人对罚款无异议的； （二）在边远、水上、交通不便地区，**旅客列车上或者口岸**，公安机关及其人民警察依照本法的规定作出罚款决定后，被处罚人**到**指定的银行**或者通过电子支付系统**缴纳罚款确有困难，经被处罚人提出的； （三）被处罚人在当地没有固定住所，不当场收缴事后难以执行的。
第一百零五条 人民警察当场收缴的罚款，应当自收缴罚款之日起二日内，交至所属的公安机关；在水上、旅客列车上当场收缴的罚款，应当自抵岸或者到站之日起二日内，交至所属的公安机关；公安机关应当自收到罚款之日起二日内将罚款缴付指定的银行。	第一百二十四条 人民警察当场收缴的罚款，应当自收缴罚款之日起二日**以内**，交至所属的公安机关；在水上、旅客列车上当场收缴的罚款，应当自抵岸或者到站之日起二日**以内**，交至所属的公安机关；公安机关应当自收到罚款之日起二日**以内**将罚款缴付指定的银行。
第一百零六条 人民警察当场收缴罚款的，应当向被处罚人出具省、自治区、直辖市人民政府财政部门统一制发的**罚款收据**；不出具统一制发的**罚款收据**的，被处罚人有权拒绝缴纳罚款。	第一百二十五条 人民警察当场收缴罚款的，应当向被处罚人出具省**级以上**人民政府财政部门统一制发的**专用票据**；不出具统一制发的**专用票据**的，被处罚人有权拒绝缴纳罚款。

续表

2012年《中华人民共和国治安管理处罚法》	2025年《中华人民共和国治安管理处罚法》
第一百零七条　被处罚人不服行政拘留处罚决定,申请行政复议、提起行政诉讼的,可以向公安机关提出暂缓执行行政拘留的申请。公安机关认为暂缓执行行政拘留不致发生社会危险的,由被处罚人或者其近亲属提出符合本法**第一百零八条**规定条件的担保人,或者按每日行政拘留二百元的标准交纳保证金,行政拘留的处罚决定暂缓执行。	第一百二十六条　被处罚人不服行政拘留处罚决定,申请行政复议、提起行政诉讼的,**遇有参加升学考试、子女出生或者近亲属病危、死亡等情形的,**可以向公安机关提出暂缓执行行政拘留的申请。公安机关认为暂缓执行行政拘留不致发生社会危险的,由被处罚人或者其近亲属提出符合本法**第一百二十七条**规定条件的担保人,或者按每日行政拘留二百元的标准交纳保证金,行政拘留的处罚决定暂缓执行。 **正在被执行行政拘留处罚的人遇有参加升学考试、子女出生或者近亲属病危、死亡等情形,被拘留人或者其近亲属申请出所的,由公安机关依照前款规定执行。被拘留人出所的时间不计入拘留期限。**
第一百零八条　担保人应当符合下列条件: (一)与本案无牵连; (二)享有政治权利,人身自由未受到限制; (三)在当地有常住户口和固定住所; (四)有能力履行担保义务。	第一百二十七条　担保人应当符合下列条件: (一)与本案无牵连; (二)享有政治权利,人身自由未受到限制; (三)在当地有常住户口和固定住所; (四)有能力履行担保义务。
第一百零九条　担保人应当保证被担保人不逃避行政拘留处罚的执行。 担保人不履行担保义务,致使被担保人逃避行政拘留处罚的执行的,**由公安机关对其**处三千元以下罚款。	第一百二十八条　担保人应当保证被担保人不逃避行政拘留处罚的执行。 担保人不履行担保义务,致使被担保人逃避行政拘留处罚的执行的,处三千元以下罚款。
第一百一十条　被决定给予行政拘留处罚的人交纳保证金,暂缓行政拘留后,逃避行政拘留处罚的执行的,保证金予以没收并上缴国库,已经作出的行政拘留决定仍应执行。	第一百二十九条　被决定给予行政拘留处罚的人交纳保证金,暂缓行政拘留**或者出所**后,逃避行政拘留处罚的执行的,保证金予以没收并上缴国库,已经作出的行政拘留决定仍应执行。

续表

2012年《中华人民共和国治安管理处罚法》	2025年《中华人民共和国治安管理处罚法》
第一百一十一条 行政拘留的处罚决定被撤销,或者行政拘留处罚开始执行的,公安机关收取的保证金应当及时退还交纳人。	第一百三十条 行政拘留的处罚决定被撤销,行政拘留处罚开始执行,**或者出所后继续执行的**,公安机关收取的保证金应当及时退还交纳人。
第五章 执法监督	第五章 执法监督
第一百一十二条 公安机关及其人民警察应当依法、公正、严格、高效办理治安案件,文明执法,不得徇私舞弊。	第一百三十一条 公安机关及其人民警察应当依法、公正、严格、高效办理治安案件,文明执法,不得徇私舞弊、**玩忽职守、滥用职权**。
第一百一十三条 公安机关及其人民警察办理治安案件,禁止对违反治安管理行为人打骂、虐待或者侮辱。	第一百三十二条 公安机关及其人民警察办理治安案件,禁止对违反治安管理行为人打骂、虐待或者侮辱。
第一百一十四条 公安机关及其人民警察办理治安案件,应当自觉接受社会和公民的监督。 公安机关及其人民警察办理治安案件,不严格执法或者有违法违纪行为的,任何单位和个人都有权向公安机关或者人民检察院、行政监察机关检举、控告;收到检举、控告的机关,应当依据职责及时处理。	第一百三十三条 公安机关及其人民警察办理治安案件,应当自觉接受社会和公民的监督。 公安机关及其人民警察办理治安案件,不严格执法或者有违法违纪行为的,任何单位和个人都有权向公安机关或者人民检察院、监察机关检举、控告;收到检举、控告的机关,应当依据职责及时处理。
无	第一百三十四条 公安机关作出治安管理处罚决定,发现被处罚人是公职人员,依照《中华人民共和国公职人员政务处分法》的规定需要给予政务处分的,应当依照有关规定及时通报监察机关等有关单位。
第一百一十五条 公安机关依法实施罚款处罚,应当依照有关法律、行政法规的规定,实行罚款决定与罚款收缴分离;收缴的罚款应当全部上缴国库。	第一百三十五条 公安机关依法实施罚款处罚,应当依照有关法律、行政法规的规定,实行罚款决定与罚款收缴分离;收缴的罚款应当全部上缴国库,**不得返还、变相返还,不得与经费保障挂钩**。

续表

2012年《中华人民共和国治安管理处罚法》	2025年《中华人民共和国治安管理处罚法》
无	第一百三十六条　违反治安管理的记录应当予以封存,不得向任何单位和个人提供或者公开,但有关国家机关为办案需要或者有关单位根据国家规定进行查询的除外。依法进行查询的单位,应当对被封存的违法记录的情况予以保密。
无	第一百三十七条　公安机关应当履行同步录音录像运行安全管理职责,完善技术措施,定期维护设施设备,保障录音录像设备运行连续、稳定、安全。
无	第一百三十八条　公安机关及其人民警察不得将在办理治安案件过程中获得的个人信息,依法提取、采集的相关信息、样本用于与治安管理、查处犯罪无关的用途,不得出售、提供给其他单位或者个人。
第一百一十六条　人民警察办理治安案件,有下列行为之一的,依法给予行政处分;构成犯罪的,依法追究刑事责任: (一)刑讯逼供、体罚、虐待、侮辱他人的; (二)超过询问查证的时间限制人身自由的; (三)不执行罚款决定与罚款收缴分离制度或者不按规定将罚没的财物上缴国库或者依法处理的; (四)私分、侵占、挪用、故意损毁收缴、扣押的财物的; (五)违反规定使用或者不及时返还被侵害人财物的; (六)违反规定不及时退还保证金的; (七)利用职务上的便利收受他人财物或者谋取其他利益的; (八)当场收缴罚款不出具**罚款收据**或者不如实填写罚款数额的;	第一百三十九条　人民警察办理治安案件,有下列行为之一的,依法给予处分;构成犯罪的,依法追究刑事责任: (一)刑讯逼供、体罚、**打骂**、虐待、侮辱他人的; (二)超过询问查证的时间限制人身自由的; (三)不执行罚款决定与罚款收缴分离制度或者不按规定将罚没的财物上缴国库或者依法处理的; (四)私分、侵占、挪用、故意损毁**所**收缴、**追缴**、扣押的财物的; (五)违反规定使用或者不及时返还被侵害人财物的; (六)违反规定不及时退还保证金的; (七)利用职务上的便利收受他人财物或者谋取其他利益的; (八)当场收缴罚款不出具**专用票据**或者不如实填写罚款数额的;

续表

2012年《中华人民共和国治安管理处罚法》	2025年《中华人民共和国治安管理处罚法》
（九）接到要求制止违反治安管理行为的报警后，不及时出警的； （十）在查处违反治安管理活动时，为违法犯罪行为人通风报信的； （十一）有徇私舞弊、滥用职权，不依法履行法定职责的其他情形的。 办理治安案件的公安机关有前款所列行为的，对**直接负责的主管人员**和其他直接责任人员给予相应的行政处分。	（九）接到要求制止违反治安管理行为的报警后，不及时出警的； （十）在查处违反治安管理活动时，为违法犯罪行为人通风报信的； （十一）泄露办理治安案件过程中的工作秘密或者其他依法应当保密的信息的； （十二）将在办理治安案件过程中获得的个人信息，依法提取、采集的相关信息、样本用于与治安管理、查处犯罪无关的用途，或者出售、提供给其他单位或者个人的； （十三）剪接、删改、损毁、丢失办理治安案件的同步录音录像资料的； （十四）有徇私舞弊、玩忽职守、滥用职权，不依法履行法定职责的其他情形的。 办理治安案件的公安机关有前款所列行为的，对**负有责任的领导人员**和直接责任人员，**依法**给予处分。
第一百一十七条　公安机关及其人民警察违法行使职权，侵犯公民、法人和其他组织合法权益的，应当赔礼道歉；造成损害的，应当依法承担赔偿责任。	第一百四十条　公安机关及其人民警察违法行使职权，侵犯公民、法人和其他组织合法权益的，应当赔礼道歉；造成损害的，应当依法承担赔偿责任。
第六章　附　　则	第六章　附　　则
无	第一百四十一条　其他法律中规定由公安机关给予行政拘留处罚的，其处罚程序适用本法规定。 公安机关依照《中华人民共和国枪支管理法》《民用爆炸物品安全管理条例》等直接关系公共安全和社会治安秩序的法律、行政法规实施处罚的，其处罚程序适用本法规定。 本法第三十二条、第三十四条、第四十六条、第五十六条规定给予行政拘留处罚，其他法律、行政法规同时规定给予罚款、没收违法所得、没收非法财物等其他行政处罚的行为，由相关主管部门依照相应规定处罚；需要给予行政拘留处罚的，由公安机关依照本法规定处理。

续表

2012 年《中华人民共和国治安管理处罚法》	2025 年《中华人民共和国治安管理处罚法》
无	第一百四十二条　海警机构履行海上治安管理职责，行使本法规定的公安机关的职权，但是法律另有规定的除外。
第一百一十八条　本法所称以上、以下、以内，包括本数。	第一百四十三条　本法所称以上、以下、以内，包括本数。
第一百一十九条　本法自 2006 年 3 月 1 日起施行。1986 年 9 月 5 日公布、1994 年 5 月 12 日修订公布的《中华人民共和国治安管理处罚条例》同时废止。	第一百四十四条　本法自 2026 年 1 月 1 日起施行。

后　　记

在编写组和出版社共同努力下,本书终于出版付印。为了更好地服务一线办案民警,本书编写采用了开放式的编写方式,通过主编研发的数智治安调查系统,向一线办案民警就新修订的《治安管理处罚法》解读需求等问题进行专题调研,并把解读需求回应在本书编写中。但新修订的《治安管理处罚法》才颁布一个多月的时间,解读需求尚无法充分显现,更多的解读需求还有待2026年1月1日新修订的《治安管理处罚法》施行后才会充分显现,特附后记,恳请读者朋友将后续解读需要继续通过调查问卷反馈给编写组,便于编写组继续完善本书,使本书能够充分实现开放式编写,充分回应读者的解读需求,更好地服务一线办案工作。

填写调查问卷,反馈解读需求,请扫描下面的二维码。谢谢!

本书编写组
2025年8月1日